Michael Phillips

Auf der Suche nach dem verlorenen Paradies

MICHAEL PHILLIPS

Auf der Suche nach dem verlorenen Paradies

ROMAN

Projektion J

Meinem Vater Denver C. Phillips gewidmet
(1917–1997)
Ein Vater fürs ganze Leben

Titel der Originalausgabe:
A Rift in Time

© 1997 by Michael Phillips
Published by Tyndale House Publishers, Inc.,
Wheaton, Illinois, USA

© 1999 der deutschen Ausgabe
by Projektion J Verlag, Asslar

ISBN 3-89490-262-0

Die Bibelzitate wurden der Einheitsübersetzung entnommen.

Auf der Grundlage der neuen Rechtschreibung.

Übersetzung und Überarbeitung: Susan-Beate Zobel
Lektorat: Projektion J Verlag
Umschlaggestaltung: Michael Wenserit
Umschlagfoto: ZEFA
Illustrationen: Joan L. Grytness
Satz: Projektion J Verlag
Druck und Verarbeitung: Ebner Ulm

Nachdruck, auch auszugsweise, nur mit Genehmigung des Verlages.

1 2 3 4   02 01 00 99

Inhalt

In der Arabischen Wüste (1898) 9

TEIL I: ARARAT

Der große Fund 17
Weltweite Verschwörung 31
Im Eichhof 37
Ungewöhnliche Rückkehr 45

TEIL II: LONDON

Der Empfang 65
Geheimnisse dringen nach außen 76
Die Eden-Theorie 94
Das fehlende Glied in der Kette 116
Der Terror beginnt 125
Ein unerwarteter Besucher 131
Die Erkenntnisse der McCondy-Akte 139
Ein neuer Mitbewohner 151
Drohungen und Verschwörungen 166

TEIL III: AFRIKA

Geheime Pläne 185
Dunkle Schatten 195
Im afrikanischen Grabenbruch 204
Fremde in Peterborough 214
Anfänge und Epochen 219
Gefahr auf dem Eichhof 242
Die Suche beginnt 250

Die neue Mitarbeiterin 268
Urgroßvater Harrys Tagebuch 280

TEIL IV: KAIRO

Böse Machenschaften 295
Der Durchbruch 301
Die Suche nach dem Mittelpunkt 313
Neues Leben 318
Dschebel al Lawz 327
Verschwunden 336
Im Gartenhotel am Nilufer 340
Flucht 359

TEIL V: SINAI

Auf den Spuren von Harry McCondy 367
Am Horeb 377
Das verlorene Paradies 388
Geänderte Pläne 395
In die Falle gegangen 401
Gefangen 408
Liebe in Eden 418

Anmerkungen zum Stand der Forschung 427

Dann legte Gott, der Herr, in Eden, im Osten, einen Garten an und setzte dorthin den Menschen, den er geformt hatte. Gott, der Herr, ließ aus dem Ackerboden allerlei Bäume wachsen, verlockend anzusehen und mit köstlichen Früchten, in der Mitte des Gartens aber den Baum des Lebens und den Baum der Erkenntnis von Gut und Böse.
Ein Strom entspringt in Eden, der den Garten bewässert; dort teilt er sich und wird zu vier Hauptflüssen. Der eine heißt Pischon; er ist es, der das ganze Land Hawila umfließt, wo es Gold gibt. Das Gold jenes Landes ist gut; dort gibt es auch Bdelliumharz und Karneolsteine. Der zweite Strom heißt Gihon; er ist es, der das ganze Land Kusch umfließt. Der dritte Strom heißt Tigris; er ist es, der östlich an Assur vorbeifließt. Der vierte Strom ist der Eufrat.

Genesis 2,8–14

In der Arabischen Wüste
(1898)

*E*rbarmungslos brannte die Sonne auf den einsamen Reiter nieder, den seine Suche bis zu diesem verlassenen Berghang geführt hatte. Obwohl man seit Jahrhunderten anderer Meinung war, glaubte er, den historischen Ort erreicht zu haben.

Er hielt kurz an, maß mit seinen Augen die Entfernung zum Gipfel, den er erklimmen musste, und hob schützend einen Arm vors Gesicht. Die Sonne blendete ihn so, dass er kaum etwas erkennen konnte. Doch ohne zu zögern eilte er weiter. Es würde schnell Abend werden und er hatte keine Zeit zu verlieren. Vielleicht waren seine Verfolger näher, als er dachte.

Der Weg wurde steiler und er war jetzt gezwungen, sein Kamel zurückzulassen. Er band das Tier an einem Felsen fest und warf sich den Rucksack über die Schulter. Neben Landkarten, Skizzen und verschiedenen Kleinigkeiten hatte er auch eine Bibel in einem abgegriffenen schwarzen Ledereinband bei sich, dazu ein kleines, fast neues Notizbuch, in dem er sich erst seit ein paar Tagen Aufzeichnungen machte. Heute würde er das letzte Puzzleteil zu dem großen Gesamtbild fügen, an dem er sein Leben lang gearbeitet hatte.

Er nahm einen kleinen Schluck aus seiner Wasserflasche und wischte sich den Schweiß von der Stirn. Eigentlich hatte er eines seiner beiden großen Notizbücher mitnehmen wollen, ohne die er normalerweise nie auf eine Forschungsreise ging. Es waren zwei identische Bücher, in denen er seit 20 Jahren die gesamten Ergebnisse seiner wissenschaftlichen Arbeit sowie seine persönlichen Gedanken und Erlebnisse aufzeichnete. Aber unmittelbar vor seiner Abreise hatte er plötzlich den Eindruck, dass es falsch wäre, diese Bücher bei sich zu tragen. So stand nun das eine Buch in seinem Bücherschrank in Peterborough, während das andere im Hotelschließfach in Kairo lag. Sobald er zurück war, würde er alles aus seinem kleinen Notizbuch in die großen Bücher übertragen.

Obwohl ihm seine Füße wehtaten, ging er eilig weiter. Er musste dem steilen Bergpfad folgen, der ihn auf den Gipfel des Dschebel al Lawz bringen würde. Bald würde er der Welt beweisen, dass die moderne Wissenschaft sich irrte! Wenn er seine Entdeckung präsentieren würde, könnte niemand mehr die Glaubwürdigkeit des Alten Testamentes leugnen! Damit würde alles in sich zusammenfallen, was die Wissenschaft in den letzten 30 Jahren geleistet hatte, um den christlichen Glauben zu diskreditieren. Er hatte jahrelang darauf hingearbeitet.

Der christliche Glaube stand nicht erst seit der Veröffentlichung von Darwins »Die Entstehung der Arten« vor 39 Jahren unter Beschuss. Schon während des ganzen Jahrhunderts hatten viele namhafte Männer und Frauen dazu beigetragen, den Samen des Atheismus auszustreuen. Doch neuerdings verkündigten alle intellektuellen und akademischen Kreise laut und mit Eifer, die Entstehung des Lebens sei das Resultat von Zufällen, der Mensch habe sich aus niederen Arten weiterentwickelt und der biblische Schöpfungsbericht sei damit unhaltbar geworden.

Sein Ziel war, mit einem einzigen genialen archäologischen Fund alle Skeptiker, Atheisten, Philosophen und Wissenschaftler für immer zum Schweigen zu bringen. Er würde nachweisen, dass der Mensch kein höher entwickelter Affe, sondern ein kreatives Wunder Gottes war.

Es war ein anstrengender Aufstieg, trotzdem hastete er eilig bergan. Der Schweiß rann ihm über den Rücken. Er hatte inzwischen den Pfad verlassen, eilte aber so sicher bergauf, als wäre er schon oft dort gewesen. Tatsächlich hatte er den Berg bisher nur auf Karten studiert, doch das hatte er so gründlich getan, dass er jetzt ganz sicher gehen konnte.

Als er wieder innehielt, stöhnte er vor Schmerz bei dem Versuch, die Last seines Rucksacks zu verschieben. Die schmalen Riemen schnitten ihm ins Fleisch und scheuerten die schweißnasse Haut wund.

Ein Felsblock bot Schatten und lud zum Verweilen ein. Er warf den Rucksack auf die Erde und kauerte sich gegen den Stein. Sein Atem ging heftig; Schweiß brach aus allen Poren hervor. Seit zehn Stunden war er nun schon unterwegs und er spürte, wie seine Kräfte allmählich nachließen. Vorsichtig genehmigte er sich einen kleinen Schluck Wasser. Es war unglaublich heiß und er war erschöpft. Seit einem Jahr war er ununterbrochen auf Reisen; zuletzt hatte er 300 Kilometer durch die Wüste zurückgelegt, bevor er sich an die Besteigung dieses Berges gemacht hatte.

Er war noch jung, sah aber durch sein von Wind und Wetter gegerbtes Gesicht älter aus. Er suchte den Fuß des Berges mit seinem Fernglas ab, konnte jedoch niemanden entdecken. Trotzdem spürte er, dass seine Verfolger nicht weit entfernt waren. Lange hatte er nicht verstanden, warum ihm diese Leute nachstellten. Erst jetzt, während er sich dem Ziel näherte und das bedrohliche Netz der Finsternis sich enger um ihn legte, begann er zu ahnen, wer seine Feinde waren.

Diese Gedanken trieben ihn wieder auf die Beine und weiter voran. Seit einem Jahr hatte er alle Einzelheiten dieses Berges studiert; nun war er endlich vor Ort. Sein Körper litt unter der ungewohnten Hitze und der Anstrengung, aber sein Herz jubelte.

Er war kein moderner Mose, kein Prophet, nur ein Archäologe. Aber er war überzeugt, dass Gott ihm etwas zeigen würde, das für seine Generation von großer Bedeutung war.

Ob Mose diesen Berg bestiegen hatte, um in die Gegenwart des lebendigen Gottes zu treten? Was für ein atemberaubender Gedanke! Hatte sich Mose vielleicht in einer dieser Höhlen verborgen, während der Allmächtige zu ihm sprach? War es vielleicht hier gewesen, wo Gott an Mose vorüberzog und ihn seine Herrlichkeit sehen ließ? Hatte der Israelit hier die steinernen Tafeln mit den Zehn Geboten empfangen?

Und vielleicht war dies der Ort, an dem lange vor Mose, Tausende von Jahren früher ...

Er wagte es nicht, den Gedanken zu Ende zu denken. Noch nicht. Das, was er hier vermutete, war zu gewaltig. Seit Jahren träumte er davon, die Dinge, die er nun entdecken würde, in die Welt hinauszuschreien. Nun war er den Fakten so nahe gekommen. Wenn dies wirklich der Ort war, für den er ihn hielt, dann ...

Er drehte sich um und sah ins Tal hinab. Etwas war nicht in Ordnung. Da entdeckte er es: Eine Staubwolke kam über die Ebene auf den Berg zu. Plötzliche Angst schnürte ihm die Kehle zu. Das Fernglas bestätigte seine Befürchtungen.

Wie hatten sie es geschafft, ihm bis hierher zu folgen?

War er sich nicht ganz sicher gewesen, dass er sie in Kairo abgeschüttelt hatte? Sie besaßen Pferde. Damit würden sie ihn bald eingeholt haben. Er eilte, so schnell er konnte, den Berg hinauf, das Fernglas griffbereit in seiner Linken. Er musste den Gipfel erreichen, sich verstecken und Gott würde ihn beschützen. Dies war doch heiliger Boden. Gott würde den Feinden der Wahrheit nicht gestatten, ihre Offenbarung zu verhindern.

Das Laufen fiel ihm nun immer schwerer. Er stolperte über etwas, das aus der Erde ragte, verlor das Gleichgewicht, seine Brille flog zu Boden und er fiel auf seine Hand. Blut tropfte auf seine Hose. Als er sich eilig wieder aufrichtete, blieb ein Blutfleck auf der Wurzel zurück, über die er gestolpert war.

Er sah das Blut nicht und ahnte noch weniger, worüber er gefallen war, sondern griff hastig nach seiner Brille, von der ein Glas zerbrochen war, und lief weiter, so schnell er konnte.

Zwei Kilometer hinter ihm hatten die Reiter sein Kamel erreicht, das mahlend die Kiefern bewegte, ohne etwas zum Fressen zu haben. Ob an diesem trockenen Platz jemals etwas gewachsen war?

Die Reiter waren ebenso außer Atem wie ihre Tiere. Sie hatten den Weg von Akaba in einer Rekordzeit zurückgelegt. Innerhalb von Sekunden hatten sie mit ihren starken Ferngläsern ihre Beute ausgemacht. Der Anführer hatte in die betreffende Richtung gedeutet; seine beiden Begleiter hatten genickt und dann ihren Pferden die Sporen gegeben. Sie waren so weit wie möglich den Berg mit den Pferden hinauf geritten.

Nun, 20 Minuten später, mussten sie doch absteigen und ihre Verfolgung zu Fuß fortsetzen. Sie waren kräftig und trugen kein Gepäck. Lebensmittel und Wasser ließen sie in den Satteltaschen zurück. Nach getaner Arbeit würden sie in Ruhe ihre Mahlzeit einnehmen, bevor sie sich wieder auf den Rückweg machten.

Jeder der Männer trug neben dem Fernglas auch noch ein Gewehr bei sich.

Sie waren ihrem Opfer schon sehr nahe gekommen. Der Verfolgte keuchte heftig. Bald würde er zusammenbrechen. Immer wieder sah er sich wie ein gejagtes Tier um. Die Feinde kamen unvorstellbar schnell näher. Wie hatten sie ihn hier finden können? Aber er hatte keine Zeit, darüber nachzudenken. Was er jetzt brauchte, war ein Versteck. Wenn er sich selbst nicht mehr retten konnte, so musste er doch zumindest die Notizen der vergangenen Tage in Sicherheit brin-

gen. Sie waren ihm wichtiger als sein Leben. Sollte er seine Erkenntnisse nicht mehr selbst an die Öffentlichkeit bringen können, würde Gott einen anderen dafür berufen. Das Notizbuch durfte nur nicht in die Hände der Feinde fallen. Er brauchte ein Versteck ...

Ein Schuss zerriss die Luft; einen halben Meter von ihm entfernt splitterte der Felsen. Sofort warf er sich flach auf den Boden. Doch das Echo des Schusses verhallte, ohne dass ein weiterer folgte. Stille breitete sich aus. Er erhob sich leise stöhnend und hastete weiter, noch schneller als bisher. Er war in höchster Gefahr und hatte keine Möglichkeit, sich zu schützen. An eine Waffe hatte er nicht gedacht, als er seinen Rucksack gepackt hatte.

Er bog um eine Ecke, dankbar, dass er für kurze Zeit in Deckung war. Wieder explodierte ein Schuss, dieses Mal aus noch größerer Nähe. Er hörte die Männer fluchen, als sie ihn wieder verfehlten.

Endlich sah er eine kleine Höhle, deren Eingang von einem Felsen halb verdeckt wurde. Er rannte darauf zu und kroch hinein, so schnell er konnte. Innen herrschte totale Finsternis, aber er erkannte rasch, dass diese Höhle für ihn selbst zu niedrig und zu kurz war. Hier würden ihn die Männer sofort entdecken.

Eilig nahm er den Rucksack ab. Wenigstens sein Gepäck würde hier sicher sein. Er kroch hinein, so tief er konnte, und schob sein kostbares Geheimnis in die hinterste Ecke der finsteren Höhle. Währenddessen betete er halblaut. Er hoffte, dass Gott die Person hierher bringen würde, die seine Aufgabe zu Ende führen konnte.

Ohne seinen Rucksack fiel ihm der Aufstieg leichter. Er rannte jetzt. Aber es war sinnlos; die drei Männer kamen immer näher. Er war erst 40 oder 50 Meter weit gekommen, als ihn eine Kugel traf. Er schrie vor Schmerzen und fiel zu Boden. Seine linke Wade blutete.

Trotzdem rappelte er sich wieder auf und schleppte sich mühsam bergan, das verletzte Bein hinter sich herziehend. Eine Blutspur markierte seinen Weg. Er wusste, dass er diese Stunde nicht überleben würde. War dies der Berg, auf dem Gottes Gegenwart einst gewohnt hatte? Er spürte nichts davon. Und doch erfüllte ihn eine tiefe Befriedigung. Er hatte sein Leben für die Suche nach der Wahrheit gegeben und bereute es nicht. Auch wenn er nun nicht mehr die Möglichkeit hatte, alles ans Licht zu bringen, so würde diese Zeit doch ohne Zweifel kommen. Ein anderer würde seinen Weg fortsetzen.

Trotzdem kämpfte er sich weiter nach oben. Er wollte sich so weit wie möglich von der Höhle entfernen, damit die Feinde nicht –

Ein erneuter Schuss krachte aus ohrenbetäubender Nähe. Der Mann fiel vornüber; Blut rann aus einer Wunde in seinem Rücken. Er hatte nur noch wenige Sekunden zu leben.

»Gott ... Herr, Gott«, flüsterte er kaum hörbar, während eilige Stiefeltritte schnell näher kamen, »bewahre ... bewahre das Geheimnis dieses Berges ... vor ... ihnen, bis ... deine Zeit gekommen ist, oh mein Gott ...!«

Die Männer blieben stehen. Einer von ihnen trat dem blutenden Mann in die Seite; er gab kein Lebenszeichen mehr von sich. Mit einem Fußtritt drehten sie den Körper auf den Rücken. Das Blut trocknete rasch auf dem heißen Gestein.

»Er ist tot«, sagte der Erste.

»Was machen wir mit ihm?«, fragte ein anderer.

»Soll er doch hier verrotten! Wir sollten ihn zum Schweigen bringen, mehr haben sie nicht gesagt. Wir haben unseren Auftrag erfüllt.« Während er sprach, gab er dem Toten noch einmal einen Tritt. Die Leiche rollte ein kleines Stück den Abhang hinunter und blieb auf einem Felsvorsprung liegen.

»Hier leben nur Geier, sonst nichts. Und das hier ist jetzt ihre Sache ...«

Der Mörder und seine beiden Komplizen wandten sich um und machten sich an den Abstieg. Eine Viertelstunde später stolperten sie über eine mächtige Wurzel, auf der ein Blutfleck zu sehen war. Sie ahnten nicht, dass es sich dabei um das Beweisstück handelte, das ihr Opfer gesucht hatte.

Teil I
Ararat

Der große Fund

Eine Gestalt baumelte an dünnen Seilen über dem Abgrund. Langsam wurde sie von der äußersten Kante des Gletschervorsprungs herabgelassen.

»Schneller«, forderte eine Männerstimme über Funk und von oben wurde mehr Seil nachgegeben. Rundherum sah man nichts als Berggipfel und gleißend weißes Eis. Doch der Mann an den Seilen fühlte sich sicher. Die Apparatur des Krans war viel belastbarer, als es den Anschein hatte.

Das Ziel der Expedition war ein schwarzes Loch im Gletscher. Es hatte einen Durchmesser von weniger als zwei Metern und war immer noch 150 Meter von ihm entfernt.

Monate zuvor war das Loch mühsam ins Eis geschmolzen worden. Zwei Brennstäbe, ein Rohr mit Sauerstoff für die Flammen, ein Schlauch, der das Schmelzwasser absaugte, und eine Kamera waren bereits mit Hilfe des gleichen Krans, der auch jetzt im Einsatz war, herabgelassen worden. Oben im Camp hatte das Team den Vorgang über die Kamera beobachtet. Das Ganze wurde von einem Computer gesteuert, der mit einem speziell für diese Aktion geschriebenen Programm arbeitete. Die großen Geräte des Raumfahrtzentrums waren ebenso notwendig wie die Präzision zierlicher medizinischer Instrumente. So war es möglich, im ewigen Eis in großer Höhe eine archäologische Endoskopie durchzuführen.

Der einzige Risikofaktor, den niemand beeinflussen konnte, war der Wind. Hier in den Bergen der Ost-Türkei konnten in fast 5 000 Metern Höhe heftige Winde auftreten. Wenn sie einsetzten, konnte trotz all der technischen Hilfsmittel weder ein Astronaut noch ein Chirurg verhindern, dass die Seile durcheinander gerieten. Das Leben des Mannes, der jetzt an den Seilen hing, wäre dann in höchster Gefahr. Doch an diesem Tag war es so ruhig, wie es der Wetterbericht vorhergesagt hatte.

Schon seit zwei Tagen war es windstill und es war ihnen gelungen, die Öffnung zu verbreitern. Nun hofften alle auf einen dritten ruhigen Tag, damit sie das Loch untersuchen konnten. Ein Sturm hätte den ins Eis geschmolzenen Zylinder im Nu wieder mit Schnee gefüllt und ihre Arbeit zunichte gemacht. Aber es blieb schön.

Vielleicht war heute der Tag, an dem der Archäologe mit eigenen Augen sehen konnte, was die Kameraaufnahmen vom Frühjahr nur vermuten ließen. Damals hatte das Team mit dem Schmelzen des Loches begonnen. Zuvor hatten sie mit verschiedenen Methoden versucht, den Untergrund des Gletschers zu analysieren. Sie hatten spektrometrische Aufnahmen gemacht und mit einem speziellen Radargerät versucht, die Übergänge verschiedener Erdschichten unter dem Eis zu erkennen. Alle bisherigen Ergebnisse hatten seine Vermutung bestätigt.

Bald würde Dr. Adam Livingstone endlich am Gletschergrund seine Proben entnehmen können und entscheiden, wie sie weiter vorgehen würden.

Oben verfolgten mehr als 50 Kameraleute aus verschiedenen Ländern der Welt, wie sich die Gestalt im orangefarbenen Anzug dem schwarzen Loch näherte.

Von diesem Augenblick hatten Archäologen, Historiker und Geistliche seit Jahrhunderten geträumt. Viele hatten vermutet, dass die Menschheitsgeschichte von diesem Berg ihren Anfang genommen hatte. Man hatte immer wieder nach diesem Ort gesucht – ein Ort, der für die einen nur Legende war, für andere aber der Platz, an dem Gott sehr konkret in die Geschichte der Menschheit eingegriffen hatte.

Vor wenigen Jahrzehnten war der erste Mensch auf dem Mond gelandet. Vieles war heute möglich, das früher undenkbar gewesen war. Warum nicht auch diese Entdeckung, die Dr. Livingstone und sein Team verfolgten?

Wenn sich Livingstones Theorien bestätigten, dann wäre er für die Archäologie mindestens ebenso bedeutend wie Neil Armstrong für die Raumfahrt.

Doch der junge Engländer, der am Ende der kaum sichtbaren Seile hing, hatte keine Zeit, über die internationale Beachtung nachzudenken, die ihm gerade zuteil wurde. Er konzentrierte sich darauf, heil in das enge Loch zu kommen. Obwohl er erst 36 Jahre alt war, hatte er es schon weit gebracht. Er war ehrgeizig, sein Beruf hatte für ihn absolute Priorität und zumindest in England hatte er schon viel Ruhm und Aufmerksamkeit erfahren, auch außerhalb der archäologischen Fachkreise. Doch wenn er jetzt Erfolg hatte, dann würde ihm über Nacht weltweite Anerkennung zuteil werden.

Löcher in die Erde zu graben und Proben zu nehmen, war für ihn beinahe etwas Alltägliches. Aber dieses Loch, dem er sich jetzt näherte, sollte die Anfänge der Menschheit enträtseln.

Zwei Drittel der Strecke hatte er bereits geschafft; noch 60 Meter lagen vor ihm. Es war absolut still. Die Sonne kam zwischen den Bergen hervor. Außer seinem orangefarbenen Overall sah er nur schneebedeckte weiße Felsen. *Was für eine Stille*, dachte er und atmete langsam die kalte Luft tief ein. Er hatte sich lange auf diesen Tag vorbereitet.

Er hatte nicht direkt Angst. Aber etwas mulmig war ihm doch zumute. Schnell schob er diese Gedanken zur Seite. Was sollte schon schief gehen? Sie hatten die Expedition gut vorbereitet und alle möglichen Risiken einkalkuliert. Er blickte nach unten. Hatte er in seinem Leben das Schicksal nicht vielleicht schon zu oft herausgefordert? War er bereit, dem Tod ins Auge zu blicken und seinem Schöpfer zu begegnen, wie es bei diesen Christen immer hieß? Er schob diese Vorstellung von sich.

Adam Livingstone war ein typischer Wissenschaftler. Er liebte seinen Beruf mehr als alles andere. Vieles, das seine Altersgenossen interessierte, war ihm unwichtig. Auch viele Fragen, mit denen andere sich beschäftigten, waren ihm gleichgültig.

Der einzige Luxus, den er sich neben seiner Arbeit erlaubte, war die Beziehung zu Candace Montreux. Sie stammte aus einer angesehenen und wohlhabenden Familie, war schön und gebildet, konnte aber auch berechnend und falsch sein. Ihre Eltern ließen ihr viel Freiheit. Vielleicht zu viel Freiheit. Aus diesem Grund war sie, obwohl sie auf dem elterlichen Gut wohnte, nicht für ihre Treue bekannt. Das konnte Adam auch nicht verlangen, solange er immer wieder lange Expeditionen unternahm.

Was ihn mehr störte als ihre Untreue, waren ihre augenblicklichen Versuche, ihn zu einer Heirat zu bewegen. Sie war Ende 20 und wollte jetzt offensichtlich eine Familie gründen. Ihre Eltern bestärkten sie in ihrem Wunsch. Doch Adam war sich nicht sicher, ob auch er das wollte.

Abgesehen von Candace hatte er nur zu den Kollegen seines Teams engere Kontakte. Sie waren von der Forschung ebenso begeistert wie er. Freizeit kannten sie kaum.

Nur noch 15 Meter. Der schwarze Punkt schien jetzt ein offener Schlund zu sein, eine Öffnung in das Herz des Gletschers hinein.
»Etwas langsamer bitte, ich bin kurz vor dem Eingang.« Unter seinem Kinn war ein kleines Mikrofon befestigt, über das man ihn oben im Camp hören konnte. Im nächsten Moment gab es an den Schulterriemen einen leichten Ruck, dann bewegten sich die Seile nicht mehr; Livingstone baumelte in der Luft.
»Bist du in der richtigen Position?«, hörte er jetzt die Stimme seines Mitarbeiters aus einem Miniaturlautsprecher, der in seinen Helm nahe am rechten Ohr eingebaut war.
»Etwa einen halben Meter daneben«, antwortete Livingstone.
»Zieh den Kran etwas ein. Kannst du mich sehen? Etwas nach hinten und nach rechts, bitte, aber langsam ... langsam.«
Livingstone spürte, wie er in die gewünschte Richtung gelenkt wurde.
»Stop, das genügt. Ich bin jetzt genau darüber. Warte noch einen Moment, bis ich ausgependelt habe ... gut, und jetzt ablassen.«
Langsam näherte er sich der runden Öffnung.
»Super, noch acht Meter ... noch sechs ... vier.«
Die Abwärtsbewegung wurde langsamer.
»Noch drei Meter ... zweieinhalb ... zwei ... ein Meter ... ein halber Meter ... und stopp!«
Er spürte, dass man das Seil anhielt.
»Wo bist du?«, kam es durch den Lautsprecher.
»Das solltest du aber wissen«, lachte Livingstone. »Schaust du gar nicht in die Kamera, während du mich hier runterlässt?«
»Natürlich sehen wir dich«, erklärte Scott Jordan, der beste Freund und langjähriger Mitarbeiter Livingstones. Die beiden hatten schon manches Abenteuer zusammen bestanden und heute war nicht das erste Mal, dass das Leben des einen vom anderen abhing.
»Aber wir können es kaum erwarten, von dir zu hören, wie es da unten genau aussieht.«
»Nun, ich bin jetzt genau über der Öffnung. Ich kann mit meinen Stiefeln das Eis berühren.«

»Siehst du etwas?«

»Nichts«, entgegnete Livingstone, »nur finstere Nacht. Warte, ich schalte meine Lampe an.«

Livingstone griff nach der starken Halogenlampe, die in seinem Gürtel steckte, und leuchtete in die Tiefe.

»Nichts«, wiederholte er. »Auf jeden Fall ist es tief!«

»Pass auf, dass du keine kalten Füße bekommst«, lachte Scott.

Livingstone stimmte in das Lachen mit ein. »Nun mach schon, lass mich endlich runter!«

»Okay, los geht's!«

Langsam verschwanden Livingstones Beine … seine Hüfte … seine Schultern im Eis. Nun war er auf dem Bildschirm im Camp nicht mehr zu sehen.

»Wir können dich nicht mehr sehen!«, erklärte Scott Jordan.

»Ich bin immer noch hier«, grinste Adam Livingstone.

»Hast du genug Platz?«

»Ich glaube schon.«

»Wie tief ist es?«

»Keine Ahnung … ich kann den Grund nicht sehen. Nur gefrorene Wände, das ist alles. Ich befinde mich jetzt in einem senkrechten Eisloch. Alles ist weiß; nur am Rande des Lichtkegels schimmert das Eis bläulich.«

»Ich schalte jetzt deine Helmkamera ein.«

Das Gespräch verstummte. Von der kleinen Kamera an Livingstones Helm wurden die Aufnahmen auf einen Bildschirm oben im Camp übertragen. So konnte das Team jetzt die Eiswände sehen, an denen der Archäologe vorbeiglitt. Er selbst war nun ganz still. Wenn jetzt etwas schief ginge! Aber was sollte schon passieren? Er nahm die Stille wahr, die in dem Loch herrschte, in das er immer tiefer hinabgelassen wurde. Sie war anders als die Stille draußen im Freien. Hier im Krater war die Luft kalt und leer, irgendwie tot. Sein Blick wanderte an den Gletscherwänden nach oben. Wie alt dieses Eis wohl war? Das blaue Stück Himmel über ihm wurde immer kleiner.

Er hatte schon viele Löcher ins Eis gebohrt, um Proben zu entnehmen. Auch wagemutige Unternehmungen und gefährliche Situationen waren immer wieder Teil seiner Arbeit. Aber er steckte zum ersten Mal selbst in einem Loch, das er gebohrt hatte. Es war ein eigenartiges Gefühl …

»Was ist denn los? Wir sehen nichts mehr!«

»Keine Sorge, Scott, alles in Ordnung. Ich habe nur das Licht ausgemacht, um zu sehen, wie dunkel es hier unten ist.«

Livingstone schaltete seine Taschenlampe wieder an, dann auch die Lampe an seinem Helm. Er beugte sich nach unten und versuchte, den Grund auszumachen. Nichts. Am Vortag, als sie eine Kamera hinabgelassen hatten, hatte er ihn am Bildschirm sehen können. Aber heute würde er der erste Mensch sein, der diesen Fund direkt sehen konnte.

Bald würde seine große Frage beantwortet werden. Nachdem sie am Vortag die Brennstäbe gelöscht und das Schmelzwasser hinaufgepumpt hatten, war etwas auf den Bildschirmen zu sehen gewesen, von dem er heute erfahren wollte, was es war. War es eine Felsplatte? Oder ein prähistorischer Baumstamm? Oder etwa –?

»Langsam, ich kann etwas sehen!«, rief er aufgeregt und erschrak gleichzeitig über das Echo seiner Stimme, das in dem engen Loch nachhallte. Er war jetzt etwa 60 Meter tief in den Gletscher eingedrungen. Unter sich sah er das Ende des Tunnels, in dem er sich befand.

»Noch zwanzig Meter, dann habe ich den Grund erreicht!«

»Gut, wir machen jetzt langsamer.«

»Nein, noch nicht, ich will schnell hinunter!« Livingstone war jetzt ganz aufgeregt.

»Dann gib uns Bescheid, wo du bist. Ich will dich nicht aufschlagen lassen«, sagte sein Freund.

»Raumschiff an Houston: noch fünfzehn Meter … noch zehn …«

Er wurde ganz langsam herabgelassen. Wie hatte Armstrong sich wohl gefühlt, als er aus dem Raumschiff kletterte? Er hatte damals auch nicht gewusst, welchen Untergrund er betreten würde.

»Sechs Meter … vier … drei …«

Adams Herz klopfte heftig, während er die letzten Meter zurücklegte. Nun konnte er im Schein seiner Lampe schon deutlich den Boden erkennen, auf den er im nächsten Moment seine Füße setzen würde. War er der erste Mensch nach Noah und dessen Familie, der dieses Schiff betrat?

Der Gletscher, auf den sich jetzt die Aufmerksamkeit vieler Länder richtete, lag im äußersten Osten der Türkei, unweit der armenischen und iranischen Grenze. Auch Georgien, Aserbaidschan und der Irak waren nur wenige Kilometer entfernt. Es gab kaum einen Ort, der über die Jahrhunderte so viele Konflikte und Krisen gesehen hatte. Hier prallten Europa, Asien und der Nahe Osten aufeinander.

Tausende hatten sich in früheren Zeiten hier auf die Suche begeben – auf die Suche nach Ruhm oder Beweisen dafür, dass die Bibel Recht hatte. Doch in den vergangenen Jahrzehnten war es um den Ararat stiller geworden. Die Gerüchte und Legenden, die sich um diesen Berg rankten, hatten aber nie aufgehört.

So soll 1905 ein Hirte über die Arche gestolpert sein, während er eine Ziege suchte. Er skizzierte das kastenförmige Schiff, das nahe an einem Abgrund aus dem Eis ragte. Ein anderer türkischer Hirte war später zweimal dort gewesen und behauptete, durch die Fenster ins Innere der Arche geblickt zu haben.

1916 und 1917 führten russische Soldaten und Forscher gemeinsam die erste offizielle Expedition auf der Suche nach der Arche Noah durch. Angeblich waren sie im Innern des riesigen Schiffes gewesen, hatten die Räume gesehen, Fotos gemacht und eine detaillierte Landkarte von dem Gelände angefertigt. Doch als sie nach Russland zurückkehrten, gerieten sie mitten in die Wirren der Revolution und alle Fotografien gingen verloren.

Solche und ähnliche Berichte waren in der Vergangenheit immer wieder aufgetaucht. Sie wurden später durch eine angebliche Aufnahme aus dem Weltraum gestützt. Doch auch dieses Bild wurde niemals veröffentlicht.

Obwohl es so viele Berichte gab, konnte nie jemand tatsächlich ein Foto vorlegen. Auch der genaue Fundort war nie wirklich bestimmt worden. Das Geheimnis um die Arche blieb über die Jahrtausende bestehen.

Doch seit kurzem konnte zumindest die Frage nach dem Ort geklärt werden. Seit die Infrarot- und Spektralfotografie weiterentwickelt worden waren, gab es erstaunliche Hinweise auf ein Holzgebilde im Gletscher, die kaum eine andere Deutung zuließen.

Vor zwei Jahren hatten Livingstone und sein Team von der türkischen Regierung endlich die Erlaubnis bekommen, den Berg zu untersuchen. Bald darauf begann die teuerste Expedition, die dieses Land je erlebt hatte, denn es war Livingstone gelungen, eine Menge Sponsoren zu mobilisieren.

Die türkische Regierung erhoffte sich verschiedene Vorteile von der möglichen Entdeckung. Das von Streiks und dem Kurdenproblem gebeutelte Land brauchte dringend positive Nachrichten und rechnete darüber hinaus mit neuen Einnahmequellen durch weitere Forscher und Touristen.

Das ganze Projekt war Livingstones Idee gewesen. Die Frage nach der Existenz der Arche hatte ihn schon als Junge beschäftigt. Doch Finanzierung und Bewilligung des Projektes waren erst jetzt möglich geworden, nachdem er sich schon einen Ruf als Wissenschaftler erworben hatte.

Livingstones engster Mitarbeiter, der Amerikaner Scott Jordan, war in den USA mindestens so bekannt wie Livingstone in England.

Das dritte Teammitglied war Jennifer Swaner, eine blonde, blauäugige Schwedin, die Jen genannt wurde. Sie war in Kalifornien aufgewachsen und vervollständigte den engsten Kreis um Livingstone.

Wenn Livingstone bei seiner Rückkehr nach England ein Stück der Arche Noah im Gepäck hätte, würde er über Nacht berühmter sein als sein schottischer Namensvetter, den die Entdeckung Afrikas bekannt gemacht hatte. Das aus dem Eis geborgene Holz wäre mindestens so wertvoll wie ein Gesteinsbrocken vom Mond. Manche Beobachter glaubten sogar, dass mit dieser Entdeckung die ganze Naturwissenschaft neu definiert werden müsse. Soweit wollte Livingstone selbst allerdings nicht gehen.

Auffallend war jedoch, dass weder Christen noch Juden an der Forschung beteiligt waren, obwohl ihnen das Ziel der Expedition besonders viel bedeuten musste. Als das Projekt zum ersten Mal im Fernsehen vorgestellt wurde, kamen viele Reaktionen gläubiger Christen, die sich engagieren wollten. Doch einige der finanzstärkeren Sponsoren sprachen sich entschieden dagegen aus. Sie wollten nicht, dass das Ganze zu einem religiösen Anliegen umdefiniert würde. Auf keinen Fall wollten sie fundamentalistische Christen mit ihren unwissenschaftlichen Ansichten dabeihaben. Ob jüdische und israelische Interessenten mit ähnlichen Begründungen abgelehnt worden waren, wusste keiner so recht. Livingstone selbst hatte diese Probleme weitgehend den Sponsoren überlassen, da ihn religiöse Fragen nicht interessierten. Für ihn war wichtig, wer mit ihm in seinem Team arbeitete und dass die Finanzen stimmten.

Außer Livingstone und seinem Forschungsteam hatten die meisten Beteiligten vorwiegend finanzielle Interessen. Sie hatten zusammen etwa eine Milliarde US-Dollar an die Türkei bezahlt, um das Gebirge fünf Jahre lang zu pachten. Hinzu kamen die Kosten für die

Ausrüstung der Expedition. Aber wenn man wirklich das Gesuchte entdecken würde und das weltweite Interesse wäre so groß, wie man erwarten konnte, dann wäre dies langfristig eine gewinnbringende Investition.

Columbus hatte die spanischen und portugiesischen Schatzkammern mit Gold gefüllt. Warum sollte die Entdeckung der Arche Noah nicht auch Gewinn abwerfen? Die Marketingmaschinerie lief bereits auf vollen Touren: Die Expedition konnte im Fernsehen vorzüglich live übertragen werden. Außerdem würden Bücher gedruckt, Fotografien verkauft, Sendungen gedreht, Filme gemacht, Besichtigungstouren angeboten und eine Vielzahl von Arche-Noah-Produkten hergestellt werden.

Alles hing davon ab, was Livingstone am Ende des Eisloches entdecken würde. Oben beim Team waren über ein Dutzend Investoren versammelt. Einige waren kurzfristig eingeflogen worden. Alle starrten auf den Bildschirm. Langsam streifte die Kamera an Livingstones Helm die Eiswände entlang.

»Drei Meter …«, klang die Stimme Livingstones aus dem Lautsprecher.

Scott Jordan konnte die Räder und Riemen, Kabel und Seile, den Kran und das 300 Meter lange Seil, an dem Livingstone hing, äußerst fein regulieren. Er verlangsamte die Geschwindigkeit, mit der Adam hinabgelassen wurde. Ab jetzt würde er nur noch zentimeterweise vorgehen.

Alle Augen starrten gebannt auf den Bildschirm. Außer ein paar geflüsterten Kommentaren war nichts zu hören.

»Nun sieh doch mal auf den Boden, Adam, zeig uns den Grund!«, flüsterte jemand.

Als ob er diese leise Bemerkung gehört hätte, neigte Adam jetzt seinen Kopf nach unten und die Kamera nahm den Untergrund auf.

Die Beobachter im Lager schnappten nach Luft. Dann folgten erstaunte und begeisterte Ausrufe.

»Zwei Meter … ein Meter … ein halber Meter …«, war jetzt wieder Adams Stimme zu hören. Sofort war es erneut völlig still im Zelt, keiner bewegte sich.

»30 Zentimeter … vorsichtig … das war's, stopp!«

»Was ist?«, fragte Scott ungeduldig.

»Ich bin unten, ich stehe auf dem Grund, Scott! Ich will erst testen, ob es mich auch trägt ... sieht gut aus ... fest gefroren ... super. Gut, nun stehe ich voll drauf.«

Ein Jubelschrei ertönte im Camp.

»Wir sind alle mächtig stolz auf dich, Adam. Die ganze Welt beobachtet dich in diesem Moment. Aber du weißt doch, was wir jetzt alle wissen wollen ...«

»Welche historischen Worte hinterlasse ich jetzt meiner Nachwelt? Einen Moment, das dürfte doch für einen Archäologen kein Problem sein. Hat einer ein paar geeignete Worte für mich?«

»Lass gut sein«, lachte Scott. »Sag uns lieber, worauf du denn nun stehst!«

»Wegen eben dieser Frage bin ich hierher gekommen«, gab Livingstone zurück. »Gut, ich werde mal nachsehen. Gib mir mehr Seil, damit ich mich bewegen kann.«

Auf den Bildschirmen konnte man aus der Kameraführung schließen, dass Adam sich jetzt hinkniete.

»Es ist eine braun-graue Oberfläche. Ihr seht bestimmt selbst, dass es nicht wie Granit oder irgendein bekanntes Gestein aussieht. Es ist uneben, aber ohne Vertiefungen. Da scheinen längliche Mulden zu sein, eine Maserung, wie man sie bei Holz erwarten würde. Es ist sehr wahrscheinlich Holz, festes, gefrorenes Holz. Und es sieht nicht wie ein Baum aus. Es ist flach, wie ein Brett, das aus einem Baum geschnitten wurde.«

Nun konnte man sehen, wie Adam die Augen durch den kleinen Raum schweifen ließ, in dem er sich befand.

»Ich ziehe einen Handschuh aus ...«

Alle warteten in angespannter Stille. Livingstone rieb jetzt eine Stelle am Boden.

»Schwer zu sagen«, sprach er einen Moment später weiter. »Es fühlt sich genau wie Eis an. Das restliche Schmelzwasser von gestern ist wieder festgefroren. Die Oberfläche ist etwas uneben.«

Er hielt einen Moment inne.

»Aber hier, seht mal, was das ist ... Ich sehe ...« – mit seinem Finger versuchte er, der Kamera etwas zu zeigen – »... einige schwarze Punkte. Das sieht fast so aus, als ob ... aber das kann doch nicht sein ... Man könnte fast meinen, unser Brennstab hätte das Holz verbrannt!«

»Versuche es mit deinem kleinen Brenner!«

Livingstone richtete sich auf, nahm den Brenner aus seiner Gürteltasche, entzündete ihn und kniete sich wieder auf den gefrorenen Boden. Vorsichtig erhitzte er eine kleine Stelle, wartete einen Moment, befühlte die Stelle mit seinen bloßen Fingern, erhitzte noch zwei weitere Minuten und stellte den Brenner dann zur Seite. Mit einem kleinen Hammer und einem Meißel, die ebenfalls an seinem Gürtel befestigt waren, versuchte er, das Stück, das er eben erhitzt hatte, herauszulösen. Am Bildschirm konnte man verfolgen, wie er ein Stück hochnahm, zwischen seinen Fingern hielt und von allen Seiten betrachtete.

Erst nach einer – wie es den Beobachtern erschien – sehr langen Pause murmelte er: »Das gibt's doch nicht!«

Dann erst kam wieder Leben in ihn und aufgeregt sprudelte er hervor: »Das Holz ist gar nicht richtig versteinert. Das ist Holz, ganz gewöhnliches, normales Holz, die schwarzen Flecken sind Brandmale von unserem Auftauen. Wir haben mit unseren Brennern die Holzoberfläche beschädigt!«

Oben im Zelt hob sich fast das Dach, so laut waren die begeisterten Reaktionen der Zuschauer.

»Adam, hallo, Adam, kannst du mich hören? Es ist jetzt sehr laut hier. Alle rufen dir eine Frage zu: Ist es die Arche?«

Es wurde sofort still im Zelt.

Adam kniete sich wieder hin und untersuchte das Holz sorgfältig. Nach einigem Zögern kam seine Antwort: »Wir müssen zunächst einige Proben nehmen und alles untersuchen. Aber was ich ohne jeden Zweifel jetzt schon sagen kann, ist, dass es sich eindeutig um Holz handelt. Entweder ist hier oben, im Gegensatz zur sonstigen Vegetation, auf unerklärliche Weise ein Baum mit riesigen Ausmaßen gewachsen. Wir befinden uns aber mindestens 1 500 Meter oberhalb der Baumgrenze. Wie könnte ein Baum hierher gekommen sein, außer durch eine unvorstellbar große Flut? Selbst wenn es sich bei diesem Holz nur um einen Baum handelt, ist der Fund auf jeden Fall sensationell und schwer zu erklären. Doch der zweite Erklärungsansatz erscheint mir fast noch einleuchtender.«

»Was für ein Ansatz?«, kam prompt die Gegenfrage aus seinen Lautsprechern.

»Ich stehe auf einer flachen Oberfläche. Das Holz ist nicht rund. Es sieht bearbeitet aus. Ich glaube, ich bin nicht der erste Mensch, der sich mit diesem Holz beschäftigt.«

»Von welcher Art sind die Bearbeitungen?«
Wieder ging Adam auf die Knie und sah genau hin.
»Es sieht so aus, als wäre ein sehr grobes Messer oder etwas Ähnliches benutzt worden. Es könnte eine Säge oder eine Axt gewesen sein. Könnt ihr sehen, worauf ich jetzt deute? Für mich sieht es sehr danach aus, als hätte jemand oder etwas hier aus einem runden Baum ein flaches Brett gemacht. Und hier – hier sieht die Struktur sogar so aus, als wären verschiedene Bretter verbunden worden«, rief er aufgeregt und deutete auf eine andere Stelle.
»Ich weiß nicht, ob es die Arche ist. Aber ich wette bei allem, was mir heilig ist, dass es sich hier um Bretter handelt.«
Im Zelt brach lauter Jubel los. Für ein paar Augenblicke war jede Unterhaltung zwischen Scott und Adam unmöglich. Dann zückten viele der Anwesenden ihre Satelliten-Telefone und gaben die Entdeckung bekannt. Weniger als eine Stunde später hatten mehr als 500 Zeitungsredaktionen die Schlagzeile für die nächste Ausgabe geändert. Von Tokio bis Moskau und von London bis New York stand es in fetten Lettern: »Wissenschaftler entdeckt die Arche Noah!«

Inzwischen arbeitete Adam Livingstone eifrig in einem kleinen Raum von ein Meter achtzig Durchmesser.
»Könnt ihr mir einen der großen Bohrer und das Saugrohr herunterlassen?«, fragte er. »Ist es noch windstill?«
»Es ist noch ruhig«, sagte Scott. »Was hast du vor?«
»Ich möchte diese Höhle erweitern und das Eis wegschmelzen. Vielleicht kann ich dann den Nachweis erbringen, den wir uns alle wünschen.«
»Gut, ich frage die Ingenieure. Vielleicht kannst du in der Zwischenzeit schon anfangen, Proben zu nehmen.«
Eine halbe Stunde später waren Brennstab, Sauerstoff und Saugrohr auf dem Weg nach unten.
»Sei bitte vorsichtig, Adam. Der Brennstab wird schnell sehr heiß. Wenn die Höhle zu groß wird, könnte alles zusammenbrechen und dich begraben.«
»Das Eis ist in allen Richtungen mehrere Meter dick. Hier bricht nichts zusammen.«
»Es könnte Risse geben.«

»Ich werde aufpassen, keine Sorge. Aber ich muss so viel wie möglich über diese Oberfläche herausfinden.«

»Wenn der Wind stärker wird, müssen wir dich hochholen.«

»Entspann dich doch endlich«, stöhnte Adam. »Hier unten ist mir der Wind egal.«

»Aber wenn Wind aufkommt, kannst du bald nicht mehr –«

»Ich werde hier bleiben, bis ich fertig bin!«, schnitt Adam ihm das Wort ab. »Wenn du mich vorher hochziehst, mache ich mich von der Leine los. Alles klar?«

Scott Jordan sagte nichts mehr. Er kannte seinen Freund gut genug, um zu wissen, dass ihn nichts davon abbringen konnte, sein Vorhaben durchzuführen.

»Ich werde etwa zwei Tage hier unten bleiben. Bitte schicke mir dann später Verpflegung und Wasser herunter.«

»Was?!?«

»Es ist ganz gemütlich hier. Vielleicht brauche ich noch eine Jacke, aber mehr nicht.«

»Du bist verrückt!«

»Und wenn schon! Was ich hier vermutlich entdecken werde, ist mehr als verrückt. Seit Jahrtausenden haben Menschen nach diesem Ort gesucht und wir haben ihn gefunden! Je mehr Eis ich hier entfernen kann, desto mehr werden wir am Ende darüber wissen.«

Im Zelt sagte niemand etwas. Alle wünschten sich, möglichst genaue Erkenntnisse über den Fund zu gewinnen, doch keiner wollte Adams Risikofreudigkeit verantworten.

»Scott, warum kommst du nicht herunter und hilfst mir, dann sind wir schneller fertig? Nachdem wir jetzt eine Leine vom Kran bis hier unten haben, ist es doch nicht mehr so schwer, Personen und Ausrüstung daran entlangzuziehen.«

»Ich wüsste nicht, wem ich dann die Bedienung des Krans überlassen sollte.«

»Und was ist mit Jen?«

»Bin schon unterwegs!«, rief die junge Schwedin begeistert und nahm Scott das Mikrofon aus der Hand.

»Du wirst die erste Frau sein, die seit Noahs Frau dieses Schiff betritt! Aber zieh dich warm an, es ist kalt hier unten!« Aus dem Lautsprecher war Livingstones Lachen zu hören.

»Alles klar!« Jen war schon dabei, sich dicke Sachen überzuziehen.

»Adam, ich denke, du solltest zuerst mit dem Brennstab etwas Platz machen und dann schicken wir dir Verstärkung, vorausgesetzt, das Wetter bleibt so, einverstanden?«

»In Ordnung.«

Eine halbe Stunde später waren die Instrumente angekommen und Adam Livingstone begann, seine iglu-artige Höhle zu erweitern. Zuerst gab es einige Schwierigkeiten, bis Scott von oben die Sauerstoffmenge richtig eingestellt hatte. Die Flamme durfte weder zu heiß werden noch ständig ausgehen. Als endlich alles gut abgestimmt war, vergrößerte sich der Raum am Ende des Zylinders schnell.

Nach zwei Stunden hatte er die dreifache Fläche freigelegt; an einer Stelle betrug die Breite der Höhle fast fünf Meter. Es wurde immer deutlicher, dass Adam Livingstone auf einer künstlich hergestellten Ebene stand. Kein Baum hatte so große gerade Flächen. Was auch immer es war, das er hier freilegte, es war von Menschen hergestellt und nicht gewachsen, so viel stand fest!

Als es Mittag wurde, konnte er die Struktur der miteinander verbundenen Bretter klar erkennen. Er nahm viele Proben, besonders von dem kristallisierten, harzigen, bernsteinfarbenen Material, das die Bretter verband. Obwohl seine am Helm befestigte Kamera jeden Blick von ihm aufnahm, fotografierte er auch jedes Detail. Vergrößerte Papieraufnahmen konnten erfahrungsgemäß oft mehr Aufschlüsse liefern als Videobilder.

Am Nachmittag gegen vierzehn Uhr machte er dann die Entdeckung, die ihm weltweiten Ruhm verschaffte. Er hatte entlang der hölzernen Oberfläche einen niedrigen Tunnel ins Eis gebrannt, der ihm schließlich Zugang zum Inneren des Schiffes gewährte. Den Redakteuren aller Länder, die bereits am Morgen auf Verdacht die Schlagzeile gedruckt hatten, konnte Livingstone nun mit der Erforschung des Innenraumes den Beweis seiner Annahme liefern.

Weltweite Verschwörung

Rund um den Erdball löste Adam Livingstones Endeckung heftige Reaktionen aus; manche waren begeistert, andere alles andere als erfreut.

Auch auf die Schwelle eines kleinen Hauses in den USA fiel an diesem Morgen die Zeitung mit der großen Schlagzeile. Im Innern des Hauses war das Geräusch der hingeworfenen Zeitung bis ins Schlafzimmer zu hören. Der Schläfer seufzte und drehte sich müde um, das Bett knarrte unter seinem schweren Gewicht. Der Wecker zeigte 7.30 Uhr.

Ein paar Minuten später atmete der Mann tief durch, dehnte und streckte sich, dann schob er die Beine über die Bettkante und richtete sich mühsam auf. Langsam kam er auf die Beine und schlurfte, die Augen immer noch halb geschlossen, ins Bad. Er drehte das kalte Wasser voll auf und stieg in die Dusche. Es war Teil seiner morgendlichen Routine und Ausdruck seines starken Willens, dass er sich jetzt direkt unter den kalten Strahl stellte. Er stöhnte und schnappte heftig nach Luft. Es war seine Methode, schnell und vollständig wach zu werden – es war zwar nicht angenehm, aber wirkungsvoll.

Als er wieder angezogen in seinem Schlafzimmer stand, fiel sein Blick auf ein Buch, das sein Pastor ihm geliehen hatte. Er hatte am vergangenen Abend nur noch ein halbes Kapitel gelesen, dann war er eingeschlafen. Es handelte von der Endzeit, ein Thema, das ihn eigentlich auch interessierte, aber er war zu müde gewesen.

Während der letzten drei Bibelabende hatten sie über solche Themen gesprochen. Er ging gerne und regelmäßig in die Gemeinde, seit er vor kurzem die Entscheidung getroffen hatte, seinen allgemeinen Glauben an Gott auf eine persönliche Ebene zu bringen. Seither hatte sich vieles verändert. Über viele Themen dachte er heute anders als vor dieser Entscheidung.

Nun endlich begann der gemütliche Teil des Morgens. Er ließ sich in seinen großen Ohrensessel fallen, schlürfte seinen Kaffee und griff nach der Zeitung. Danach würde er die Post durchsehen, die Papiere auf seinem Schreibtisch sichten, zusammenpacken, was er für den Tag brauchte, und losfahren. Abgesehen von den ersten Stunden am frühen Morgen kannten seine Tage keine Routine.

Rocky McCondy war Witwer und kinderlos, hatte aber einige Freunde und sehr viele Bekannte. Seine Tage verbrachte er damit, Dinge herauszufinden, die andere gerne wissen wollten. Jahre seines Lebens war er fest angestellt gewesen. Doch seit dem Tod seiner Frau hatte er umgesattelt und sich selbständig gemacht. Manches Mal war er einsam, aber oft traf er auch sehr interessante Menschen. Er sehnte sich nicht nach seinem geregelten Leben zurück.

Auf der ersten Seite der Zeitung stand eine Schlagzeile, die ihn faszinierte. Schnell las er den dazugehörigen Bericht über die erstaunlichen Ereignisse in der Türkei.

Er hatte den Namen Adam Livingstone wohl schon einmal gehört, sich aber bisher nicht für ihn interessiert. Auch die Berichte über die Expedition hatte er nur am Rande wahrgenommen. Aber ein Satz in dem Artikel weckte eine Erinnerung in ihm.

Abrupt setzte er die Kaffeetasse ab, ließ die Zeitung fallen und sprang auf. Ein paar Augenblicke später war er auf dem Dachboden und kramte in einer alten, verstaubten Truhe. Die trübe Glühbirne war ihm kaum eine Hilfe. Doch bald fand er, was er suchte.

Als er einige Minuten später wieder in seinem Sessel saß, trug er eine vergilbte Fotografie, etliche Zeitungsartikel, ein dickes Notizbuch und mehrere andere Kostbarkeiten bei sich.

Während er seine Tasse wieder aufnahm, dachte er angestrengt nach. Er hatte keine Ahnung, wie er an diesen Mann herankommen sollte. Ein völlig Fremder. Dazu noch ein Prominenter. Er würde ihn nie erreichen.

Aber er musste es versuchen.

Im Laufe der Jahre hatte er gelernt, seine Eindrücke ernst zu nehmen. Zugegeben, manches Mal war er auch schon auf falsche Fährten und in Sackgassen geraten. Sollte er sich täuschen, wäre es kein großes Problem. Doch vielleicht stand das Leben dieses Mannes auf dem Spiel und er war sich nicht sicher, wie viele außer ihm das wussten.

Er musste handeln.

Zur gleichen Zeit betrat etwa 500 Kilometer östlich des Ararat ein eleganter Herr die Lobby des modernen Regierungsgebäudes. Er sah gepflegt aus, hatte markante Gesichtszüge und einen selbstbewussten Gang. Während der Mittagszeit war das überwiegend aus Glas und Marmor bestehende Gebäude fast leer. Doch dieser Mann kannte keine Pause. Er war der Zweitmächtigste im Staat und die meisten Beobachter hielten ihn sogar für den einflussreichsten Mann der Republik.

Er hatte heute besonders viel zu tun. An diesem Morgen waren seine schlimmsten Befürchtungen eingetreten. Die Wut, die seit der morgendlichen Zeitungslektüre in ihm kochte, ließ sich immer schwerer zurückhalten. Schlimm genug, dass diese Expedition so nahe an seiner Landesgrenze stattfinden musste. Aber er hatte nie ernsthaft mit einem Erfolg der verrückten Forscher gerechnet. Doch die Nachricht des heutigen Tages würde ihm, wenn er nichts dagegen unternahm, noch viel Ärger bereiten. Er musste versuchen, das Schlimmste zu verhindern.

Sein Büro befand sich im siebten Stock. Es war äußerst luxuriös eingerichtet. Zugegeben, in New York, London oder Rom hatte Luxus noch andere Dimensionen. Aber in diesem Teil der Welt war es das höchste und schönste Gebäude weit und breit.

Er hatte große Pläne für seine Stadt. Baku, die Hauptstadt Aserbaidschans, war noch nicht sehr bekannt. Doch das würde sich bald ändern. Für ihn bestand kein Zweifel daran, dass Baku bald eine Skyline haben würde, die mit der von New York mithalten könnte – wenn nicht in ihrem Ausmaß, so zumindest in ihrer Schönheit.

Das Schild an seiner Tür verriet, dass er der Arbeitsminister Aserbaidschans war. Trotzdem hatten die Entscheidungen, die in dem Raum getroffen wurden, schon jetzt mehr Einfluss auf die Geschicke des kleinen Landes als die des Präsidenten persönlich. Und diese Position bildete für ihn nur eine Zwischenstation. Er hatte ganz andere Ziele. Was er jetzt tat, hatte nur am Rande mit seinen eigentlichen Plänen zu tun.

Schon seit über einem Jahr beobachtete er die Aktivitäten am Ararat. Sie missfielen ihm außerordentlich. Dabei konnte er gar nicht genau sagen, was ihm so bedrohlich erschien. Waren es die vielen Presseleute, die in die Nähe seines Landes kamen? Zum Teil war das sicher der Fall. Aber es war mehr als das. Instinktiv wusste er, dass die Forschungen am Ararat seine Stellung und seinen geplanten Aufstieg zu noch mehr Macht bedrohten.

Jedenfalls hatte er schon seit einiger Zeit versucht, die Pläne Livingstones zu vereiteln. Doch leider ohne Erfolg. Dieser Archäologe stand in der Gunst der Medien und hatte unbeschreibliches Glück.

Er ging zu seiner Bar, goss sich einen Drink ein und stellte sich an das große Fenster. Die Eiswürfel klirrten leise im Glas, während er seine Blicke über die Stadt schweifen ließ. Zu seinen Füßen breitete sich der große Hafen aus, den er in wesentlichen Teilen selbst hatte bauen lassen.

Er hatte auch einen seiner Männer auf Livingstone angesetzt. Er versuchte, die Sponsoren abzuwerben und die türkische Regierung unter Druck zu setzen. Doch nichts hatte Erfolg. Der Engländer war ein starker Gegner.

Nun würde er zu anderen Mitteln greifen müssen. Er wollte dem ganzen Spektakel so schnell und radikal wie möglich ein Ende bereiten, bevor es völlig außer Kontrolle geriet. Er würde sich ab sofort persönlich und vorrangig um diese Angelegenheit kümmern.

Seine beiden Verbündeten in den Niederlanden und der Schweiz wären vermutlich verärgert gewesen, wenn sie von seinen Plänen erfahren hätten. Aber für sie stand weniger auf dem Spiel als für ihn.

Entschlossen wandte er sich vom Fenster ab und rief seine Sekretärin herein. Er würde gleich am nächsten Morgen nach London fliegen.

Auch in Europa lösten die Nachrichten Interesse, Freude, zum Teil aber auch große Beunruhigung aus.

Letzteres traf vor allem auf die beiden europäischen Mitglieder des geheimen Zwölferbundes zu, Frau Anni D'Abernon und Herrn Rupert Vaughan-Maier, die beide zu derselben Organisation gehörten wie der Arbeitsminister Aserbaidschans.

Ihr Ziel war, die Menschheit auf eine neue Weltordnung vorzubereiten. Sie gehörten weltweit zu den einflussreichsten Persönlichkeiten im Finanz- und Medienbereich. Mit ein paar Unterschriften konnten sie die Weltwirtschaft und die globale Kommunikation in neue Bahnen lenken.

Seit Jahren beobachteten sie die Entwicklungen … ihre Vorgänger hatten sie Jahrhunderte lang beobachtet. Doch ihre Macht erstreckte sich nicht nur auf den Bereich des »Greifbaren«, sondern auch auf den des Übersinnlichen.

Angesichts ihrer übergeordneten Ziele waren ihnen die alltäglichen Entwicklungen nicht so wichtig. Auch das Interesse der Öffentlichkeit an den Ereignissen am Ararat kümmerte sie eigentlich wenig. Dies waren nur unbedeutende Zwischenspiele. Die Menschen ließen sich schnell wieder ablenken und waren leicht zu manipulieren.

Ihr Interesse galt den großen Zusammenhängen. Es war ihnen immer um ganze Zeitalter gegangen, nicht um Tagesnachrichten. Selbst wenn Jahre ins Land gegangen waren, spielte das keine Rolle, solange der große Plan verfolgt wurde.

Doch jetzt war eine sensible Phase angebrochen. Dieser Abschnitt war lange und sorgfältig vorbereitet worden. Sie befanden sich an der Schwelle zum Zeitalter ihres Machtantrittes und nichts sollte die letzten Vorbereitungen dafür stören.

»Ich hatte beunruhigende Wahrnehmungen«, sagte die große, stattliche Schweizerin, deren Augen unnatürlich tief und durchdringend blicken konnten. Sie war nicht unattraktiv, aber ihre Stärke übertraf ihre Schönheit.

»Auch ich wurde heute Nacht von störenden Empfindungen geweckt«, bestätigte der ihr gegenüber sitzende Mann. Er hatte vornehmes graues Haar, war etwas über 60 Jahre alt und wirkte wie ein Mensch, der es gewohnt war, Befehle zu geben. »Ich hatte einen Traum. Darin hieß es: ›Vorsicht! Die Tür muss verschlossen bleiben!‹ Der Traum war sehr eindringlich …«

Die Frau nickte. Sie hatte ähnliche Eindrücke.

Es gab ein Geheimnis, das niemals ans Licht kommen sollte. Es hatte mit dem großen Licht zu tun, mit dem Ursprung von Gut und Böse. Livingstones Forschung war eine Bedrohung für die unsichtbare Welt. Die sorgfältige Arbeit eines ganzen Jahrhunderts konnte damit zunichte gemacht werden.

»Wir wussten doch, dass Livingstone die Arche finden würde«, sagte Anni D'Abernon. »Einer unserer Leute gehört zu seinen Sponsoren.«

»Haben wir die Auswirkungen vielleicht unterschätzt?«, überlegte Rupert Vaughan-Maier. Beide waren sich nicht sicher, wie sie ihre innere Unruhe deuten sollten.

»Ach, es gibt schon genügend Beweise für den Wahrheitsgehalt der Bibel, das kümmert doch keinen.«

»Vielleicht ist Livingstone das Problem? Wenn er die Wahrheit des Buches belegt, wird ihm die Welt mehr Glauben schenken, als wenn es ein Christ tut. Er ist immerhin ein anerkannter Wissenschaftler.«

»Ich dachte, Livingstone sei längst auf unserer Seite? Hat er vielleicht Forschungsprojekte geplant, von denen wir nichts wissen? Wir müssen Lord Montreux verständigen!«

»Ja, das Mädchen wird schon dafür sorgen, dass er auf unserer Seite bleibt.«

»Mit der Heirat wird er endgültig zu uns gehören.«

»Vielleicht sollten wir den Rat der Zwölf einberufen. Ich glaube, einige von uns sind sehr beunruhigt«, schloss Frau D'Abernon.

»Stimmt! Ich habe den Hinweis erhalten, dass einer von uns vom Plan abweicht«, bestätigte Herr Vaughan-Maier.

»Wer?«

»Darüber konnte ich noch nichts erfahren. Die Warnung lautete: ›Achtet auf euch selbst. Keiner soll es wagen, eigene Ziele zu verfolgen.‹«

Kurze Zeit später gingen sie auseinander.

Von diesem Tag an verfolgten sie ihre Ziele noch eifriger als zuvor. Sie mussten als Erste die Tür finden, die nicht geöffnet werden sollte. Sie waren entschlossen, den Ort zu zerstören, um die Gefahr für immer abzuwenden.

Schon einmal war jemand der Stelle nahe gekommen. Im vorangegangenen Jahrhundert war ein Verrückter durch die arabische Wüste geirrt. Sie hatten ihn zur Strecke bringen können, aber sie hatten sein Geheimnis nicht erfahren.

Jahrhunderte hatten sie darauf gewartet, dass ihr Zeitalter anbrechen würde. Nun stand es unmittelbar bevor. Bald würde einer von ihnen die Weltherrschaft antreten. Dies war ein Zeitpunkt, zu dem keine Störungen, Forschungen oder gar unliebsame Entdeckungen eintreten durften, die ihre Autorität in Frage stellen könnten.

Wo auch immer der Ort sein mochte, der für sie gefährlich war, Adam Livingstone würde ihn nicht betreten. Dafür würden sie schon sorgen.

Im Eichhof

Es war ein sonniger, warmer Tag, ein Tag, auf den sich die Familie lange gefreut hatte. Fröhlich gingen die Eltern mit ihren beiden erwachsenen Kindern zu dem Wagen, den sie sich für diesen Tag von der Tante ausgeliehen hatten. Zügig fuhren sie los, sie wollten vor den königlichen Reitern am Palast sein, um noch einen Blick auf die Königin werfen zu können, bevor sie im Buckingham-Palast zum großen Empfang verschwinden würde.

Was für ein sonniger Morgen! Und wie lebendig London sein konnte! Sie parkten möglichst nahe beim Schloss und kämpften sich Richtung Tor vor. Die Musik der Kapelle hinter ihnen wurde immer lauter. Dann kamen die Reiter.

»Wo ist denn die Königin?«, fragten die Kinder ungeduldig.

»Ich weiß es auch nicht«, antwortete der Vater. »Sie wird gleich kommen.«

Wenn die 23-jährige Tochter an diesen Tag zurückdachte, erinnerte sie der Tag an eine Geschichte wie aus einem Märchen. Die Musik war so fröhlich gewesen und ihr Vater so ausgelassen, wie sie ihn nur selten erlebt hatte.

Jetzt warf sie sich unruhig von einer Seite auf die andere. Seit jenem furchtbaren Tag vor einer Woche durchlebte sie diesen Alptraum Nacht für Nacht immer wieder.

Der Vater wollte mit ihnen die Straße überqueren, um einen besseren Platz zu ergattern.

Lärm mischte sich in die Volksfeststimmung. Menschen schrien, ein Wagen hielt mit Vollgas auf sie zu ... Schreie ... Menschen rannten in alle Richtungen.

Der Wagen fuhr mit Höchstgeschwindigkeit weiter auf das Tor, auf sie zu.

Pfiffe ... Rufe von Polizisten ... Schreie ... Die Musik brach ab ... Pferde wieherten ... Schüsse ... Menschen liefen durcheinander.

»Tod den Tyrannen! Tod den Monarchen!« Der Ruf kam aus einem schwarzen Wagen. Ein Mann lehnte sich aus dem Fenster. Er trug eine Maske und hatte ein Gewehr in der Hand.

»Lauft, Kinder«, schrie der Vater, »zurück zum Auto!«

Schreie ... Lärm ... alle rannten ... Menschen fielen übereinander ... die schrillen Pfiffe der Polizisten ... Sirenen.

Sie rannten ... rannten ... da war ihr Wagen ... endlich in Sicherheit.

Dann eine betäubende Explosion, gefolgt von schrillen Schreien, eine weitere Explosion. Plötzlich fiel etwas zu Boden und blieb direkt vor ihren Füßen liegen ... sie stolperte.

In dem Durcheinander schien plötzlich alles zu verschwimmen und sie begann, alle Bewegungen wie in Zeitlupe wahrzunehmen. Auch der Lärm schien aus großer Entfernung zu kommen.

Sie sah nach unten. Blut tropfte von ihren Händen. Furchtbares Rot, überall ... sie fühlte keinen Schmerz ... sie fühlte überhaupt nichts.

Dann hörte sie ihre eigene Stimme ... lauter als alle anderen ... sie schrie und schrie und schrie.

Polizisten kamen angerannt, sprangen über gekrümmte Körper. Das Straßenpflaster war mit Blut übersät; sie sah nur noch Fratzen vor ihren Augen, hörte keine Geräusche mehr.

Sie öffnete ihren Mund weit, Schreie wollten heraus ... ihr Gesicht war tränennass.

»Papa ... Papa!« Sie schrie aus Leibeskräften. Aber ihre Stimme war unhörbar. Sie war stumm.

Warum öffnete er seine Augen nicht? Warum war um ihn herum alles so furchtbar rot?

Endlich hatte sie ihre Stimme wieder: »Papa, Papa, bitte, wach doch auf!« Ihr Schreien wurde zum Wehklagen ... und verhallte ungehört.

»Juliet ... Juliet, Liebes!« Die Stimme war sanft, aber eindringlich. Hände richteten sie auf.

»Juliet, meine Liebe, wach doch auf ... das ist nur ein Traum ... nur ein Alptraum ...«

Langsam kam sie zu sich. Der Raum erschien zunächst noch fremd, aber nach und nach kam die Erinnerung zurück. Sie hatte geträumt. Hier war ihr Zimmer. Aber es war kein Traum gewesen, es war die Wirklichkeit. Sie krümmte sich zusammen und schluchzte.

Die Frau, die sich auf ihre Bettkante gesetzt hatte, nahm sie liebevoll in ihre starken Arme, streichelte ihr Haar und ließ sie weinen.

Minuten vergingen.

»Tut mir Leid.« Nun war sie wieder völlig klar. »Ich hab dich geweckt. Bitte entschuldige.«

»Das macht nichts, Liebes.«

»Ich komme mir vor wie ein kleines Kind.«

»Das ist nicht schlimm. In solchen Situationen darf man auch Kind sein. Sei froh, dass du jetzt die Möglichkeit hast, dich auszuweinen, und sei nicht so streng mit dir. Auch wenn es jetzt nicht so aussieht: Mit der Zeit wird es besser werden und du wirst wieder lachen können.«

»Werden die Alpträume wohl irgendwann aufhören?«

»Ich glaube schon. Nach dem Krieg hatte ich immer so schlimme Träume von Bombenangriffen. Das hörte eines Tages auf. Ich habe die Bilder nicht vergessen, aber die Träume sind vorbei. So wird das bei dir wohl auch sein.«

»Was soll nur aus mir werden?«

»Erst einmal bleibst du hier bei mir. Dr. Livingstone wird bestimmt damit einverstanden sein. Ich brauche jemanden, der mir im Haushalt hilft, das hat er immer schon gesagt.«

Das junge Mädchen schniefte noch ein wenig und ihre Tante, Andrea Graves, brachte ihr eine Tasse Tee.

Plötzlich hörten sie das leise Klingeln des Telefons, das in einem anderen Teil des großen Gebäudes stand.

»Wer ruft denn jetzt an, mitten in der Nacht?«, murrte die Tante, ging aber eilig los. Es dauerte eine Weile, bis sie am Apparat war, aber der Anrufer war beharrlich. Sie war ziemlich außer Atem und etwas verärgert: »Woher haben Sie Dr. Livingstones Privatnummer? Und warum rufen Sie mitten in der Nacht an?«

Der Anrufer insistierte. Sie wurde unwillig: »Ich habe keine Ahnung, wann Dr. Livingstone kommt. Und ich bitte Sie, die offizielle Nummer zu wählen. Gute Nacht!«

Schnaubend knallte sie den Hörer auf die Gabel. War das ein unangenehmer Mensch! Kein Wunder, dem Akzent nach zu urteilen war er Amerikaner!

Der Erfolg der Ararat-Expedition war bereits seit zehn Tagen *das* Gesprächsthema in London. Auch die amerikanischen Fernsehstationen sendeten ständig Live-Übertragungen aus der Türkei. Der große Archäologe selbst hatte aber bisher Kameras und Interviews vermieden.

Manche sagten, es sei ein Wunder, dass sich das Wetter so lange gehalten habe. Das Team auf dem Berg selbst nannte es einfach Glück. Wie auch immer, die idealen Wetterbedingungen erlaubten Adam Livingstone, mit zwei weiteren Kollegen zusammen drei Tage und zwei Nächte in seinem Eisloch zu verbringen. Was er zu Tage förderte, war Tausende von Jahren vor den Menschen verborgen gewesen.

Für Livingstones Team stand bereits fest, dass sie im nächsten Sommer hier weiterarbeiten würden. Es gab inzwischen keine Zweifel mehr, dass sie ein altes, riesiges Schiff entdeckt hatten, dessen Bauweise und Materialien den biblischen Beschreibungen der Arche erstaunlich ähnlich waren. Nun hatte man überlegt und auch schon berechnet, wie man durch Eissprengungen das Schiff aus dem Gletscher lösen konnte. Es gab auch Überlegungen, ein Camp direkt auf dem Gletscher zu errichten, um den schwierigen Zugang zu überwinden. Doch zunächst musste man den Winter mit seinen Stürmen, Schneefällen und dem Eis abwarten.

Dann schlug das Wetter um. Das Team wurde evakuiert, das Lager abgebrochen. Mit Hubschraubern wurden die Leute und ihre gesamte Ausrüstung nach Dogubayazit an der iranischen Grenze gebracht. Dort würden einige Mitarbeiter und die gesamte Ausrüstung auf den nächsten Sommer warten.

Es würde Jahre dauern, das Schiff komplett zu bergen. Das Holz war nur zum Teil versteinert, zum Teil auch sehr zerbrechlich. Ein Teil des Teams würde bis zum nächsten Sommer diesen zweiten Abschnitt der Forschung vorbereiten. Livingstone selbst hatte währenddessen schon wieder andere Pläne. Er hatte vor, in diesem Winter eine seit langem geplante Expedition nach Afrika zu realisieren.

Für die Rückkehr nach England hatte sich Adam etwas Besonderes ausgedacht. Wenn schon Medienrummel, dann richtig! Er hatte sein Anwesen täglich in den Nachrichten gesehen. Es war regelrecht belagert von Journalisten und Übertragungswagen.

Livingstone erschien es nur natürlich, dass seine Rückkehr von dieser spektakulären Expedition mit großer öffentlicher Aufmerksamkeit verbunden sein würde. Er war erfolgreich und dafür bewunderten ihn die Massen – zu Recht! Er hatte nichts dagegen.

Andrea Graves und ihre Nichte Juliet saßen beim Frühstück.
»Ach, Tante, wie soll das nur mit mir weitergehen? Ich kann doch nicht immer nur in meinem Zimmer sitzen und im Garten spazieren gehen.«
»Im Moment tut dir die Ruhe gut.«
»Vielleicht sollte ich mir eine Arbeit suchen?«
»Damit würde ich mir noch Zeit lassen.«
»Aber ich habe überhaupt kein Geld und will dir auch nicht ewig auf der Tasche liegen.« Sie fröstelte und zog ihre Strickjacke enger um sich.
»Das haben wir doch geklärt. Du bist bei mir und brauchst dir über nichts Gedanken zu machen. Du gehörst jetzt zu mir und ich habe mehr als genug für uns beide.«
»Aber etwas Abwechslung würde mir auch gut tun. Selbst wenn ich nur Pommes frites verkaufen würde, wäre ich doch wenigstens unter Leuten.«
»Du hast doch nicht studiert, um jetzt Pommes zu verkaufen?!«
»Ich würde alles Mögliche tun, wenn es mir nur helfen würde, nicht mehr an das Attentat zu denken und die Alpträume loszuwerden.«
»Du brauchst Zeit, um ganz gesund zu werden.«
»Das sagt der Psychologe auch. Aber wenn ich mehr Zeit habe, denke ich nur mehr nach …. Vielleicht käme ich leichter über alles hinweg, wenn ich viel zu tun hätte. Ich weiß nicht, ob die Selbsthilfegruppen wirklich so gut sind.

Andererseits interessiere ich mich für nichts mehr. Vielleicht ist die Pommesbude wirklich das Richtige für mich. Das Studium hat mir ohnehin nicht viel gebracht. Ich kann Landkarten lesen, Löcher graben und Steine sammeln. Klasse. Was soll ich schon damit anfangen?«
»Du hast dich doch eine Zeit lang für Erdbeben interessiert.« Andrea Graves versuchte, ein Thema zu finden, mit dem sie ihre Nichte aufheitern konnte.
»Stimmt«, sagte diese gelangweilt.
»Und du hast dich mit technischem Zeichnen befasst, obwohl das gar nicht direkt mit deinem Studium zu tun hatte.«

»Aber es gibt genügend Geologen. Mich würde doch keiner anstellen, ohne Berufserfahrung und so.«
»Was sagt denn dein Psychologe?«
»Er sagt, dass ich mir keine Sorgen machen muss, denn es gäbe besondere Fördermaßnahmen für Opfer von Terrorakten. Und ansonsten sagt er nur, ich solle mir Zeit zum Trauern nehmen, wie auch immer das funktionieren soll.«
»Ich glaube, er hat Recht. Du könntest auch mal die Sozialarbeiterin fragen und die Studienberatung an der Uni, was die dir empfehlen würden.«
»Habe ich letztes Jahr schon mehrfach versucht.«
»Und?«
»Für die spannenden Arbeitsplätze reicht meine Ausbildung nicht. Ich würde letzten Endes nur wieder Reagenzgläser putzen, statt Proben zu sammeln. Ich würde Berichte abheften, statt sie zu schreiben. Ich habe keine Chance, in die Forschung zu kommen, und alles andere ist langweilig.«
»Das haben sie dir letztes Jahr gesagt, vielleicht ist es jetzt ganz anders. Versuche es doch noch mal.«
Juliet nickte, sah aber alles andere als begeistert aus. Sie stand auf und verließ nachdenklich die Küche.

Adam Livingstones Haushälterin arbeitete gerade in der Küche, als ein junges Mädchen hereinkam, das Anfang zwanzig war.
»Ich erwarte Besuch, Frau Graves. Rufen Sie mich bitte, wenn er da ist?«
»Ihr Computer-Freund?«
»Ja.« Die junge Frau lächelte. Sie hatte ein hübsches, von schwarzen Locken umrahmtes Gesicht. »Er will in der Mittagspause rüberkommen. Er arbeitet heute ganz in der Nähe.«
»Wo finde ich Sie, Frau Wagner?«
»Ich arbeite unten im Labor.«
Frau Graves' Gesicht nahm einen unwilligen Ausdruck an.
»Aber machen Sie sich bitte keine Sorgen«, fügte das Mädchen sofort hinzu, als sie Frau Graves' kritischen Blick bemerkte. »Ich weiß doch, dass kein Fremder unten rein darf. Ich würde es überhaupt nicht wagen, ihn dorthin mitzunehmen. Wir essen oben im Büro oder wir fahren zu einem Schnellimbiss.«

Frau Graves nickte und das Mädchen ging wieder. Etwa eine Stunde später kam der junge Mann. Er wartete in der Eingangshalle und Frau Graves ließ ihn nicht aus den Augen, bis das Mädchen gekommen war.

»Hallo, Dexter, da bist du ja. Hast du dein Mittagessen dabei?«

»Ja, hier in meiner Tasche.«

»Dann lass uns nach oben ins Büro gehen. Dort können wir uns auch unterhalten.«

Erin Wagner ging auf dem Weg nach oben voran. Dexter wartete nicht ab, bis sie außerhalb der Hörweite der Haushälterin waren, als er sagte: »Die Alte beobachtet mich wie ein Luchs.«

»Scht ... nicht so laut, Dexter. Das ist schließlich ihre Aufgabe.«

Die Stimmen wurden leiser und verschwanden. Frau Graves sah ihnen hinterher, schüttelte verständnislos den Kopf und zog sich wieder in ihren Trakt des Hauses zurück. Was fand die Kleine nur an diesem Kerl? Sie mochte die Assistentin Livingstones. Wenn sie nur auch mal was anderes als Männer im Kopf hätte! Und dann geriet sie auch immer noch an so komische Typen. Dieser hier kam ihr überhaupt nicht vertrauenswürdig vor.

Das Telefon begann zu klingeln. Inzwischen kannte Frau Graves die Stimme schon. Es war sein dritter Anruf.

Sie hielt ihren Ärger nur mühsam zurück: »Ich sagte Ihnen doch bereits, ich weiß nicht, wann Dr. Livingstone zurückkommt. Ich habe Ihre Telefonnummer noch von Ihrem vorletzten Anruf. Ich werde es ihm ausrichten. Nun finden Sie sich bitte damit ab, dass er nicht hier ist.«

Wütend legte sie auf, ohne seine Antwort abzuwarten. Manche Leute waren einfach unerträglich!

Sie hatte den Raum noch nicht verlassen, als das Telefon schon wieder klingelte. War das etwa schon wieder dieser aufdringliche Amerikaner? Aber zu ihrer Erleichterung hatte jemand im Büro das Gespräch angenommen. Ein paar Augenblicke später kam Erin zu ihr.

»Frau Graves, hier ist jemand am Apparat, der wissen will, ob es bei dem Interview mit Ihnen heute Nachmittag bleibt. Er bestand darauf, dass ich sofort zu Ihnen gehe und Sie um die Terminbestätigung bitte.«

Verständnislos sah die Haushälterin sie an. »Ich? Ein Interview? Davon wüsste ich!«

»Er sagte, er hätte mit Ihnen gesprochen, und nun wollte er wissen, ob es bei fünfzehn Uhr bleiben würde?«

»Ich habe mit niemandem gesprochen«, murmelte Frau Graves nachdenklich, ging zum Telefon und drückte auf den internen Knopf, um das Gespräch entgegenzunehmen.

»Hallo, mein Name ist Graves ...«
Sie runzelte die Stirn.
»Komisch.« Sie legte auf. »Die Leitung ist tot.«

Nun sah auch Erin ratlos aus. »Ich sehe oben mal nach«, meinte sie und lief die Treppen hoch ins Büro, wo ihr Freund war.

40 Minuten später hörte Frau Graves die beiden im Foyer. Dann kam Erin herein, um zu sagen, dass der Anrufer sich nicht mehr gemeldet hätte und dass ihr Freund gegangen sei.

Ungewöhnliche Rückkehr

Adam Livingstone und Scott Jordan verbrachten ihre letzte Nacht in der Türkei. Sie waren in einem Hotel in Ankara, von wo aus sie am folgenden Tag nach London fliegen würden. Scott war losgegangen, um etwas zu essen zu holen. Zu Hause in England würden sie die türkische Küche vermissen.

Außerdem wollte er auch ein Exemplar der Zeitschrift *Time* kaufen. Für heute war eine 20-seitige Sonderbeilage zu dem Fund in der Türkei angekündigt worden. Als Scott in dem Zeitungsladen stand, musste er grinsen. Auf der Titelseite war ein großes Porträt von Adam vor dem Hintergrund des Ararat-Gebirges abgebildet. Dazwischen waren Aufnahmen aus der Höhle am Ende des Eistunnels.

»Jetzt kennt dich wahrscheinlich jeder auf diesem Planeten!«, lachte er ein wenig später und gab Adam das *Time-Magazin*.

»Nicht so wichtig«, kicherte Adam. »Die andere Tüte, die du mitgebracht hast, interessiert mich viel mehr.«

»Hier, bitte«, sagte Scott und reichte ihm das Essen. »Soll ich schon anfangen zu lesen?«

»Ja, das ist eine gute Idee. Ich esse, du liest. Und wenn du etwas Negatives in dem Text entdeckst, kannst du mich warnen, damit ich es nicht aus Versehen lese.«

»Etwas Negatives? Über dich? Mann, du bist der gefeierte Held! Hast du das immer noch nicht gemerkt?«

»Nun lies erst mal.«

Auch Scott langte zuerst kräftig bei dem türkischen Reiseintopf zu, bevor er die Zeitschrift aufschlug. In diesem historischen Drama war auch er eine der Hauptfiguren. Er begann vorzulesen:

»Seit 150 Jahren ist das Verhältnis zwischen Naturwissenschaft und Religion ziemlich gespannt. Der Kampf um die Vorherrschaft wird seitdem erbittert geführt. Gegen Ende des neunzehn-

ten Jahrhunderts stimmten die Naturwissenschaftler aller Gebiete von der Astronomie bis zur Zoologie überein: ›Die Wissenschaft hat die Bibel widerlegt.‹
Abgesehen von den Protesten einiger unverbesserlicher Konservativer hat sich diese These seither immer mehr verfestigt. In diesem Jahrhundert hat die Wissenschaft ihre Überlegenheit über die Bibel so deutlich unter Beweis gestellt, dass sich kein rational denkender Mensch dem noch entziehen kann. So ist heute die von Darwin aufgestellte Evolutionstheorie Allgemeingut, während die Schöpfung in den Schulbüchern nur noch als überlieferter Mythos erwähnt wird.
Die Kreationisten, wie die Anhänger der Schöpfungstheorie genannt werden, halten hingegen an der Existenz eines Gottes fest, der das Universum schuf, den Menschen aus Staub formte, zu ihm sprach und sich in sein Leben einmischte.
›Die Wissenschaft hat keine wirklichen Beweise, um die Bibel zu widerlegen‹, erklären sie. Ihrer Meinung nach kann die Bibel Aufschluss geben über die Anfänge unserer Welt. Doch kaum einer nimmt sie ernst.
Und jetzt? Bekommen die Bibelgläubigen wieder Aufschwung? Ist die Naturwissenschaft plötzlich in die Enge getrieben, in Beweisnot geraten? Ist die Naturwissenschaft selbst etwa ungewollt der Religion zu Hilfe geeilt, indem sie Dinge entdeckte, an die sie selbst nicht glaubt?
In der Weltpresse liest man in diesen Tagen die Schlagzeile: ›Wissenschaftler beweisen die Bibel‹.
Es ist schwer, die Entdeckung, die vor einer Woche am Ararat gemacht wurde, anders zu deuten. Der angesehene britische Archäologe Adam Livingstone (siehe Titelbild) leitete eine Expedition im Osten der Türkei, die von Fachkreisen als die teuerste, modernste und technisch anspruchsvollste Expedition aller Zeiten bezeichnet wurde. Was er entdeckte, entspricht exakt den Beschreibungen der Arche aus dem sechsten und siebten Kapitel des Buches Genesis.«

Adam begann zu gähnen. Scott überflog die nun folgende Beschreibung der Expedition und suchte nach einer interessanteren Stelle.
»Hier, das dürfte dir neu sein, Adam«, sagte Scott, nachdem er mehrere Seiten und ergänzende Berichte überschlagen hatte.

»Proben aus dem gefundenen Holzkörper wurden sofort in verschiedene, unabhängige Labors geflogen. Die Angaben aller Labors stimmen überein. Sowohl die versteinerten als auch die nichtversteinerten Teile des Holzes sind zwischen 6 000 und 8 000 Jahre alt. Nach archäologischen Maßstäben ist dies alles andere als alt. Es gibt Funde von Werkzeugen und Tongefäßen, die doppelt so alt sind. Und doch ist dieser Fund eines Schiffes, das größer ist als ein Fußballplatz, nicht mit diesen zu vergleichen.
Nach dem biblischen Bericht war Noah zwischen 500 und 600 Jahre alt, als Gott ihm sagte: ›Mach dir eine Arche aus Zypressenholz! Statte sie mit Kammern aus, und dichte sie innen und außen mit Pech ab! So sollst du die Arche bauen: Dreihundert Ellen lang, fünfzig Ellen breit und dreißig Ellen hoch soll sie sein. Mach der Arche ein Dach, und hebe es genau um eine Elle nach oben an! Den Eingang der Arche bring an der Seite an! Richte ein unteres, ein zweites und ein drittes Stockwerk ein‹ (Gen 6,14–16).
Die Schiffe, mit denen Kolumbus den Atlantik überquerte, hatten weniger als ein Drittel der Größe dieser Arche.
Das hebräische Wort, das hier mit ›Zypressenholz‹ wiedergegeben wird, ist in seiner genauen Bedeutung unbekannt. Die Labors gaben übereinstimmend bekannt, die vorliegende Holzprobe sei mit keiner heute im Nahen Osten vorkommenden Baumart verwandt. DNA-Untersuchungen ergaben aber eine Ähnlichkeit mit der antiken Pinaceae sempervirens, die zum Teil auch Cupressus sempervirens oder Mittelmeerzypresse genannt wird. Es ist ein für den Schiffsbau typisches Holz. Auch Alexander der Große verwandte es für seine Flotte. Die Labors gaben weiterhin bekannt, das Material, von dem Livingstone zwischen den Planken Proben genommen hat, sei Pech, genau wie es in dem biblischen Bericht nachzulesen ist.«

Jordan brach ab und sah Adam mit hochgezogenen Augenbrauen an: »Wusstest du das?«
»Nein, ich habe noch keine Rückmeldung von den Labors. Aber ich bin mir ziemlich sicher, dass der Bericht stimmt. Offensichtlich hat der Reporter gute Beziehungen zu einem der Labors. Doch ich will abwarten, was wir in unserem eigenen Labor feststellen werden. Erin wird von dieser Aufgabe begeistert sein.«

»Hast du mit ihr gesprochen?«

»Ja, sie kann es kaum erwarten, bis wir kommen oder vielmehr, bis wir ihr den Probenkoffer geben.«

»Kann ich mir vorstellen. Eis, Steine und Holz von Noahs Arche sind ja wohl der Traum jedes Archäologen. Meinst du, dass Erin in der Lage ist, das richtig auszuwerten?«

»Sie ist noch jung und hat viele andere Dinge im Kopf. Aber ansonsten halte ich sehr viel von ihr. Sie macht gute Arbeit, und seit sie in unserem Team ist, hat sie schon viel gelernt.«

Scotts Augen überflogen schon wieder den Text. Es wurde ausführlich beschrieben, wie Adam eine Öffnung fand und in das Innere des Schiffes stieg. Scott fuhr fort, laut zu lesen:

»Das Wetter blieb freundlich, so konnten Livingstone und zwei seiner Kollegen im Eis bleiben und drei Tage und zwei Nächte durcharbeiten. Sie schliefen kaum, während sie das Eis schmolzen und das Wasser absaugten. Schließlich hatten sie im Innern des Schiffes eine Serie von Verschlägen freigelegt, aus denen sogar fossiler Tierdung geborgen werden konnte, wie die Labors übereinstimmend berichten. ›Hier ist der Beweis dafür, dass es sich um die Arche Noah handelt!‹, rief Livingstone aus, als er das Innere der Arche untersucht hatte.«

»Stimmt das?«, fragte Scott Adam erstaunt. »Hast du das gesagt?«

»Nicht, dass ich wüsste!«

Adam nahm Scott die Zeitschrift aus der Hand und überflog die anderen Artikel mit Überschriften wie »Expedition mit Spitzentechnologie: Archäologie im Zeitalter des Computers«, »Ägypten, Babylon und die Arche: Beweist die Archäologie den Wahrheitsgehalt der Bibel?«, »Wer bezahlt Adam Livingstone? Spekulationen über die finanzielle Seite des Fundes« oder: »Erste Reaktionen kirchlicher Kreise«.

Unterdessen war Scott eingeschlafen und Adam legte die Zeitschrift auch bald zur Seite. Seine Biografie, die als Nächstes kam, kannte er schon. Er war insgesamt zufrieden mit den Artikeln, die sich weitgehend an die Wahrheit hielten. Dass er aber zur zentralen Figur für christliche Fundamentalisten wurde, gefiel ihm gar nicht. Das war nie seine Absicht gewesen.

Am nächsten Morgen flogen Adam und Scott nach England zurück. Ein paar Kilometer von Livingstones Anwesen entfernt trennten sie sich. Scott fuhr alleine mit dem Wagen weiter. Als er sich dem Eichhof näherte, sah er genau das, was schon in allen Nachrichten gezeigt worden war: Die Zufahrt war nahezu unpassierbar und auch die umliegenden Felder waren zugeparkt. Schnell erkannten ihn die wartenden Reporter.

»Scott Jordan ist da!«, ertönte der Schrei eines Kameramannes und im nächsten Moment stürzte sich die wartende Menge auf ihn. Kameras liefen, Mikrofone waren eingeschaltet und Scott hatte keine Ahnung, wie er nun das Eingangstor des Grundstückes erreichen sollte.

Er öffnete sein Fenster einen Spalt breit, um »Keine Interviews. Bitte lassen Sie mich durch!« rufen zu können. Doch sofort versuchten zehn aufgeregte Männer, ihre Mikros durch den Spalt zu zwängen.

»Ist Herr Livingstone bei Ihnen?«, lautete eine der weniger intelligenten Fragen.

»Das sehen Sie doch«, gab Jordan unwillig zurück.

»Ist er vielleicht im Kofferraum?« Die Reporter ließen nicht locker.

Scott Jordan wurde wütend. »Darauf muss ich wohl nicht antworten. Nun lassen Sie mich endlich durch, sonst rufe ich die Polizei!«

»Wann kommt Livingstone?«, fragte ein Journalist.

»Bald, und wenn Sie mir helfen, hier durchzufahren, werde ich bei ihm ein Wort für Sie einlegen.«

Sofort machte sich der Mann ans Werk, schob die anderen rufend und fuchtelnd beiseite und schaffte es tatsächlich, Jordan ans Tor fahren zu lassen.

Bevor er den automatischen Türöffner betätigte, rief Jordan aus seinem Fensterspalt: »Wer versucht, mit mir zusammen auf das Gelände zu kommen, wird nachher nicht zur Pressekonferenz zugelassen!«

Pressekonferenz! Das zeigte Wirkung. Darauf hatten sie alle gewartet. Als das schwere schmiedeeiserne Tor sich langsam wie von Geisterhand öffnete, versuchte niemand, sich mit dem Wagen zusammen hineinzudrängen. Scott stieg aus und ging zu den Reportern zurück, die sich in einer schwarzen Traube an den Zaun drängten.

»Wenn Sie Ihre Augen offen halten, werden Sie Adam Livingstone bald sehen«, grinste Jordan sie an.

»Da ... da ...!«, schrie im selben Moment ein aufgeregter junger Mann und deutete auf einen kleinen weißen Fleck am Himmel, der sich von einem Hubschrauber gelöst hatte. Nun starrte die Menge nach oben. Der Fallschirm wurde rasch größer, drehte eine Runde über dem Haus und dem angrenzenden weitläufigen Park und wenige Sekunden später landete er auf der Wiese, die zum Haupteingang führte. Etwa drei Dutzend Kameras surrten.

Adam befreite sich von dem Fallschirm und begrüßte Scott.

»Perfektes Timing«, lachte Scott. »Ich bin gerade angekommen.«

»Was machen denn all die Leute hier, haben wir Besuch?«, fragte Adam halb belustigt, halb genervt und sah zum Zaun hinüber, wo sich eine Menschenmenge drängte. Alle riefen durcheinander und versuchten, ihre Mikrofone durch die Gitterstäbe des Zaunes zu stecken.

Adam wollte sich, teils geschmeichelt, teils angewidert abwenden, doch Scott stellte sich ihm in den Weg.

»Unter ihnen ist einer, der mir geholfen hat. Ohne ihn wäre ich nie mit dem Wagen durchgekommen. Ich habe ihm dafür versprochen, dass du mit ihm redest.«

Adam runzelte die Stirn, ließ sich aber darauf ein und ging zum Tor, wo der Journalist ihn strahlend erwartete. Im Gegensatz zu seinen Kollegen, die sich wie wild gebärdeten, stand er ruhig und zuversichtlich da.

»Herr Livingstone, wir alle würden gerne von Ihnen selbst hören, wie es Ihnen dort unten im Gletscher zu Mute war«, begann der Journalist, während alle anderen leise wurden.

»Ich bin nicht religiös«, erwiderte Adam grinsend, »aber es war eine besondere Atmosphäre in dem Schiff.«

»Können Sie das näher beschreiben?«

»Nun, es war so etwas wie tiefe Ehrfurcht, die mich erfüllte.« Adam wurde ernst.

»Handelt es sich tatsächlich um die Arche?«

»Sie erwarten von mir sicher keine Antwort auf diese Frage, bevor wir unsere Untersuchungen abgeschlossen haben. Alles andere wäre unwissenschaftlich.«

»Ist es die Arche oder ist sie es nicht?«, rief ein anderer dazwischen.

»So einfach sind die Dinge nicht zu beantworten«, gab Adam scharf zurück und wollte sich dem Haus zuwenden.

»Herr Livingstone«, rief der Erste wieder. »Bitte, noch eine Frage.«

Scotts Hand lag auf Adams Schulter und drängte ihn, sich noch einmal dem Reporter zuzuwenden.

»Ja?«

»Welche Folgerungen ziehen Sie persönlich aus dem Fund?«

»Was meinen Sie?«, gab Adam verständnislos zurück.

»Nun, Sie haben ein riesiges Schiff betreten, das viele Verschläge enthielt und größer ist als alles, was Spanier, Holländer oder Portugiesen jemals gebaut haben. Das Baumaterial, der Fundort und die Maße entsprechen dem biblischen Bericht. Wie konnte in der damaligen Zeit, Tausende von Jahren vor den Spaniern, ein solches Schiff gebaut werden? Ohne modernes Werkzeug, ohne Metall und Technik, möglicherweise von einem einzelnen Mann mit seinen drei Söhnen?«

Die Journalisten hörten aufmerksam zu. Adam und Scott schwiegen.

Endlich antwortete Adam gedehnt: »Selbst wenn wir den biblischen Bericht zu Grunde legen, muss Noah nicht alleine gebaut haben. Er kann Leute angestellt haben, die ihm halfen.«

»Nein, dem widerspricht die Geschichte«, unterbrach der Journalist. »Noahs Zeitgenossen sahen keinen Sinn in dem Bauwerk und verspotteten ihn, heißt es. Aber das ist nebensächlich. Mich bewegt eine ganz andere Frage.«

Es wurde noch stiller, als der Mann fortfuhr. »Warum hat er es getan?«

Alle warteten auf eine Antwort von Adam, doch er schwieg. So sprach der Journalist schließlich weiter: »Warum wurde dieses Schiff gebaut? Warum haben sich die Erbauer eine so große Arbeit gemacht? Woher wussten sie, dass dieses Schiff benötigt werden würde? Sie konnten nicht wissen, dass ein so gewaltiger Regen kommen würde, der die Kraft hätte, ihr Schiff auf einen über 5 000 Meter hohen Berg zu tragen. Verstehen Sie, wovon ich rede? Ihre Entdeckung wirft Fragen auf, die unsere Gesellschaft erschüttern können.«

Adam war nachdenklich geworden, schüttelte dann aber heftig den Kopf, als wollte er diese Gedanken abschütteln: »Nun übertreiben Sie aber! Wir haben auf einem Berg ein hölzernes Bauwerk gefunden, das wahrscheinlich ein Schiff ist. Unsere Untersuchungen haben gerade erst begonnen. Mehr gibt es dazu nicht zu sagen.

Und im Übrigen«, Adam funkelte den Journalisten überlegen an: »die Pyramiden sind auch erstaunliche Bauwerke aus einer anderen Zeit und doch schließt niemand daraus, dass der Gott der Bibel nötig war, um sie zu errichten.«

Adam sah triumphierend in die Runde. Damit hatte er den religiösen Spinner zum Schweigen gebracht, dachte er. Doch der Journalist sprach schon wieder: »Nein, dieser Vergleich ist nicht gerechtfertigt.«

»So?«, fiel Adam ihm verärgert ins Wort. Er fing an, diesen Mann und die ganze Situation zu hassen. Er hatte sich auf seine souveräne Landung gefreut und war nicht darauf vorbereitet, vor laufenden Kameras von einem reaktionären Journalisten in die Enge getrieben zu werden. Es war nie sein Ziel gewesen, die Bibel zu beweisen, und er hatte kein Interesse daran, von den Religiösen für ihre Theorien missbraucht zu werden.

»Herr Livingstone, erlauben Sie mir, meinen Standpunkt deutlich zu machen. Wer auch immer dieses Schiff gebaut hat, er muss außergewöhnlich große, kompetente Hilfe gehabt haben.«

»Ach ja?«, fiel ihm Livingstone ins Wort. »Auch die Pharaonen hatten eine Menge Hilfe. Das nannte man damals Sklavenarbeit!«

Alle lachten. Doch der Journalist ließ sich nicht beirren.

»Ich spreche nicht von menschlicher, sondern von übernatürlicher Hilfe. Niemand konnte wissen, dass eine Klimaveränderung eintreten würde, die solch ein Schiff sinnvoll und notwendig machen würde. Es gab kein Vorbild, wonach es gebaut werden konnte. Es gibt in der Geschichte kein anderes seetüchtiges Schiff von solchen Ausmaßen. Die Schiffe waren damals vermutlich ausgehöhlte Baumstämme. Und hier haben wir ein dreistöckiges Bauwerk, größer als ein Fußballfeld, das monatelange heftige Unwetter überdauerte. Hier war eine Technik und Berechnung erforderlich, die auch die Pyramiden übertrifft. Hinzu kommt die Frage, warum dieses Schiff gebaut wurde. Und wie kam es auf einen 5 000 Meter hohen Berg?«

Der Journalist schwieg. Es blieb still. Livingstone fuhr ihn an: »Wollen Sie sagen, Gott habe zu Noah gesprochen?«

»Was würden Sie antworten, wenn ich Ihnen diese Lösung vorschlagen würde?«

»Ich gehe nicht von der Existenz eines Gottes aus, der mit Menschen über Schiffskonstruktionen redet. Und nun entschuldigen Sie mich bitte!«

Er drehte sich noch einmal um: »Und bitte geben Sie meine Zufahrt frei. Sie brauchen nicht mehr hier zu warten. Ich werde keine weiteren Interviews geben.«

»Ich bringe die Proben ins Labor«, sagte Adam zu Scott, als sie das Haus betraten. Adam war wütend, weil diese Journalisten ihm seine Heimkehr, auf die er sich lange gefreut hatte, verdorben hatten. Seine Landung und die ersten Worte sollten seinen Triumph feiern, er wollte als der nationale Held auftreten, zu dem er in der Presse stilisiert worden war. Stattdessen hatte ein religiöser Fundamentalist ihm vor laufenden Kameras Fragen gestellt, die er nicht beantworten konnte und wollte.

»Crystal hat bestimmt alles vom Bürofenster aus beobachtet«, knurrte er und wandte sich zur Treppe. »Geh schon mal hoch zu ihr, ich komme gleich«, sagte er und ging die Stufen hinunter, die zum Labor im Untergeschoss führten.

Eilig ging Adam die Flure entlang, von denen verschiedene Räume abgingen. Hier war das Reich seiner technischen Mitarbeiterin Erin Wagner. Im Vorbeigehen warf er prüfende Blicke in die Räume, deren Türen offen standen. Es sah alles gut aus, sie schien fleißig und dabei auch ordentlich gewesen zu sein.

Als er um die Ecke bog, die ihn zu dem Raum führte, in dem er Erin vermutete und die Proben lagern wollte, kam ihm plötzlich eine Fremde entgegen. Sie kam aus einem der Räume und ging auf ihn zu. Er hatte sie noch nie gesehen. Als sie ihn erkannte, wurde sie starr vor Schreck. Beide starrten sich schweigend an.

Ihre Gesichtsfarbe wechselte von rot nach weiß, ihre grünen Augen waren vor Überraschung weit aufgerissen. Dieses Gesicht hatte sie im *Time Magazin* gesehen. Schweißperlen bildeten sich auf ihrer Stirn. Aber Livingstone hatte keine Ahnung, wer dieses Mädchen war, das sich in seinem Allerheiligsten herumtrieb.

Er polterte los: »Wer sind Sie? Und was suchen Sie in meinem Labor? Außer meinen Mitarbeitern hat hier niemand Zutritt!«

Das Mädchen war wie gelähmt vor Angst. Tränen schossen ihr in die Augen. Sie fühlte sich ertappt und schuldig, starrte den wütenden Fremden an und brachte gleichzeitig keinen Ton über die Lippen.

»Antworten Sie! Wer sind Sie?« Adam war außer Stande, die Furcht des Mädchens zu sehen. Er war wütend und fühlte sich berechtigt dazu, in seinem Haus mit Autorität aufzutreten.

»Ich ... ich ...« Es gelang ihr nicht, etwas zu sagen und sie fing stattdessen an zu weinen.

Adam schnaubte verächtlich und sah auf das zierliche Geschöpf herab. Wer auch immer sie war, gefährlich konnte sie wohl nicht sein. Ein Spion sah anders aus. Er schob sie beiseite und ging in den Raum, in dem er seine überaus wertvollen Proben vom Ararat-Gebirge deponieren konnte. Dann ging er nach oben ins Büro. Das Mädchen sah er nicht mehr.

Schon von weitem hörte er das fröhliche Gelächter seiner Mitarbeiter. Scott Jordan war gerade dabei, der Sekretärin Crystal Johnson und der Technikerin Erin Wagner die Höhepunkte ihrer Reise zu schildern. Adam war immer noch ärgerlich, als er in das Büro stürmte. Doch seine drei Mitarbeiter ließen sich davon zunächst nicht einschüchtern. Die Frauen begrüßten ihn stürmisch und beglückwünschten ihn zu seinem Erfolg.

Aber Adam hatte sich noch nicht beruhigt. »Wer ist das Mächen, das im Labor herumschleicht? Wie kommt ihr dazu, Fremde hereinzulassen?«

Die beiden Frauen sahen sich einen Moment lang ratlos an, dann dämmerte ihnen, wer das nur sein konnte.

»Ach, entschuldige bitte, Adam, ich habe die Tür offen gelassen«, begann Erin zu erklären.

»Wer ist die Frau?«, verlangte er nach Antwort.

»Die ist völlig harmlos. Aber am besten kann Frau Graves dir das erklären, ich weiß auch nicht so genau, was mit ihr ist.«

Adam war unzufrieden, weil er keine klare Auskunft bekam. »Ich will nicht, dass in meiner Abwesenheit Fremde im Labor herumspazieren, ist das klar?! Es ist mir egal, ob ihr sie für harmlos haltet!«

Dann sah er auf seine Uhr und dachte einen Augenblick nach. Jetzt war es doch still geworden. Keiner wagte, dem Chef zu widersprechen. Adam war jung, erfolgreich und sehr diszipliniert, aber er konnte manchmal auch sehr hart sein. Vielleicht war das einfach nötig, wenn man in so jungen Jahren zu so viel Macht und Ansehen kommen wollte.

»In einer Stunde treffe ich mich mit Scott und Erin in Labor 7. Dort sind die Proben. Ich will sie mit euch zusammen ansehen. Alles klar?«

Die beiden nickten. Livingstone wandte sich zur Tür, als ihm der eigentliche Grund für sein Kommen wieder einfiel. »Crystal, können wir die Post durchgehen?«

Crysal verdrehte die Augen. »Wir haben etwa 1 000 Briefe und Faxe bekommen, Chef!«

»Dann lass uns mit den wichtigsten anfangen.« Adam trommelte ungeduldig auf den Schreibtisch.

»Nun, das sind immer noch 50 bis 100 Nachrichten.«

»Zeig her«, sagte er und griff nach dem Stapel, den seine Sekretärin ihm reichte.

Zuoberst lag ein eleganter Briefumschlag, der das königliche Siegel trug.

»Wow, was haben wir denn da?«

Schnell riss Adam den Umschlag auf und las die königliche Einladung.

Nach etwa zwei Stunden hatte er Crystal die Post diktiert und mit Scott zusammen die Proben zur weiteren Untersuchung im Labor an Erin übergeben. Nun hatten die beiden Frauen viel zu tun und Adam Livingstone fand Zeit, seine Haushälterin aufzusuchen.

Sie war in ihrer Wohnung im ersten Stock des Südflügels.

»Guten Tag, Herr Livingstone, schön, dass Sie wieder zu Hause sind!«

»Danke, Frau Graves. Es scheint ja alles in Ordnung zu sein?«

Die ältere Dame nickte.

»Im Labor begegnete mir eine Fremde und Crystal sagte, Sie würden mir erklären können, um wen es sich da handelt.« Adam kam schnell zur Sache.

Frau Graves erschrak sichtlich. Hätte sie doch nicht alleine diese Entscheidung treffen dürfen, ohne ihren Chef zu fragen?

»Bitte seien Sie mir nicht böse, Herr Livingstone. Ich habe eigenmächtig gehandelt«, begann sie ängstlich. »Ich habe ihr einfach erlaubt, hier zu wohnen.«

»Wer ist sie? Und was macht sie in meinem Labor?«, unterbrach Livingstone das Gestammel der Haushälterin.

»Es ist meine Nichte, Herr Livingstone, die Tochter meiner Schwester aus Brighton. Ich habe sie ins Labor geschickt, weil ich für Frau Wagner eine Nachricht hatte.«

»Aha. Und wie lange wird sie hier sein?«

»Nun, das müssen Sie entscheiden. Es wäre schön, wenn sie noch ein bisschen bleiben könnte, wenn Sie es erlauben. Sie hat es nicht leicht im Moment.«

»Nun, sie sieht nicht gerade wie eine Obdachlose aus«, gab Adam etwas schärfer zurück, als er beabsichtigt hatte. Das Gerede der alten Frau ging ihm auf die Nerven. Er liebte klare Aussagen ohne unnötiges Drumherum. Er war schließlich Wissenschaftler.

»Nein, obdachlos ist sie nicht. Aber heimatlos«, fuhr die Haushälterin fort und blickte Adam besorgt an. »Das, was sie gerade durchmacht, ist schlimmer als materielle Armut. Leider trifft sie aber beides, seelische und finanzielle Not.«

»Sie reden und reden, aber Sie sagen nichts. Was ist denn nun los mit Ihrer Nichte?« Adams Geduld war erschöpft. »Wie heißt sie? Und was für Probleme hat sie?«

Die Haushälterin zuckte angesichts der Strenge in Adams Stimme zusammen.

»Sie heißt Juliet Halsay und ist 23 Jahre alt. Haben Sie von dem Bombenattentat am Palast gehört, Herr Livingstone?«

»Im Juli? Ja, natürlich! Der Fall wurde nicht aufgeklärt und es hat sich keine terroristische Organisation zu dem Anschlag bekannt.«

»Genau«, nickte die Frau. »Das war es. Juliet –« Ihre Stimme brach ab. Sie wandte sich um, suchte in ihrer Schürze nach einem Taschentuch und schnäuzte sich kräftig die Nase.

Endlich dämmerte Adam, was los war. »Ihre Nichte war dabei?«

»Ja, sie machten einen Familienausflug. Als die Terroristen kamen, waren sie mitten in der Menge. Sie wollten wegrennen, Juliets Vater und ihr Bruder waren vor ihr, als die Bombe sie traf. Beide –« Sie griff wieder nach dem Taschentuch.

»Tot?«, fragte Adam.

Die Frau nickte nur. Es war ihr anzusehen, wie nahe ihr alles ging. Sie weinte jetzt leise. Adams Ärger war verflogen. Was für eine schreckliche Geschichte. Meist waren Attentate dieser Art nicht mehr als eine Tagesnachricht. Doch in diesem Fall hatte es Menschen getroffen, die im weiteren Sinne zu seinem Team gehörten. Er bedauerte seine Schroffheit und fragte sanft: »Was ist mit Ihrer Schwester?«

»Sie und Juliet sind unverletzt geblieben. Sie liefen etwas hinter den Männern. Aber es geschah vor ihren Augen.«

Die Frau schnäuzte sich noch einmal kräftig und fuhr dann fort: »Die Familie hatte Schulden und war nicht versichert. Jetzt wird ihr Haus verkauft und mit dem Erlös werden die Schulden bezahlt. Sie haben im Moment keinen Pfennig. Juliets Mutter ist in Bedford bei unserer dritten Schwester untergekommen. Aber dort ist es so eng, dass Juliet nicht mitkonnte. Sie kann unmöglich zwei Personen aufnehmen und ernähren. Deshalb habe ich Juliet eingeladen, nachdem die Beerdigungen vorbei waren. Ich habe auf Ihr Verständnis gehofft«, sagte sie demütig, mit einem Fragezeichen in der Stimme.

Angesichts dieser Not hatte Adam endlich seine natürliche Freundlichkeit wieder gefunden und er antwortete so, wie es die Haushälterin auch von ihm erwartet hatte: »Sie haben genau das Richtige getan, Frau Graves. Natürlich kann sie hier bleiben, bis sich ihre Situation geklärt hat. Wo haben Sie das Mädchen untergebracht?«

»Im Gästezimmer neben meiner Wohnung.«

»Das haben Sie gut gemacht. Sie kann gerne dieses Zimmer bewohnen.«

Er wandte sich zum Gehen.

»Eines noch, Herr Livingstone. Hier rief in letzter Zeit ein paar Mal so ein komischer Typ an. Er kennt Ihre Privatnummer. Ich versuche immer, ihn abzuwimmeln, aber er ist äußerst hartnäckig. Er wird sich bestimmt wieder melden.«

»Was will er denn? Ist es ein Journalist? Die sind wirklich widerlich, diese Typen.« Die Erinnerung an vorhin war noch frisch.

»Keine Ahnung, er sagt ja nichts. Ich weiß nur, dass er Ihre Geheimnummer kennt. Ich glaube, er ist Amerikaner«, sagte sie mit einem Tonfall, der deutlich machte, was sie von dem Menschen hielt.

»Wenn er wieder anruft, werde ich ja hören, was er will.«

Nachdenklich ging Adam zu dem Gästezimmer. Die letzten Wochen hatte er nur für seine Entdeckung gelebt, nichts anderes hatte ihn bewegt. Nun holte ihn die übrige Welt wieder ein. Hier waren bei einem Familienausflug zum Buckingham-Palast unschuldige Menschen gestorben.

Niemand antwortete, als er an die angelehnte Tür klopfte. Auch die Tür zum angrenzenden Wohnzimmer stand offen. Vorsichtig spähte er hinein. Auf der Couch, mit dem Rücken zu ihm, saß das Mädchen. Es hatte die Beine angezogen, den Kopf auf die Knie gelegt und weinte. Der Anblick bewegte ihn. Es war mehr als das schlechte Gewissen, weil er so grob zu ihr gewesen war. Für einen Moment war es fast, als könnte er ihren Schmerz fühlen.

»Frau Halsay?«, fragte er so vorsichtig wie möglich.

Das junge Mädchen hatte ihn nicht kommen hören. Sie erschrak, fuhr herum und erstarrte, als sie ihn wieder erkannte. Ihre Augen waren gerötet, die Haare zerzaust; sie sah verzweifelt aus. Jetzt sah Adam die Angst in ihren Augen.

»Bitte«, sagte er schnell, »haben Sie keine Angst vor mir. Ich bin gekommen, um mich bei Ihnen zu entschuldigen. Ihre Tante hat mir erklärt, warum Sie hier sind. Es tut mir Leid, dass ich vorhin im Labor so unhöflich zu Ihnen war. Ich hatte davor einen unangenehmen Zusammenprall mit Journalisten, deshalb war ich noch verärgert, als ich Ihnen begegnete. Es tut mir auch sehr Leid, dass Sie Ihren Vater und Ihren Bruder verloren haben. Ich möchte Ihnen meine herzliche Anteilnahme aussprechen.«

Die Angst war aus ihrem Blick gewichen. Aber sie war immer noch nicht in der Lage, etwas zu erwidern. Nach einer kurzen Pause fügte Adam hinzu: »Bitte fühlen Sie sich in meinem Haus willkommen. Sie können hier wohnen, solange Sie wollen.« Mit einem ermutigenden Lächeln in die Richtung des Mädchens wandte er sich zur Tür. Ihr leises »Danke« hörte er nicht mehr.

Am selben Nachmittag rief der Amerikaner wieder an. Frau Graves erkannte die Stimme sofort. Bevor sie etwas sagen konnte, legte er los: »Ich weiß, dass Livingstone zu Hause ist. Versuchen Sie dieses Mal nicht, mich abzuwimmeln. Seine Ankunft ging durch alle Medien. Ich weiß, dass er da ist. Also verbinden Sie mich bitte!«

Frau Graves ärgerte sich sehr über den Ton, den der Fremde ihr gegenüber anschlug. Er entsprach all ihren Vorurteilen. Sie murmelte etwas von »Typisch Amerikaner« und tat, worum er sie gebeten hatte.

Als das Telefon klingelte, saß Livingstone gerade in seinem Wohnzimmer und sah die letzten Ausgaben der Zeitschriften durch, die er abonniert hatte.

»Livingstone«, meldete er sich zurückhaltend. Er war gespannt auf den Mann, der ihn so dringend zu sprechen wünschte.

»Herr Livingstone, Sie kennen mich nicht. Ich rufe Sie aus den Vereinigten Staaten an. Bitte entschuldigen Sie mich bei der Dame, die mich verbunden hat. Ich war sehr unhöflich zu ihr. Aber ich muss unbedingt mit Ihnen persönlich sprechen.«

»Nun, hier bin ich. Um was geht es denn bitte, Herr –?«

»Bitte verstehen Sie, dass ich meinen Namen im Moment noch nicht nennen kann. Ich kann Ihnen auch keine Einzelheiten über den Grund meines Anrufes sagen. Man muss damit rechnen, dass Ihr Apparat bereits abgehört wird. Nur so viel: Ich habe Informationen, die höchst brisant sind. Ihr Leben ist in Gefahr, Livingstone«, klang die Stimme des Fremden mit großer Dringlichkeit.

Livingstone runzelte die Stirn. Konnte er sich nicht deutlicher ausdrücken? »Bitte seien Sie etwas konkreter.«

»Tut mir Leid, das wäre zu gefährlich. Ich denke, Ihre Feinde hören jetzt gerade mit.«

Adam lachte. Auf so eine abwegige Idee war er noch nie gekommen. Wer sollte sein Feind sein? Und warum?

»Es gibt genug Leute, die Ihnen einen baldigen Tod wünschen«, betonte der Fremde noch einmal.

»Aber warum denn das?« Livingstone lachte noch immer.

»Mit Ihrer Entdeckung hat sich alles verändert. Wenn ich mehr sage, bringe ich Sie und mich damit in Gefahr. Bitte vertrauen Sie mir.«

»Das fällt mir schwer, wenn Sie nicht mehr sagen. Wenn man in den Schlagzeilen ist, bekommt man eine Menge verrückter Briefe und Anrufe. Aber – woher haben Sie meine Geheimnummer?«

»Das spielt keine Rolle. Ich habe meine Kontakte. Mehr kann ich nicht sagen.«

»Nun, dann kann ich auch nichts weiter unternehmen. Oder was würden Sie mir vorschlagen?«

»Seien Sie bitte vorsichtig, das ist alles. Bitte seien Sie äußerst vorsichtig, vergessen Sie das nicht.«

Damit legte der geheimnisvolle Anrufer auf. Adam lehnte sich mit gerunzelter Stirn auf seiner Couch zurück. Was sollte er davon halten? Ein Spinner? Oder eine ernste Warnung? Aber warum sollte ein Fremder ihn warnen? Und wovor? Er griff wieder nach seinen Zeitschriften und beschloss, erst einmal abzuwarten.

Ein paar Tage später saß Livingstone in seinem Arbeitszimmer und las die Bücher, die er sich aus der Bibliothek geholt hatte. Alle berichteten von der großen Flut, egal, ob es christliche, jüdische oder andere Quellen waren. Das Thema »Sintflut« hatte ihn auch früher schon beschäftigt. Aber nun war tatsächlich alles anders, genau wie der geheimnisvolle Amerikaner gesagt hatte. Er hatte den Beweis gefunden. Damit hatte sich alles verändert.

Was er noch nicht vorhersehen konnte, war die Veränderung, die seine Entdeckung bei ihm selbst bewirken würde.

Warum? Warum war dieses überdimensionale Schiff gebaut worden? Ein Schiff, maßgeschneidert für eine Klimakatastrophe, mit der niemand rechnen konnte. Die Frage des Journalisten hatte sich regelrecht in sein Gehirn eingebrannt und er musste sich ihr stellen, ob er wollte oder nicht. Am liebsten hätte er diese Frage verdrängt. Aber seine Entdeckung verlangte nach Erklärungen. Er musste sich dem Thema stellen. Nicht zuletzt wartete auch die wissenschaftliche und die allgemeine Öffentlichkeit auf seine Stellungnahme.

Warum hatte er sich überhaupt auf die Suche nach der Arche gemacht?

Als er damit begonnen hatte, hatten viele über ihn gespottet. Wenn Kollegen oder Journalisten ihn hänselten, erklärte er meist: »Wir haben alle möglichen Knochen und Werkzeuge gefunden, die viel älter waren als Noahs Arche. Die Geologen sind sich einig, dass es eine große Flut gegeben haben muss. Auch die Legenden vieler Völker stimmen darin überein, dass genau acht Menschen die große Flut überlebt haben. Warum sollte die Arche, eingebettet im Gletschereis, nicht die Jahrtausende überdauert haben?«

Seine Argumentation war gut. Damals bewegte er sich im Bereich von Theorien und Mutmaßungen. Aber er hatte nicht mit den Fragen gerechnet, die eine tatsächliche Entdeckung auslösen würde.

Letztendlich hing die Antwort von der religiösen Grundeinstellung des Einzelnen ab. Während der Debatte mit dem Journalisten war ihm klar geworden, wie wenig Bezug er selbst zur jüdisch-christlichen Religion hatte. In erster Linie war er Wissenschaftler und als solcher hatte er sich auf den Weg gemacht, eine Legende zu suchen. Warum hatte er das nur getan?

Angenommen, die biblische Geschichte von Noahs Arche entsprach der Wahrheit. Dann hatte er jetzt den Beweis gefunden. Und warum sollte man dann nicht davon ausgehen, dass der biblische Bericht tatsächliche Ereignisse beschrieb? Eigentlich hatte er selbst nie daran geglaubt, dass das der Fall war. Es waren neugierige Naivität und ein Kindheitstraum, die ihn auf diese Suche geschickt hatten. Seine Entdeckung hatte ihn fast ebenso überrascht wie den Rest der Welt. Er war immer ein Skeptiker gewesen, ohne sich darüber im Klaren gewesen zu sein. Doch nach dieser Entdeckung war es schwieriger geworden, skeptisch zu bleiben.

Teil II
London

Der Empfang

Andrea Graves wärmte sich an ihrer heißen Teetasse. Nachdenklich stand sie am Fenster und sah nach draußen, über die schöne Parkanlage des Livingstone'schen Anwesens hinweg bis zu den Wäldern am Horizont. Das war ihre kostbare Stunde am Vormittag, nachdem sie das Frühstück gemacht und die Küche wieder in Ordnung gebracht hatte. Eine Stunde der Ruhe, zum Nachdenken, Teetrinken und Zeitunglesen.

Ihre Gedanken waren an diesem Morgen bei ihrer Nichte. Da sie selbst Witwe war, wusste sie, was es bedeutet, einen geliebten Menschen zu verlieren. Die Zeitungen berichteten täglich von neuen Unfällen und Anschlägen, aber wenn es die eigene Familie traf, war es doch etwas anderes.

Sie machte sich Vorwürfe, dass sie den gestrigen Zusammenstoß zwischen Livingstone und Juliet verschuldet hatte. Und sie fragte sich, warum *sie* nicht von der Bombe getroffen worden war. Warum diese junge Familie? Sie selbst wäre längst nicht so schmerzlich vermisst worden. Ihr Leben war zum größten Teil vorüber.

Um Haaresbreite *hätte* es sie getroffen. Eigentlich wollte Juliets Familie zum Eichhof kommen, sie abholen und dann mit zwei Autos zum Schloss weiterfahren. Doch Andrea war krank geworden und zu Hause geblieben. Die Familie hatte ihren Wagen benutzt, der dann zerfetzt worden war. Er wurde immer noch von Scotland Yard untersucht.

Dann kamen die Fragen der Polizei, routiniert, geschäftlich, verletzend. Der Verdacht bestand, dass Frau Graves' Wagen das eigentliche Ziel des Anschlags gewesen war.

Nach der Polizei kamen die Sozialarbeiter. Juliets Vater war der Alleinverdiener gewesen, in ihrem Haus hatten sie nur zur Miete gewohnt. Sie vermittelten Juliet an zwei Selbsthilfegruppen. Außerdem erhielt Juliet Antidepressiva und besuchte einmal wöchentlich einen Psychologen, der sich auf die Arbeit mit Hinterbliebenen spezialisiert hatte.

Plötzlich wurde Frau Graves aus ihren Gedanken gerissen. Leise Schritte waren in ihren Raum gekommen. Juliet stand in der offenen Tür, halbversteckt in einem riesigen Wollpulli.

»Hallo, mein Liebes!«

»Störe ich dich? Ich war so alleine, deshalb bin ich zu dir gekommen.«

Die ältere Frau sah sie liebevoll an. »Nein, ich freue mich, wenn du zu mir kommst. Setz dich doch und leiste mir Gesellschaft.« Die Wärme in ihrer Stimme war ehrlich. Sie goss ihrer Nichte Tee ein und deutete auf das Sofa.

»Wie geht es dir?«, fragte sie ernst, während sie ihr den Tee reichte.

»Ich weiß auch nicht.«

»Bist du noch traurig wegen dem Ärger mit Livingstone?«

»Ach nein, das war halb so wild. Er kam nachher und hat sich entschuldigt. Nein, ich komme mit dem Attentat nicht klar. Tagsüber denke ich daran, nachts träume ich davon – ich werde die Bilder einfach nicht los! Und ich denke, ich hätte mit den anderen sterben sollen. Was soll ich noch hier? Ich werde immer nur eine Last sein und anderen im Wege stehen.«

»Halt, nein, du darfst nicht so reden. Das stimmt nicht!«, unterbrach die Tante sie. »Was sagt denn dein Psychologe?«

»Ach, ich weiß auch nicht. Ich soll meinen Gefühlen freien Lauf lassen, auch Wut und Schmerz. Aber das geht nicht so einfach. Ich sitze stattdessen stundenlang in meinem Zimmer und starre aus dem Fenster. Ich kann weder lesen noch fernsehen. Alles, was ich sehe, sind die schrecklichen Bilder von meinem Vater und meinem Bruder.« Sie brach in Tränen aus.

»Kannst du in den Gruppen erzählen, wie es dir geht?«

»Ja, ja, wir sollen immer davon erzählen, wie schlecht es uns geht. Aber davon kommen die Toten nicht zurück.«

»Mit der Zeit wird sich das alles verändern«, entgegnete die Haushälterin bestimmt.

Das Größte, was einem Briten widerfahren kann, ist, von der Königin zu einem Gartenfest im Buckingham-Palast eingeladen zu werden. Viele kommen zeitlebens nicht in diesen Genuss. Doch noch seltener ist es, dass die Königin ein Fest zu Ehren einer anderen Person in ihrem Garten veranstaltet. Dies ist wirklich die höchste Ehre, die einem im britischen Königreich zuteil werden kann.

An diesem warmen Septembernachmittag gab es einen vergleichsweise jungen Ehrengast, zu dessen Empfang die Königin geladen hatte. Während er gemessenen Schrittes über die gepflegten Wege des Parks ging, umgab ihn eine Schar Reicher und Gebildeter, die ihm Fragen stellten und ihn bewunderten.

Er trug einen weißen Smoking, einen grauen Hut und eine rote Rose im Knopfloch. Unter der Hutkrempe leuchtete sein volles blondes Haar in der Abendsonne. Er war ein athletischer Typ, knapp einen Meter neunzig groß und muskulös. Seine Gesichtszüge waren klar, ebenmäßig und markant, er hatte helle blaue Augen und war sorgfältig rasiert. Sein Blick drückte Stärke und Entschlossenheit aus, der Mund war ausdrucksstark, egal, ob er sprach oder zuhörte. Sein strahlendes Lächeln ließ den Herzschlag jeder Frau schneller gehen.

Auf den ersten Blick hätte man ihn eher für einen Schauspieler als für einen Wissenschaftler gehalten. Doch in letzter Zeit war er als Wissenschaftler so erfolgreich, dass die Medien ihn fast wie einen Filmstar behandelten. Und dieser Ruhm kam ihm sehr gelegen. Einerseits fiel es ihm nicht schwer, sich im Rampenlicht und unter Prominenten, Königen, Präsidenten, Politikern und Finanzfachleuten zu bewegen, denn er war eine starke Persönlichkeit, war selbstbewusst und selten um eine Antwort verlegen. Andererseits erleichterte es ihm der Ruhm, für seine Exkursionen die nötigen Sponsoren, Fördermittel und Ausgrabungsgenehmigungen zu bekommen, was zu Beginn seiner Laufbahn nicht immer einfach gewesen war.

Doch wenn er die Wahl hatte, war er lieber mit seinem Team bei einer Ausgrabung in irgendeiner staubigen, heißen Wüste, als hier mit den Reichen und Schönen zu promenieren. Er hatte es sich zur Lebensaufgabe gemacht, in der Vergangenheit zu graben, und diesem Ziel galt seine eigentliche Leidenschaft.

Heute war Livingstones erster öffentlicher Auftritt seit der großen Entdeckung am Ararat. Alle waren der königlichen Einladung gefolgt: Aristokraten, Parlamentarier, Bankiers, berühmte Sportler, die wichtigsten Geschäftsleute Londons, einige auserwählte internationale Korrespondenten und viele namhafte Wissenschaftler.

In Anbetracht der internationalen Zusammensetzung des Forschungsteams und der Sponsoren waren auch amerikanische, russische, französische und italienische Gäste geladen, dazu einige türkische Diplomaten. Selbstverständlich war auch das ganze Team Livingstones dabei, gleichgültig, ob sie die letzten Wochen am Ararat oder im Eichhof verbracht hatten.

Höhepunkt des Abends würde Livingstones privater Empfang bei der Königin sein, woraufhin beide sich mit einer Rede an die Gäste wenden würden. Doch bis jetzt war die Königin noch nicht erschienen.

Einstweilen begnügten sich alle damit, im Park zu flanieren und sich den Anschein zu geben, als fänden sie dies äußerst amüsant. Wer von den archäologischen Tagesthemen genug hatte, widmete sich dem neuesten Klatsch der britischen High Society. Dieses Thema war unerschöpflich.

»Guten Tag, Adam!« Die Stimme war ebenso bestimmt wie die Bewegungen zielsicher waren. Obwohl sie nur drei Worte gesagt hatte, blieb Adam abrupt stehen. Der Kreis um ihn öffnete sich und bildete eine Gasse für eine junge Dame.

Sie war groß und schlank, hatte eine atemberaubende Figur und war 27 Jahre alt. Ein raffiniert geschnittenes Kleid aus grüner Seide betonte ihre Reize. Ihr Lächeln war ebenso ausdrucksstark wie ihre Stimme. Sie war es gewohnt, die Aufmerksamkeit auf sich zu ziehen, und genoss die Blicke der Männer, an denen sie auf ihrem Weg zum Ehrengast vorbeiging.

»Candace, wie schön, dich zu sehen.« Adams Blicke glitten bewundernd an ihr entlang. »Du siehst bezaubernd aus!«

Mit einer eleganten Verbeugung hielt sie ihm die Rechte hin, die er vorschriftsmäßig und gekonnt küsste. Im Weitergehen hakte sie ihn unter und er küsste sie leicht auf die Wange. Dann machte ihr selbstbewusstes Lächeln einem kindlich beleidigten Schmollmund Platz. »Warum hast du mich nach deiner Rückkehr nicht angerufen?«

»Ich hatte vor, dich anzurufen, aber ich habe es leider nicht geschafft. Außerdem habe ich heute fest mit dir gerechnet.«

Leise fragte sie: »Hast du heute Abend Zeit?«

Lächelnd drückte er ihren Arm. Er hatte auch schon daran gedacht, dass sich das anbieten würde.

Sie sah ihn verliebt an. »Welch ein dramatischer Auftritt!«, schwärmte sie und sprach wieder laut genug, dass alle Umstehenden sie verstehen konnten, »ich habe deine Landung live im Fernsehen verfolgt.« Sanft schob sie ihn von den anderen Gästen fort.

Lady Candace Montreux wusste, was sie wollte, und war gewohnt, es auch zu bekommen. Lord Harriman Montreux, ihr Vater, war Parlamentsmitglied und ein sehr wohlhabender Finanzier aus altem englischen Adelsgeschlecht. Seine Tochter Candace zählte zu den meistumworbenen jungen Frauen im ganzen Königreich. Sie war stolz darauf, Livingstones Geliebte zu sein. Seit vier Jahren waren sie schon locker befreundet. Doch nun träumte sie immer öfter von einer großen Hochzeit. Es wäre ein gesellschaftliches Ereignis. Ihr Vater hätte zunächst zwar lieber einen Aristokraten an der Seite seiner Tocher gesehen, doch neuerdings unterstützte er ihre Pläne. Das lag allerdings nicht nur an dem Erfolg des jungen Archäologen; Lord Montreux hatte noch andere Motive.

»Adam, wann wirst du uns wieder beehren? Mein Vater hat schon mehrfach den Wunsch geäußert, dich sehen zu wollen«, sagte sie auffallend belanglos und schmiegte sich an ihn.

»Dein Vater ist doch hier. Er kann mich heute Abend sehen«, konterte Adam kühl. Er hatte keine Lust auf die Fragen über seine Zukunftspläne in Bezug auf Candace, die der Vater vermutlich wieder stellen würde.

Sie ließ sich nicht beirren. »Ja, er ist da, wahrscheinlich redet er mit irgendwelchen Bankiers oder Politikern. Aber trotzdem wäre es schön, wenn du uns zu Hause besuchen würdest, dann könntet ihr beide euch in aller Ruhe unterhalten.«

»Worüber?«

»Adam, seit wann fürchtest du meinen Vater?«, forderte sie ihn geschickt heraus, lachte unschuldig und wechselte das Thema. Am nächsten Morgen würde sie bestimmt seine Zusage für einen Besuch bei ihren Eltern haben. So gut kannte sie ihn mittlerweile.

Nachdem sie sich für den späteren Abend fest verabredet hatten, war Lady Montreux in die zweite Reihe zurückgetreten und der Kreis der Eleganten und Berühmten hatte sich wieder um Livingstone geschlossen. Es war ein ständiger Fluss von Menschen, die in den innersten Kreis drängten, sich vorstellten, Livingstone begrüßten und beglückwünschten, einige Sätze mit ihm wechselten, um sich dann wieder nach außen treiben zu lassen. Die meisten hatten von Archäologie keine Ahnung, aber jeder wollte hinterher sagen können, er habe den Entdecker der Arche persönlich gesprochen.

Ein Mann stand abseits, beobachtete alles sehr aufmerksam, machte aber keinen Versuch, an den Ehrengast heranzutreten. Gelegentlich wechselte er ein paar belanglose Worte mit einem Diplomaten der GUS-Staaten, aber seine Augen ließen Livingstone nicht los. Er war kein Buhler um die Gunst des Forschers. Ihn hatte eine ganz andere Absicht hergebracht.

Gerade sprach der Herzog von Arundel, der im Auftrag der Königin dieses Fest organisiert hatte, mit Livingstone. »Livingstone, ich wundere mich über die Dinge, die ich von Ihnen lese. Sie glauben also, Gott habe Noah gesagt, wie er die Arche bauen solle? Das überrascht mich von Ihnen.«

»Wo haben Sie das denn her?«, lachte Livingstone amüsiert.

»Das stand im ›Mirror‹.«

»Ach so, das erklärt alles. Nein, ich zähle mich nicht zu den religiösen Fanatikern, die jeden historischen Fund in die Schöpfungstheorie integrieren müssen.«

»Dann stimmt das Zitat nicht?«

»Nein, natürlich nicht. Aber ich weiß, wie es entstanden ist. Ich wurde in eine Diskussion mit Reportern verwickelt, die mir religiös motivierte Fragen stellten. Ich sagte so etwas Ähnliches wie: ›Die Entdeckung wirft mehr Fragen auf, als sie beantwortet.‹«

»Ernsthaft, Livingstone, glauben Sie nicht an religiöse Hintergründe?«

»Ich will nicht ausschließen, dass es sich um das in der Bibel beschriebene Schiff handelt.«

»Und?«

»Es war der Journalist, der fragte, woher Noah wusste, dass eine Flut käme, und wie er ein so beispiellos großes, sintflut-taugliches Schiff konstruieren konnte. Ich habe darauf keine Antwort, aber die Fragen beschäftigen mich.«

Livingstones Gesprächspartner runzelte die Stirn, die Umstehenden grinsten amüsiert. Doch Adam war unbeirrt.

»Zunächst war auch ich über den Journalisten empört. Aber je länger ich nachdenke, umso berechtigter erscheinen mir seine Fragen.«

Ein Reporter hatte sich nach vorne gedrängt. »Also glauben Sie, Gott habe Noah das Wissen gegeben, das nötig war, um die Arche zu bauen?« Er hatte sich von seinem Kollegen jedes Wort des Gespräches mit Livingstone am Zaun seines Anwesens berichten lassen. Nun war er dabei, eine Dokumentation über den Fund auf dem Ararat zu drehen.

»Ich kann mich dazu noch nicht äußern«, wich Livingstone dem brisanten Thema aus.

»Machen Sie es sich damit nicht zu leicht?«, hakte der adlige Verleger einer modernen wissenschaftlichen Zeitschrift nach, der gerne einen Interviewtermin mit Livingstone gehabt hätte.

»Nun, die Entdeckung der Arche wirft Fragen auf, denen wir uns bis dahin nicht stellen mussten. Seit ich vom Ararat zurück bin, beschäftige ich mich mit Themen, die mir zuvor gleichgültig sein konnten.«

»Und zu welchem Ergebnis sind Sie gekommen?« Sein Gegenüber wollte nicht locker lassen.

»Die Fragen sind noch ungeklärt. Aber könnten Sie sich nicht damit befassen? Ihre Zeitschrift könnte es als Aufsatzthema ausgeben.«

»Soll sich die Wissenschaft mit Glaubensfragen abmühen?«

»Ist zuletzt nicht alles eine Glaubensfrage?«, gab Livingstone zurück. »Hier liegt doch das große Missverständnis. Als ob Wissenschaft nicht auch eine Glaubensangelegenheit wäre. Wir glauben an unsere Hypothesen und Theorien und verteidigen sie gegenüber andersgläubigen Kollegen. Hat nicht jede Wissenschaft genügend Zwischenstücke, die nicht beweisbar sind und schlicht geglaubt werden müssen, ebenso wie die Religion es verlangt? Konnte Darwin etwa alles erklären? Sein Buch trägt den Titel zu Unrecht, denn er sagt nichts über die Entstehung der Arten. Woher kommen wir wirklich?«

»Was hat das mit der Arche zu tun?«

»Nun, das liegt doch auf der Hand. Was ist mit den Ursprüngen? Woher kommt die Arche? Woher kommt alles andere, was uns die Schöpfung bietet? Warum und wie wurde die Arche gebaut und wie kam sie auf diesen hohen Berg? Wie ist alles entstanden? Angesichts dieses Fundes sollten wir uns diesen Fragen stellen.«

»Was ist Ihr nächstes Ziel?« Der Journalist wechselte schnell das Thema, solange er noch die Aufmerksamkeit des Forschers hatte. Wenn Livingstone schon allen Fragen über die Arche auswich, vielleicht würde er zumindest noch eine andere berichtenswerte Neuigkeit preisgeben. Irgendetwas musste er schließlich über diesen Abend auch schreiben können.

»Mein Team hat für die kalte Jahreszeit eine Expedition nach Afrika vorbereitet. Im nächsten Sommer geht es dann wieder in die Türkei.«

»Was ist das Ziel Ihrer Arbeit in Afrika?«

»Nun, ein Forscher kann nie im Voraus sagen, was er entdecken wird.«

»Aber Sie müssen doch ein paar Vermutungen haben?«

»Lassen Sie es mich so sagen: Ich habe seit Jahren einige Hypothesen, die ich gerne vor Ort überprüfen möchte.«

»Sie behaupten also, der Fund auf dem Ararat sei tatsächlich die Arche Noah?«, lenkte eine Dame das Gespräch wieder auf das vorige Thema zurück. Adam kannte sie nicht.

»Ja, das glaube ich.«

»Sie GLAUBEN?«

Adam ignorierte ihr scharfes Lächeln und fuhr ernsthaft fort: »Mir geht es wie vielen anderen Rationalisten weltweit. Die Entdeckung zieht Fragen nach sich, an die wir uns erst gewöhnen müssen. Ich habe keine Zweifel, dass es sich um das Schiff handelt, das im Alten Testament beschrieben wird. Aber ob es ein übernatürliches Wesen gab, das auf die Ereignisse vor der Sintflut einwirkte und all die anderen Fragen, die ich bereits erwähnte – darauf möchte ich im Moment nicht antworten.«

»Sie müssen sich diese Fragen doch schon vorher gestellt haben, sonst hätten Sie sich doch gar nicht erst auf die Suche nach Beweisen für biblische Überlieferungen gemacht, oder?« Es war der oberste Bischof der Kirche von England, der diese Frage einwarf.

»Eine gute Frage. Die Arche Noah war schon seit Menschengedenken ein Thema in der Archäologie. Es ist der größte Fund, den man machen kann. Viele haben davon geträumt, ich auch. Alle anderen achäologischen Funde sind vergleichsweise klein, selbst ›Lucy‹, die 1974 entdeckt wurde, besteht nur aus einer Hand voll Knochen.«

»So klein war dieser Fund auch wieder nicht. Soweit ich weiß, wurden an diesem Ausgrabungsort mehr als 200 verschiedene fossile Lebewesen gefunden.«

»Sehr gut, Exzellenz, Sie kennen sich aus. Aber trotzdem, alle Knochen, die jemals gefunden wurden, sind umstritten und können in ihrer Deutung angefochten werden. Bei der Arche ist dies anders.

Über ihre Identität kann man nicht diskutieren. Es ist etwa so, als ob Sie die Steintafeln finden würden, auf die Gottes Finger die Zehn Gebote eingraviert hat. Diesen Fund würde auch niemand in Frage stellen können.«

»Aber selbst einen religiös bedeutsamen, eindeutig zuzuordnenden Fund wie die Steintafeln von Mose würden die Wissenschaftler wahrscheinlich mit einer Handbewegung vom Tisch fegen!« Der Bischof wollte die Gelegenheit nutzen, um seine Frustration über die Wissenschaft endlich einmal an kompetenter Stelle anzubringen. »Wissenschaftler ziehen oft erstaunliche, waghalsige Schlüsse aus den kleinsten Funden, während sie die großen biblischen Beweise kaum wahrnehmen.«

»Wollen Sie damit sagen, die wissenschaftliche Gemeinschaft sei nicht objektiv?« Livingstone ging zum Gegenangriff über.

»Ja, nach meiner Beobachtung ist die Wissenschaft nicht bereit, irgendetwas in Betracht zu ziehen, wenn es einen religiösen Hintergrund hat. Dadurch verliert sie ihre Objektivität. Wenn Wissenschaftler jedoch etwas nachweisen wollen, dann gelingt es ihnen immer, seien die Beweise auch noch so fragwürdig. Auch ›Lucy‹ zähle ich zu diesen Fällen.«

Adams Gesicht hellte sich auf. »Das ist das Besondere an unserer Entdeckung. Hier müssen Wissenschaft und Glaube gemeinsam die Fragen beantworten. Ich habe ein 140 Meter langes Schiff gesehen, das aus vielen Kammern besteht und zwischen 7 000 und 15 000 Jahren alt ist.« Seine Augen funkelten. Er war fasziniert von der Erinnerung an den Fund und von den Fragen, mit denen er sich nun auseinandersetzen musste. »So etwas kann man nicht fälschen. Ich war dort, habe es gesehen, berührt, betreten. Niemals zuvor wurde etwas so Großes aus dieser Zeit gefunden. Dazu kommt der Fundort, ein Fünftausender, den man kaum besteigen kann. Nur eine riesige Flut kann das Schiff dorthin befördert haben. Über diesen Fund kann man nicht diskutieren. Er hat eine eigene Dimension, die es bis dahin in der Archäologie noch nicht gab. Nie zuvor wurde etwas Vergleichbares gefunden.«

Die Leute drängten sich dichter um Livingstone und hörten aufmerksam zu. Einen Moment lang schwieg die Menge. Adam holte tief Luft, beruhigte sich etwas und wandte sich wieder dem Bischof zu.

»Ich habe vorher tatsächlich nur die Expedition im Sinn gehabt, war neugierig und wollte diesen archäologischen Kindheitstraum verwirklichen. Die Fragen, die jetzt so klar im Raum stehen, hatte ich mir davor nicht gestellt.«

»Nun hören Sie schon auf, Livingstone, hier herumzuphilosophieren«, platzte eine raue Stimme in das Gespräch. Alle schauten erstaunt in die Richtung, aus der sie gekommen war. »Wenn Sie so weitermachen, schaden Sie dem Ansehen unserer Disziplin. Die Leute müssen ja denken, wir wären alle ein Haufen religiöser Spinner!«

Ein großer Mann war in den Kreis getreten. Mit seinem großen Strohhut, dem beige-farbenen, aufgekrempelten Hemd und der Hose mit den großen aufgesetzten Taschen, die allesamt ausgebeult waren, passte er überhaupt nicht ins Bild. Seine derben Stiefel waren staubig, in der Hand hielt er ein großes Bierglas. Er sah aus, als wäre er direkt von einer afrikanischen Safari gekommen. Wie ein Engländer im königlichen Schlossgarten wirkte er jedenfalls nicht. Sein langes, glattes graues Haar hatte er im Nacken zusammengebunden und an einem Ohr baumelte eine kleine silberne Schlange.

Der Kreis um Livingstone öffnete sich wieder, doch diesmal nicht, um die Eleganz einer zarten Dame zu bewundern, sondern eher zum eigenen Schutz vor diesem Ungetüm, das nicht den Eindruck erweckte, als würde es vor jemandem Halt machen, der sich ihm in den Weg stellte.

»Seien Sie unbesorgt, keiner würde Sie für einen Religiösen halten, Sir Gilbert«, lachte Livingstone und begrüßte seinen Kollegen.

Während sich die allgemeine Aufmerksamkeit auf den Archäologen konzentrierte, entfernte sich Candace Montreux unbemerkt aus der Gruppe. Schon seit einiger Zeit fühlte sie die Blicke des Mannes auf sich gerichtet, der am Rande stand. Sie schlenderte wie zufällig in seine Richtung, um etwas von dem aufzuschnappen, was er zu seinen Gesprächspartnern sagte. Seine Stimme war ebenso markant wie seine Blicke, die sie nicht losließen. Er sprach das Englisch eines Akademikers, doch mit leichtem Akzent. Was hatte dieser Mann mit den feurigen schwarzen Augen mit Adams Expedition zu tun?

Unterdessen ging das Gespräch um Adam weiter.

»Wie schön, Sie wieder zu sehen, Sir Gilbert«, sagte Livingstone freundlich und schüttelte dem derben Mann die Hand. »Es muss Jahre her sein, seit wir uns zuletzt trafen.« Der andere versuchte, ebenso herzlich wie Livingstone zu wirken, doch in seinen Augen konnte man sehen, wie er wirklich fühlte.

»Bekämpfen Sie immer noch die Gläubigen?«, fragte ein Journalist.
»Nur, wenn sie es verdient haben.« Die Antwort klang grimmiger, als Gilbert lieb war.
»Und verdient haben sie es Ihrer Meinung nach die ganze Zeit, stimmt's?«, fragte der Bischof gutmütig.
»Sie haben gar nicht so Unrecht«, lachte Gilbert laut. »Nur bei aufgeschlossenen Bischöfen mache ich manchmal eine Ausnahme, vor allem, wenn sie so gute Sportler sind wie Sie, Exzellenz. Aber ich bin in erster Linie Wissenschaftler und halte mich an die Tatsachen. Wenn Fundamentalisten meinen, sie müssten die Fakten ignorieren und absurde Theorien zur Erklärung der Wirklichkeit aufstellen, dann ist es meine Pflicht, Stellung zu beziehen.«
»Und was halten Sie von der Tatsache, dass Livingstone die Arche entdeckt hat?«, fragte der Journalist. »Bevor Sie zu uns stießen, sprachen wir gerade über die Fragen, die dieser Fund aufwirft und die durchaus religiöse Themen betreffen. Livingstone hat noch keine Antwort. Was ist mit Ihnen?«
Sir Gilbert Bowles zögerte. Es missfiel ihm außerordentlich, dass er so schnell von Livingstone aus dem Rampenlicht verdrängt worden war, obwohl seine eigene große Entdeckung noch nicht so lange zurück lag.
»Ich denke, wir alle brauchen noch Zeit, um diese Fragen zu beantworten«, antwortete er endlich auf die Frage des Reporters.
Keiner glaubte ihm, dass er nicht mehr dazu zu sagen hätte. Doch sein Tonfall schloss jede weitere Frage aus.

Geheimnisse dringen nach außen

Nachdenklich saß Sir Gilbert Bowles an seinem Schreibtisch. Schon seit einigen Monaten hatte der 48-Jährige unter den Erfolgsmeldungen vom Ararat zu leiden. War es nicht erst drei Jahre her, seit die Königin ihn, in Anerkennung seiner herausragenden Leistungen, zum Ritter geschlagen hatte? Und nun hatte dieser junge Livingstone ihn als Archäologen ebenso in Frage gestellt wie seine Theorien. Auf dem königlichen Gartenfest hatten sich alle um den jungen Rivalen geschart; mit ihm wollte kaum noch jemand reden. Vor drei Jahren hatte ihm die Königin gesagt, das ganze Land sei stolz auf ihn. Und nun hallte nur noch der andere Name in seinen Ohren, sprang ihm von jeder Titelseite jeder Zeitung entgegen und war nicht mehr zu ertragen: Livingstone, Livingstone, Livingstone!

Und die Arche! Was für ein Betrug! Wenn er doch nur selbst eine Probe bekommen könnte, er würde das Ganze zu gerne als Schwindel entlarven.

Er griff nach seinem Buch. Ein ganzer Stapel des Bestsellers türmte sich neben seinem Schreibtisch: »Homopithecus: Das fehlende Glied in der Kette«. Viele hielten es für das wichtigste Buch nach Darwins zentralem Werk »Die Entstehung der Arten«. Sein Buch war mehr als staubige Archäologie, es war ein wissenschaftliches Plädoyer für seine auf der afrikanischen Expedition erhärtete Theorie. Er hatte einmal mehr bewiesen: Es gab keinen Schöpfer-Geist. Die Theologen und Religiösen hatten es mit ihrer Bibel geschafft, die einfachen Leute unter Kontrolle zu halten, doch er deckte den ganzen billigen Schwindel auf.

Gilbert Bowles selbst hatte im ostafrikanischen Grabenbruchgebiet 200 000 Jahre alte Skelette gefunden, die bewiesen, dass der *Homo sapiens* das Produkt von Evolution und natürlicher Auslese war.

Sein Buch war ein Renner. Es war leicht zu lesen und die Botschaft kam an. Im Nu waren zwei Millionen in Leinen gebundene

Exemplare und acht Millionen Taschenbücher verkauft worden. Ein Hollywood-Film war gedreht, drei Reportagen und zwei Dokumentarfilme ausgestrahlt worden. Über Nacht war er einer der reichsten Engländer geworden und weltweit der wichtigste Sprecher auf dem Gebiet von natürlicher Auslese und Evolution.

Was aus seinem gut verkäuflichen Buch nicht hervorging, war jedoch, dass weder *Homopithecus* noch *Homo sapiens erectus* in der wissenschaftlichen Welt wirklich anerkannt wurden. Stattdessen vermuteten einige, er habe nur eine ältere Unterart des *Homo sapiens* gefunden. Auch sein Buchtitel war umstritten, denn das fehlende Zwischenglied in der Entwicklungskette zwischen *Hominoiden* und *Hominiden* hatte er nicht gefunden.

Doch seine Autorität als Wissenschaftler machte ihn und sein Buch erfolgreich. Mit wissenschaftlicher Glaubwürdigkeit konnte er seinen Atheismus propagieren und präsentierte die Evolutionstheorie als leicht verständliche, amüsante Thematik für den Laien. Er ließ keine Gelegenheit aus, den Fundamentalisten eins auszuwischen. Wissenschaftler lächelten über ihn, Humanisten und Liberale liebten ihn und Christen fürchteten ihn. Ein weiteres Kennzeichen seiner schrulligen Persönlichkeit war sein immer gleichförmiges Erscheinungsbild. Er trug dieselben khakifarbenen Sachen, egal, ob er bei einer Ausgrabung in Afrika, einer Vorlesung in Oxford oder bei einer Einladung der Königin erschien. Er sah immer so aus, wie man sich gemeinhin einen Archäologen vorstellte.

Bowles zog an seiner Zigarre. Gedankenversunken beobachtete er, wie der Rauch langsam im Lichtkegel seiner Schreibtischlampe aufstieg. Er war entschlossen, nicht tatenlos zuzusehen, während Livingstones Fund seine ganze atheistische Lehre ins Wanken brachte.

Seit sechs Wochen war Adam nun schon von der Ararat-Expedition zurück. Die Bäume auf seinem Grundstück begannen, sich gelb zu verfärben. Die Abende waren kühl geworden und die Luft roch nach Herbst. Selbst das Singen der Vögel klang anders.

Bald würde die ganze nördliche Halbkugel in Schnee und Kälte getaucht werden. Es würde ein Dreivierteljahr dauern, ehe sie wieder in die Türkei reisen konnten. So waren seine Gedanken in den letzten Tagen immer öfter bei dem neuen Projekt, das nun bald bevorstand.

Sein Blick wanderte zu der großen Weltkarte, die fast eine ganze Wand seines Zimmers einnahm. Während die Reise nach Afrika näherkam, rückte seine Theorie über den ostafrikanischen Grabenbruch wieder mehr in den Vordergrund seines Denkens. Je öfter er darüber nachdachte, desto mehr nahm sie ihn gefangen.

Nur eine Sache würde er gerne noch klären, bevor er wieder für längere Zeit verreisen würde.

Er hatte sich seit dem Abend im königlichen Garten mehrere Male mit Candace getroffen. Es war meistens schön mit ihr. Aber ihre Ungeduld wurde jetzt immer deutlicher und beeinträchtigte seine Freude am Zusammensein mit ihr.

War er bereit, sein Leben und seine Arbeit mit einer Frau zu teilen? Und wenn ja, war Candace dann die Richtige?

Candace war zuletzt sehr präzise gewesen. Sie erwartete im nächsten Frühjahr einen Heiratsantrag, um dann für den kommenden Herbst die Hochzeit zu planen.

Nachdenklich trank er von dem trockenen Wein, den er mit in sein Arbeitszimmer genommen hatte. Sie war ohne Zweifel die schönste Geliebte, die er jemals gehabt hatte, dazu intelligent, gebildet und das einzige Kind aus wohlhabendem Hause. Sie konnte sehr charmant sein. Aber es war auch eine deutliche Kälte zwischen ihnen. Vielleicht war Candace nicht fähig, Wärme zu fühlen oder zu vermitteln. Er hatte zum Teil in anderen, früheren Beziehungen mehr empfunden als jetzt mit ihr. Warum war sie mit ihm zusammen? Liebte sie ihn? Warum wollte sie ausgerechnet ihn heiraten? Es war ja bekannt, dass er nicht ihr einziger Liebhaber war. Es gab andere, die sich sehr viel mehr um sie bemühten. Warum waren ihre Eltern so an ihm interessiert? Was erwartete der Vater von ihm?

Und was war seine Motivation? Liebte er sie? Oder wollte er eine gute Partie machen? Ließ er sich gar von ihr und ihrer Familie zu etwas drängen, das er selbst gar nicht wirklich wollte?

Seine Gedanken wanderten weiter. Die Arbeit erfüllte ihn mit großer Befriedigung. Er hatte weit mehr erreicht, als er sich jemals erträumt hatte. Er konnte viel reisen und sich seiner Leidenschaft für die Entdeckung der historischen Zusammenhänge hingeben. Mit so viel Erfolg hätte er damals nicht gerechnet, als er noch Geschichte und Archäologie in Cambridge studierte. Seine Spezialität waren alte Zivilisationen gewesen, vor allem die Ägypter, Juden, Griechen, Chinesen, Indianer und die Römer. Er hatte mehrere Universitätsabschlüsse gemacht und war gerade bei seiner Doktorarbeit, als ihn die große Langeweile an der akademischen Arbeit hinaustrieb. Er unterbrach sie, ging auf eine Expedition und kehrte nie wieder nach Cambridge zurück. Dennoch hatte er in letzter Zeit mehrere Ehrendoktortitel verliehen bekommen, die nun seine Wände zierten. Seit er die Universität verlassen hatte, war er mehrfach um die Welt gereist, immer getrieben von der Frage nach dem menschlichen Ursprung.

Er kannte alle Theorien über Völkerwanderungen, Sprachentwicklung, Evolution des Menschen und die Entwicklung von Völkern und Rassen.

In seiner Bibliothek im dritten Stock des Hauses hatte er neben vielen Büchern auch eine große Sammlung von Manuskripten, Notizbüchern und Expeditionstagebüchern. Er hoffte, eines Tages selbst Bücher zu schreiben. Doch bis heute waren seine Hypothesen noch nicht ausgearbeitet. Er hatte immer zu viel um die Ohren, um in seiner Freizeit Muße zum Schreiben zu finden. Und die Expeditionen selbst reizten ihn mehr als ihre schriftliche Ausarbeitung.

Gelegentlich wurde er als Gastdozent an Hochschulen eingeladen, aber meistens musste er diese Veranstaltungen absagen. Doch wenn er es einrichten konnte, freuten sich Studenten und Professoren. Er war ein guter Redner mit viel Sachverstand und Ausstrahlung. Über Anthropologie und Paläontologie konnte er ebenso lehren wie über Biologie und die Evolutionstheorie. Dazu hatte er sich umfassend mit Physik, Astronomie und Meteorologie beschäftigt, um auch den Urknall und verwandte Themen in seine Vorlesungen einbeziehen zu können. Die geologischen Kenntnisse, die ihm fehlten, ergänzte sein Freund und Kollege Scott Jordan, der sich als Geologe darauf spezialisiert hatte, den Ablauf der Erdgeschichte und die Entwicklung des Lebens auf der Erde zu rekonstruieren.

Lächelnd dachte Adam daran, dass ihm sein breit gefächertes Wissen, gepaart mit seiner praktischen Erfahrung, seiner Bekanntheit und seinen rhetorischen Fähigkeiten an jeder Universität seiner Wahl einen gut bezahlten Lehrstuhl sichern könnten. Geregelte Arbeitszeit, gutes Einkommen, Frau und Kinder – war es nicht Zeit, zur Ruhe zu kommen? Das war wohl auch der Adam, von dem Candace träumte.

Stattdessen gab er sein Privatvermögen aus, um unbequeme Expeditionen zu unternehmen. Für die Ararat-Expedition hatte er zahlreiche Sponsoren gebraucht und gefunden. Gelegentlich ließ er sich für kleine Universitätsaufträge verpflichten, die stets ausgezeichnet bezahlt wurden. Aber er brauchte seine Freiheit und Unabhängigkeit, auch finanziell. Er fürchtete den Tag, an dem er unbedingt eine Expedition machen wollte und nicht konnte, weil er entweder kein Geld hatte oder nicht aus seinem Arbeitsverhältnis aussteigen konnte.

Würde er Candace heiraten, hätte er für immer ausgesorgt. Er würde keine Sponsoren mehr benötigen, um auf Expedition gehen zu können. Aber schon allein die Vorstellung, aus materiellen Gründen zu heiraten, ließ ihn zögern.

Sein größtes Ziel im Leben war es, die Geschichte der Anfänge der Erde und der Menschheit zu erforschen. Er wollte alle bereits gewonnenen historischen, archäologischen, geologischen, anthroposophischen und paläontologischen Erkenntnisse zu einer einzigen Ursprungstheorie zusammenfügen, so wie Einstein Licht, Masse und Energie in seiner Relativitätstheorie verknüpft hatte.

Sein Traum war, ein grundlegendes Buch über die Entstehungsgeschichte der Menschheit zu schreiben. Bis jetzt war höchstens 1 % der Fakten bekannt, während 99 % der Geschichte aus Lücken bestand. Er wollte so viele Daten sammeln wie irgend möglich, um eines Tages die große zusammenfassende Theorie niederschreiben zu können.

Manche lachten schon über ihn, weil er immer wieder mit neuen Ansätzen aufwarten konnte, die er dem erstaunten Publikum zur Kritik vorlegte, und sie nannten ihn den »Leonardo der Gegenwart«. Äußerlich wies er solche Vergleiche weit zurück, aber insgeheim hoffte er, die Leute würden Recht behalten.

Etwa zwei Stunden später kam Adam von einem Morgenspaziergang aus seinem Garten zurück. Als er das Haus betrat, kam ihm schon Crystal entgegen.

»Deine Mutter ist am Apparat!«

Adam ließ sich den Anruf zum Frühstücksraum durchstellen, wo er es sich in einem antiken Sessel bequem gemacht hatte.

»Hallo, Mutti, ich wusste gar nicht, dass du wieder im Lande bist!«

»Vor zwei Tagen bin ich eingeflogen.«

»Und wo bist du? In London?«

»Ich bin bei Lady Percival in Birmingham. Wir waren zusammen in Alaska und sie bat mich, noch ein paar Tage bei ihr zu bleiben.«
»Soll ich dich abholen und nach Hause fahren?«
»Auf keinen Fall. Ich melde mich wieder, wenn ich zu Hause bin.«
»Warum kommst du nicht für ein paar Tage zu uns auf den Eichhof? Frau Graves würde dich gerne verwöhnen und ich würde mich auch freuen, dich zu sehen.«
»Nein, nein, ich liebe meine Stadtwohnung. Außerdem ist mir dein Haus viel zu unruhig, ein Medienschauplatz, das ist nichts für mich.«
»Wieso?«
»Ich habe im Fernsehen gesehen, wie du mit dem Fallschirm gelandet bist. Alle Journalisten waren begeistert. Wie ein kranker Vogel bist du vom Himmel gefallen. Das hat noch kein Forscher vor dir gebracht. In Vancouver sprachen mich alle Leute an, sobald sie meinen Namen hörten, ob ich dich kenne und Ähnliches. Es war mir direkt peinlich, deine Mutter zu sein!«
Adam lachte oberflächlich und fragte leicht beleidigt: »Ist es so schlimm, meine Mutter zu sein?«
»Nun, ich muss damit leben. Aber ich will mir lieber nicht vorstellen, was dein Vater dazu gesagt hätte. Er war immer so zurückhaltend und vornehm.«
»Dass ich mir das von dir sagen lassen muss! Woher habe ich denn meine Abenteuerlust? Du turnst doch die ganze Zeit in der Weltgeschichte herum! Im Gegensatz zu dir habe ich das Matterhorn noch nicht bestiegen. Es würde mich überhaupt nicht überraschen, wenn du Fallschirmspringen lernen würdest.«
»Ich habe mit Frau Ludgate verabredet, einmal Bungeejumping zu machen.«
»Da haben wir es doch. Meine Mutter ist waghalsiger, als ich es bin. Aber mal im Ernst: Wie geht es dir? Und wie war's in Alaska?«
»Alaska ist toll, absolut faszinierend.«
»Ich würde gerne mehr darüber hören. Kannst du mich nicht besuchen?«
»Unmöglich.«
»Aber wir haben uns schon seit Monaten nicht gesehen.«
»Wir bringen in den nächsten drei Wochen eine Schiffsladung Kleider und Lebensmittel nach Indien, danach bin ich die Vorsit-

zende einer Modenschau und werde Tag und Nacht jede freie Minute zur Vorbereitung brauchen.«

»Wirst du Weihnachten da sein?«

»Ich habe eine Tour in den nördlichen Himalaja geplant. Zwischen Nepal und Tibet würde ich gerne einige interessante Mönche besuchen.«

»Seit wann interessierst du dich für religiöse Dinge?«

»Tu ich gar nicht. Seit dem Tod deines Vaters habe ich keine Kirche mehr betreten. Aber diese Mönche sind sehr einflussreich. Ich möchte sie für unsere Arbeit bei den indischen Waisen gewinnen.«

»Na, dann ...«

»Ich höre, du willst nach Afrika?«, wechselte die Mutter das Thema.

»Stimmt. Ich will einige Theorien überprüfen.«

»Genau das hast du der Presse auch gesagt. Kann ich nicht ein paar Infos mehr haben?«

Adam grinste. »Bist du etwa unter die Journalisten gegangen?«

»Wie sagte dein Vater immer: Wir berichten die Nachrichten nicht, wir machen sie.«

»Stimmt.«

»Also, was planst du?«

»Ich habe dir doch gesagt, dass ich eine bestimmte Theorie habe. Dafür will ich nun Beweise suchen.«

»Klingt langweilig. Könntest du nicht lieber etwas zum Wohle der Menschheit tun? Diese ganzen Ausgrabungen nützen doch niemandem.«

»Doch, ich diene der Wissenschaft.«

»Es gibt so viel Hunger und Armut auf der Welt. Mehr Wissen wird da nicht viel helfen.«

»Doch, Mutter. Mit Wissen kann man mehr anbauen.«

»Ich bezweifle, ob Archäologie da wirklich hilft. Aber ich will dir nicht deinen Job madig machen. Obwohl ich das Ganze wirklich für eine Zeitverschwendung halte. Aber ich muss jetzt Schluss machen, Lady Percival bittet zum Tee.«

»Grüß sie von mir. Aber könntest du uns nicht wenigstens zum Frühstück besuchen, wenn du mal Zeit hast?«

»Du hast Recht. Ich werde mich melden, sobald ich in London bin. Wir sollten uns vor meiner Indienreise noch einmal sehen. Pass gut auf dich auf, Adam!«

»Du auch, Mutti!«
Adam lächelte, als er den Hörer auflegte, dann seufzte er tief.
Seit dem Tod seines Vaters hatte sich seine Mutter keine Pause mehr gegönnt. Sie selbst sprach von ihrem »dritten Lebensabschnitt«. Zuerst hatte sie für sich selbst gelebt, dann für die Familie. Jetzt engagierte sie sich in sozialen und wohltätigen Projekten. Ob es auch noch eine vierte Phase geben würde?
Nachdenklich ging Adam wieder in sein Arbeitszimmer.

»Hast du mich gerufen, Tante Andrea?«, fragte Juliet und betrat das Arbeitszimmer der Haushälterin.
»Das ist lieb von dir, dass du kommst. Ich hätte eine kleine Bitte. Könntest du die Wäsche in den zweiten Stock bringen?«
»Ja, klar. Sie kommt in den großen Wäscheschrank hinter den Büros, stimmt's?«
Frau Graves nickte und lud einen ansehnlichen Wäscheberg auf Juliets ausgestreckte Arme, der wunderbar frisch duftete und sorgfältig gebügelt und zusammengelegt war. Als Julia das Zimmer verließ, sah ihre Tante nachdenklich hinter ihr her.
Es ging dem Mädchen sicher schon etwas besser und sie versuchte auch, ihr immer wieder kleine Aufgaben zu übertragen, damit sie sich nicht so nutzlos vorkäme.
Auf dem Weg zum Wäscheschrank im zweiten Stock kam Juliet an den Büros im ersten Stock vorbei. In einem der Räume saß Livingstone locker mit seinen fest angestellten Mitarbeitern zusammen. Sie sprachen über die bis auf weiteres abgeschlossene Arbeit am Ararat und das nun bevorstehende Projekt. Die Tür zu dem Büro war nur angelehnt. Juliet konnte sie reden hören.
Als sie ein paar Augenblicke später ohne die Wäsche wieder die Treppe herunterkam, waren die Stimmen noch lauter geworden. Sie konnte jetzt ganze Satzteile verstehen.
»… können bis nächsten Sommer nichts machen … meterdicke Schneeschicht …« Das war die Stimme von Scott Jordan.
»… müssen dieses Abenteuer jetzt ruhen lassen …«
»… im Sommer?«
»… wird mich nichts davon abhalten …«
Nun sprach eine Frau, aber zu leise, als dass Juliet sie hätte verstehen können.

Danach erklang Livingstones volltönender Bass: »... dass die Planung für den nächsten Einsatz weiterläuft, während wir in Afrika sind ...«

»... das Team in der Türkei ...«

Juliet war unbewusst stehen geblieben. Was sie hörte, war so interessant, dass sie sich selbstvergessen auf die Treppe setzte. Nun hörte sie wieder Livingstones Stimme.

»... ein für alle Mal klären, ob meine Grabenbruchtheorie haltbar ist ...«

»Wann starten wir?«

»In einem Monat.«

»Bist du wirklich überzeugt von dieser Theorie?« Das war die Sekretärin Crystal.

»Vielleicht«, lachte Livingstone. »Es ist so unglaublich aufregend ... Flora der Urzeit, nicht nur Fauna ... die ersten Hinweise ... das Bild zusammensetzen ...«

»Sollen wir Bowles mitnehmen?«

»... das Letzte!«

Herzliches Lachen drang aus dem Raum.

»Das Einzige, was er tun würde, wäre, mich als Verrückten und Schwärmer hinzustellen.«

»... kennt aber den Ngorongoro-Krater und die Olduwai-Schlucht besser als irgendwer sonst ...«

»Stimmt ... seine Fachkenntnis nutzen ...«

»... nicht vertrauen ...«

»... sehe ich auch so ...«

»... seit ›Lucy‹ die wichtigsten Beiträge geliefert ...« Das war wieder Livingstones Stimme. »Aber Eden ... nur spotten ...«

»... nicht nur er ... die ganze wissenschaftliche Welt ...«

»... interessiert mich nicht. Außerdem wird niemand etwas davon erfahren, bis wir Beweise haben ... keiner erwähnt EDEN außerhalb dieses Raumes ... verstanden?!«

Stille.

»... kein Wort zu niemandem ... muss geheim bleiben ... klar? Auch nicht zu deinem Freund, Erin, ja? Er nervt mich immer mit seinen Fragen, wenn er hier ist ... wie ein Reporter ... gefällt mir nicht ...«

Erin lachte und sagte etwas, das Juliet nicht verstehen konnte.

»... nur Computer im Kopf ...«

Juliet musste sich beherrschen, nicht näher heranzugehen, um alles hören zu können. Es war so aufregend!
Sie hatte am College vom afrikanischen Grabenbruch gehört. Dorthin zu fahren, das war ein Traum! Und genau darüber hatten Adam Livingstone und sein Team gesprochen. Sie konnte die folgenden Sätze nicht verstehen, bis Livingstone wieder das Wort ergriff.
»… die Computersimulation …«
»… jetzt noch nicht perfekt, aber es geht in die gewünschte Richtung …«
»… weiter … Grundlage der ganzen Theorie … Klimaveränderungen … über Jahrhunderte extreme Schwankungen … das Sahara-Syndrom … der genaue Ort ist nicht klar, aber … eine Beziehung herzustellen … fantastisch …«
»Crystal … mit dem Team in Afrika … wir brauchen Dr. Cissna … Scott … Kontakt mit Olduwai …«
Stühle wurden gerückt, Schritte waren hörbar, Juliet erwachte wie aus einem Traum. Mit schlechtem Gewissen und rasendem Herzklopfen versuchte sie, so schnell und leise sie konnte, die Treppe hinunterzufliehen. Ihre Tante wartete sicherlich schon ungeduldig mit weiterer Wäsche.

Abgesehen von der kurzen Begegnung im Buckingham-Palast hatten sich Adam Livingstone und Lord Montreux seit sechs Monaten nicht gesehen.
Als Adam jetzt sein grünes Mercedes-Cabriolet die geschwungene Allee zum Anwesen der Familie Montreux hinauffuhr, erinnerte er sich an seinen letzten Besuch in diesem Haus. Im späteren Verlauf des Abends hatte ihn der alte Herr bei einem teuren Cognac ziemlich auseinander genommen. Er wusste alles über ihn und wollte präzise Antworten. Danach hatte Adam keine Zweifel mehr, dass er als Anwärter auf die Tochter sehr ernst genommen wurde. Aber er fragte sich, ob der alte Herr noch andere Interessen in Bezug auf seine Person verfolgte.
Er konnte sich noch genau an das Interview erinnern. Es war wie bei einem Bewerbungsgespräch für eine hochqualifizierte Arbeitsstelle gewesen. Ob das Spiel heute weitergehen würde? Candace ließ neuerdings keine Gelegenheit aus, um ihn schmollend, scher-

zend oder ernsthaft auf eine Heirat anzusprechen. Sie war eine selbstbewusste, emanzipierte junge Dame. Sein Problem war, dass er jedes Mal, wenn er darüber nachdachte, feststellen musste, wie sehr er seinen Beruf liebte. Er konnte sich Candace unmöglich bei einer Expedition vorstellen, genauso wenig, wie er sein restliches Leben mit einer langweiligen akademischen Tätigkeit verbringen wollte. Am liebsten hätte er einfach so weitergemacht wie bisher, mit der Arbeit als erster Priorität und mit einer für beide Seiten unverbindlichen Beziehung.

Auf sein Klingeln öffnete ein ergrauter Diener in eleganter Livree, leicht vornübergebeugt, der einen ziemlich verschlafenen Eindruck machte.

»Lady Montreux ist im Garten und bat mich, Sie zu ihr zu bringen, Herr Livingstone«, sagte er schleppend.

»Danke, Phelps, ich finde den Weg schon alleine.«

Phelps war zufrieden, dass ihm der Weg erspart blieb. Adam kannte sich aus. Er ging durch die große Eingangshalle an der weiten geschwungenen Treppe vorbei zur anderen Seite des Hauses, wo man durch zwei große Glastüren auf die Terrasse kam, die hinaus in die großen Garten führte.

Mitten auf dem perfekt gepflegten Rasen, flankiert von nieder getrimmten Hecken und bunten, geschwungenen Blumenbeeten, stand Candace mit dem Rücken zu ihm. Ein glänzendes, zartviolettes Kleid mit zierlichem Blumenmuster umschloss ihren Körper und betonte jede Rundung. In ihren Händen hielt sie einen großen gelben Hut.

Als sie Schritte auf der Veranda hörte, wandte sie sich um und ging auf ihn zu. Ihr Lächeln hypnotisierte ihn. Als sie ihre schlanken Arme um ihn legte, atmete Adam ihr verführerisches Parfum ein und erwiderte die Umarmung. Für ein paar Momente standen sie reglos und spürten den Körper des anderen. Sie war eine aufregende Frau.

Arm in Arm schlenderten die beiden durch den Garten.

»Wie schön, dass du gekommen bist«, lächelte sie.

»Habe ich jemals eine Einladung zum Essen abgeschlagen?«, grinste er.

»Ich möchte gar nicht darüber nachdenken, was geschehen wäre, wenn wir dich nur zum Tee eingeladen hätten.«

Adam lachte und genoss ihre Gesellschaft mehr, als er sich eingestehen wollte.

»Wir sehen uns so selten, Adam«, klagte sie.

»Alles wegen dieser Arche«, ärgerte er sich demonstrativ. »Das Projekt nimmt meine ganze Zeit in Anspruch. Ich habe allein in den letzten zwei Wochen zehn Interviews über mich ergehen lassen. Das geht bald über meine Kräfte. Ich komme kaum noch ins Labor oder an meinen Schreibtisch.«

»Und doch solltest du ein bisschen mehr Zeit für mich erübrigen.«

»Ich verspreche Besserung. Der Termindruck wird auch allmählich nachlassen.«

»Aber dann bist du auch schon wieder weg. In den Nachrichten habe ich gehört, dass du als Nächstes nach Afrika willst?«

»Tja, das ist das Leben eines Archäologen, Liebes«, seufzte er mit theatralischem Bedauern.

»Ich finde es auch nicht richtig, dass ich solche Informationen aus den Nachrichten erfahre. Solltest du mir das nicht persönlich erzählen?«

Adam schwieg. Verbindlichkeit, Rechenschaft ablegen – genau das wollte er nicht.

»Ich weiß nicht, ob ich jemals die Frau eines Archäologen sein könnte«, sinnierte sie mit gespielter Unschuld.

»Ich wusste nicht, dass du solche Möglichkeiten in Erwägung ziehst«, ließ er sich auf ihr Spiel ein.

»Ach, Adam, bitte, spiel doch nicht immer mit mir.« Sie machte sich von ihm los, als wäre sie wirklich getroffen.

»Mit dir spielen? Das wäre mir viel zu gefährlich, Candace! Eine Frau wie dich möchte ich nicht als Gegnerin haben, nicht einmal im Spiel.«

Candace sah ihn von der Seite an, hob langsam eine Augenbraue und zeigte ein verschlagenes Lächeln. Das war die wahre starke Candace, die sich ihrer Worte und Wirkung auf die Männer sehr bewusst war. Sie war ein ebenbürtiger Gegner und Adam hatte sich längst auf das Spiel mit ihr eingelassen.

Eine Klingel aus dem Haus rief die beiden jungen Leute zum Essen. Auf der Terrasse wurden sie von Lord und Lady Montreux erwartet.

»Wie schön, Adam, dass Sie uns mit Ihrem Besuch erfreuen!« Warmherzig nahm die ältere Dame Adams Hand und drückte sie mit beiden Händen. Sie war so attraktiv und elegant, dass das ergraute Haar ihr nur noch mehr Würde verlieh. Adam umarmte sie andeutungsweise und genoss ihre Wärme, die sich angenehm von dem berechnenden Wesen ihrer Tochter unterschied.

Dann begrüßte er Lord Montreux, der kleiner war als seine Frau und im Gegensatz zu ihr Kälte und Autorität ausstrahlte.

»Mylord, Sie sehen blendend aus wie immer«, verbeugte sich Adam vor dem kleinen dicken Mann mit der Glatze.

»Sie sind ein verfluchter Lügner, Livingstone«, knurrte er.

Sie begaben sich ins Speisezimmer, wo die Kerzen brannten und der Tisch festlich gedeckt war. Gedämpfte Musik erklang im Hintergrund, während das Personal ihnen leichtes Fischfilet, Salate und kühlen Moselwein servierte.

»Sie sind ein berühmter Mann geworden, seit Sie uns zuletzt mit Ihrem Besuch beehrt haben«, sagte Lady Montreux und lächelte ihm anerkennend zu.

»Die einzige Veränderung in meinem Leben scheint mir der große Andrang der Journalisten zu sein«, lachte Adam. »Es wird immer schwieriger, ihnen aus dem Weg zu gehen.«

»Was sind Ihre Pläne, Livingstone?«, fragte der Lord. Die Frage betraf mehrere Ebenen gleichzeitig. Falls Adam dies nicht selbst bemerkt hätte, so hätte ihm der plötzlich aufmerksame Gesichtsausdruck von Candace jedenfalls einen eindeutigen Hinweis gegeben. Es war derselbe Blick wie zuvor im Garten.

»Um ehrlich zu sein, Lord Montreux, dachte ich auch daran, heute mit Ihnen über diese Frage zu sprechen. Allerdings scheint sich das nun erübrigt zu haben, da Ihre Tochter mir erklärte, sie könne sich niemals vorstellen, die Frau eines Archäologen zu werden.« Adam genoss diese kleine Attacke. Erwartungsgemäß protestierte die Getroffene heftig.

»Das ist überhaupt nicht wahr!«

»Oh doch, vor wenigen Minuten hast du exakt diese Worte mir gegenüber gewählt.« Adam blieb ernst und genoss es, sie aus der Fassung gebracht zu haben.

»Aber, Adam, du weißt doch, dass ich es nicht so gemeint habe«, schmollte Candace.

»Ach so, das konnte ich natürlich nicht ahnen.« Er nickte nachdenklich, als würde er das Gespräch im Garten erst jetzt verstehen. »Nun«, er wandte sich wieder an den älteren Herrn, »Sie sehen, wenn ich über meine Zukunft nachdenke und dabei das Gesicht Ihrer hübschen Tochter vor Augen habe, erfasst mich immer eine gewisse Verwirrung.«

»Adam, du bist wirklich unmöglich!«, beschwerte sich Candace. Ihr Gesicht war mittlerweile leicht gerötet. Sie war ein wenig verlegen und er freute sich darüber. Aber dann riss er sich schnell wieder zusammen. Er war schließlich Gast ihrer Eltern. Ganz der seriöse Freund der Tochter, sprach er sachlich weiter.

»Lord Montreux, wie Sie wissen, werde ich beruflich sehr beansprucht. Ich reise viel. Im nächsten Sommer werden wir wieder am Ararat sein. Dafür muss ich noch eine Menge vorbereiten. Unser Ziel ist es, die Arche als Ganzes zu bergen. Dazu kommen zwei bis drei weitere Projekte, in deren Zusammenhang ich mich innerhalb der nächsten zwölf Monate außerhalb Londons aufhalten werde. Tatsächlich fliege ich bereits in zwei Wochen nach Afrika. So denke ich, es ist für mich nicht die Zeit, in Bezug auf Ihre Tochter konkretere Pläne zu machen.«

Lord Montreux beobachtete ihn genau und runzelte leicht die Stirn. Er hatte aufmerksam zugehört, schien aber mit dem Ergebnis nicht zufrieden zu sein. Adam bemerkte dies und lenkte ein.

»Ich gehe aber davon aus, dass sich im nächsten Herbst der Umfang meiner Aufgaben verringert haben wird. Wenn Sie gestatten, möchte ich mir vorbehalten, dann noch einmal mit Ihnen über meine und die Zukunft Ihrer Tochter zu sprechen.«

Candace entspannte sich. Das war das Mindeste, was sie hatte hören wollen. Mehr konnte sie derzeit wohl tatsächlich nicht von Adam erwarten. Sie würde selbst dafür sorgen, dass der Erfolg ihrer Bemühungen allmählich sichtbar und ihre Geduld belohnt werden würde.

Ein Telefon klingelte. Phelps brachte den schnurlosen Apparat.

»Ich wünsche, nicht gestört zu werden!«, schnauzte Lord Montreux ihn an.

»Es ist Eric Frome, Sir.«

»Von dem schon gar nicht.«

»Entschuldigen Sie, Sir, aber ich halte es für wichtig.«

»Was zum Teufel meinen Sie damit?«

»Das sollte er Ihnen lieber selbst mitteilen.«

Wütend nahm Lord Montreux das Gerät.

»Frome, was soll das? Ich habe gerade –«

Im nächsten Moment hörte er aufmerksam zu. Alle am Tisch verharrten reglos, während sich die Miene des Lords immer mehr verfinsterte. Er starrte Livingstone an und schüttelte ungläubig den Kopf.
»Nun, äh, keine Ahnung ... wo der steckt.«
Stille.
»Nein, kein Kommentar.«
Er legte auf. Alle warteten, während er einen Schluck Wein nahm, dann Adam ansah und seufzte: »Ich habe soeben für Sie gelogen, Livingstone. Ansonsten wäre unser Anwesen in wenigen Augenblicken von Reportern belagert gewesen.«
»Gelogen ... warum?«, fragte Adam gedehnt.
»Was ist denn los, Vater?«, hakte die Tochter nach.
»Anscheinend sorgt unser verehrter Herr Livingstone gerne für Schlagzeilen.« Adam sah ratlos drein.
»Der Anruf war von Frome vom ›Daily Mail‹.«
»Aha.« Adam ahnte nichts Gutes. »Wir hatten schon einige unerfreuliche Zusammenstöße.«
»Livingstone liefert die Titelgeschichte der neuesten Ausgabe«, erklärte Candaces Vater und wandte sich direkt an Adam: »Die Zeitung hat herausgefunden, warum Sie nach Afrika fahren.« Lord Montreux fixierte Adam, während er weitersprach. Ihm missfielen Adams Pläne, die seine Tochter hintenan stellten, mehr, als er zeigen wollte. »Diese Schnüffelnase wusste, dass Sie bei uns zu Gast sind, und wollte meinen Kommentar zu Ihrem nächsten Projekt. Meine Antwort haben Sie gehört.«
Adam war schon aufgesprungen, während er noch Lord Montreux zuhörte. »Entschuldigen Sie mich bitte?« Damit wandte er sich besonders an die Dame des Hauses.
»Selbstverständlich, Adam, nur ...«
»Vielen Dank für Ihre freundliche Einladung«, fügte er noch hinzu, während er schon halb zur Tür hinaus war. Er drehte sich noch einmal um: »Der Fisch war fantastisch. Aber ich muss versuchen, diese Zeitung zu stoppen. Ich ruf dich an, Candace, ja?«
Er rannte zu seinem Mercedes und verließ mit quietschenden Reifen das vornehme Anwesen. Als er auf der Hauptstraße war, fuhr er mit Vollgas bis nach London.

Als Adam vor dem Gebäude des *Daily Mail* hielt, war die aktuelle Ausgabe der Tageszeitung schon an die Kioske verteilt. Es blieb ihm nichts anderes übrig, als sich am nächsten Zeitungsstand selbst ein Exemplar zu kaufen. Sein Foto prangte auf der Titelseite. Sein Magen zog sich zusammen. Wenigstens hatte ihn die Zeitungsverkäuferin nicht erkannt. Die Schlagzeile machte alle seine Hoffnungen auf eine diskrete Expedition zunichte.

Er konnte sich die hämische Freude von Sir Gilbert vorstellen, wenn er sich so kurz nach dem Ararat-Triumph jetzt vor allen Leuten zum Gespött machte. Bowles würde sicher gerne denen auf die Sprünge helfen, die Adams Plan zunächst einmal nicht komisch fanden. Sein Image hatte er jetzt weg: ein verrückter Religiöser, der sich in den Kopf gesetzt hatte, die Bibel zu beweisen. Genau das hatte er verhindern wollen!

Er las den Artikel nicht, sondern fuhr, so schnell er konnte, zum Eichhof. Wenn möglich, wollte er vor den Reportern dort ankommen.

Doch er hatte kein Glück.

Die Einfahrt zu seinem Haus war überfüllt mit Fahrzeugen, Kameraleuten, Journalisten – mehr als 100 Personen drängten sich am Zaun, der sein Gelände umgab. Er hätte etwas darum gegeben, wenn er wieder mit Flugzeug und Fallschirm hätte ankommen können.

Mühsam und mit verbissenem Gesicht fuhr er seinen Wagen durch die Wartenden.

»Lassen Sie mich durch ... bitte ... treten Sie etwas zurück!«

»Herr Livingstone ... Herr Livingstone!«

»Kein Kommentar ... treten Sie bitte zur Seite!«

»Nur ein paar Fragen, bitte!«, bettelte eine besonders dreiste Journalistin.

»Nein!«

Von überall drangen Hände, Stimmen, Mikrofone, Kameras auf ihn ein. Er fühlte sich wie ein Tier, das seinen Jägern ins Netz gegangen war.

»Stimmt es, dass Sie den Garten Eden gefunden haben?«

»Was?! Woher haben Sie das denn?«, fauchte Adam ihn an.

»Die ›Daily Mail‹ zitiert Sie.«

»Ich wurde nicht zitiert, weil ich nie so etwas gesagt habe.«

»Streiten Sie damit auch ab, dass Eden der Grund Ihrer nächsten Expedition ist?«

»Kein Kommentar.«
»Haben Sie Hinweise auf den Standort von Eden?«
»Kein Kommentar.«
Irgendwie war es ihm gelungen, bis zum Tor zu kommen, es zu öffnen und auf sein Gelände zu fahren. Hinter ihm schrien Hunderte von Stimmen durcheinander, als das rettende Tor endlich ins Schloss fiel. Als er ins Haus stürmte, hatte er die verhängnisvolle Zeitung in der Hand.

Sekunden später war er im Büro. Sein Team hatte sich bereits hier versammelt. Ihre Gesichter zeigten, dass sie den Artikel schon gesehen hatten.

Er knallte die Zeitung auf einen der Schreibtische. Es war die größte Schlagzeile, die sie jemals gesehen hatten: »Livingstone entdeckt den Garten Eden!« Adam kochte vor Wut.

Scott sprach als Erster. »Adam, bitte glaub uns, dass wir genauso wütend sind wie du. Seit einer Stunde überlegen wir schon, wie diese Information nach draußen gelangen konnte. Keiner von uns hat irgendjemandem etwas davon gesagt.«

»Und wie hat die Zeitung das dann erfahren?«

Adam ließ sich in einen Sessel fallen, nahm das unselige Blatt wieder auf und begann, den Artikel zu überfliegen.

»Das gibt's doch nicht! Habt ihr das gelesen? Hier werden wir einzeln zitiert. Ich auch, wörtlich, das ist unser Gespräch hier aus diesem Raum.« Er sah alle prüfend an. Bei Erin blieb sein Blick haften. »Bist du dir ganz sicher, dass du –?«

Erin sah verletzt aus. »Ich habe Dexter eine Woche lang nicht einmal gesehen, geschweige denn, mit ihm geredet.«

»Fragt er dich manchmal nach unserer Arbeit?«

»Nicht viel. Ihn interessiert immer nur, welche Computerprogramme wir haben, das ist alles. Er ist nun mal ein Computerfreak, von Archäologie hat er keine Ahnung.«

Adam ließ die Zeitung kraftlos sinken. »Es ist alles bekannt. Wie konnte das nur passieren?«

Darauf wusste niemand eine Antwort.

»Was machen wir jetzt?«, fragte Crystal. »Sollen wir die Expedition verschieben?«

»Vielleicht«, überlegte Adam. »Obwohl ich es hasse, mir von den Medien diktieren zu lassen, was ich wann tun. Aber dieses Projekt ist mir zu wichtig, als dass ich jeden Tag aktuelle Falschmeldungen darüber lesen möchte. Außerdem habe ich keine Lust, den ganzen Rummel auszuhalten. Ich schlage vor, dass wir die Reise etwas verschieben und versuchen, unbemerkt nach Afrika zu kommen. Wenn wir erst einmal eine Zeit lang dort sind, werden sie uns vielleicht vergessen. Das Wichtigste ist, dass mir jetzt keiner auch nur den geringsten Kommentar abgibt, versteht ihr mich?«

Alle nickten.

»Auf alle Fragen der Journalisten haben wir nur eine Antwort: ›Kein Kommentar‹. Und ich hoffe, wir finden heraus, wie diese Nachricht an die Presse gelangt ist.«

Die Eden-Theorie

Fast hätte Adam Livingstone die Reise nach Afrika doch abgesagt. Nicht wegen der Medien, die würde er hoffentlich abschütteln können. Was ihm viel mehr zu schaffen machte, waren die Fragen, die bereits seit dem Fund der Arche aufgetaucht waren. Konnte er nach etwas suchen, an das er nicht glaubte?

Wenn er selbst nicht glaubte, warum wollte er dann die Arche und Eden finden? Was trieb ihn an? Konnte es ihm nicht egal sein, ob es den Garten Eden tatsächlich gab? Die meisten Menschen würde es auch nicht interessieren, wenn er ihn gefunden hätte.

Schon als Junge hatte er die ersten Seiten der Bibel gelesen. Was hatte ihn an diesen Geschichten nur so fasziniert? Glaubte er an die Existenz eines Garten Eden? Nein, so weit würde er nicht gehen. Denken, glauben, wissen – es war eine neue Auseinandersetzung, für die er sich jetzt öffnete.

Die Herangehensweise von Sir Gilbert war ganz anders. Er sah Wissenschaft und Glauben als Gegensatzpaar, entschied sich für das eine und bekämpfte das andere.

Dass die Bibel vielleicht doch wahr sein könnte, das war für ihn gar nicht so absurd. Wäre sie wahr, hätte es jedenfalls keinen Sinn, sich mit Händen und Füßen dagegen zu wehren. Auf die Wahrheit kam es an. Er wollte die Wahrheit suchen.

Manche Wissenschaftler hatten sich zuerst entschieden, nicht zu glauben, daraufhin ihre Theorien entwickelt und sich dann auf die Suche nach Beweisen gemacht. Dieses Vorgehen hielt er für unwissenschaftlich.

Er hoffte, dass durch seine Forschung mehr Wahrheit enthüllt würde. Aber er musste sich eingestehen, dass er nicht alles verstehen und nicht jede Frage beantworten konnte, die aufgeworfen wurde. Trotzdem wollte er weitermachen, wissenschaftlich arbeiten, jede Möglichkeit erwägen, um Verständnis und Wahrheit zu suchen.

Er würde nicht alles wissen, sondern selbst Fragen stellen und Antworten suchen. So konnte die Reise nach Afrika sehr spannend werden. Die Suche nach religiösen Wahrheiten war sicher nicht weniger herausfordernd als die wissenschaftliche Reise. Es könnte eine Expedition werden, die ihm mehr abverlangen würde als frühere Reisen, die einen rein wissenschaftlichen Charakter hatten.

Nicht nur Livingstone und sein Team waren von dem Zeitungsartikel aufgeschreckt worden. Auch der geheime Zwölferbund war alarmiert. Ein Treffen zweier Mitglieder war sofort angesetzt worden. Sie sollten sich speziell mit diesem Problem befassen.

»Hat sich seit dem Artikel etwas Neues ergeben?«, fragte der mächtige Niederländer.

»Nein. Aber er sprach die Heirat deutlicher an als bisher«, antwortete der englische Lord.

»Sehr gut. Sie soll möglichst bald über die Bühne gehen.« Der Niederländer klang sehr bestimmt.

»Er sprach vom Herbst nächsten Jahres«, gab der Engländer zu bedenken.

»Das ist zu lange. Schon jetzt beginnt er, sich zu verändern. Er steht unter gefährlichem Einfluss. Wir dürfen ihn nicht verlieren.«

»Ja, ich habe das auch gespürt. Er ist im Begriff, sich von uns zu entfernen. Das müssen wir verhindern.« Beide waren sehr besorgt.

»Wir beobachten ihn nun schon so lange und haben seit Jahren damit gerechnet, dass es zu einer Verbindung mit Ihrer Tochter kommt. Das muss jetzt endlich eingeleitet werden. Wie verhält sich Ihre Tochter?«

»Auch sie wird allmählich ungeduldig.«

»Kann sie ihn nicht ein für allemal für sich gewinnen? Und Sie, können Sie ihn nicht darin ermutigen?«

»Ich werde mein Möglichstes tun.«

»Er ist ein einflussreicher Mann. Wenn er das Lager wechseln würde, könnte er größten Schaden anrichten.«

Der Brite nickte nachdenklich: »Das wird nicht geschehen. Er wird einer von uns werden, vielleicht sogar einer vom inneren Kreis.«

»Die Zeit ist knapp. Mit dem Näherrücken des neuen Zeitalters entwickelt sich alles schneller. Wir dürfen diesen Mann, der so viel Einfluss hat, auf keinen Fall verlieren.«

»Er wird zu uns gehören.«
»Er *muss* uns gehören und zu keinem anderen.«
Damit kehrte jeder wieder in sein Land, an seine Position zurück. Kaum jemand in ihrer näheren Umgebung ahnte, welche Macht sie ausübten und welchen Zielen sie sich verschrieben hatten.
Geheimhaltung war das oberste Gebot des Bundes. So konnte er seit Jahrhunderten Nationen, Kulturen und Gesellschaften beeinflussen und lenken, ohne dass die Bevölkerung dies ahnte. Es war ein überaus mächtiges, unsichtbares Netzwerk, das den Willen der Finsternis auf die Erde übertrug. Ihre Botschaft klang gut und friedlich, doch sie kam direkt aus dem Zentrum der Lüge, vom Vater aller Lügen, der damals im Garten den Menschen das göttliche Licht gestohlen hatte.

Adam Livingstone war früh wach geworden. Es war ein klarer Novembermorgen, die Blätter fielen jetzt überall von den Bäumen und die Luft war rein. Eine herrliche Zeit, um nachzudenken und zu arbeiten.
Das Haus war noch ganz still, als er in sein Büro ging und sich daran machte, das Konzept für die Afrika-Expedition in den Computer einzugeben. Er hatte sich nun lange genug über die Medien geärgert, es war an der Zeit, sich wieder auf das Wesentliche zu konzentrieren.
Zusammen mit seinen Kollegen hatte er es sich zur Gewohnheit gemacht, vor jeder Expedition schriftliche Ausarbeitungen anzufertigen. Sie legten darin ihre Ziele fest, den Ablauf der Reise, fügten detaillierte Landkarten bei und hatten am Ende nicht nur einen wertvollen Leitfaden für alle Mitarbeiter, sondern waren auch darauf vorbereitet, auf Unerwartetes und Interessantes zu stoßen, ohne dabei die ursprünglichen Ziele aus den Augen zu verlieren. Dazu käme noch ein spezielles Skript für die Laborarbeit, die Erin im Laufe des Winters auszuführen hatte. Sie hatte noch eine Menge Holz-, Gesteins- und Eisproben vom Ararat zu untersuchen. Einige dieser Ergebnisse würden für seine Eden-Theorie wichtig sein, hoffte Adam.
Vor ihm lag ein dicker Ordner, den er im Verlauf der letzten Jahre mit vielen Ideen und Überlegungen, Forschungen und Zitaten gefüllt hatte. Sein Titel lautete: »Die Theorie des großen ovalen Garten Eden«. Er enthielt viele selbst gemalte Landkarten, einige Artikel,

die er geschrieben hatte, sehr viele Literaturverweise sowie eine weitgehend vollständige Liste aller Funde der letzten 70 Jahre aus dem in Frage kommenden Teil der Welt, angefangen mit dem »Kind von Taung«, das 1924 ausgegraben wurde, bis zu Sir Bowles' Entdeckungen aus den vergangenen Jahren. Dazu hatte er eine Karte des gesamten Grabenbruchsystems angefertigt, in der er jeden der aufgelisteten Fundorte markiert hatte.

Seit Jahren faszinierten ihn die ersten Kapitel der Bibel, ohne dass er sich dieses Interesse erklären konnte. Er war nicht christlich erzogen worden, aber die Entstehung der Welt, des Menschen und der menschlichen Gesellschaft war schon immer sein Lieblingsthema gewesen. Dabei war der Schöpfungsbericht zumindest ein interessanter Beitrag, den er stets neben anderen alten Schriften und modernen Theorien in Betracht gezogen hatte.

Historisch betrachtet enthielt die Bibel Informationen, die auch in anderen alten Schriften vorhanden waren, deren Wissenschaftlichkeit also bewiesen war. Kein echter Forscher durfte dieses große literarische Werk außer Acht lassen. Theologische Fragen hatte er sich nie gestellt. Für ihn enthielt die Bibel die Überlieferungen eines abergläubischen Nomadenvolkes, das seine Geschichte erhalten wollte.

Seit dem Fund am Ararat war dies allerdings schwieriger geworden. Die Frage nach dem Ursprung aller Dinge war dringlicher und persönlicher geworden.

Auch die Urknalltheorie half ihm bei dieser Frage nicht. Gemäß den Evolutionisten mussten auf der Erde bestimmte Bedingungen geherrscht haben, die eine chemische Evolution und damit die Entstehung von Leben aus einer bis dahin unbelebten Welt ermöglichen konnten. Über Jahrmillionen wurden aus anorganischen schließlich organische Verbindungen.

Doch das war wissenschaftlich absurd. Es widersprach nicht nur den thermodynamischen Gesetzen, sondern war auch experimentell nie nachgewiesen worden. Schon Pasteur hatte gewusst, dass Leben immer nur aus Leben entstehen konnte.

Doch selbst wenn die Ursuppe Leben hervorgebracht hätte – wo kamen die anorganischen Stoffe her? Die Frage nach dem Ursprung wäre damit vorverlagert, aber nicht beantwortet worden.

Für Livingstone stand fest, dass Leben nicht aus Unbelebtem entstehen konnte. Aber an dieser Stelle mochte er noch nicht weiterdenken. Wenn Leben nur aus Lebendigem entstünde, was würde das für ihn bedeuten?

Juliet Halsay lag ebenfalls wach, dachte aber an ganz andere Dinge als Adam. Ihr ging es an diesem Morgen nicht um die Geschichte der Welt, sondern um ihre ganz persönliche Geschichte, die Verfassung ihrer Seele und um ihre Zukunft.

Der schreckliche Tag lag Wochen zurück. Ohne Vater und Bruder und getrennt von der Mutter würde ihr Leben nie wieder so sein können wie früher. Trotzdem wuchs in ihr allmählich wieder der Wunsch weiterzugehen. Sie hatte die Psychopharmaka zuerst reduziert, schließlich ganz abgesetzt und half ihrer Tante immer mehr im Haushalt.

Doch an diesem Morgen geschah etwas Besonderes. Als ein früher Sonnenstrahl durch ihr Fenster drang und über ihr Bett strich, brach in ihrem Innersten plötzlich ein Gefühl der Freude auf.

Sofort gingen ihre Gedanken weiter. Wie lange sollte sie noch in der Opferrolle verharren? Gab es nicht immer noch gute Dinge im Leben, an denen sie sich freuen konnte? Hier war ein Sonnenstrahl, der jetzt direkt auf ihrer Nase tanzte. Die Sonne schien immer noch, genau wie früher.

Ihre Lebensumstände hatten sich verändert, aber das Leben war unverändert. Jeden Morgen ging die Sonne auf, spendete Licht und Wärme. Auf ihrer Fensterbank wuchsen die Pflanzen. Obwohl es draußen herbstlich kalt war, hörte sie das Singen einiger Vögel.

Konnte ihr Leben trotz allem wieder froh und wertvoll werden?

Ein wunderbarer Friede begann, sie zu erfüllen, wie eine innere, wärmende Decke, die ihre Seele nach und nach einhüllte. Alles Leid, alle Verzweiflung der letzten Monate wurde überdeckt von diesem Frieden, der in sie hineinströmte. Sie atmete einige Male tief ein und aus. Was für eine Wohltat! Ihre Augen verfolgten das Sonnenlicht, das immer breiter in ihr Zimmer floss. Langsam kam ein Lächeln auf ihr Gesicht.

Juliet hatte bis zu diesem Augenblick keine bestimmte Vorstellung von Gott gehabt. Sie glaubte an ihn als eine Kraft, ein fernes Wesen, eine Institution. Mit ihrer Familie und jetzt auch mit ihrer Tante ging sie jeden Sonntag zur Kirche. Sie glaubte die christliche Lehre und wusste das Glaubensbekenntnis auswendig. Soweit sie konnte, versuchte sie, ein gutes Leben zu führen und sich an die Gebote zu halten. Aber dieser Glaube hatte weiter keine Bedeutung für sie gespielt, sie hatte eine bestimmte theologische Meinung, kannte Christentum als Kultur und Tradition und als Maßstab für Gut und Böse.

Was sie an diesem Morgen erlebte, war anders. Es traf sie mitten ins Herz und galt ihr ganz persönlich. Sie wusste unwillkürlich, dass es mit Gott zu tun hatte. Sie hatte den Eindruck, dass Gott mit diesem Sonnenstrahl in ihr Zimmer gekommen war und seinen Frieden über sie gebreitet hatte. Damit war die Zeit der Trauer vorbei, sie spürte es. Es war, als wäre sie aus einer langen Starre aufgeweckt und in ein neues Leben geführt worden.

Sie blieb ganz still liegen, während Friede und Freude in ihr immer mehr zunahmen. Und etwas Unvorstellbares wurde ihr bewusst: Dieser Friede war nicht allgemein zum Eichhof gekommen, er kam ganz gezielt zu ihr, um sie zu trösten. Juliet Halsay wurde an diesem Morgen mit Gottes Frieden erfüllt. Gott sprach sie ganz persönlich an.

Was sie erlebte, war schwer in Worte zu fassen. Doch das war auch gar nicht nötig. Sie blieb einfach liegen und sog das Gute auf, das sie umgab. Sie verstand es nicht, aber es war herrlich.

Dann formten sich Worte auf ihren Lippen, die aus einem Teil ihres Wesens kamen, den sie bis dahin nicht gekannt hatte. Aus tiefstem Herzen kam ihr »Danke«, immer wieder: »Ich danke dir!«

Es war das erste Mal, dass sie so persönlich zu Gott gesprochen hatte.

Minutenlang lag Juliet im Bett. Sie wusste, dass jetzt ein neuer Lebensabschnitt vor ihr lag. Wenn es einen Gott gab, der sie kannte und Anteil an ihrem Ergehen nahm, ein Gott, dessen Nähe mit so viel Frieden und Trost verbunden war, dann hatte sie den Mut, dieses neue Leben zu beginnen.

Langsam stand sie auf und ging zu dem großen Spiegel, der in ihrem Zimmer hing.

»Guten Morgen, Juliet Halsay«, sagte sie zu ihrem Spiegelbild und lächelte sich ermutigend zu. Dann fuhr sie ernst fort: »Du hast dir Zeit zum Trauern genommen und hast dich lange genug ausgeweint.«

Sie holte tief Luft, sah direkt in ihre braunen Augen und nickte sich zu.

»Aber nun sieh wieder nach vorne. Das Leben geht weiter, und zwar mit dir! Draußen scheint die Sonne und in dir ist eine Menge Leben. Du bist gesund. Du bist intelligent. Und du siehst ganz gut aus. Du hast das College abgeschlossen. Du bist unabhängig und selbständig. Wer weiß, welche Möglichkeiten sich dir noch auftun werden.«

Sie öffnete das Fenster und beugte sich hinaus. Klare, kalte Luft kam ihr entgegen, ein tiefblauer Himmel breitete sich über dem herbstlichen Garten aus. Sie atmete tief durch. Es war, als wäre sie jetzt erst hier angekommen. Sie würde gleich heute anfangen, nach einem Job zu suchen. Dann könnte sie sich eine eigene Wohnung mieten, in der auch ihre Mutter Platz haben würde.

Sie ging zu dem großen Kleiderschank, öffnete die Türen und suchte sich einen blauen Rock, eine weiße Bluse und einen dazu passenden roten Pulli aus. Es gab Grund, sich heute hübsch zu machen. Das Leben fing wieder an. Sie würde als Erstes in den Garten gehen, solange es im Haus noch so still war.

Bevor sie aus dem Zimmer ging, sah sie noch einmal in den Spiegel, richtete sich gerade auf und nickte sich zu. Sie sah gut aus.

Von heute an würde alles neu sein. Juliet Halsay hatte sich für das Leben entschieden.

Eine halbe Stunde später schlenderte Juliet zum Haus zurück. Sie wollte die Abkürzung durch die Diele und den Frühstücksraum zur Küche nehmen, wo sie ihre Tante vermutete. Als sie den Frühstücksraum betrat, traf sie Adam Livingstone und Scott Jordan, die sich gerade sehr angeregt unterhielten. Juliet erschrak und wollte schnell wieder verschwinden, doch die beiden hatten sie bereits bemerkt.

»Guten Morgen, Frau Halsay!«, tönte Adams fröhliche Stimme. »Sie sehen heute Morgen heiter aus. Wie geht es Ihnen?« Adam hatte gerade mit Scott über die bevorstehende Reise gesprochen und war von daher ähnlich freudig erregt wie Juliet.

»Oh, es geht mir tatsächlich gut«, antwortete Juliet verlegen.

»Bitte kommen Sie doch und setzen Sie sich zu uns«, lud Adam sie freundlich ein.

»Vielen Dank, Herr Livingstone«, sagte sie und errötete, während sie die beiden anlächelte.

»Scott und ich haben über unserem Gespräch die Zeit vergessen. Wir müssen uns eigentlich gleich an die Arbeit machen. Aber bitte, greifen Sie doch zu«, sagte Adam einladend und deutete auf den reich gedeckten Tisch.

In diesem Moment kam Juliets Tante mit heißem Tee herein. Sie wunderte sich, ihre Nichte bei den beiden Männern am Tisch zu finden, ließ sich aber nichts anmerken. Während sie ihr Tee eingoss, sprudelte Juliet los.

»Denk dir, Tante, ich habe richtigen Hunger. Ich habe wieder Appetit«, sagte sie.

»Ich freue mich für dich, Liebes«, lächelte Frau Graves.

Unterdessen waren Adam und Scott schon wieder mitten in ihr Gespräch vertieft. Während ihre Tante in der Küche verschwand, saß Juliet ganz still am Tisch, schmierte sich ein Brötchen und hörte den beiden zu.

»Die Kreationisten gehen davon aus, dass die ersten Menschen aus der Gegend des fruchtbaren Halbmondes, also aus Mesopotamien stammen«, erklärte Scott gerade. »Wenn deine Theorie bekannt wird, wirst du auch die Fundamentalisten gegen dich haben.«

Adam lachte.

»Nein, ernsthaft«, beharrte Scott. »Wenn die afrikanischen Fossilien Teil deiner Theorie sind, halten sie dich für einen Evolutionisten.«

»Und wenn schon.« Adam war nicht beeindruckt. »Außerdem halten die meisten Forscher heute die mesopotamische Theorie für zu einfach. Auch Sir Gilbert ist dieser Meinung.«

»Ach, Sir Gilbert wird alles für zu einfach halten, was irgendwie biblische Anklänge hat.«

»Trotzdem«, beharrte Adam, »in dem Punkt gebe ich ihm Recht. Der fruchtbare Halbmond ist nur ein Teil des Gesamtbildes. Die meisten fossilen Funde der *Homo sapiens*-Vorläufer stammen aus Afrika, nicht aus dem Nahen Osten. Das darf man doch nicht ignorieren.«

»Bedingt durch das äquatoriale Klima ...«

»Genau, das Klima ist einer der zentralen Schlüssel für das Ganze.«

»Entschuldigen Sie bitte, Herr Livingstone, dürfte ich Sie etwas fragen?«, meldete sich Juliet plötzlich zu Wort. Juliet war selbst überrascht von ihrem Mut, noch erstaunter war Frau Graves, die sich im Hintergrund zu schaffen machte. Die beiden Männer sahen sie freundlich an und Adam ermutigte sie: »Selbstverständlich dürfen Sie fragen, nur zu!«

»Welchen Einfluss hat das Klima auf die Fossilien?«

»Alles hängt mit dem Klima zusammen«, begann Adam. »Am Äquator herrschen das ganze Jahr über konstante Temperaturen. Folglich ist dort ein ausgezeichneter Lebensraum für die ersten Vorläufer des heutigen Menschen, die sehr empfindlich und anfällig waren ohne schützende Häuser, ohne Fell und ohne Kleidung. Wenn es so etwas wie Eden gegeben hat, dann muss es in Äquatornähe gewesen sein.«

»*Wenn* es so etwas gegeben hat –«, unterbrach Juliet. »Sie sind sich also nicht sicher?«

»Ich zweifle nicht daran, ich glaube aber auch nicht daran«, antwortete Adam langsam. »Ich bin lediglich neugierig. Darum sehne ich mich jetzt nach einem Hinweis, dass es den Garten Eden tatsächlich gegeben hat. Von da aus kann ich dann präziser überlegen und vorgehen.«

»Meine Tante zeigte mir den Zeitungsbericht. Ich dachte –«

»Sie dachten, wir hätten Eden entdeckt? Nun, das legte dieser Artikel nahe. Es stimmt aber nicht«, erklärte Adam, immer noch leicht verärgert über diesen Journalisten, dem er das zu verdanken hatte.

»Aber Sie werden danach suchen?«, fragte Juliet.

Adam nickte. »Wir können nicht vorhersehen, was wir finden werden. Aber wir werden es versuchen.«

»Wenn Sie nicht sicher wären, dass Eden dort war, würden Sie doch nicht hinfahren?«, hakte Juliet nach.

»Das stimmt natürlich. Ich habe mich schon seit langem für Eden interessiert.«

»Warum?«

»Ich finde es äußerst spannend. Die Äquatorialzone ist der ideale Ort für das erste menschliche Leben, nicht nur aus klimatischen Gründen, sondern auch wegen der landwirtschaftlichen Voraussetzungen. Nirgends sonst auf der Erde wachsen die Pflanzen so schnell und so üppig. Die Gelehrten streiten sich, wann der erste Regen auf die Erde fiel. Aber im Zusammenhang mit Eden spielt dies keine Rolle. Dort gab es genügend Feuchtigkeit und Sonne. Wir kennen diese Vegetation aus dem tropischen Regenwald und dem äquatorialen Dschungel. Natürlich haben sich viele Bedingungen inzwischen geändert. Aber wenn der biblische Bericht stimmt, selbst wenn es eine überlieferte Legende ist, wo sonst sollte so ein Ort sein als im tropisch-äquatorialen Gebiet?«

»Ach so.«

Adam war durch diese Frage, über die er so gerne redete, in Schwung gekommen.

»Nun, ich möchte mal so sagen: Die Wahrscheinlichkeit, dass es einen solchen Ort gab, wie er im Schöpfungsbericht beschrieben ist, halte ich für ziemlich groß. Ich will versuchen, darüber mehr herauszufinden.«

»Aber Sie können doch unmöglich beabsichtigen, den ganzen Äquator abzusuchen! Wären das nicht ungefähr 40 000 Kilometer?«

Adam lachte. Das Gespräch machte ihm Spaß. »Ich hoffe, das wird uns erspart bleiben!«

»Erzähle ihr doch von den Flüssen«, erinnerte Scott seinen Freund an ein zentrales Argument.

»Stimmt. Wegen der Flüsse können wir relativ genau vermuten, um welche Gegend es sich handeln muss. Die vielen fossilen Funde, die genau dort gemacht wurden, sind nur noch ein weiteres Indiz.«

»Welche Flüsse?«, fragte Juliet. Sie wusste nun nicht mehr, wovon die beiden sprachen.

»Im Buch Genesis werden vier Flüsse erwähnt, die bei der Lokalisierung des Gartens helfen. Dies war für biblisch orientierte Forscher schon immer spannend. Nur Tigris und Eufrat sind heute noch bekannt. Die beiden anderen kennen wir nicht mehr. Aber meine Studien über diese Gegend ergaben eine Theorie, die unter Berücksichtigung klimatischer Veränderungen und geologischer Gegebenheiten deutliche Hinweise auf die beiden Flüsse gibt.«

»Was für eine Theorie?« Juliet saß auf der Stuhlkante. Längst hatte sie vergessen, mit wem sie es zu tun hatte. Das Thema interessierte sie so, dass sie ihre natürliche Scheu vor Menschen vergaß.

»In meiner Theorie gehe ich von einem großen, ovalen Garten Eden aus, der nicht nur Mesopotamien einschließt, sondern sich bis zum Äquator hinzieht.«

»Würden Sie mir Ihre Theorie erklären?« Juliet lehnte sich weit vor. Das war ja ungeheuer spannend!

»Ich gehe davon aus, dass der Garten Eden viel größer war, als man gemeinhin annimmt.« Auch Adam war nun ganz konzentriert und hatte längst vergessen, dass er eigentlich in Eile gewesen war.

Dies war sein Lieblingsthema und er konnte es einer Person erzählen, die noch nie etwas davon gehört hatte!

»Ich glaube, dass der erste Lebensraum des Menschen vom Zweistromgebiet von Tigris und Eufrat bis zum Äquator Ostafrikas reichte.«

»Das wäre aber riesig!«

»Aber warum nicht? Wenn Gott tatsächlich nicht nur den Menschen dort wohnen ließ, sondern auch alle Tiere? Dieses Gebiet musste schon allein deshalb groß sein, um allen Tieren Nahrung und Platz zu bieten.«

»Aber –«

»Ich weiß schon, Sie wollen nach den Wüstengebieten in diesem Oval fragen, stimmt's?«

Julia nickte.

»Könnte es nicht sein, dass dieser Garten zwar 5 000 bis 6 000 Kilometer lang, aber nur 3 000 bis 4 000 Kilometer breit war? Und alles war üppig bewachsen, so wie wir heute den Regenwald kennen? Es gab Süßwasser-Seen mit reichem Tier- und Pflanzenleben. Es war alles vorhanden, was Tausende und Millionen von Lebewesen brauchten, um sich wohl zu fühlen und zu vermehren.«

»So habe ich mir das noch nie vorgestellt.«

»Dann kam eine Klimaveränderung und das Sahara-Syndrom begann. Allmählich wurden immer größere Teile des Gartens Ödland. Die Sahara und die Arabische Wüste entstanden.«

»Und was hat es mit den Flüssen auf sich, die Sie erwähnten?«

»Ja natürlich, die Flüsse geben uns den wichtigsten Hinweis. Nach meiner Theorie erstreckte sich der Garten über zwei Kontinente. Seine Fläche entsprach der von Grönland oder Australien. In dem Fall muss man die Flüsse in einem entsprechend großen Gebiet vermuten. Stattdessen suchen viele biblische Forscher aber immer nur im Gebiet von Tigris und Eufrat nach ihnen. Doch dort werden sie diese beiden Flüsse niemals finden. Sie waren nicht dort. Der Garten war viel größer.«

»Wo sind sie dann?«

»Einer von ihnen ist meines Erachtens der Nil. Er kommt aus dem kenianischen Hochland und dem Viktoria-See und fließt nach Norden ins Mittelmeer. In Genesis, Kapitel 2, Vers 13 heißt es, der Fluss Gihon umfließe das ganze Land Kusch. Kusch hieß so viel wie Äthiopien. Für meine Begriffe ist dies der Fluss, der den nordöstlichen Teil Afrikas umfließt, die heutigen Länder Kenia, Äthiopien, Sudan und Ägypten – das ist genau die Route des Nils.«

»Ist das nicht faszinierend, wie alles sich zusammenfügt?« Scott war jedes Mal begeistert, wenn er Adam zuhörte.

»Schwieriger wird es mit dem Fluss Pischon, der im 11. Vers erwähnt wird«, fuhr Adam fort. »Aber auch für seine Lokalisierung haben wir genügend Hinweise.«

»Tatsächlich?«

»Ja, es heißt in dem biblischen Bericht, Pischon umfließe das Land Hawila, wo es Gold gibt. Man kann feststellen, wo früher in welchem Ausmaß Gold vorhanden war. Das größte Vorkommen war im präkambrischen Granitkomplex von Akaba auf beiden Seiten des Roten Meeres.«

»Stimmt! Es ist erwiesen, dass das ägyptische Sedimentgestein dorther stammt. Natürlich, das waren die Goldminen der Pharaonen!« Juliet war plötzlich ebenso aufgeregt wie Scott und Adam. Dann erst wurde ihr bewusst, was sie gesagt hatte, und sie errötete. Scott und Adam sahen sie überrascht an.

»Das war doch eben kein Zufallstreffer, oder?« Adam lachte amüsiert. »Was wissen Sie über den Granitkomplex von Akaba?«

Frau Graves, die sich ebenfalls gesetzt hatte, mischte sich ins Gespräch ein: »Juliet hat an der Universität Geografie und Geologie studiert«, kam sie ihrer Nichte zuvor, die wieder ganz verlegen geworden war.

»Tatsächlich?«, freute sich Scott. »Ich habe ebenfalls Geologie studiert.«

»Sie liegen genau richtig, wenn Sie sagen, dass die ägyptischen Sedimentformationen an dieser Stelle liegen«, fuhr Adam wieder fort. »Das gleiche Gestein finden wir weiter nördlich in Israel. Aber die Erwähnung von Gold im biblischen Lageplan von Eden gibt noch mehr her«, erklärte Adam. »Kennen Sie das Land Hawila?«

Julie schüttelte den Kopf.

»Es gibt Hinweise darauf, dass Hawila der westliche Teil des arabischen Nordwestens ist, also das heutige Jemen.«

»Und das liegt am Roten Meer!«, rief Juliet.

»Genau«, nickte Scott. »Ich konnte es kaum glauben, als Adam mir zum ersten Mal von diesem Zusammenhang berichtete.«

»So könnte es also sein, dass Pischon, der in Genesis im Zusammenhang mit Eden als Erster erwähnt wird, der größte Fluss war. Wo er floss, ist heute das Rote Meer. Erst kürzlich wurde in der Atlantis-II-Tiefe mitten im Roten Meer Gold gefunden. Dort gibt es heute noch Gold!!!«

»Sagenhaft! Davon haben wir in Geografie nichts gehört!«

»Die Wurzel beider Namen, Pischon und Hawila, legen genau so etwas nahe. Das Rote Meer gab es damals noch nicht. Vielmehr waren die afrikanische und die arabische Küste noch verbunden. Das Rote Meer war ein Fluss, der mit der Zeit immer breiter wurde und zuletzt die arabische Halbinsel vom afrikanischen Kontinent trennte. Das einzige Verbindungsstück blieb bei Suez. So haben wir auch den vierten Fluss identifiziert, der durch ein Land fließt und floss, in dem es damals wie heute Gold gibt.«

Alle schwiegen ein paar Augenblicke und dachten nach.

»Sie sagten, Sie hätten eine Theorie über den großen Garten Eden«, fragte Juliet weiter. »Ich habe jetzt verstanden, was Sie über das Klima am Äquator und die vier Flüsse sagten. Aber wie passen die Funde einer sehr alten Hochkultur in Mesopotamien ins Bild? Schließlich sind zwei der Flüsse auch dort oben.«

»Dieses Gebiet umfasst den zweiten Teil meiner Theorie«, antwortete Livingstone. »Darum nenne ich sie die ›Theorie des großen, ovalen Gartens‹. Ägypten und der fruchtbare Halbmond sind genauso interessant wie die Gegend am Äquator. Sie haben absolut Recht, in dieser Gegend entwickelten sich die höchsten und ältesten der uns bekannten Kulturen. Babylon, das in der Nähe des heutigen Bagdad lag, Tigris und Eufrat werden schon gleich am Anfang des ersten Buchs Mose erwähnt. Die Stadt Ur, aus der Abraham stammt, liegt im heutigen Irak. Und inzwischen wissen wir ja auch, dass die Arche Noahs auf dem Ararat in der Türkei landete.«

»Aber wie bringen Sie denn nun die beiden Gegenden zusammen? Sie liegen doch sehr weit auseinander!«

»Ja, genau deshalb denke ich, dass der ursprüngliche Garten sehr groß gewesen sein muss. Ich glaube, dass die Ursprünge des Menschen zwischen dem Viktoriasee in Ostafrika und dem Eufrat-Tigris-Tal im nördlichen Teil Arabiens liegen, die über 3 000 bis 4 000 Kilometer voneinander entfernt sind. Aber es waren nicht zwei Orte, es war ein einziger langer, riesiger Garten. In der Mitte des Gartens, in seinem Zentrum, begann das Leben. Von dort breitete sich der Mensch aus und bevölkerte einen Garten, der viel größer und schöner war als alles, was wir uns vorstellen können.«

»Ist das Ihre Theorie?«

»In aller Kürze, ja. Ich glaube, der Garten war oval und begann mit dem fruchtbaren Halbmond im Norden, wo Tigris und Eufrat fließen. Er schloss die Arabische Halbinsel und das Land Hawila ein, in dem der Fluss Pischon, das heutige Rote Meer, verlief. Dann erstreckte er sich weiter über das heutige Ägypten mit dem Nil, der in Genesis Gihon heißt, und fand sein südliches Ende in der Äquatorialzone Zentralafrikas. Es war ein riesiges Gewächshaus, in dem sich jede Pflanze und jedes Tier entwickeln und vermehren konnte, die schließlich die ganze Erde bedeckten.«

»Und dafür haben Sie genügend Beweise?«

»Absolut!«

Adam sprang auf. »Bitte warten Sie einen Augenblick«, sagte er und rannte aus dem Zimmer. Kurze Zeit darauf kam er mit einem riesigen Globus zurück. Er baute ihn mitten auf dem Tisch auf.

»Sehen Sie«, sagte er begeistert und drehte an der Kugel, »die archäologischen Funde legen den Verdacht nahe, dass die ersten Menschen auf engem Raum entlang einer Linie lebten, die ungefähr dem Grabenbruch Ostafrikas entspricht und sich langsam nach Norden zieht. Sehen Sie, genau hier, vom Viktoria-See in Tansania, eigentlich noch südlicher, von Südafrika Richtung Norden, durch Kenia und Äthiopien bis hinauf zur Straße von Bab el Mandeb.«

Seine Finger wanderten über die Erdkugel und fuhren den afrikanischen Kontinent entlang, während er sprach.

»Hier wurden die Funde von Taung bis hin zur Olduwai-Schlucht in Tansania gemacht, hier sind die Hügel von Lukenia, die Rusinga-Insel, die Samburu-Hügel in Kenia, wo Schichten des Miozän zu Tage treten. Baringo-Chesowanja, Laetoli, Lothagam, Omo ... bis hinauf nach Maka und Beloh-

delie im Middle-Awash-Tal in Äthiopien nahe Hadar, wo ›Lucy‹ gefunden wurde. In diesem ganzen Gebiet wurden Fossilien gefunden. In den Regionen mit Grabenbrüchen in der Erdkruste wurden die ältesten und zahlreichsten Knochen von Hominiden und Homo sapiens gefunden. Die Ursprünge des Menschen liegen also vermutlich dort.«

»Ich dachte, es gäbe überall auf der Erde fossile Funde?«

»Das ist richtig. Natürlich haben sich die Menschen schließlich von hier aus über die ganze Erde verbreitet, ebenso wie die Tiere und Pflanzen. Die Berichte aus dem ersten Buch Mose stimmen auch da mit den fossilen Funden überein. Aber die ältesten Hinweise auf zweibeinige Hominidenarten finden wir alle in Afrika, meistens im Grabenbruchsystem von Tansania, Kenia und Äthiopien – genau hier!« Adam deutete auf die genannten Länder und fuhr den 35. Längengrad zwischen Tansania und Äthiopien entlang.

»Und sehen Sie hier«, fuhr er fort und malte mit seinem Finger einen Kreis auf dem Globus, »hier sehen Sie die Seen überall im Grabensystem, Hinweise auf prähistorische Zeiten. Auch die einfache Tatsache, dass der Äquator direkt durch den Viktoriasee läuft, deutet darauf hin, dass hier einer der wenigen Orte der Erde liegt, dessen klimatische Bedingungen so ausgeglichen waren, dass sie dem ersten Leben Schutz geben konnten.« Adams Finger fuhr nun am Äquator entlang.

»Auch die vielen Tierarten, die wir heute in Afrika antreffen, sind ein Hinweis auf die Anfänge«, ergänzte Scott. »Zentralafrika ist der älteste Zoo der Welt. Es ist wie ein Fenster in die Vergangenheit, durch das wir ganz zurück bis zu den Ursprüngen schauen können. Hier haben die Arten besser überlebt als irgendwo sonst auf der Erde.«

»Genau«, freute sich Adam. »Ich bin mir ganz sicher: Hier ist die Südspitze des Gartens.«

»Ich verstehe immer noch nicht, wie das mit der Eufrat-Tigris-Region zusammenpasst.«

»Mein großer ovaler Garten Eden umschließt beides. Wir haben den südlichen Teil« – Adams Zeigefinger umfuhr das ostafrikanische Grabenbruchsystem – »und den nördlichen Teil.« Jetzt umfuhr er den fruchtbaren Halbmond Mesopotamiens.

»Die ältesten Zivilisationen der Erde wurden alle im nördlichen Teil meines Ovals gefunden, im frühen Mesopotamien. Hier war das

Reich der Sumerer, außerdem Ägypten, Kanaan, Ninive, Akkad, das große babylonische Reich, Phönizien und Persien. Deshalb muss Eden sich über das ganze Oval erstreckt haben.«

»Aber in der Mitte ist eine Wüste.«

»Ja, weil das Klima sich veränderte. Im Laufe der Zeit verteilten sich die Menschen von diesem großen Eden aus über die ganze Erde. Gleichzeitig veränderte sich die Erde. Ozeane kühlten ab, Kontinente verschoben sich, die feuchtwarmen Waldgebiete schrumpften. Es entwickelten sich deutlicher ausgeprägte jahreszeitliche Klimaschwankungen. Baum- und Waldbestände wurden dünner, Savanne nahm zu und Wälder traten an Stelle der hochgewachsenen tropischen Regenwälder.

Das alles, zusammen mit der weltweiten Klimaveränderung, schuf allmählich Bedingungen in Nordafrika, die zur Entstehung von Wüsten führten. Was einst der Garten Eden war, wurde zur Sahara und zur Libyschen, Nubischen und Arabischen Wüste. Einige glauben, es begann, als sich die Panama-Enge bildete und den Atlantik vom Pazifik trennte.«

»Meinen Sie, wegen der verschiedenen Salzgehalte der Meere?«, fragte Juliet.

»Genau!«

Adam sah Juliet zum wiederholten Male erstaunt an. Von Trauer und Schüchternheit war nichts mehr zu sehen, dafür zeigte sie erstaunliches Verständnis und große Freude an dem Thema, das ihn so sehr faszinierte.

»Als die nordatlantische Strömung sank, gefror die Nordpolkappe und das Klima in Afrika wurde kühler und sehr trocken. Sie haben erstaunliche Fachkenntnis, Frau Halsay.«

»Ich habe einige Seminare in Meteorologie besucht«, lachte Juliet und war selbst erstaunt, wie leicht ihr ums Herz war. »Aber bitte, fahren Sie doch fort mit Ihrer Theorie.«

»Diese Veränderungen führten dazu, dass im mittleren Bereich Edens kein Hinweis auf den ehemals üppigen Garten erhalten blieb. Deshalb finden wir in diesen Gegenden keine Fossilien, anders als in Ostafrika. Wüstensand, Schmutz und Steine haben alles unter sich begraben.

So wurde Eden einerseits durch die Bildung der Wüsten, andererseits durch die Verbreiterung des Flusses Pischon zum Roten Meer in zwei Hälften zerteilt. Was blieb, waren Hinweise auf die ersten Zivilisationen in den fruchtbaren Gegenden von Eufrat und Tigris und Fossilien im ostafrikanischen Grabenbruchsystem, die auf die einstmals fruchtbaren Bedingungen hinwiesen, unter denen sich ein reiches Tier- und Pflanzenleben entwickelte.

Das ostafrikanische Grabenbruchsystem spaltet die Erdoberfläche wie ein tiefer Riss, der immer weiter auseinanderklafft. An der tiefsten Stelle ist er fast fünf Kilometer tief und erstreckt sich über 6 000 Kilometer vom Njassagraben im Süden bis zum Jordangraben im Norden. Dieser steile, tiefe Graben hat die Geheimnisse der ersten Anfänge des Menschen zu Tage gefördert. Hier wurden die ältesten Zeugnisse der Menschheit ausgegraben. Aber sie sind nicht auf diese Region beschränkt. Hier ist es nur am einfachsten, sie zu entdecken. Wenn wir technisch zu entsprechenden Ausgrabungen in der Lage wären, könnten wir vom Viktoriasee bis zum Ararat ähnliche Funde machen.

Uns sind also die Nord- und die Südspitze des Gartens als Ausgrabungsorte geblieben, während die Mitte völlig unzugänglich ist. Das ist wahrscheinlich das Erstaunlichste überhaupt.«

»Was meinen Sie damit?«

»Die Mitte, das Herzstück des Gartens, ist uns verborgen. Der südliche Teil hält uns seine Geheimnisse förmlich entgegen, während der zentrale Teil des Gartens sie zurückhält. Ist das alleine nicht schon bemerkenswert?«

»Aber warum sind die Menschen in den nördlichsten Teil des Gartens gegangen, um sich dort niederzulassen?«, fragte Juliet. »Warum sind im südlichen, afrikanischen Teil nicht auch solche Zivilisationen entstanden?«

»Das verstehe ich auch nicht«, gab Adam offen zu. »Wie Sie richtig sagten, entwickelten sich die ersten Zivilisationen zwischen Ägypten und Babylon. Trotzdem bin ich überzeugt, dass der Garten das ganze Oval umfasste. Ob Gott den Menschen dorthin gesetzt hat oder ob er sich dort entwickelt hat – ich weiß es nicht. Aber es ist sicher, dass hier die Wiege der Menschheit war.«

Alle schwiegen einen Moment lang und dachten über das Gehörte nach. Es war unglaublich!

»Was ist das Ziel Ihrer Expedition?«

»Unsere weitere Forschung soll im Süden stattfinden, in Äquatornähe. Das erscheint mir sinnvoller, als in Mesopotamien zu suchen, wo ebenso wie im mittleren Teil des großen Ovals überall

Wüstenlandschaften vorherrschen. Ich habe wenig Hoffnung, dass wir im Iran oder Irak etwas finden könnten. Aber im Grabenbruchsystem, im kenianischen Hochland, in Tansania und rund um den Viktoriasee gibt die aufgebrochene Erdoberfläche viele ihrer Geheimnisse preis und es werden noch immer mehr zu Tage treten, davon bin ich überzeugt.«

»Ach so.«

»Dieses Gebiet ist nur ein kleiner Teil des eigentlichen Gartens, aber wir erwarten, dort viele Hinweise auf den biblischen Bericht zu finden.«

»Was genau hoffen Sie zu finden?«

»Haben Sie jemals etwas von der Borstenkiefer gehört?«, fragte Scott.

»Ja, ich hörte davon, es ist die älteste bekannte Pflanze.«

»Stimmt! Es ist eine äußerst faszinierende Pflanze«, sagte Adam. »Es gibt heute lebende Bäume, die 5 000 Jahre alt sind! Stellen Sie sich das mal vor! Forscher haben Proben aus der Rinde entnommen und die Ringe gezählt. Diese Bäume leben! Es ist unglaublich. Ich war vor ein paar Jahren in Kalifornien, um diese Bäume zu sehen, die ältesten lebenden Pflanzen.«

»Wachsen die Borstenkiefern auch im Grabenbruch?«

»Nein, die Borstenkiefern selbst kommen nicht vor, aber vielleicht finden wir etwas Ähnliches, das noch älter ist.«

»Was wäre das?«

»Ich weiß es noch nicht. Aber ich kann mir gut vorstellen, dass es so alte Pflanzen im Grabenbruchgebiet gibt. Es wäre fantastisch, wenn wir Pflanzen finden könnten, die vielleicht sogar noch älter sind als die Borstenkiefer und die die dort vorkommenden menschlichen Fossile ergänzen könnten. Dann hätten wir den Beweis, dass diese Gegend früher tatsächlich Teil eines Gartens war, der zum großen Teil auch aus Wald bestand. Im biblischen Bericht über den Garten heißt es: ›Dann legte Gott, der Herr, in Eden, im Osten, einen Garten an und setzte dorthin den Menschen, den er geformt hatte. Gott, der Herr, ließ aus dem Ackerboden allerlei Bäume wachsen, verlockend anzusehen und mit köstlichen Früchten.‹ Der Text berichtet von Bäumen. Wenn wir uns daran orientieren, dann sollten wir eher nach Bäumen als nach Knochen suchen.«

»Das ist mir noch nie bewusst gewesen«, dachte Juliet laut, »der Garten Eden könnte eigentlich ein Wald gewesen sein.«

»Genau, ein tropischer Regenwald.«

Adam stieß den Globus an, ließ ihn einige Male rotieren, wandte sich um und ging zu seinem Stuhl zurück.

»Das war alles, Frau Halsay«, sagte er und war sichtlich erschöpft, weil sie so tief in sein wichtigstes Thema eingestiegen waren, »wir wollen das afrikanische Pendant der Borstenkiefer finden. Vielleicht eine Art, die noch älter ist und die ein Bindeglied zu den Pflanzen darstellt, die im ersten Garten wuchsen. Wir gehen also als Botaniker, nicht als Paläontologen, stimmt's, Scott? Auf diese Weise können wir sicher sein, dass Sir Gilbert uns nicht in die Quere kommt.« Adam grinste seinen Freund an.

»Er wird es erfahren und vermuten, du seist jetzt unter die Naturfreunde gegangen«, gab Scott zurück.

»Haben Sie Teile dieser Theorie veröffentlicht?«

»Notiert, ja, publiziert, nein. Ich habe sehr viele Notizen gemacht. Aber erst wenn ich das fehlende Glied in der pflanzlichen Kette, das in die Urzeit zurückweist, gefunden habe, werde ich an die Öffentlichkeit gehen.«

»Aber nicht über den ›Daily Mail‹«, grinste Scott wieder.

»Ganz sicher nicht!«

»Wenn man sich vorstellt, jemand würde das Zentrum des Gartens finden! Es müsste wunderbar sein, genau dort zu stehen ...« Juliet und die beiden Männer wurden nachdenklich.

»Diese Erfahrung wäre sicher ebenso großartig wie der Moment, als ich die Arche Noah betrat.« Auch Adam schwieg jetzt. Alle malten sich aus, was es bedeuten würde, in der Mitte des Garten Eden zu stehen. Adam riss sich als Erster von dem Tagtraum los: »Wie auch immer, mein Ziel ist erst einmal, den Garten überhaupt zu finden, nicht unbedingt gleich seine Mitte.« Es war deutlich, dass Adam nun das Thema beenden wollte.

»Vielen Dank für alles, was Sie mir jetzt anvertraut haben«, lächelte Juliet und ihre Dankbarkeit war echt.

Scott erhob sich. »Ich sollte schon längst oben im Büro sein, bitte entschuldigt mich.«

»Ich komme gleich nach«, sagte Adam. »Würden Sie mir eben noch einen Tee aufbrühen, Frau Graves?«

Damit waren Adam und Juliet allein.

Frau Graves klapperte in der Küche mit dem Geschirr. Adams Blick ruhte lange auf Juliet. Sie sah vor sich hin. Es war still im Raum, nur das Ticken der Wanduhr war zu hören. Bevor Juliet verlegen werden konnte, ergriff Adam wieder das Wort: »Es überrascht mich, wie sehr Sie sich für meine Arbeit interessieren. Und es freut mich. Sie scheinen eine ganze Menge davon zu verstehen.«

Juliet errötete über das Kompliment und lächelte. Dann erklärte sie: »Heute ist ein besonderer Tag. Alles erscheint mir so interessant wie seit Monaten nicht mehr.«

Adam hatte nicht verstanden, was sie meinte, und sah sie fragend an.

»Ich habe den Weg aus meiner Trauer gefunden. Aber wollen Sie das wirklich wissen?« Juliet war unsicher, ob sie diesem fremden Mann ihr ganz persönliches Erlebnis mitteilen sollte.

»Unbedingt. Natürlich nur, wenn Sie es erzählen wollen. Aber ich bin immer auf der Suche nach Antworten auf die großen Fragen des Lebens. Manche Antworten liegen unter der Erdoberfläche, andere wiederum sind in den Herzen der Menschen verborgen. Ich bin gespannt auf den Weg, den Sie gefunden haben.«

Juliet dachte nach. Wie war es eigentlich geschehen? Wie konnte sie es in Worte fassen?

»Nun, ich glaube, es war vor allem mein Entschluss, wieder aktiv ins Leben zurückzukehren.«

»Ein guter Entschluss. Aber woher nahmen Sie die Kraft?«

»Es war ein Sonnenstrahl, der durch mein Fenster hereinkam und mich weckte.«

»Ein Sonnenstrahl?« Adam sah sie fragend an.

»Ja, heute Morgen.« Juliet zögerte wieder. Vielleicht war es doch falsch, darüber zu sprechen. Sie wollte diese Erfahrung weder verteidigen noch zum Gegenstand von Spott, Kritik oder Erklärungsversuchen machen. Doch als sie Adams freundliches, wartendes Gesicht sah, fasste sie Mut. Vielleicht würde er es verstehen.

»Es war nicht die Sonne alleine, sondern ein Strom von Frieden, der direkt in mein Herz floss. Ich hatte den Eindruck, dass Gott in mein Zimmer gekommen ist, und ein unbeschreiblicher Frieden hat mich erfüllt.«

»Ach so?« Adam sah ratlos aus.

»Es war noch mehr. Der Frieden hat mich wieder zum Leben ermutigt. Es war, als würde Gott an mich und an meine Not denken.

Plötzlich hatte ich Hoffnung. Ich konnte mir zum ersten Mal wieder vorstellen, dass das Leben eines Tages doch wieder schön sein kann, obwohl ich meine Familie verloren habe.«

Adam dachte darüber nach, was er eben gehört hatte. Das, was sie ihm gesagt hatte, erschien ihm zu einfach.

Währenddessen kam Frau Graves mit frischem Tee. Sie freute sich über die Veränderung, die offensichtlich in ihrer Nichte stattgefunden hatte. Aber es störte sie auch ein wenig, wie unbefangen Juliet mit ihrem Chef am Tisch saß und plauderte. Als Juliet auf ihre eindringlichen Blicke nicht reagierte, verließ sie missmutig das Zimmer.

Adam versuchte, das Gehörte zu verarbeiten: »Sie sagen, Sie hatten den Eindruck, Gott dachte an Sie?! Damit bringen Sie Gott auf eine sehr menschliche Ebene.«

»Ich habe bis heute Morgen nicht sehr viel über Gott nachgedacht«, antwortete Juliet. »Aber Sie haben Recht. Der Frieden, den ich fühlte, war für mich persönlich und ich denke, er kam von Gott. Aber wie könnte Gott so einfach zu mir persönlich kommen? Wäre er dann nicht wie ein Mensch? Andererseits, wie könnte Gott unpersönlich sein? Was für ein Gott wäre das?«

Adam runzelte die Stirn. »Ich weiß nicht, ich habe mich auch noch nicht viel mit diesen Fragen beschäftigt.«

»Muss er sich als Gott nicht für unser Leben interessieren?«

Adam wiegte nachdenklich den Kopf. »Vielleicht ...«

»Für mich sind das auch völlig neue Gedanken, Herr Livingstone. Aber seit heute Morgen weiß ich, dass Gott sich um mich kümmert. Auch wenn so schreckliche Dinge passieren, wie ich sie erlebt habe.«

»Das ist eine erstaunliche Geschichte, Frau Halsay. So etwas hört man nicht alle Tage. Ich verstehe sie auch nicht wirklich. Der Gedanke, dass Gott persönlich zu einem Menschen kommen könnte, ist mir neu.«

»Aber hat es nicht Ihr eigener Fund auch belegt?«

»Wieso?«

»Hatte Noah nicht von Gott erfahren, dass die Erde überflutet werden würde und wie er sich davor schützen konnte? Wenn das so stimmt, hat Gott sich auch auf eine sehr konkrete Ebene zu Noah begeben. Gott sprach mit einem Menschen darüber, wie man ein Schiff baut. Sie haben selbst den Beweis dafür erbracht, Herr Livingstone. Und wenn Sie den Garten Eden finden oder auch nur einen winzig kleinen Teil davon, wie Sie selbst sagten, wäre das nicht auch ein Hinweis auf einen Gott, der sehr direkt mit dem Menschen Kontakt hatte? In Genesis heißt es, Gott ging im Garten mit dem Menschen zusammen spazieren und sie unterhielten sich. Stellen Sie sich das nur mal vor!« Juliet war begeistert. »Gott ging in dem Garten mit einem Mann spazieren, der den gleichen Namen hatte wie Sie! Und jetzt machen Sie sich auf die Suche nach diesem Platz.«

Adam schwieg. Er konnte diese Art und Weise, wie sie über Gott sprach, nicht nachvollziehen. Juliet spürte es und schwieg ebenfalls. Ein Geräusch aus der Empfangshalle unterbrach die Stille. Adam sprang erleichtert auf: »Ich glaube, das ist Jen.« Er war richtig froh, dieser Unterhaltung zu entkommen. So angenehm es in der ersten Stunde gewesen war, so unwohl fühlte er sich jetzt. Es gefiel ihm nicht, wie diese junge Frau einfach behauptete, er hätte Beweise für Gott geliefert. Wo er selbst sich nicht einmal sicher war, ob er überhaupt an die Existenz eines Gottes glauben wollte.

»Bitte entschuldigen Sie mich«, sagte er kurz und verschwand eilig. Juliet hörte, wie er seine Kollegin begrüßte: »Hallo, Jen, komm, wir gehen nach oben. Scott wartet schon. Wir müssen die Reisepläne zusammen durchgehen. Ich habe heute Morgen das Konzept fertig gestellt.«

Dann waren die beiden außer Hörweite. Am liebsten wäre sie hinter Adam hergelaufen. Sie fühlte sich in seiner Gesellschaft wohl und hätte auch gerne noch mehr über seine Arbeit gehört. Schade, dass er nicht verstanden hatte, was sie heute Morgen erlebt hatte.

Langsam erhob sie sich und ging zu dem Globus, den Adam vergessen hatte. Minutenlang betrachtete sie die Gegend, über die sie gesprochen hatten. Welche Geheimnisse mochten dort wohl noch verborgen liegen? Was würde Adam dort entdecken?

Das fehlende Glied
in der Kette

Obwohl es schon sehr spät war, konnte Adam noch nicht schlafen. In zwei Wochen sollte die Reise nach Nairobi losgehen. Er machte es sich im Bett gemütlich und griff nach einer wissenschaftlichen Zeitschrift.

Ein Artikel, der von einem außergewöhnlichen botanischen Phänomen im westlichen Randgebiet der großen Wüste in Saudi-Arabien berichtete, fesselte seine Aufmerksamkeit. Am Fuße eines seit langem erloschenen Vulkans sei plötzlich, mitten in der Wüste und ohne Wasser, ein Baum gesprosst. Vor einiger Zeit, als er entdeckt wurde, war er schon ein kräftiger Sämling, der sich so schnell entwickelte, als ob er beste Pflege erhielte.

Seit drei Jahren wurde er nun schon beobachtet. Er war mittlerweile zweieinhalb Meter hoch, hatte viele Äste und Zweige entwickelt und grünte das ganze Jahr über. Sein Stamm war für einen so schnell wachsenden, dabei aber noch relativ kleinen Baum ungewöhnlich dick. Aber das war noch nicht alles. Er verwandelte sein Umfeld in eine waldige Landschaft. In einem Umkreis von einem halben Kilometer grünte und blühte die Wüste, allerlei Gräser und Sträucher wucherten und eine Menge seltener Pflanzen waren darunter.

Adam hatte ein seltsames Gefühl in der Magengegend. Hier geschah etwas, das sich nicht an die naturwissenschaftliche Logik zu halten schien.

Es wurde weiter beschrieben, dass es in der Gegend kein Gewässer gab, auch keine Quelle oder Brunnen; es hatte auch seit zwei Jahren nicht geregnet. Der Baum selbst, der dieses seltsame Keimen in Gestein und Sand hervorbrachte, konnte nicht identifiziert werden. Verschiedene Botaniker und Gartenbauhistoriker der Universitäten von Riad und Amman hatten das Phänomen untersucht, doch ohne Erfolg. Es gab keine Theorie, die solch ein Grünen und Wachsen in der Wüste erklären konnte. Alle Analysen blieben ergebnislos. Es blieb unerklärlich, wie diese sandige, felsige Erde so üppiges Leben hervorbringen konnte.

Täglich gingen neue Pflanzen auf, die Oase vergrößerte sich ständig. Alle möglichen Baumarten begannen, dort zu wachsen, die sich aber alle von dem ersten Baum unterschieden. Wenn diese Entwicklung sich über einige Jahre fortsetzte, würde die einstige Wüste zu einem Wald werden, berichtete das Journal.

Dann kam ein einseitiges Foto des Baumes, das betitelt war mit »Der altertümliche und geheimnisvolle arabische Wüstenbaum«. Adam hatte noch nie ein Gewächs gesehen, das diesem ähnelte. Eine seltsame Aufregung erfasste ihn, während er lange dieses Bild betrachtete.

War es der geografische Zusammenhang? Oder das Gefühl, dass es sich bei dieser Geschiche um etwas Übernatürliches handelte? Die Nomaden, die diese Wüstengegend durchzogen, verehrten die ungewöhnliche Oase als heiligen Ort. Sie schrieben dem Baum übernatürliche Kräfte zu und berichteten von Heilungen und Visionen.

Das Ganze war innerhalb einer Absperrung gewachsen, die ein Gebiet einzäunte, in dem archäologische Grabungen vorgenommen werden sollten. Der hohe Zaun, in dessen Schutz die Pflanzung gedieh, war zum Schutz vor Pilgern, Touristen und Störenfrieden geworden. Doch die Oase würde bald über diese Grenze hinauswachsen.

Adam legte die Zeitung zur Seite. Er wusste nicht, was er davon halten sollte. Aber eine große Freude über das Gelesene erfüllte ihn. Er versuchte zu schlafen.

Um halb vier wurde er mit einem Ruck wach. An Schlaf war nicht mehr zu denken. Er verließ sein Bett, zog sich eilig an und machte sich etwas zu essen.

Während der nächsten Stunden saß er vor dem Computer.

Nur langsam wurde es draußen hell. Alle im Haus schliefen noch, nur in Adams Fenster konnte man den Lichtschein sehen. Aber Adam war hellwach. Ihn hatte heute Morgen eine Idee geweckt, die wie ein Blitzschlag durch seine Gedanken gezuckt war. Es war, was seine Forschung anging, der klarste Augenblick, den er jemals erlebte. Plötzlich passte alles zusammen. Er musste es nur noch aufschreiben.

Er war mit drei Sätzen wach geworden. Der Erste wurde ihm damals im königlichen Garten gesagt: »Möglicherweise ist Ihre Arche ähnlich bedeutsam wie die Entdeckung von ›Lucy‹.«

Dann drangen auch die Worte des jungen Mädchens immer wieder in sein Bewusstsein, Gott sei ein persönlicher Gott. In diesem Zusammenhang stand der zweite Satz, der ihn beschäftigte: »Gott ging in dem Garten mit einem Mann spazieren, der den gleichen Namen hatte wie Sie!«

Das dritte Thema, das ihn beschäftigte, war der Artikel über den geheimnisvollen Wüstenbaum, den er vor dem Einschlafen gelesen hatte. Ein Satz daraus ließ ihn nicht mehr los: »Die Einheimischen sprechen von einem Wunder.«

Ein Wunder ... ein Wunder ...

Die Worte drehten sich im Kreis. Was war das, ein Wunder?

War Eden ein Wunder? War die Arche ein Wunder? War das Leben selbst nicht ein Wunder?

An diesem Morgen hatte alles, woran er auch dachte, eine höhere Bedeutungsebene, die er mit seinem rationalen, logischen Denken nur schwer erfassen konnte.

Adam saß in dem Büro, das er mit Scott, Crystal und Jen teilte. Der Raum war voll mit der modernsten Computertechnik. Seine Finger flogen über die Tasten. Um ihn herum türmten sich Ordner und Bücher, direkt vor ihm lag der dicke Ordner über Eden. An diesem Morgen fasste er die Ergebnisse zusammen, die seine jahrelange Sammlung zur Eden-Theorie ergeben hatte, und verknüpfte sie mit den Daten vom Ararat. Die Resultate gab er in ein Programm ein, das er schon früher zu diesem Zweck entwickelt hatte. Alles, was er im letzten Jahr festgehalten hatte, prüfte er noch einmal und ordnete es in den großen Zusammenhang ein, der sich ihm heute Morgen plötzlich erschlossen hatte.

Seine Augen blitzten, Erkenntnis und Verstehen zuckten durch seine Gedanken. Er sah diesen geheimnisvollen Baum vor sich. Die Gedanken jagten ihm nur so durch den Kopf. Es wurde ihm gleichzeitig auch bewusst, wie viele Gegner seine Theorie auf den Plan rufen würde. Erst in diesem Moment, als er das Gesamtbild erkennen konnte, verstand er die Brisanz seiner Arbeit.

Es war, als würde sich ihm ein Fenster nach dem anderen öffnen, er sah neue Dimensionen in einer Geschwindigkeit, dass es ihm fast nicht möglich war, alles festzuhalten. So schnell er konnte, gab er die

Daten ein. Erst danach würde er anfangen, aus den neuen Erkenntnissen Schlüsse zu ziehen, eine Computersimulation zu programmieren, neue Modelle zu entwickeln und Hypothesen zu formulieren.

Jahrelang hatte er mit seiner Eden-Theorie gelebt. Doch nun war ihm klar, dass er immer nur an der äußersten Oberfläche gekratzt hatte. Es war ein Thema, mit dem viel mehr zusammenhing und das von viel weitreichenderer Bedeutung war, als er geahnt hatte.

Heute Morgen war ihm klar, dass möglicherweise die Zukunft der gesamten Menschheit mit der Bedeutung von Eden zusammenhing. Es war nicht auszudenken, was die Entdeckung des verlorenen Paradieses alles nach sich ziehen würde.

Einzelne Gedanken und Erkenntnisse verwoben sich in seinem Kopf zu einem erstaunlichen Ganzen. Ehrfürchtig beobachtete er, was sich vor seinem inneren Auge abspielte. Es war äußerst persönlich und zielgerichtet.

Persönlich und zielgerichtet. Darüber hatte er mit Juliet geredet. War es Zufall, dass sich manche Gegenden der Erde so bereitwillig den Archäologen präsentierten, während andere alles verschlossen hielten? Gab es Gründe, Ursachen, einen Sinn, warum das Geheimnis von Eden bis heute unentdeckt geblieben war?

Selbst die Arche Noah verblasste in ihrer Bedeutung, gemessen an den Zusammenhängen, die sich hier auftaten.

Und doch war ihm erst durch die Arche der Zugang zu den geistlichen Hintergründen seiner Arbeit eröffnet worden. Bis vor kurzem hätte Adam so etwas nie für möglich gehalten. Aber nun erschien es ihm so einleuchtend: Nur unter Berücksichtigung der geistlichen Dimension konnte man wirklich über Eden oder die Arche nachdenken.

Der erste Adam musste mit Noah in einer tiefen Verbindung gestanden haben. Es war unmöglich, Eden und die Arche isoliert zu betrachten. Sie standen auf eine Weise miteinander in Beziehung, die man mit rein wissenschaftlichen Methoden nicht erkennen konnte.

Der geistliche Schlüssel konnte das Geheimnis öffnen, der wissenschaftliche war dazu nicht in der Lage. Erst die Einbeziehung der geistlichen Welt ermöglichte den Zugang.

Hatte ein persönlicher Gott einen Menschen angewiesen, dieses riesige Schiff zu bauen, das er dann, nachdem eine Flut über die Erde hereingebrochen war, auf einem Berg stranden ließ?

Hatte derselbe Gott klimatische und geografische Veränderungen ausgelöst, um die Mitte von Eden im Wüstensand zu verbergen? War er nun wiederum dafür verantwortlich, dass ein geheimnisvoller Baum ohne Wasser in der Wüste wuchs und Vegetation hervorbrachte?

War das ganze Universum zielgerichtet? Welche Bedeutung hätte das für die Evolutionstheorie mit ihren unzähligen Zufällen? Wohin würden ihn diese erstaunlichen neuen Gedanken führen?

Adam lehnte sich zurück. Wollte er das, was da in ihm geschah? Wäre es nicht einfacher, bei dem Bisherigen, allgemein Anerkannten zu bleiben? Aber er konnte nun nicht mehr, gewissermaßen im Nachhinein, die Augen vor dem verschließen, was er erkannt hatte.

Er griff nach der Bibel, die auf dem Regal über seinem Schreibtisch lag. Die ersten Seiten waren abgenutzt, es waren die einzigen Seiten des Buches, die er jemals gelesen hatte. Ihn interessierte nur, was für seine Arbeit von historischem Wert war: die Geschichte von den Anfängen der Erde und des Menschen.

Heute schlug er die vertrauten ersten Blätter mit einem neuen Empfinden auf. Würde er hier, in diesem Text, die Antworten auf Fragen finden, die er weder im Eis noch im Sand oder sonst irgendwo ausgraben konnte? Die Theorie der Anfänge, von der er immer geträumt hatte – würde er sie hier finden?

»Gott der Herr ließ auf dem Ackerboden allerlei Bäume wachsen ...«, las er. Wie oft hatte er diesen Abschnitt schon gelesen: »... in der Mitte des Gartens aber den Baum des Lebens und den Baum der Erkenntnis von Gut und Böse.«

Er konnte selbst kaum glauben, welche Gedanken ihn an diesem Morgen bewegten.

Weiter: »Ein Strom entspringt in Eden, der den Garten bewässert; dort teilt er sich und wird zu vier Hauptflüssen.«

Das Feuerwerk in Adams Denken ging weiter. Er ahnte mehr, als er verstand, und sein Verstand stellte mehr Fragen, als er Anworten finden konnte.

Adam las und las, vor und zurück, durch die ersten elf Kapitel des Buches Genesis. Er suchte die Verbindung zwischen dem ersten Adam und Noah. Er suchte mit verzweifelter Hingabe, er las, als hinge sein Leben davon ab. In typischer Archäologen-Manier drehte und wendete er jedes Wort, klopfte es ab, betrachtete und untersuchte es und hoffte, dahinter ein Stückchen noch unentdeckter Wahrheit zu finden.

»Gott der Herr hatte es auf die Erde noch nicht regnen lassen.« Dies war die Grundlage für die vorsintflutlichen Klimatheorien.

Dann kamen die erstaunlichen Worte, die ihm nie zuvor so deutlich aufgefallen waren wie an diesem Morgen: »Gott der Herr schickte ihn aus dem Garten von Eden weg ... Er vertrieb den Menschen und stellte östlich des Gartens von Eden die Kerubim auf und das lodernde Flammenschwert, damit sie den Weg zum Baum des Lebens bewachten.«

Der versteckte Garten, die Flut – das waren keine geologischen oder meteorologischen Zufälle. Gott hatte den Garten verschlossen, zerteilt, so wie er den Garten gegeben hatte, so nahm er ihn wieder zurück. Er war souverän in seinem Handeln. Über Jahrtausende war Eden verborgen und von Engeln bewacht gewesen.

Hatte er nicht einmal einen Vers gehört, der etwas über verborgene Dinge sagte? Er kannte sich zwar in dem dicken Buch nicht aus, aber er wusste, was eine Konkordanz war und wie man sie anwendete. Im Markus-Evangelium, Kapitel 4, Vers 22 fand er die Stelle: »Es gibt nichts Verborgenes, das nicht offenbar wird, und nichts Geheimes, das nicht an den Tag kommt.«

»Das offenbar wird« – konnte es sein, dass eines Tages der Garten offenbar werden würde? Durfte er davon träumen?

Adam hatte mehrere neue Dateien angelegt, in denen er seine Gedanken dieses Morgens mit den Notizen der letzten Jahre verknüpfte.

Es war etwa fünf Jahre her, seit er zum ersten Mal die Bücher der Kreationisten gelesen hatte. Als seriöser Wissenschaftler musste er alles zumindest flüchtig lesen, was in seinem Fachgebiet veröffentlicht wurde, aber er hatte auf diese Theorien nie viel gegeben. Doch an diesem Morgen erinnerte er sich wieder daran. Die Kreationisten führten alle möglichen geologischen Ereignisse auf die Hypothese einer weltweiten Überflutung zurück. Dadurch hätten sich Berge gebildet, die Meeresböden gesenkt, Sedimentgestein wäre entstanden und Kontinente hätten sich verschoben. Als atheistischer Wissenschaftler konnte er mit diesen Autoren nichts anfangen. Doch seit wenigen Stunden, seit er versuchte, die geistliche Perspektive in sein Denken miteinzubeziehen, schien plötzlich manches Sinn zu machen. Wenn die Flut mehr war als eine Legende, vielleicht musste er sich dann noch einmal neu mit diesen Autoren befassen!

Die Lektüre der Kreationisten hatte ihn damals dazu gebracht, sich noch einmal neu mit den Altersbestimmungsmethoden zu beschäftigen. Das Verfahren, in dem die C-14-Atome gezählt wurden, war ihm ebenso vertraut wie die radiometrischen Datierungsmethoden. Doch die Ergebnisse von Evolutionisten und Kreationisten klafften extrem auseinander: Während die einen von 17 Milliarden Jahren ausgingen, glaubten die anderen an 6 000 Jahre.

Nachdem man nun von der großen Flut als historischem Ereignis ausgehen musste, war es möglicherweise tatsächlich richtig, was die Kreationisten sagten. Durch die Flut waren die geologischen Substanzen der Erde durcheinandergewirbelt und neu zusammengesetzt worden und es entstand für die Wissenschaftler der Eindruck, als seien sie viel älter, als sie es tatsächlich waren. Auch Flussläufe waren sicherlich durch die Flut verändert worden.

Die Flut konnte auch ohne weiteres aus dem Fluss Pischon das Rote Meer gemacht haben.

Durch die Entdeckung der Arche wurden die beiden Theorien vereinbar. Der Wahrheitsgehalt des Schöpfungsberichtes in Genesis war dadurch so gut wie bewiesen, denn wenn der Bericht über die Sintflut wahr war, dann konnte man auch davon ausgehen, dass der Rest des Textes ebenso korrekt war. Selbst wenn es von der Sintflut zur Schöpfung immer noch ein riesiger Schritt war. Sein Leben hatte er der Erforschung der Anfänge gewidmet. Nun stand er diesem Text gegenüber und fragte sich, ob er die Antwort auf seine Fragen nicht bereits gefunden hatte.

Dies könnte eine Revolution der Naturwissenschaften auslösen, der ein völlig neues Denkmodell zu Grunde lag. Was würde wohl sein Konkurrent Gilbert Bowles sagen, wenn er wüsste, welche Theorie Adam gerade aufstellte?

Dieser Gedanke ernüchterte ihn. Angenommen, er würde ein Stückchen von Eden finden, welche Diskussion würde das auslösen? Die meisten Wissenschaftler würden keinen Zentimeter von ihren bisherigen Standpunkten abrücken, während sie seine Aussagen prüfen würden. Er würde nicht viel Zustimmung finden. Nun, dann musste er so starke Beweise finden, dass jede Diskussion überflüssig wäre.

Wenn er nachweisen könnte, dass der Garten Eden wirklich existierte, würde sich das Denken der gesamten Menschheit ändern müssen. Es würde unvorstellbare Auswirkungen haben. Darwin wäre schlagartig unbedeutend. Die Schöpfung wäre kaum noch zu leugnen, die Entwicklung des Menschen aus einfacheren Vorstufen wäre widerlegt. War das möglich? Nein, das musste er ganz in Ruhe noch einmal durchdenken.

Dann wurde ihm noch ein weiterer Aspekt bewusst. Wenn er auf dem richtigen Weg war, würde es Leute geben, die alles in Bewegung setzen würden, um seine Arbeit zu behindern. Die ganze Gesellschaft war von dem evolutionären Denken geprägt. Evolution und natürliche Auslese waren die Säulen von Modernismus und Humanismus. Es könnte tatsächlich gefährlich sein, an ihnen zu rütteln.

Aber das sollte zur Zeit nicht seine Sorge sein. Er hatte genug zu tun, wenn er all das noch einmal durchdenken wollte, was sich ihm an diesem Morgen aufgetan hatte. Solange nichts davon an die Presse gelangte, konnte er unbesorgt sein.

Er konzentrierte sich wieder auf seine Computerarbeit. Es wäre ideal, wenn er mit seinem *Power Mac* eine Computersimulation der nachsintflutlichen Plattenbewegung erstellen könnte, mit den Klimaeinflüssen – aber in welcher Zeitskala sollte er sich bewegen? Um so etwas herstellen zu können, brauchte er bessere Programme.

Adam saß vor dem Computer und hatte alles um sich her vergessen. Er füllte die Festplatte mit allem, was er jemals gedacht und gesammelt hatte. Jahrelang hatte er gelesen, gearbeitet und geforscht. Plötzlich gelang es ihm, alles in einer einzigen Theorie zusammenzufassen.

Schließlich war er fertig. Er stand auf, streckte sich, gähnte und spürte, dass er eine Pause brauchte. Es war 7.30 Uhr. Frau Graves müsste um diese Zeit eigentlich in der Küche sein. Frühstück wäre jetzt genau das Richtige.

Während er seine Daten speicherte, dachte er zufrieden daran, dass er, wenn er in dem Tempo weiterarbeitete, noch vor Tagesende die Auswertungen vorliegen haben würde.

Vierzig Minuten später betrat Scott das Haus. Adam hörte ihn vom Frühstücksraum aus und lief ihm entgegen.

»Ich gehe gleich mit dir ins Büro, Scott, ich muss dir unbedingt sofort zeigen, was ich heute Morgen gemacht habe.«

»Was hast du denn gemacht? Und wann hattest du Zeit dafür?«

»Heute Morgen. Ich habe die ganze Eden-Theorie neu durchdacht, und zwar komplett. Eine ganz neue Welt hat sich mir eröffnet, an die wir noch nie gedacht haben, weil wir nichts von ihr wussten. Komm schnell – du wirst staunen!«

Sie nahmen immer zwei Stufen auf einmal. Adam konnte es kaum erwarten, die Arbeit dieses Morgens zu präsentieren. »Ob Erin und Jen schon da sind? Ich will unbedingt, dass sie auch dabei sind, wenn ich dir das jetzt zeige.«

Der Terror beginnt

Als Adam und Scott das Büro betraten, saß Crystal bereits an ihrem Platz. Zwei Minuten später waren auch Erin und Jen eingetroffen.

»Ich muss euch etwas ganz Besonderes zeigen!« Adam war aufgeregt wie ein Schuljunge.

»Hast du unsere Afrika-Visa?«

»Nein«, lachte Adam, »dafür ist Crystal zuständig. Wie sieht es eigentlich damit aus, Crystal?«

»Noch eine Woche, maximal zehn Tage.«

»Das wird ja ganz schön knapp. Jen, Scott und ich wollen in zwei Wochen starten.«

»Bis dahin werdet ihr eure Pässe haben.«

»Na schön, wollen wir hoffen.« Adam wandte sich an Scott. »Wie klappt es mit dem Verschiffen der Ausrüstung?«

»Läuft alles glatt über die Bühne. Nur in Tansania muss ich dann ein paar Stellen aufsuchen.«

»Gut. Und bei dir, Jen, wie kommst du mit den Tagesplänen und Landkarten voran?«

»Ich bin bald fertig, noch zwei Tage, schätze ich.«

»Crystal, hast du Kontakt zu Dr. Cissna aufgenommen?«

»Seine Sekretärin sagte, er habe zur Zeit frei, würde sich aber auf die Zusammenarbeit mit uns freuen. Morgen werde ich ihn persönlich sprechen.«

»Er ist der beste afrikanische Botaniker. Wir brauchen ihn unbedingt, okay?«

»Alles klar, Chef. Aber du wolltest uns doch etwas ganz Besonderes zeigen, dachte ich?«

Alle nickten. Adam grinste. Er freute sich darauf, sie zu beeindrucken und all das Neue, was er heute Morgen entwickelt hatte, zu präsentieren.

»Wenn ihr unbedingt darauf besteht ...« Adam lachte über ihre neugierigen Gesichter.

»Ich habe eine Brücke von der Arche zu Eden geschlagen. Seit halb vier heute Morgen habe ich sämliche Daten von früher und alle aktuellen Gedanken und Fakten eingegeben. Ich bin gespannt, ob wir daraus eine Simulation der Sintflut oder sogar noch mehr erstellen können. Kommt, ich zeige es euch ...«

Adam ging zu seinem Computer. Scott, Jen, Erin und Crystal standen dicht hinter ihm. Keiner wollte etwas verpassen von dem, was er ihnen jetzt zeigen würde.

Adam klickte den neuen Ordner an, den er heute Morgen erstellt hatte und der alle Dateien enthielt, die er eingegeben hatte. Der Ordner hieß »Eden«. Eine Liste mit dem Inhaltsverzeichnis des Ordners wurde sichtbar.

Schnell fuhr Adam mit der Maus über den Bildschirm, um die Dateien zu öffnen. Plötzlich blieb seine Maus stehen und es erschien ein großes Fenster mit der Information: »Es ist ein Systemfehler aufgetreten.«

Stöhnen, Ärger und Entsetzen füllte den Raum. »Das glaube ich nicht!«, rief Adam.

»Ich hasse Computer«, knurrte Scott.

Adam sank in seinen Stuhl zurück; er war schneeweiß im Gesicht. Er starrte ungläubig auf den Bildschirm.

»Hast du vielleicht deinen Arbeitsspeicher überlastet?«, fragte Crystal.

»Dieses Gerät hat einen Arbeitsspeicher, den könnten wir nicht einmal zu dritt füllen.« Er starrte weiterhin auf den Bildschirm. Dabei hatte er ein ausgesprochen mieses Gefühl. Dies war mehr als ein Computerabsturz ...

Langsam richtete er sich wieder auf, versuchte, mit der Maus etwas anzuklicken, ohne Erfolg.

»Versuch einen Neustart«, riet Crystal.

Adam drückte die Taste in der oberen rechten Ecke seiner Tastatur und der Bildschirm wurde schwarz.

»Sieht wirklich nicht gut aus«, stöhnte Adam. Er war völlig am Ende. Er schlug die Hände vors Gesicht und stöhnte. »Ich will gar nicht daran denken, was ich alles auf der Festplatte habe.«

»Hey, Adam, das kriegen wir wieder hin«, versuchte Scott, ihn aufzumuntern.

Auch Crystal hatte noch nicht aufgegeben: »Wir werden den Fehler finden, keine Bange.«

Adam sah sie wortlos an und machte ihr Platz. Er sah aus, als lägen tonnenschwere Lasten auf seinen Schultern. Sein Magen krampfte sich zusammen. Ihm war schlecht.

Es war nicht das erste Mal, dass Adam so etwas erlebte. So hilfreich Computer auch sein konnten, so verheerend war es mitunter, wenn sie plötzlich abstürzten. Er hasste es, sich einer Maschine gegenüber so hilflos zu fühlen. Das Gefühl in seiner Magengegend sagte ihm, der ganz große Erfolg dieses Morgens, alle neuen Erkenntnisse, die ganze Arbeit war verloren.

Scott prüfte die Kabel, Crystal versuchte über die Tastatur einen Neustart. Sie kannte viele Tricks. Aber nichts half. Der Bildschirm blieb schwarz.

»Hast du alles gespeichert?«, fragte Crystal.

»Natürlich, aber nur auf der Festplatte. Das hilft nun nichts mehr, wenn sie hinüber ist.«

»Wir werden keine Daten verlieren«, rief Scott unter dem Schreibtisch hervor, »wir werden das Problem schon finden.«

»Gut, ihr versucht, was möglich ist, ich gehe eine Runde spazieren.« Adam hatte wenig Hoffnung. Mit hängenden Schultern ging er die Treppe hinunter und schlenderte ziellos durch seinen Garten, ohne die Schönheit dieses Herbstmorgens wahrzunehmen.

»Wir müssen das Problem finden«, sagte Jen mit Nachdruck in der Stimme, »ich habe Adam noch nie so verzweifelt gesehen.«

Als Adam eine Stunde später wieder in das Büro kam, wusste er sofort, dass es nicht geklappt hatte. Von Scott waren nur die Beine zu sehen, Crystal saß immer noch an der Tastatur, Erin telefonierte und Jen studierte die Handbücher. Der Boden war übersät mit Kabeln, Schrauben und Werkzeug.

»Wir brauchen einen Techniker«, sagte Adam, ohne sein Team weiter zu fragen. Erin nickte: »Ich habe gerade Dexter am Apparat. Sie können erst übermorgen jemanden schicken –«

»Ich will den Chef sprechen«, unterbrach Adam sie und nahm ihr den Hörer aus der Hand.

»Hallo?« Der Leiter der Computerfirma, die Adams Büro eingerichtet hatte, war sofort am Apparat.

»Wir haben hier ein ernstes Problem und brauchen dringend einen Spezialisten«, verlangte Adam.
»Es tut mir Leid, wir sind völlig ausgebucht, alle Techniker sind unterwegs. Morgen –«
»Das ist mir egal. Wir haben einen Service-Vertrag. Ich kann nicht bis morgen warten!«
»Welches Gerät haben Sie?« Adam gab die technischen Daten durch.
»Und was ist das genaue Problem?«
Adam beschrieb den Vorfall. Am anderen Ende war es still. Dann fragte der Techniker: »Haben Sie schon Norton Utilities laufen lassen?« Als Adam bejahte, entgegnete er: »Können Sie den Rechner nicht vorbeibringen? Hier habe ich noch Leute, die daran arbeiten können, nur vorbeischicken kann ich heute niemanden mehr.«
»Gut, ich lasse Ihnen den Rechner bringen.«
»Es wäre besser, wenn Sie selbst kämen. Sie könnten dann mit dem Techniker zusammen alles durchsehen und genau beschreiben, wie das Programm abgestürzt ist.«
»Na schön. Ich werde etwa in einer Stunde bei Ihnen sein. Bis dann!« Adam legte seufzend auf.
»Dann packt das Ding mal bitte ein«, wandte sich Adam an sein Team, das bereits damit begonnen hatte. »Nun werde ich euch wohl meine wunderbaren Ergebnisse von heute Morgen nicht mehr präsentieren können. Vielleicht nie mehr. Schade.« Enttäuscht verließ er den Raum.

Eine halbe Stunde später lag der Rechner reisefertig verpackt in einem Koffer. In dem Büro sah es aus, als hätte eine Bombe eingeschlagen. Alle waren genervt und unzufrieden über den Beginn dieses Tages.
»Gut, dann werde ich jetzt zu unserem Computerhändler fahren«, erklärte Adam und griff nach dem schweren Koffer.
Crystal versuchte noch einmal, ihn aufzumuntern. »Egal, wie katastrophal der Absturz auch sein mag, wenn die Festplatte intakt ist, kann man die Informationen retten, es sei denn, du hast einen üblen Virus auf der Platte.«
Adam reagierte überhaupt nicht. Er hatte ein sehr schlechtes Gefühl bei dieser ganzen Sache. Irgendwie passten seine Erkenntnisse

des Morgens mit dieser Pleite zusammen. Seine Gedanken waren sehr revolutionär gewesen.

Plötzlich sprang Erin auf und stellte sich ihm in den Weg: »Könnte ich das Gerät nicht hinbringen?«

»Ich wurde angewiesen, persönlich zu kommen.«

»Ja, habe ich gehört. Aber ich war doch beim Absturz dabei. Ich könnte es vielleicht auch ausreichend erklären.«

»Du willst doch nur deinen Freund sehen«, griff Jen sie an, lächelte aber dabei.

»Muss Liebe schön sein«, stimmte auch Scott mit ein.

Adam zögerte. Eigentlich hatte er überhaupt keine Lust auf die Fahrt. »Du hast Recht. Als es passiert ist, warst du dabei. Und wenn sie sonst noch etwas wissen wollen, sollen sie mich anrufen. Ich werde erreichbar sein.« Erin strahlte. »Ich bringe dich noch zur Tür«, erklärte Adam und die beiden gingen zur Treppe.

»Unser Service-Vertrag müsste dort noch vorliegen«, wandte er sich an Erin, »und du hast genau gesehen, wie es passierte.« Gemeinsam gingen sie noch einmal alle Schritte durch, die Adam gemacht hatte, bevor das Gerät gestreikt hatte.

»Alles klar.«

Adam gab Erin den schweren metallenen Koffer und hielt ihr die Haustür auf. Erin nahm den Koffer mit dem Rechner und ging zum Auto. Juliet kam gerade aus dem Garten, bog um die Ecke und ging zum Haupteingang. Sie lächelte, als sie Adam in der Tür stehen sah. Doch ihr Lächeln wurde unsicher, als sie den finsteren Ausdruck in Adams Gesicht sah. Er sah erschöpft und zornig aus.

»Ich bezahle dich nicht dafür, dass du mit Dexter herummachst«, rief er hinter Erin her. »Wenn du dort nichts mehr zu tun hast, will ich, dass du zurückkommst, klar?«

Doch den letzten Satz hörte Erin nicht mehr. Vor den Augen von Adam und Juliet ereignete sich etwas Schreckliches.

Der Metallkoffer explodierte mit einem ohrenbetäubenden Knall. Für einen Moment sah Adam noch das erstaunte Gesicht von Erin, dann verschwand sie in einer hell auflodernden orangefarbenen Flamme, die von einer grauen Rauchwolke umgeben war. Man hörte nicht einmal mehr einen Schrei von ihr.

Die Explosion war so gewaltig, dass Adam nach hinten geschleudert wurde und in der Front des Hauses einige Scheiben zerbrachen. Nur langsam senkte sich die Staubwolke. Wie ein silberner Regen fielen die winzigen Teile des Koffers und seines Inhaltes, die hoch in die Luft geschleudert worden waren, auf das, was von Erin übrig geblieben war. Adam versuchte aufzustehen. Auf allen vieren kniend rief er: »Erin! Erin!« Dann rannte er in ihre Richtung. Überall war Blut. Fetzen von Erins Kleidung und Splitter aus dem Koffer lagen weit verstreut herum. Als er vor ihr stand, riss er sein Hemd herunter und bedeckte Erins Leiche, so gut es ging.

Schreie ertönten aus dem Haus. Die anderen kamen die Treppe heruntergerannt.

Adam wandte sich ihnen zu, wankte, sein Gesicht war schneeweiß und er rief: »Kommt nicht näher! Nicht näher!« Dann gaben seine Knie nach. Er schaffte es noch bis zum Zaun, dann übergab er sich.

Scott rannte zu ihm. Crystal und Jen kamen aus der Tür, Frau Graves aus der Küche. Auch Herr Beeves, der Gärtner, kam hinkend um die Ecke. Alle trafen sich im Hof, fassungslos, weinend, in Panik und Schock. Sie gehorchten Adam und hielten sich von diesem schrecklichen Anblick fern.

Scott musste seine ganze Kraft aufbieten, um nicht selbst zusammenzubrechen. Er hielt Adam fest und versuchte, ihn von dem Ort des Grauens abzuwenden.

»Herr Beeves, rufen Sie die Polizei!«, rief Scott der Gruppe zu. »Frau Graves, holen Sie ein paar Decken! Und die Übrigen gehen bitte ins Haus!«

Erst als sich der Staub gelegt hatte, wurde Juliet sichtbar, die reglos an der Ecke zum Garten stand. Sie hatte sich nicht bewegt und keinen Ton gesagt. Wie versteinert starrte sie auf das, was von Erin übrig geblieben war. Adam erblickte sie und bedeutete Scott, zum Haus vorzugehen, während er selbst mühsam auf Juliet zuging. Er hinkte. Als er vor ihr stand, richtete sie ihre vor Schreck geweiteten grünen Augen in ungläubigem Entsetzen auf ihn.

Adam vergaß, wie zerrissen er aussah und wie elend er selbst sich fühlte. Instinktiv legte er seine Arme um das Mädchen, drückte es an sich und hielt es vorsichtig fest. Es dauerte nur Sekunden, bis ihr Körper sich aus der Starre löste. Sie presste sich an ihn und brach in lautes Schluchzen aus.

Langsam führte Adam sie ins Haus.

Ein unerwarteter Besucher

Es war ein äußerst ungemütlicher Platz, an dem der junge Mann an diesem Abend warten musste. Über ihm war die alte steinerne Brücke, neben ihm fiel das Ufer steil ab. Obwohl das Gebiet noch zur Londoner Innenstadt zählte, war um diese Zeit kaum noch Verkehr auf der Brücke.

Dünner Nebel bildete sich über den dunklen Fluten der Themse und kroch die Uferböschung hinauf. Der junge Mann war nur wenige Schritte vom Fluss entfernt, der breit dahinfloss. Fröstelnd schlug er seinen Mantel enger um sich. Er zog nervös an seiner Zigarette.

Endlich bog ein schwarzer Mercedes in den schmalen Uferweg ein und hielt direkt auf den Wartenden zu. Grelle Scheinwerfer blendeten ihn. Der Wagen kam neben ihm zum Stehen, die hintere Tür öffnete sich.

»Steigen Sie ein!«, befahl eine markante Stimme. Sie war weder laut noch besonders tief, aber so voller Autorität, dass niemand gewagt hätte, ihr zu widersprechen.

Der junge Mann warf seine Zigarette weg, stieg zögernd ein und zog die Tür hinter sich zu. Langsam rollte der schwere Wagen die schmale Straße entlang.

Einige Minuten schwiegen beide. Der junge Mann wagte nicht, zur Gestalt am Steuer zu sehen. Er war diesem Mann zuvor nur einmal begegnet, auch bei Nacht, auch in einem Wagen. Er wusste eigentlich nicht einmal, wie er aussah. Nur der russische oder slawische Akzent war ihm noch in Erinnerung geblieben.

»Sie verfolgen also eigene Pläne?«, durchschnitt die Stimme die Stille.

Unruhig rutschte der junge Mann auf seinem Platz hin und her. »Warum? Ich habe genau das getan, was Sie von mir verlangten.« Er sprach zu schnell und zu laut: »Sie konnten in allen Zeitungen lesen, dass –«

»Livingstone hieß Ihr Auftrag«, unterbrach ihn die Stimme voller Abscheu. »Sie Versager!«

Dem jungen Mann wurde übel, als die Erinnerung ihm wieder vor Augen stand. Er brauchte das Geld, ja. Aber Erin – er wusste nicht, wie er damit weiterleben sollte.

»Ich konnte ja nicht wissen –«

»Narr! Daran hätten Sie vorher denken müssen!« Die Stimme war lauter geworden; sie bebte vor Wut. Dann schwieg sie einen Moment. »Aber darum geht es mir gar nicht.« Jetzt senkte die Stimme sich zu einem bedrohlichen Flüstern: »Ich habe zwei Zeitungsberichte gelesen. Einer erschien eine Woche vor dem Anschlag.«

»Was soll das heißen?«, stotterte der junge Mann. Panik machte sich in ihm breit.

»Schweigen Sie! Was glauben Sie, mit wem Sie es zu tun haben? Sie Stümper wagen es, mich in die Irre zu führen? Sie müssen verrückt sein!« Jetzt brüllte die Stimme.

»Ich weiß nicht, was Sie meinen.«

Mit einem Ruck kam der Wagen zum Stehen. Der Mann fuhr herum, schwarze Augen durchbohrten den Eingeschüchterten, Finger aus Stahl krallten sich in seinen Arm.

Der junge Mann stöhnte laut auf. Der Mann hörte nicht darauf.

»Sie belügen mich. Ich weiß, woher die ›Daily Mail‹ diese Informationen hatte. Als Sie die Festplatte mit dem Virus infizierten, haben Sie zusätzlich eine Wanze installiert. Sie Idiot! Mein Geld reicht Ihnen wohl nicht!«

»Sie tun mir weh«, wimmerte der Junge.

»Der Auftrag lautete, Livingstone zum Schweigen zu bringen. Und Sie haben stattdessen seine Theorie in alle Zeitungen gebracht.« Der Mann kochte vor Wut. Seine Finger gruben sich immer tiefer in den Arm des Jungen.

»Das werden Sie mir büßen!«

Erins Beerdigung fand im engsten Familienkreis statt. Außer den Angehörigen kam nur das Livingstone'sche Team.

Scott saß am Steuer. Adam hatte Verbände an den Armen und an einem Bein. Die Metallteile des Koffers und die zersplitterten Fensterscheiben hatten zum Teil tiefe Verletzungen verursacht und waren noch am gleichen Tag während einer langen Operation entfernt worden.

Es war ihnen nicht gelungen, Dexter zu erreichen, da er seit dem Unfall nicht mehr bei seiner Computerfirma aufgetaucht war. Und dort kannte auch niemand seine Adresse.

Scotland Yard war eingeschaltet worden und hatte auch die Computerfirma gründlich überprüft, doch bislang ohne Erfolg.

Erin war damals über Frau Graves zum Team gekommen, da diese mit Erins Mutter befreundet war. Nach der Beerdigung saßen die beiden Frauen noch eine Zeit lang zusammen. Dann wurde die Rückfahrt angetreten. Frau Graves, Jen und Crystal weinten immer wieder, Scott und Adam grübelten still vor sich hin. Nur Frau Graves hatte Erin länger gekannt. Trotzdem saßen Schmerz und Entsetzen bei allen tief und jeder musste seinen eigenen Weg finden, damit fertig zu werden.

Am schwierigsten war es für Adam. Dieser Anschlag hatte ihm gegolten, das stand außer Frage. Aber er lebte, während Erin nun in einem Sarg unter der Erde lag. Wenn sie nicht in letzter Sekunde den Plan geändert hätten, wäre er mit dem Koffer in der Hand aus dem Haus gegangen.

Adam zwang sich, an andere Dinge zu denken, Dinge, die man tun konnte, praktische, lösbare Fragen und Aufgaben.

»Wir werden die Reise verschieben«, sagte er plötzlich zu den anderen im Wagen.

Jen und Scott nickten nur. Sie hatten schon damit gerechnet.

»In ein paar Tagen werden wir den Termin neu festlegen und die Pläne ändern, so dass wir in drei bis vier Wochen reisen können.« Sie mussten erst Erins Tod verkraften, bevor sie sich wieder auf die Expedition konzentrieren konnten.

Sie waren kaum von der Beerdigung zurückgekommen, als es klingelte. Die Haushälterin öffnete die Tür. Candace Montreux erschien unangemeldet. Andrea Graves bat die junge Frau, einen Moment in der Eingangshalle zu warten, während sie Herrn Livingstone suchen ging. Doch kaum war Frau Graves verschwunden, da erschien Adam mit einer jungen Frau oben auf der Treppe. Die beiden hatten Candace noch nicht gesehen, unterhielten sich angeregt und gingen, wie Candace fand, sehr dicht nebeneinander die Stufen hinunter. Zu dicht.

Es war offensichtlich eine einfache, zudem eine sehr junge Frau. Aber Adam war so vertieft in die Unterhaltung mit ihr, dass er seinen

Besuch gar nicht wahrnahm. Candace hasste es, nicht beachtet zu werden. Und das Bild des Paares, das sich ihr bot, hasste sie noch mehr.

Sie ging einen Schritt auf die Treppe zu. Endlich sah Adam sie. »Entschuldigen Sie mich, Frau Halsay«, sagte er zu der jungen Frau an seiner Seite, »wir werden das Gespräch später fortsetzen.«

Schnell ging er die letzten Stufen hinunter auf Candace zu. Doch Candace fixierte die junge Frau mit ihren Blicken. Wer war diese Person? Für einen Moment trafen sich die Blicke der beiden Frauen. Juliet verstand. Sie errötete, wandte sich ab, eilte die Treppe hinauf und verschwand in einem der Räume.

»O Adam, ich habe es gestern erst gehört. Es tut mir so Leid.« Einen Moment lang versuchte Candace, Teilnahme zu heucheln, doch dann brach es aus ihr hervor: »Wer war denn das?« Adam führte sie in den Garten, bevor er antwortete.

Außer Lady Montreux kamen noch zwei Beamte von Scotland Yard auf den Eichhof, die den ganzen Nachmittag über versuchten, Informationen zu sammeln. Sie interessierten sich besonders für die Computer und nahmen darüber hinaus einige Steine aus dem Hof mit, von denen sie sich Aufschluss über die chemische Zusammensetzung der Bombe erhofften.

Frau Graves und ihre Nichte gingen in ihr gemeinsames Wohnzimmer, wo sie zusammen die kleine Pause nach dem Frühstück verbringen wollten. Seit dem Attentat waren zweieinhalb Wochen vergangen.

Alle waren von diesem Vorfall erschüttert. Doch entgegen aller Erwartungen erholte Juliet sich besser von dem Schock als die anderen jungen Frauen im Haus. Sie war entschlossen, dem Terror in ihrem Leben keine Macht mehr einzuräumen. Sie wollte nicht wieder in dieses Loch fallen, aus dem sie eben erst entkommen war. Zwei Tage hatte sie gebraucht, dann konnte sie sich wieder an den Frieden Gottes erinnern und an ihren Entschluss, das Schöne im Leben zu sehen und zu erwarten.

»Ich würde heute gerne einen kleinen Ausflug unternehmen, Tante Andrea«, plauderte Juliet. »Wenn ich einen Wagen haben könnte, würde ich Freunde in Brighton besuchen oder in Folkestone. Ich sehne mich nach dem Meer.«

»Ja, das ist eine gute Idee. Ich werde Herrn Livingstone fragen, bestimmt kannst du den Wagen haben.«

»Ich könnte auch zuerst in die Stadt fahren und sehen, ob es irgendeine Arbeit für mich gibt.«

»Mutest du dir damit nicht zu viel zu?«, erkundigte sich die Tante besorgt.

»Nein, ich glaube nicht. Ich bin entschlossen, nach vorne zu blicken und an meine Zukunft zu denken.«

Frau Graves schüttelte nachdenklich den Kopf und brach das Thema ab. Sie besorgte für Juliet die Autoschlüssel und wünschte ihr eine gute Fahrt. Sie mochte das Mädchen und freute sich, dass es ihr wieder besser ging.

Candace und ihr Vater waren sich sehr ähnlich. Beide hatten es gelernt, anderen ihren Willen aufzuzwingen, Candace auf eine direkte Art und Weise, ihr Vater etwas subtiler, doch mit vergleichbar guten Resultaten. Candace wusste auch, dass es ihrem Vater wichtig war, Adam als Schwiegersohn zu haben. Es hatte etwas mit seinen Freunden zu tun. Über diese Zusammenhänge wusste sie nicht gut Bescheid, außer, dass es allesamt sehr einflussreiche Personen waren. Später würde sie auch eingeweiht werden, damit hatte ihr Vater sie immer vertröstet, wenn sie etwas darüber wissen wollte.

Es war ihr egal, aus welchen Gründen ihr Vater Interesse an Adam hatte. Ihr genügte es, dass sie beide das gleiche Ziel verfolgten. Sie ahnte nicht, wie entschlossen ihr Vater war, diese Ehe auf jeden Fall einzufädeln, koste es, was es wolle.

Beide spürten, dass sie von ihrer langsamen Vorgehensweise nun abrücken mussten. Sie hatten Adam einfach schon zu lange Zeit gelassen. Candace hielt ihn für widerspenstig und hatte den Eindruck, dass er nur mit ihr spielte. Es war an der Zeit, den Fisch, der schon so lange an ihrer Angel zappelte, einzuholen.

»Candace, meine Hübsche, komm zu mir«, begrüßte sie ihr Vater freudig, als sie sein Zimmer betrat, »ich habe gerade über deinen Beinahe-Verlobten nachgedacht. Sag mal, bist du dir sicher, dass du ihn heiraten willst?«

»Warum sollte sich daran etwas geändert haben?«

»Schön. Ich glaube, wir sollten ihn ermutigen, Schritte in diese Richtung zu unternehmen.«

»Das ist eine gute Idee.«
»Liebst du ihn?«
»Ja, natürlich, das weißt du doch.«
»Und was hältst du davon, dass er dich noch ein Jahr warten lassen will?«
Candace runzelte die Stirn. Sie hatte versucht, dies zu akzeptieren, es als unabänderlich zu sehen. Doch wenn sie es sich recht überlegte ... »Nein, ich habe eigentlich keine Lust zu warten.« Was wollte ihr Vater von ihr? Diese Fragen waren ihr unangenehm.
»Dann sollten wir vielleicht versuchen, unseren jungen Freund ein bisschen auf Trab zu bringen oder was denkst du?«
»Wieso liegt dir plötzlich so viel an einer Hochzeit? Es war dir doch bisher auch nicht so wichtig, ob ich verheiratet bin oder nicht.«
»Ich habe zwingende Gründe, Livingstone so bald wie möglich in die Familie aufzunehmen.«
Candace fragte nicht nach.
»Ich möchte, dass du dafür sorgst, dass er seine Bibelforschung einstellt«, verlangte ihr Vater. »Es ist nicht gut, wenn ein junger Mann sich so viel mit Legenden und Märchen befasst. Die Leute werden ihn für verrückt erklären, wenn er seine Eden-Theorie veröffentlicht.«
An dieser Stelle stimmte Candace mit ihrem Vater überein.
»Was findet er nur an diesen religiösen Geschichten?«, fragte ihr Vater.
»Wenn ich das wüsste!«, stöhnte sie. »Diese Seite von ihm verstehe ich auch nicht.«
»Gibt es Menschen in seiner Umgebung, die ihm diesen Unsinn einflößen?«
»Keine Ahnung.«
»Ich will, dass du das herausfindest und der Sache ein Ende bereitest. Hol ihn aus diesen verstaubten Theorien heraus. So ein Quatsch, den Garten Eden zu suchen! Das ist ja schon fast peinlich für meinen zukünftigen Schwiegersohn.«
»Ich werde tun, was ich kann.«
»Es wird Zeit, dass er einen Lebensstil pflegt, wie es sich für einen gebildeten Engländer gehört. Je schneller er das begreift, desto besser für uns alle.«
»Eines gebildeten und *reichen* Engländers, stimmt's?«, versuchte sie ihr schmeichelndes Lächeln ihrem Vater gegenüber einzusetzen.

»Stimmt. Im Allgemeinen ist er sicher nicht bestechlich, nur in besonderen Fällen ...«, grinste ihr Vater. Ihr Blick sagte es ihm deutlich: Sie hatten sich verstanden.

Juliet war noch keine Stunde in Richtung Brighton unterwegs, als es an der Tür des Eichhofs klingelte. Herr Beeves war wieder einmal nicht in der Nähe, so dass Frau Graves öffnete.
Ein großer, derb aussehender Mann stand vor ihr. Sie musterte ihn mit einem fragenden Blick.
»Ich will Herrn Livingstone sehen«, erklärte er.
Sie erkannte diese Stimme und den Akzent sofort. Das war der amerikanische Anrufer, über den sie sich so heftig geärgert hatte. Doch sie ließ sich nichts anmerken. Nur ihre Lippen zogen sich zu einer etwas schmaleren Linie zusammen. Ihr Gegenüber war jedoch Menschenkenner genug, um ebenfalls zu erkennen, mit wem er es hier zu tun hatte. Bevor er noch etwas sagen konnte, wandte sie sich ab und ließ ihn in der Tür stehen.
Herr Livingstone hatte ihr nach dem letzten Gespräch ausgerichtet, dass der Anrufer sich bei ihr für sein rüdes Verhalten entschuldigte. Aber damit war für sie die Angelegenheit noch lange nicht vom Tisch.
Kurz darauf kam Adam die Treppe herunter. Er ging auf den fremden Mann zu, der im Eingangsbereich stand, und streckte ihm die Hand zu einem herzlichen Gruß entgegen. Aber in seinen Augen war auch ein deutliches Fragezeichen zu lesen.
»Ich bin Adam Livingstone«, stellte er sich vor.
Während sie sich die Hände gaben, musterten die beiden sich unverhohlen.
»Ihre Hausdame sagte Ihnen vermutlich bereits, wer ich bin?«
»Sie sagte, der Amerikaner, der so oft anrief, sei gekommen.« Ein Grinsen spielte um Adams Lippen, als er sich an den widerwilligen Gesichtsausdruck von Frau Graves erinnerte, als sie ihm diese Nachricht überbracht hatte.
»Aber ich dachte immer, Sie hätten aus den Staaten angerufen. Wie kommen Sie in diese Gegend?«
»Das stimmt auch, ich habe immer von den USA aus angerufen. Aber als ich in der Zeitung von dem Anschlag las, habe ich die nächste Maschine genommen, um zu Ihnen zu kommen.«

»Tatsächlich?« Adam war so verblüfft, dass er nicht wusste, was er sagen sollte. »Sie meinen, der Vorfall habe etwas ... mit den ... Dingen zu tun, vor denen Sie mich am Telefon gewarnt haben?«

»Das liegt doch auf der Hand. Man hat versucht, Sie umzubringen. Und sie werden es wieder versuchen. Deshalb bin ich hier.«

Adam runzelte die Stirn. Es gefiel ihm nicht, was der Mann sagte. Auch die Art, wie er es sagte, behagte ihm nicht. Was nahm sich dieser Fremde heraus?

Der Amerikaner spürte das Misstrauen und versuchte einzulenken. »Ich weiß, dass die Dame, die meine Anrufe entgegennahm, nicht besonders gut auf mich zu sprechen ist. Und ich nehme an, Sie selbst sind auch ein wenig skeptisch. Meine Warnungen kämen Ihnen komisch vor, sagten Sie am Telefon. Einerseits verstehe ich Sie. Andererseits würde ich nicht auf eigene Kosten zu Ihnen reisen, nur wegen irgendwelcher verrückten Ideen. Ich bin gekommen, um Ihnen zu helfen, Livingstone, vorausgesetzt, Sie erlauben es mir. Bitte geben Sie mir die Gelegenheit, in Ruhe mit Ihnen zu sprechen.«

Er sah Adam gerade ins Gesicht. Seine Augen waren klar, sein Blick furchtlos, er schien aufrichtig zu sein und keine verborgenen Beweggründe zu haben. Seine Offenheit und seine Direktheit waren entwaffnend. Adam ahnte schon, dass er diesem Mann vertrauen konnte, auch wenn es ihm immer noch lieber gewesen wäre, die Initiative zu dieser wie auch immer gearteten Zusammenarbeit wäre von ihm ausgegangen. Und dann war da natürlich noch der Mord an Erin. Möglicherweise hatte der Unbekannte tatsächlich Grund für seine Behauptungen.

»Ja, natürlich«, sagte Adam nach einigen Momenten, »ich danke Ihnen, dass Sie gekommen sind. Doch, ich will hören, was Sie zu sagen haben. Bitte folgen Sie mir!« Adam ging nach oben in sein Arbeitszimmer und der Neuankömmling folgte ihm, während er aufmerksam die Architektur des Gebäudes betrachtete.

»Sie haben sich noch nicht vorgestellt«, erinnerte Adam seinen Gast auf dem Weg nach oben.

»Stimmt. Mein Name ist McCondy, Rocky McCondy.«

Die Erkenntnisse der McCondy-Akte

Adam Livingstone und Rocky McCondy standen in Adams Büro und plauderten zunächst zwanglos. Während Adam ein bisschen von der letzten Expedition erzählte, sah McCondy sich die Bücher an, die in langen Regalen aufgereiht waren, die Fundstücke, die herumlagen, und die Landkarten, die an den Wänden hingen. Dabei verriet sein Blick viel Sachverstand. Auch seine Art, auf Adams Bericht einzugehen, nachzuhaken und zu ergänzen, zeugten von mehr Sachverstand, als man es im Allgemeinen von Laien erwarten würde.

Als Frau Graves Tee servierte, machte Adam die beiden offiziell bekannt. »Sie haben sich ja schon am Telefon kennen gelernt. Frau Graves, dies ist Herr McCondy, Herr McCondy, darf ich Ihnen meine Haushälterin, Frau Graves, vorstellen?«

»Bitte entschuldigen Sie, liebe Frau Graves, dass ich Ihnen so viele Unannehmlichkeiten bereitet habe!« McCondy lächelte sie an und reichte ihr die Hand. »Sie müssen wissen, dass ich mir viele Sorgen um Ihren Chef mache, deshalb war ich so beharrlich.«

»Schon in Ordnung, Herr McCondy«, sagte Frau Graves und erwiderte seinen Händedruck, »schon vergessen.« Sie zeigte ihm die Andeutung eines Lächelns. Wenn man ihn persönlich sah, war er längst nicht so unangenehm wie zuvor als Anrufer. Er sah ein bisschen ungehobelt aus, aber seine Manieren waren gut und sein Lächeln war warm. Vielleicht war er doch ein ganz netter Mensch. Dann ließ sie die beiden Männer wieder allein.

»Ich glaube, wir sollten jetzt zum Thema kommen«, sagte McCondy und setzte sich.

»Ich bin zwar erst 48 Jahre alt, aber bereits pensionierter Polizist. Trotzdem arbeite ich noch freiberuflich als Detektiv. Da ich eigentlich schon im Ruhestand bin, nehme ich nur noch Fälle an, die mich interessieren.«

»Sie sind der erste Detektiv, den ich persönlich kennen lerne. Haben Sie Ähnlichkeiten mit den Detektiven, die man aus dem Fernsehen kennt?«

»Vielleicht«, lachte McCondy, »aber im Allgemeinen ist der Job viel langweiliger, als man annimmt. Als mir die Arbeit bei der Polizei zu eintönig wurde, sattelte ich um. Das war in der Zeit, nachdem meine Frau gestorben war.«

»Das tut mir Leid.«

»Danke. Wissen Sie, für ausrangierte Polizisten gibt es nur zwei Möglichkeiten, weiterhin im Geschäft zu bleiben. Entweder sie wechseln die Seiten oder sie werden Detektiv. Natürlich gibt es auch noch die Möglichkeit, zum Wachdienst zu gehen, aber das wäre noch viel langweiliger.«

Adam blickte seinen Besucher aufmerksam an und wartete, bis dieser zum eigentlichen Thema kam. Eigentlich wirkte der Mann nachdenklich und weder besonders aufmerksam noch in irgendeiner Form gesprächig.

»Sie wollen bestimmt wissen, warum ich hier bin«, vermutete McCondy zutreffend. »Manchmal habe ich einen Riecher für krumme Sachen. Als ich Sie in den Nachrichten sah, ahnte ich, dass Sie in Schwierigkeiten stecken. Seitdem versuche ich, Sie zu erreichen.«

»Sie müssen entschuldigen, wenn ich nicht ganz bei der Sache bin. Seit Sie Ihren Namen erwähnten, überlege ich schon, warum er mir so bekannt vorkommt!«

»Es ist ein sehr seltener Name und er kommt Ihnen bekannt vor? Das ist ungewöhnlich.«

»Ja, ich hatte erst vor ein paar Tagen mit diesem Namen zu tun, aber auch schon früher. Ich komme nicht drauf, in welchem Zusammenhang das war ...«

»Vielleicht kann ich Ihnen auf die Sprünge helfen. Wenn Sie Ihre Archäologie ordentlich studiert haben, wovon ich ausgehe, müssen Sie über den Namen gestolpert sein.«

»Tatsächlich?«

»Mein Urgroßvater war Archäologe, von daher habe ich ein paar Grundkenntnisse in dem Bereich.«

»Ach so! Ich hatte gleich das Gefühl, Sie hätten Ahnung von der Materie.«

»Mein Urgroßvater hatte sich auf biblische Forschung spezialisiert und war einige Zeit im Nahen Osten unterwegs ...«

»Natürlich! Ich hab's! Harry McCondy!« Adam sprang fast aus dem Stuhl vor Begeisterung. »Ich wusste, dass ich den Namen kenne!«

»Genau, Opa Harry, das ist der Großvater meines Vaters.«

»Und genau an ihn habe ich kürzlich gedacht. Ich wurde durch den Artikel in einer wissenschaftlichen Zeitschrift an ihn erinnert. Haben Sie von dem geheimnisvollen Baum in der Wüste von Saudi-Arabien gehört?«

»Nein, nicht, dass ich wüsste.«

»Wenn Harry McCondy davon wüsste, wäre er begeistert!«

Rocky McCondy nickte. Wenn im Nahen Osten oder in Nordafrika etwas los war, hätte das seinen Urgroßvater bestimmt interessiert.

»Ich dachte mir schon, dass Sie ihn kennen würden«, sagte McCondy. »Er war zu seiner Zeit ein Phänomen.«

»Allerdings. Wissen Sie, ich habe einmal eine Arbeit über die Forschungen Ihres Urgroßvaters geschrieben, als ich noch in Cambridge war.«

»Tatsächlich?«

Adam war aufgestanden und ging durch den Raum. Er nahm einen dicken Ordner aus dem Regal und begann, ihn durchzublättern.

»Das könnte Sie interessieren ... ich habe jahrelang nicht mehr in diesen Unterlagen geblättert ... vielleicht sollte ich selbst wieder einmal darin lesen ... hier ist die Mappe ... das ist ja seltsam!«

Er hatte die Mappe aufgeblättert, auf der »McCondy« stand. Sie war leer.

»Was ist?«

»Meine Arbeit ist verschwunden.« Adam sah den Ordner noch einmal langsam durch und suchte im Regal. Doch den Text, den er vor Jahren über McCondy geschrieben hatte, fand er nicht.

Schweigend tranken die beiden Männer ihren Tee.

Adam war verwirrt. »Ich kann mir das nicht erklären«, murmelte er vor sich hin.

»Vielleicht ist es gar nicht so erstaunlich, wie Sie denken, Livingstone«, sagte McCondy. »Vielleicht ist wegen dieses Artikels sogar Ihr Leben in Gefahr.«

»Was? Wieso?«, fragte Adam verständnislos.

»Ich bin kein Spinner, der sich Sachen einbildet«, setzte der Besucher an. »Als ich las, dass Sie die Arche Noah entdeckt haben, hatte ich nicht nur ein komisches Gefühl. Es ist kein Zufall, dass ich McCondys Urenkel bin. Ich bin nicht zufällig hier, Herr Livingstone.«

Adam sah ihn ratlos an. »Sprechen Sie weiter.«

»Ihre Forschung ist ganz heiß. Sie haben nicht nur die Arche entdeckt, Sie haben eine Zeitbombe gezündet. Ich bin hier, um die Bombe mit Ihnen zusammen zu entschärfen.«

»Sprechen Sie von der Bombe, die meine Mitarbeiterin getötet hat? Dann sind Sie zu spät gekommen!«

»Nein, ich meine eine viel größere Bombe.«

»Dann habe ich keine Ahnung, wovon Sie sprechen.«

»Ich bin leider zu spät gekommen, um Ihre Laborantin zu schützen. Das macht mir schon zu schaffen, wirklich. Ich hätte sofort kommen sollen, ohne vorher lange anzurufen. Aber ich hätte nicht damit gerechnet, dass Ihre Gegner so schnell sein würden.«

Adam hörte zu, wusste aber immer noch nicht, um was es ging.

»Ich habe mich auch nicht übermäßig intensiv mit Ihrem Urgroßvater beschäftigt«, erklärte er. »Was ich über seine Arbeit las, hat mich interessiert, deshalb hatte ich ihn mir als Thema einer Hausarbeit gewählt. Mein Artikel war nicht einmal besonders gut, soweit ich mich erinnern kann. Eine ganz normale studentische Arbeit. Bis vor ein paar Tagen hatte ich jahrelang nicht mehr daran gedacht.«

»Aber es hat ausgereicht, um Ihre Feinde auf Ihre Fährte zu bringen. Vielleicht wurden sie aber durch Ihre aktuelle Arbeit noch mehr alarmiert als durch diesen Text. Was ist denn Ihr nächstes Projekt?«

»Wir sind gerade dabei, eine Expedition nach Afrika vorzubereiten.«

»Mit welchem Ziel?«

»Ich habe eine Theorie über den Garten Eden, der ich gerne nachgehen möchte.«

»Über den *Garten Eden*?!«

»Ja, warum nicht? Ich bin Archäologe.«

»Das ist der Grund, warum sie hinter Ihnen her sind! Erst die Arche, jetzt Eden – alles klar!« McCondy schwieg, runzelte die Stirn und dachte nach. Dann fragte er: »Ist das öffentlich bekannt?«

»Neuerdings«, antwortete Adam mit einem grimmigen Lächeln. »Eines unserer Skandalblätter brachte neulich die Schlagzeile. Ich war außer mir, als ich das sah. Wir wollten unser Projekt unbedingt geheim halten.«

Der Detektiv hörte sehr aufmerksam zu. »Bevor wir jetzt weiterreden, gestatten Sie mir eine andere Frage. Vertrauen Sie allen Ihren Hausgenossen?«

»Was für eine Frage – natürlich!«

»Personal, Mitarbeiter … gibt es vielleicht irgendjemanden, bei dem Sie sich nicht sicher sind, dass er oder sie wirklich ganz auf Ihrer Seite ist?«

»Wollen Sie andeuten, ich hätte einen Spion im Haus?«

»Spione gehören zu meinem Geschäft, Herr Livingstone.«

»Das ist absurd!«

»Nein, sehen Sie, das ist meine Arbeitsweise. Ich muss immer misstrauisch sein, das gehört zu meinem Beruf.«

»Frau Graves und Herr Beeves arbeiten schon jahrelang in meinem Haus.«

»Was ist mit den wissenschaftlichen Mitarbeitern? Einige von ihnen sah ich schon kurz, darunter auch Scott Jordan …«

»Scott kenne ich schon seit dem Studium.«

»Das muss leider gar nichts heißen. Sie wissen, was ein Maulwurf ist?«

»Ja, ich kenne den Begriff. Aber so etwas können Sie unmöglich von Scott denken.«

»Und was ist mit den anderen?«

»Ich habe zwei Mitarbeiterinnen, Crystal und Jen. Sie sind seit vier oder fünf Jahren in meinem Team. Jen habe ich direkt nach ihrem Studium angestellt. Crystal und ihren Mann kenne ich schon sehr lange, er arbeitet im Öffentlichen Dienst hier am Ort. Sie ist schon fast von Anfang an bei mir.«

»Ich werde alle überprüfen.«

»Ich glaube nicht, dass dies nötig …«

»Möchten Sie, dass noch jemand umgebracht wird?«

»Nein, natürlich nicht.«

»Also lassen Sie mir freie Hand. Gibt es neue Leute im Haus?«

»Ja, die Nichte von Frau Graves. Aber …«

»Wer ist das?«

Adam erzählte ihre Geschichte und McCondy hörte genau zu.

»Ich werde sie überprüfen.«

»Moment mal, das können Sie nicht einfach machen …«

»Herr Livingstone, ich bin hierher gekommen, um Ihnen zu helfen. Wenn Ihnen das nicht recht ist, dann sagen Sie es mir bitte.

Wenn Sie meine Hilfe wünschen, dann lassen Sie mich meine Arbeit tun. Ich werde Ihnen bei der Suche nach dem Garten Eden nicht dreinreden und Sie werden mir auch nicht vorschreiben, wie ich meine Arbeit erledigen soll.«

»Schon gut, Sie haben ja Recht. Aber ich muss mich erst daran gewöhnen, einen Detektiv im Haus zu haben.«

»Geht in Ordnung. Bitte vertrauen Sie mir, ich weiß, was ich tue. Ich werde also als Erstes Ihre Leute überprüfen. Ich denke auch, dass sie alle sauber sind, aber vielleicht finde ich einen Hinweis auf eine verdächtige Person im Umfeld Ihres Teams.«

»Wie werden Sie vorgehen?«

»Ich habe Kontakte zu Interpol und zu Scotland Yard. Ich bekomme alle Infos, die ich brauche. Gut, nun erzählen Sie mir etwas mehr darüber, wie Ihr Eden-Plan in die Zeitung kam.«

»Wir waren alle völlig überrascht. Ich verstehe immer noch nicht, wie das möglich war. Es war, als hätte jemand ein Gespräch zwischen meinem Team und mir gehört. Zum Teil wurden wir fast wörtlich zitiert.«

»Und kurz danach war jemand an Ihrem Computer, hat die Festplatte zerstört und eine Bombe eingebaut. Vielleicht ist auch vorher schon eingebrochen worden. Das kann man im Nachhinein kaum noch feststellen. Vielleicht kamen Ihre Feinde auch durchs Internet in Ihr Gerät? Dann müssten sie irgendwie an Ihr Passwort gekommen sein. Ich werde das alles untersuchen. Übrigens, in welchem Raum hatten Sie die Eden-Besprechung, von der in der Zeitung die Rede war?«

»Nebenan, in dem Hauptbüro.«

»Natürlich! Oh Mann, was bin ich für ein Idiot!«, rief McCondy und schlug sich gegen die Stirn. Adam verstand wieder nichts. Als er etwas sagen wollte, sah McCondy ihn erschrocken an und legte mit so viel Nachdruck den Finger auf seine Lippen, dass Adam schwieg. Er warf ihm einen warnenden Blick zu.

»Herr Livingstone«, sagte er besonders laut und deutlich. »Haben wir nicht lange genug gesessen? Lassen Sie uns ein bisschen spazieren gehen! Sie könnten mir auch London zeigen. Unterwegs können wir uns weiter unterhalten.« McCondy stand auf. »Ich bin mit einem Mietwagen hier. Damit können wir fahren.«

Die beiden verließen den Raum. Der Mann, der ihre Unterhaltung mitgehört hatte, fluchte. Er hatte den Einbau der Wanze in Livingstones Büro zwar nicht veranlasst, hatte sich aber entschieden, sie dennoch zu nutzen. Als er die Wohnung seines ehemaligen jungen Komplizen durchsucht hatte, fand er problemlos den Empfänger und nahm ihn an sich. Es war ein sehr starkes Gerät, das ihm bisher aber nichts Besonderes geliefert hatte – bis heute!

Dieser McCondy-Typ könnte die Sache unnötig komplizieren. Er schien sich ganz schön in seine selbstgestellte Aufgabe hineinzuknien. Und Livingstone schien ihm jetzt schon zu vertrauen.

Für heute würde es nichts mehr zu hören geben. Aber er hatte auch Kontakte zu Scotland Yard und zu Interpol. Seine Organisation hatte überall Leute.

Adam fühlte sich auf dem Beifahrersitz neben dem schläfrigen Amerikaner, der deutlich unter dem Jetlag litt, nicht besonders sicher. Aber McCondy hatte darauf bestanden, seinen Wagen zu nehmen, den nur er fahren durfte. Wenn im Haus Wanzen waren, dann konnten in den Autos auch welche sein. Wenn sie seinen Wagen nahmen, konnten sie wenigstens ganz sicher sein, dass sie nicht überwacht wurden.

»Ich verstehe nicht, warum meine Forschung, meine Artikel über Ihren Urgroßvater, die Arche oder Eden eine Zeitbombe sein sollten?«

»Ich meine eine geistliche Zeitbombe. Wobei die Gefahr aber sehr real ist. Eine Person ist schon tot und es könnten schon bald mehr sein.«

»Warum?«, fragte Adam.

»Hat die Nichte der Haushälterin nicht auch ein Attentat erlebt?«

»Ja, dabei verlor sie ihren Vater und ihren Bruder. Aber das war ein Terrorakt, der nichts mit uns zu tun hatte.«

»Seien Sie sich da mal nicht zu sicher.«

»Herr McCondy, ich bitte Sie, was könnte denn da für ein Zusammenhang bestehen?«

»Die Gefahren lauern überall.«

»Ich kann immer noch nicht verstehen, was das alles mit meiner Arbeit zu tun haben soll!«

»Das weiß ich auch nicht. Ich stelle nur Fragen und setze die Teile zusammen. Es gibt einige erkennbare Zusammenhänge. Wohin uns das führen wird, weiß ich auch noch nicht. Das ist der Job eines

Detektivs. Eine Spur finden, ihr folgen, der Sache auf den Grund gehen. Eigentlich unterscheidet er sich gar nicht so sehr von Ihrer Forschungsarbeit.«

»Und was hat das Ganze nun mit meinem Artikel zu tun?«

»Ich weiß nicht. Ich würde mir den Text zu gerne ansehen. Können Sie mir den Inhalt schildern?«

»Ich kann mich nur noch dunkel erinnern. Ich fand die Arbeit von Harry McCondy interessant.«

Adam berichtete, soweit er sich erinnern konnte. Er schloss mit den Worten: »Harry McCondy hatte einen ungewöhnlichen Ansatz, so schien es mir. Es waren wohl die biblischen und religiösen Bezüge seiner Arbeit, die mich besonders faszinierten.«

»Warum?«

»Das weiß ich auch nicht. Mir gefiel der alte hebräische Text. Ich hatte wohl schon immer den Verdacht, dass dieser Text einige Schlüssel zum Verständnis unserer Vergangenheit enthält, die die Wissenschaft noch nicht entdeckt hatte.« Adam schwieg und lächelte ironisch.

»Aber bis vor kurzem habe ich mir selbst nie die Frage gestellt, inwieweit ich diesem Text Glauben schenken möchte. Es war nur ein losgelöstes wissenschaftliches Interesse ... aber ich muss zugeben, zur Zeit scheint es mehr als das zu werden.«

»Sie haben den Nagel auf den Kopf getroffen, Herr Livingstone.«

»Warum? Was habe ich gesagt?«

»Der Schlüssel wird die Verbindung zwischen Wissenschaft und Bibel sein. Mein Großvater versuchte mit größter Hingabe, die Bibel mit Hilfe der Archäologie zu beweisen und damit die Evolutionstheorie zu widerlegen. Er war einer ihrer leidenschaftlichsten Gegner. Und wo stehen Sie in Glaubensfragen?«

»Nun, bis vor kurzem hielt ich mich für einen nüchternen Wissenschaftler und Evolutionisten.«

»Keine Sorge, für mich ist das kein Problem. Kann nur sein, dass mein Urgroßvater sich im Grab umdreht, wenn er sieht, dass ich für Sie arbeite.«

Adam lachte. Der Mann gefiel ihm.

Sie schwiegen eine Zeit lang, während McCondy ins Blaue fuhr. Adam dachte darüber nach, was ihn am Morgen des Mordes beschäftigt hatte.

»Und Sie, Herr McCondy? Sind Sie ein religiöser Mensch? Interessieren Sie sich deshalb so für ihren Urgroßvater?«

»Ich bin Christ, falls das Ihre Frage beantwortet.«

»Ja, ich glaube schon. Christ sein und religiös sein ist doch ungefähr dasselbe, nicht?«

»Religion und Christentum? Nein, überhaupt nicht! Gegenfrage: Sehe ich religiös aus?«

»Na ja.« Adam musterte die grobschlächtige Gestalt, sein derbes, schlecht rasiertes Gesicht, die ungekämmten grauen Haare, das karierte Hemd, das lässig über der Jeans hing, grinste und meinte: »Nein, tut mir Leid, Herr McCondy, eigentlich stelle ich mir einen Religiösen anders vor.«

McCondy lachte ebenfalls. »Wenn Sie etwas anderes gesagt hätten, wäre es eine Lüge gewesen, das weiß ich. Natürlich sehe ich nicht religiös aus. Ich bin Privatdetektiv, nicht Pfarrer oder Kantor oder so etwas. Früher war ich Polizist. Ich habe einige Leute erschossen. Mein Job bewegt sich am Rande der Legalität. Was ich mache, ist überhaupt nicht religiös. Aber ich glaube von ganzem Herzen an Jesus. Ich möchte das tun, was er sagt. Insofern bin ich Christ.«

»Das ist interessant. Ich habe nie einen Unterschied gemacht zwischen religiösen Menschen und Christen.«

»Aber das ist doch offensichtlich. Es gibt so viele Religionen und unendlich viele verschiedene Arten religiöser Menschen, die aber Jesus keinen Platz in ihrem Leben einräumen. Nein, ein Christ zu sein, ist etwas ganz anderes.«

Ein langes Schweigen folgte. Der neue Bekannte gab Adam Livingstone eine Menge Stoff zum Nachdenken.

»Wo wohnen Sie eigentlich?«, fragte Adam schließlich.

»In einer winzigen Klitsche direkt am Flughafen.«

»Das ist doch viel zu weit außerhalb.«

»Als ich hier ankam, war ich völlig erledigt. Ich wollte nur noch ins Bett.«

»Von uns aus gesehen liegt der Flughafen genau am anderen Ende der Stadt.«

»Dann geben Sie mir doch einen Tipp, wo ich in Ihrer Nähe ein einfaches Zimmer bekommen kann, ich bin nicht anspruchsvoll.«

»Herr McCondy, solange Sie in England sind, sind Sie natürlich mein Gast. Wir können jetzt sofort zu Ihrem Hotel fahren und Ihre Sachen holen, wenn Ihnen das recht ist.«

»Nun, klar, warum sollte mir das nicht recht sein? Das ist sehr großzügig von Ihnen. Danke für Ihre Gastfreundschaft!«

Endlich kamen sie auf den Grund seines Besuches zu sprechen.
»Sie meinen also, es gibt einen Zusammenhang zwischen meiner Arbeit über Ihren Urgroßvater und meiner jetzigen Situation?«
»Vielleicht wollen Ihre Gegner einfach auf Nummer sicher gehen?«
»Über wen reden wir eigentlich? Wer sind meine Gegner?«
Herr McCondy schwieg einige Minuten, bevor er mit geheimnisvoller Stimme zu erklären begann: »Wir kennen uns noch nicht gut. Es war mein Risiko, hierher zu fliegen. Es war Ihr Risiko, mich anzuhören. Ich nehme jetzt ein noch größeres Risiko auf mich, wenn ich Ihnen sage, was ich weiß.«
»Worüber reden Sie, um alles in der Welt?«
»Man muss mit diesen Leuten äußerst vorsichtig sein«, sagte McCondy, ohne auf die Frage einzugehen. »Sie haben ihre Ohren überall, auch dort, wo man sie am wenigsten erwartet. Sie stecken in jeder Regierung, in jeder größeren Firma, sie kontrollieren die Banken, sie stecken überall mit drin. Ich sage Ihnen das, weil ich das Gefühl habe, dass ich Ihnen vertrauen kann. Ich würde mich überhaupt nicht wundern, wenn in Ihrem direkten Umfeld auch welche wären.«
»Nun sagen Sie doch endlich, von wem Sie reden!« Adam war jetzt wirklich ungehalten über die Geheimnistuerei seines Gegenübers. Vielleicht hatte er es doch mit einem Paranoiden zu tun?
»Es ist eine weltweite Verschwörung, eine Geheimgesellschaft, die sich aus vielen verschiedenen geheimen Organisationen zusammensetzt.«
»Und was soll das Ziel dieser Verschwörung sein?« Adam war nicht sicher, ob er diese Geschichte glauben wollte.
»Macht.«
»Worüber?«
»Weltweite Macht. Darum geht es. Vor allem das Denken der Menschen soll kontrolliert werden. Dadurch werden die Werte und Normen der Gesellschaft bestimmt. So bleiben sie an der Macht.«
»Ich kann das nicht glauben. Und ich kann mir auch nicht vorstellen, was dies mit mir zu tun haben könnte. Aber fahren Sie fort.«

»Gut, Sie werden jetzt etwas hören, das Sie sich nicht vorstellen können und das Sie nur schwer glauben werden.«

Die folgenden 40 Minuten, während sie sich durch den Londoner Verkehr hindurchkämpften, erzählte McCondy alles, was er über das weltweite Netzwerk der Gegner Gottes wusste. Es war das Verrückteste, was Adam je gehört hatte.

»Das ist ja unglaublich«, wunderte sich Adam schließlich, als McCondy fertig war. »Es klingt, als wären Sie aus einem Horrorfilm herausspaziert, um mir zu erzählen, ich sei eine der Hauptfiguren in diesem Film. Eine weltweite Verschwörung, die sich durch mich bedroht fühlt. Klasse! Davon habe ich schon immer geträumt!«

Wenig später waren sie wieder auf dem Rückweg zum Eichhof.

Adam versuchte immer noch, das zu verarbeiten, was er von McCondy gehört hatte.

»Zugegeben, McCondy, Sie wirken überzeugend. Aber es klingt auch ein bisschen lächerlich. Ich bin nur ein Wissenschaftler, ein Archäologe. Ich kann mir nicht vorstellen, dass sich irgendjemand von meiner Arbeit bedroht fühlen könnte. Ihre Geschichte klingt auch ziemlich weit hergeholt. Mich halten die Leute ja schon für verrückt, weil ich den Garten Eden suchen will. Aber wenn die erst *Ihre* Geschichte hören würden – Sie müssen verstehen, dass ich skeptisch bin. Ich muss das zuerst prüfen, was Sie mir da erzählen.«

»Livingstone, haben Sie mir überhaupt zugehört? Diese Dinge können Sie nicht überprüfen! Sie werden nie etwas finden. Es ist eine Verschwörung. Verschwörungen sind geheim. Und dies ist die geheimste Verschwörung weltweit. Diese Zusammenhänge kann man nicht suchen und finden. Livingstone, ich glaube, Sie müssen mir einfach vertrauen. Sie haben keine andere Wahl.«

Das waren ernüchternde Worte für Adam.

»Wie lange beschäftigen Sie sich schon mit der Arbeit Ihres Urgroßvaters?«, fragte er schließlich.

»Ich wusste gar nichts darüber, obwohl ich in seinem Haus aufgewachsen bin. Erst als ich in der Zeitung Ihre Ararat-Geschichte las, habe ich plötzlich an Opa Harry denken müssen, und ich fing an, darüber nachzudenken, wer oder was ihn eigentlich umgebracht hatte. Ich wusste, dass auf unserem Dachboden eine Truhe mit seinen Schriften steht –«

»Was? Sie haben Schriften von Harry McCondy?«
»Ja, ich wohne in dem alten Haus unserer Familie. Auch Harry McCondy hat schon dort gewohnt und so blieben seine Hinterlassenschaften auch in dem Haus. Inzwischen gehört alles mir. Ich ging also auf den Boden und fand sein Notizbuch –«
»Sie haben sein Notizbuch?!«
»Ja, es ist ziemlich dick, alles handschriftliche Eintragungen.«
»Ich kann es nicht fassen. Das ist ja ein unglaublicher Schatz!«
»Es ist tatsächlich noch fantastischer, als Sie es sich vorstellen können. Ich habe drei Tage damit zugebracht, alles zu lesen. Danach wusste ich, dass Sie und er auf dem gleichen Pfad unterwegs sind, obwohl Sie das nicht wissen und auf verschiedenen Wegen dorthin gekommen sind.«
»Darf ich das Buch sehen?«
»Sind Sie verrückt? Ich habe es natürlich nicht mitgebracht! Es ist in einem Schließfach bei meiner Bank in Boston. Glauben Sie mir, wenn ich erst bekannt bin und wenn unsere Feinde wissen, was ich alles weiß, dann stehe auch ich auf ihrer Abschussliste.«

Ein neuer Mitbewohner

Der Innenminister Aserbaidschans flog von London zurück nach Baku. Er war sehr verärgert. Der Anschlag auf Livingstone war fehlgeschlagen. Offensichtlich hatte er mit einem Stümper zusammengearbeitet!

Er hasste es, aus London abreisen zu müssen, ohne wirklich etwas getan zu haben. Aber er war in Baku einfach nicht länger abkömmlich. Auf Livingstone würde er seine besten Leute ansetzen und mit einer einzigen, perfekt geplanten und erfolgreichen Aktion würde er ihn ein für alle Mal ausschalten.

Als sein Jet in Baku landete, durchdachte er gerade die nächsten Schritte seiner politischen Strategie. Er wollte mehr als nur diesen Staat regieren.

Einige Regierungsbeamte und Journalisten erwarteten ihn auf dem Rollfeld. Er grüßte sie nur kurz und stieg in die wartende Limousine. Als Erstes würde er zu seiner Villa fahren. Während der Chauffeur den großen schwarzen Wagen ruhig durch die Stadt lenkte, betrachtete er voller Stolz das Bild der zukünftigen Metropole, das sich ihm beim Vorbeifahren bot. In wenigen Jahren würden Machthaber aller Länder, Finanziers und Politiker von hier aus ihre Befehle erhalten. Von Baku aus würden sie überall die neue Weltordnung einführen.

Königreiche kamen und gingen. Doch jetzt ging am Horizont der Geschichte eine Sonne auf, deren Strahlen direkt nach Baku gerichtet waren. Hier würde der Sitz der weltweiten Machtzentrale sein. Von hier aus würden Russland im Norden, die großen asiatischen Völker im Osten, der Nahe Osten und Afrika im Süden und Europa und Amerika im Westen beherrscht werden. Weltweite Kommunikation, Handel, Finanzen und Entscheidungen würden von hier ausgehen.

Und seine Aufgabe war es, dieses Weltzentrum vorzubereiten.

Das waren die Pläne der Macht, die ihn in diese Position gebracht hatte, einer Macht, von der die meisten Menschen nichts ahnten, obwohl sie doch ständig unter ihrem Einfluss standen. Und er, Haldor Zorin, er würde hier im Zentrum der Macht die neue Weltordnung errichten.

Er griff zu seinem Autotelefon. »General, hier spricht Zorin. Ja, ich bin zurück. Wir müssen uns unbedingt treffen. Es ist wichtig.«

Eine Pause folgte. Der General erklärte, dass er an den kommenden beiden Tage an Manövern teilnehmen müsste. Aber dann ...

»Ja, das ist gut. In drei Tagen werde ich Sie in meinem Hause erwarten, dort sind wir ungestört. Bis dahin haben wir genügend Zeit, uns auf das Treffen vorzubereiten.«

Zorin legte auf, sah wieder aus dem Fenster und ließ seine Gedanken in die Zukunft schweifen. Eine neue Weltkultur sollte geschaffen werden. Eine Religion würde alle Völker und Rassen vereinen. Um diese Weltordnung einzuführen, war er an die Macht gekommen. Er sollte den Weg bereiten für den, der die Weltregierung ausüben würde, den großen Lehrer, charismatischen Redner, politischen Führer und visionären Staatsmann.

In letzter Zeit hatte er immer wieder darüber nachgedacht, dass er selbst am besten diese große Rolle übernehmen könnte. Er war zur Zeit noch dabei, seine Größe zu entfalten und aufzubauen, aber auch andere Weltherrscher brauchten Zeit, bevor ihnen die gesamte Macht übertragen wurde.

Er würde sich dieser Aufgabe würdig erweisen, alle Anforderungen perfekt erfüllen. Er würde die Erwartungen übertreffen und der Mann des Friedens und der Einheit werden, dem sich alle anderen Herrscher unterwerfen würden, ein Mann, den sie als ihren Führer im neuen Zeitalter anerkennen würden.

Vermutlich war sich der geheime Zwölferbund schon im Klaren über seine zukünftige Rolle. Warum sonst hätten sie ihn mit so viel Macht und unbegrenzten finanziellen Mitteln ausgestattet? Hatten sie ihm nicht zugesagt, er würde zur gegebenen Zeit die gesamte Herrschaft über diese Nation bekommen, die zum Zentrum des globalen Friedensreichs heranwachsen würde?

Seine Verbündeten im Geheimbund hatten Zorins Auftrag knapp und präzise formuliert: »Befestigen Sie die Macht in Aserbaidschan.«

Das war ihm bereits auf verschiedenen Ebenen gelungen. Er hatte längst die für eine Metropole notwendige Infrastruktur geschaffen, hatte die Kommunikationstechnologie importiert und Spezialisten aller Fachgebiete in Baku angesiedelt.

Bald würde Präsident Voroshilov zurücktreten, Wahlen würden stattfinden – zweifellos würde er gewinnen. Dafür hatte er bereits ein Buch vorbereitet, das in 50 Sprachen erscheinen und am Tag seiner Machtergreifung in allen Ländern der Welt gleichzeitig auf den Mark geworfen werden würde. Sein Titel lautete: »Frieden im neuen Zeitalter. Das humanistische Weltmanifest der Einheit«. Dem Zwölferbund hatte er nichts davon erzählt.

Über Nacht würde er beliebter und angesehener sein als der amerikanische Präsident, der UN-Generalsekretär oder der Papst.

Baku würde Zürich, London und Amsterdam als Finanzzentrum ablösen. Alle wichtigen Banken und Institute würden ihren Sitz hierher verlegen. Firmen würden ihre Zentralen hier errichten. Bald würden alle größeren Börsenaktivitäten von Baku ausgehen. New York, Rio, London, Rom, Moskau, Hongkong und Tokio würden zu Finanzmärkten zweiter Klasse degradiert werden.

Zur Zeit ließ er einen Flughafen bauen, der größer und moderner werden würde als alle Flughäfen der Welt. In Baku entstand derzeit ein leistungsfähiges U-Bahnsystem, das das Stadtzentrum mit den Randbezirken, den Wohnanlagen und Bürokomplexen verbinden würde. Darüber hinaus wurde ein völlig neues Straßennetz geschaffen und der Hafen ausgebaut. Gebäude für Botschaften, Banken, Immobilienmakler, Kommunikationsfirmen und Unternehmen entstanden überall in der Stadt.

Bald würde Baku zwei Millionen Menschen zusätzlich aufnehmen können.

Ganz unbemerkt hatte er auch die Armee verstärkt und Verkehrsverbindungen zwischen dem Kaspischen und dem Schwarzen Meer geschaffen.

Wer mit wachem Auge durch Baku ging, musste sich fragen, was hier vorbereitet wurde. Doch die Einheimischen fragten nicht viel. Sie hatten Arbeit und Lohn, das genügte ihnen. Der Sozialismus hatte sie zu Menschen erzogen, die sich mit den Gegebenheiten abfanden, ohne viel zu fragen. Da es ihnen heute besser ging als in früheren Jahrzehnten, hatten sie noch weniger Anlass, darüber nachzudenken, was wohl der Grund für den Aufschwung war.

Ausländische Beobachter gab es bisher nicht und das sollte auch so bleiben. Die Forschung am Ararat kam für Zorin und seine Arbeit sehr ungelegen. Während er über diese Entwicklungen nachdachte, spiegelte sich in seinem Gesicht die Lust an der Macht, verknüpft mit Skrupellosigkeit und der Bereitschaft zur Gewalt. Diese Rolle des Weltherrschers war ihm auf den Leib geschnitten.

Seine dunkelgrauen, fast schwarzen Augen stachen aus dem groben und gleichzeitig attraktiven Gesicht hervor. Seine Gesichtszüge waren markant und seine Haut leicht bräunlich. Kräftige Lippen, ein großer Mund, schöne Zähne und hohe Wangenknochen gaben ihm einen Ausdruck von Stärke und Überlegenheit. Seine Größe und seine Haltung verschafften ihm überall Aufmerksamkeit und Respekt. Er hatte dichtes schwarzes Haar, das ihm leicht in die Stirn fiel und sein ausdrucksvolles Gesicht umrahmte. Auch seine Augenbrauen waren schwarz und buschig und betonten seine Augen zusätzlich.

Was ihn in letzter Zeit oft ärgerte, war die Schwerfälligkeit des Zwölferbundes. Sie sagten, der Plan müsse sich langsam und unbemerkt entfalten. Die Machtzentrale in Baku sei nur ein Teil des Ganzen, es gehöre noch viel mehr dazu, die Weltherrschaft zu übernehmen.

Zorin konnte das alles nicht mehr hören. Sein Ehrgeiz war groß, er hielt die Zeit für gekommen, er war vorbereitet und er wollte nicht länger warten. Stattdessen waren ihm durch seine elf Verbündeten immer noch die Hände gebunden. Er war entschlossen, die Dinge voranzutreiben und die anderen mitzuziehen.

Es wurde nicht mehr offen um Erin getrauert, aber alle vermissten sie. Das Leben im Eichhof war nach ihrem Tod nicht mehr dasselbe wie vorher. Nicht zuletzt trug dazu auch der neue Hausbewohner bei. Nach einigen Tagen im Eichhof verlangte Herr McCondy ein Treffen aller Hausbewohner.

»Ich weiß nicht, wie viel Ihnen Herr Livingstone von dem erzählen möchte, worüber ich mit ihm gesprochen habe. Aber ich möchte, dass Sie sich im Klaren darüber sind, dass die Bombe, die Ihre Freundin getroffen hat, ihr eigentliches Ziel verfehlte. Wir müssen mit weiteren Anschlägen rechnen. Ich möchte Sie alle überprüfen, so dass ich keinen von Ihnen verdächtigen muss und Sie in Ruhe hier leben und arbeiten können.«

»Was meinen Sie mit ›überprüfen‹?«, fragte Scott unfreundlich.
»Ich habe über jeden von Ihnen eine Akte angelegt –«
»Sie überwachen uns?«
»Ja, das könnte man so sagen.«
Feindselige Blicke, gerunzelte Stirnen und ärgerliches Stöhnen waren die Reaktionen der Versammelten.
»Es tut mir Leid, wenn Sie sich dadurch angegriffen fühlen, aber wenn ich der ganzen Geschichte auf den Grund gehen soll, muss ich jede beteiligte Person gründlich untersuchen. Das ist Teil meiner Arbeit. Sie sollten sich deswegen keine Gedanken machen, wenn Sie, wie ich annehme, nichts zu verbergen haben.«
»Wie soll das praktisch aussehen? Werden Sie uns jetzt bei der Arbeit immer über die Schulter sehen?« Jen war ziemlich gereizt.
»Sehen Sie, es kommt vor, dass Sie Beziehungen zu verdächtigen Personen haben, von denen Sie gar nichts wissen. So gab es eine Beziehung zwischen Herrn Livingstone und mir, von der er bis vor kurzem nichts wusste. Ich werde Ihnen also nicht über die Schulter sehen. Aber ich werde versuchen, solche gefährlichen Beziehungen aufzuspüren. Ich werde auf der Suche nach Anhaltspunkten, Hinweisen oder einer Spur die Augen offen halten. Vielleicht werden Sie mir dabei Hinweise geben, ohne es zu wissen.«
»Das gefällt mir nicht«, beschwerte sich Jen.
»Deshalb sage ich es Ihnen vorher und bin offen zu Ihnen«, warb der Detektiv weiter um ihr Verständnis. »Wenn Sie gar nicht einverstanden sind oder sich fürchten, dann reden Sie bitte mit Ihrem Chef. Er kennt die Zusammenhänge. Aber lassen Sie mich Ihnen noch eines sagen: Sie sind alle in viel größerer Gefahr, als Sie sich vorstellen können. Danke, das war von meiner Seite aus alles.«
Als keiner etwas sagte, erhob er sich und ging.

»Ich glaube, ich mag ihn nicht«, erklärte Crystal, als sich die Tür hinter dem Amerikaner geschlossen hatte.
»Ich auch nicht, ich finde ihn total unangenehm«, pflichtete Jen bei und zog eine Grimasse.
»Stellt euch nicht so an«, entgegnete Adam lächelnd. »Ich habe meinen Freund bei Scotland Yard gefragt. Alles, was McCondy über sich sagte, stimmt. Er ist ein erfolgreicher Detektiv und Ex-Polizist. Er versucht alles, was in seiner Macht steht, um unsere Sicherheit zu

garantieren. Dafür sollten wir ihm dankbar sein. Zumal ich inzwischen überzeugt bin, dass wir mit weiteren Anschlägen rechnen müssen. Ach, noch etwas. Ich habe eine neue Kollegin eingestellt, sie heißt Emily Stevens und hat bereits McCondys Prüfung bestanden.«

»Dann muss sie ja wirklich in Ordnung sein«, lachte Scott sarkastisch.

»Nun hört bitte auf damit.« Adam war jetzt ärgerlich. »McCondy ist auf eigene Kosten und auf eigenes Risiko zu uns gekommen, weil er sich Sorgen um unsere Sicherheit macht. Ich verlange von euch, dass ihr ihn respektiert und mit ihm zusammenarbeitet. Immerhin haben wir Erin verloren und ich will nicht, dass es noch mehr Tote gibt. Alles klar?«

»Alles klar, Chef«, murmelte Scott und die anderen nickten. Wenn Adam in diesem Ton sprach, widersprach man ihm besser nicht. Außerdem hatte er in gewisser Hinsicht ja auch Recht.

»Wer ist diese Emily?«, fragte Crystal. »Und wann kommt sie? Soll ich den Arbeitsvertrag und alles andere vorbereiten?«

»Sie hat bisher an der Universität gearbeitet. Ich habe mehrere Gespräche mit ihr geführt und sie wurde mir von einigen Professoren empfohlen. Mir scheint, dass sie ganz kompetent ist und uns eine große Hilfe sein wird. Sie wird morgen kommen. Dann möchte ich, dass Crystal und Jen ihr alles zeigen und sie in die Arbeit hier oben einweisen. Das Labor werde ich ihr selbst zeigen. Scott, kümmerst du dich um die Wiederherstellung unserer Computeranlage?«

»Ja, ich will heute in die Stadt fahren und neue Hardware kaufen.«

»Gut, wir müssen unbedingt unsere Daten wieder laden, soweit sie nicht verloren gingen, das Verlorene ergänzen und Sicherheitskopien anfertigen. Und ich will, dass du Herrn McCondy über alles informierst, was du machst. Er muss sich in unserer neuen Computeranlage auskennen.«

Scott nickte.

»Wir haben noch eine Menge zu tun, bevor wir endlich abreisen können«, seufzte Adam.

Da klingelte die Sprechanlage. Es war Herr Beeves.

»Herr Livingstone, hier ist jemand von der Polizei für Sie.«

»Gut, ich komme sofort.«

In der Halle traf er einen Polizeibeamten. »Mein Name ist Thurlow. Ich bin von der hiesigen Polizeistation«, stellte sich dieser vor. »Tut mir Leid, dass ich Sie bei der Arbeit stören muss.«

»Schon gut. Was gibt es denn?«
»Wir haben die Leiche eines jungen Mannes gefunden. Er war offenbar mit Ihrer Angestellten befreundet. Die Leute vom Computerladen haben ihn identifiziert. Er heißt Dexter Cain. Sein Körper schwamm in der Themse; jemand hat ihm das Genick gebrochen.«
»Puh, das ist eine hässliche Geschichte. Gibt es irgendwelche Hinweise?«
»Nein, gar nichts.«
»Nun, vielen Dank, dass Sie mich informiert haben. Bitte halten Sie mich auch weiterhin auf dem Laufenden. Übrigens, wie wird mein amerikanischer Freund hier auf Ihrer Wache aufgenommen?«

Der Inspektor grinste. »Kein Polizist steht auf Privatdetektive, schon gar nicht, wenn sie aus den Staaten kommen. Aber unser Chef schuldet jemandem aus McCondys Heimat einen Gefallen, wissen Sie. So wurden wir alle angewiesen, Ihrem Freund jede Hilfe zu geben, die er braucht.«

Adam lachte. »Er weiß sich offensichtlich überall zu helfen.«

»Eigentlich ist er gar nicht so übel, wenn man sich an ihn gewöhnt hat, stimmt's, Herr Livingstone?«

»Stimmt.«

Am späten Vormittag kamen Frau Graves und Juliet wieder zu Adam mit der Bitte, ob sie den Wagen haben könnten.

»Was haben Sie vor?«

»Ich möchte Juliet zum Bahnhof fahren. Sie muss in der Stadt einige Papiere unterzeichnen.«

»Sie hätten doch mit Herrn McCondy fahren können, wenn ich das früher gewusst hätte. Er ist heute Morgen auch in London. Aber macht nichts, Sie können ruhig den Wagen nehmen und Juliet zum Bahnhof fahren. Wann wollen Sie zurückkommen?«, wandte Adam sich an das Mädchen

»Ich weiß es noch nicht genau, irgendwann am Nachmittag.«

»Wenn Sie sich zeitlich festlegen können, werde ich Sie auf dem Rückweg mitnehmen. Ich muss zum Museum, einige Leihgaben zurückbringen.«

»Ich möchte Ihnen nicht zur Last fallen, Herr Livingstone«, wich Juliet aus. Sie hatte ein schlechtes Gewissen, weil sie schon so lange in seinem Haus wohnte, ohne etwas dafür zu bezahlen.

»Sie fallen mir nicht zur Last. Da ich sowieso in der Stadt bin, werde ich Sie auch mitnehmen. Also wann?«

Juliet fühlte die Blicke ihrer Tante und wurde rot. »Zwischen drei und vier Uhr vielleicht. Ich werde mich mittags noch mit einer Freundin treffen.«

»Schön, dann treffe ich Sie um 15.45 Uhr vor dem Buchladen an der Westminster Abbey. Einverstanden?« Juliet nickte und freute sich, sah aber gleichzeitig sehr verlegen aus.

Es war 15.40 Uhr, als Adam vor der großen Kathedrale einen Parkplatz fand. Langsam ging er die Straße hinunter zum Buchladen, als er Juliet und ihre Freundin sah. Adam blieb einen Moment stehen und beobachtete die beiden. Juliet lachte herzlich, während sie ihrer Freundin etwas übergab. Ihr Verhalten weckte sein Interesse. Sie war so ganz anders als im Eichhof, frei und unbefangen, eine fröhliche junge Frau. Sie gefiel ihm und machte ihn neugierig. Er ging auf sie zu und sie winkte ihm zu, als sie ihn entdeckte.

»Hoffentlich mussten Sie nicht zu lange warten?«, fragte Adam und begrüßte die beiden höflich. Er konnte ein perfekter Gentleman sein, wenn es darauf ankam.

»Nein, wir sind eben erst gekommen«, erklärte Juliet. Die andere junge Frau war sichtlich verlegen angesichts des berühmten und attraktiven Mannes, dem sie vorgestellt wurde. Sie verabschiedete sich von den beiden und Juliet und Adam gingen plaudernd zum Wagen.

»Konnten Sie alles erledigen?«, fragte Adam.

Juliet nickte. »Ich musste nur beim Notar vorbei, ein paar Unterlagen unterschreiben. Das ging schnell.«

»Wie geht es Ihrer Mutter?«

»Ich glaube, es geht ihr etwas besser. Aber für sie ist der Verlust noch größer als für mich.«

»Wollen Sie wieder mit Ihrer Mutter zusammenleben?«

»Das ginge nur, wenn ich Arbeit finde. Meine Mutter hat noch nie außerhalb des Hauses gearbeitet.«

»Meine Mutter auch nicht. Trotzdem ist sie ständig im Stress.«

»Was macht sie?«

»Wäre sie eine Aristokratin, würde man sagen, sie ist eine Wohltätigkeitsdame. Da wir aber nicht adlig sind, ist sie einfach ein guter Mensch. Sie reist für irgendwelche wohltätigen Zwecke in der Weltgeschichte herum. Machmal denke ich, sie macht es mehr aus Abenteuerlust als aus Barmherzigkeit. Es geht ihr jedenfalls sehr gut dabei.«

»Ich dachte, Sie kämen aus einer adligen Familie?«

»Nein, mein Vater war Geschäftsmann, kein Aristokrat.«

»Was für ein Geschäft hatte er?«

»Import. Er reiste um die Welt und kaufte überall verrückte und auch schöne Dinge, die man in London gut verkaufen konnte. Er wurde dabei sehr schnell reich. Als er 30 war, hatte er bereits ein ansehnliches Vermögen erarbeitet. Als ich 16 war, starb er unerwartet während einer Reise in Indien. Seither beschäftigt sich meine Mutter damit, das Geld meines Vaters auszugeben.«

Adam musste über diese Beschreibung seiner Mutter selbst lachen.

»Ist das Haus ein Familienerbstück?«

»Nein, wir zogen von London hierher auf den Eichhof, als ich 13 war. Drei Jahre später war mein Vater tot und meine Mutter begann zu reisen. Deshalb hatte meine Mutter nie eine besondere Beziehung zu diesem Haus. Sie ist mit Friedenstruppen unterwegs, macht Segeltörns und Urwaldsafaris, besteigt Berge, baut Waisenhäuser und hilft in Katastrophengebieten. Meine Schwester ging schon vor meiner Mutter weg, so fiel das Haus und das dazugehörige Land praktisch mir zu.«

»Ich wusste gar nicht, dass Sie auch eine Schwester haben. Ist sie älter oder jünger?«

»Älter.«

»So sind Sie allein im Haus, seit Sie 16 sind?«

»Ja, zuerst schon. Später war ich ja dann in Cambridge. In dieser Zeit haben Frau Graves und Herr Beeves hier alles weitergeführt und der Notar der Familie half ihnen bei der Verwaltung. Nach dem Studium war ich in der Lage, den Eichhof selbst zu übernehmen. Ich merkte eigentlich erst da, wie sehr ich das Haus und den Garten liebe.«

»Aber Sie sind ja auch sehr viel unterwegs?«

»Das stimmt. Aber Reisen ist nur dann erträglich, wenn man einen Ort hat, an dem man zu Hause ist. Und ich brauche natürlich auch Räume für meine Forschung und das Labor. Meine Mutter ist überall sehr beliebt, weil sie so großzügig ist, aber manchmal wünschte ich, sie würde etwas von Vaters Geld für mich übrig lassen. Meine Arbeit wird dadurch erschwert, dass ich immer Sponsoren finden muss,

wenn ich etwas Größeres vorhabe. Ich will mich nicht beschweren, ich hatte immer genügend Sponsoren für meine Forschung. Aber Mutter scheint wirklich entschlossen, uns nichts zu vererben.«
»Und Ihre Schwester?«
»Sie will nichts von uns, weder Haus noch Geld.«
»Also gehört das Haus wirklich Ihnen?«
»Praktisch schon, ja. Obwohl es auf uns alle drei geführt wird und die beiden hier natürlich immer willkommen wären. Zum Glück hat mein Vater einen speziellen Betrag zur Erhaltung und Pflege des Hauses übrig gelassen. Ansonsten bin ich finanziell auf mich gestellt.«

Plötzlich waren die beiden schon auf der Auffahrt zum Eichhof. Sie hatten sich so gut unterhalten, dass sie gar nicht gemerkt hatten, wie schnell die Fahrt vergangen war.

Als wenig später im Eichhof das Telefon klingelte, war Adam überrascht, die Stimme von Lord Montreux zu hören. Es war das erste Mal, dass dieser ihn anrief.

»Adam, ich möchte Ihnen mein herzliches Beileid zum Tod Ihrer Mitarbeiterin aussprechen.«

»Vielen Dank, das ist sehr aufmerksam von Ihnen.«
»Erholen Sie und Ihr Team sich langsam von dem Schock?«
»Nun, das Leben geht weiter. Aber es ist nicht einfach, so etwas zu verarbeiten.«

»Ich verstehe. Wenn ich irgendetwas für Sie tun kann, bitte lassen Sie es mich wissen.«

»Vielen Dank.«
»Candace macht sich Sorgen, dass Sie zu viel arbeiten, Adam.«
Adam lachte amüsiert und fragte sich, worauf der alte Herr hinauswollte. »Kein Grund zur Sorge, meine Arbeit belebt mich.«

»Vielleicht sollten Sie sich trotzdem ein wenig Zeit nehmen, Ihren Horizont zu erweitern.«

»Was meinen Sie?«
»Ich möchte, dass Sie mich nächste Woche zu einem Abendessen in London begleiten. Wenn wir beide den Rest unseres Lebens als Vater und Sohn verbringen sollen, dann wäre es an der Zeit, dass ich Sie in meine Kreise einführe. Das wird Ihnen eine neue Welt eröffnen.«

»Was für ein Essen?« Adam war misstrauisch.

»Viele wichtige Leute werden dort sein, die sich für Sie interessieren. Sie sind eine angesehene Persönlichkeit und meine Freunde wollen Sie gerne kennen lernen.«

»Was für Leute sind das?«

»Es sind Mitglieder einer Gesellschaft, zu der ich auch gehöre.«

»Ich glaube nicht, dass ich –«

»Es würde Ihnen sehr gefallen und sich auch auf Ihre Arbeit hilfreich auswirken. Sie erfüllen bereits viele Bedingungen, die an neue Mitglieder gestellt werden. Sie werden von der Gruppe positiv bewertet, was eine große Ehre ist. In erster Linie geht es um Ihren eigenen Vorteil.«

»Ich bezweifle, ob ich in eine solche Gruppe passe.«

»Sie wären mit einigen der einflussreichsten Männern Englands zusammen.«

»Ich danke Ihnen für Ihre Freundlichkeit, Lord Montreux, aber offen gestanden habe ich kein Interesse an einer solchen Gesellschaft.«

»Es ist nicht irgendeine Gesellschaft, Livingstone!«

»Trotzdem möchte ich Ihre freundliche Einladung ablehnen. Ich habe keine Zeit für solche Verpflichtungen.«

»Würden Sie mich dann bitte einfach zum Essen begleiten?«

»Nein, es tut mir Leid, ich muss wirklich komplett absagen.«

Lord Montreux war so verärgert, dass er den Hörer wortlos an seine Tochter weitergab. Ihm selbst fiel kein freundlicher Satz mehr ein. Am liebsten hätte er den Kerl angeschrien und gezwungen, ihn zu begleiten. Wie konnte er es wagen, sich seinem Willen zu widersetzen! Wie sollte er das den anderen erklären? Sie würden über diese Nachricht sehr verärgert sein.

»Hallo, Adam«, sagte Candace in ihrem lieblichsten Tonfall.

»Candace, wie geht es dir?« Auch Adam bemühte sich, seiner Stimme einen freundlichen Klang zu verleihen.

»Vater sieht ganz unglücklich aus. Was hast du denn zu ihm gesagt?«

»Es tut mir Leid, Candace. Er hat mich zu einem Essen eingeladen, an dem ich nicht teilnehmen möchte. Vielleicht kannst du ihm sagen, dass meine Ablehnung sich nicht gegen ihn persönlich richtet.«

»Warum hast du denn abgesagt? So eine Einladung ist doch eine große Ehre.«

»Ich habe kein Interesse an solchen Dingen.«
»Wofür interessierst du dich stattdessen?«
»Was für eine Frage! Das weißt du doch.« Langsam ging Adam das Gespräch wirklich auf die Nerven.
»Die Arche und der Garten! Das sind doch völlig verstaubte Sachen. Die Leute reden bald über dich, wenn du nicht aufpasst.«
»Vielleicht steckt da aber auch eine ganze Menge Wahrheit drin.«
»So ein Quatsch!«
»Du weißt nicht, wovon du redest.«
»Ach, Adam, hör doch auf. Du machst alles kaputt!«
»Was mache ich?«
»Vergiss es. Ich wünschte nur, du würdest dich nicht so viel mit dem religiösen Zeug beschäftigen, das ist alles. Ich will die Frau eines angesehenen Mannes sein, nicht –« Sie erschrak, so viel hatte sie nicht sagen wollen. »Ach, vergiss es einfach.«
»Du möchtest keinen Mann, der auf der Suche nach Wahrheit ist, wolltest du das sagen?«
»Ach, du verstehst mich einfach nicht!«
Nachdem sie sich ein paar Augenblicke angeschwiegen hatten, lenkte er ein. »Es tut mir Leid, wenn ich dich verletzt habe. Ich fürchte, ich habe mit einem einzigen Gespräch euch beide verletzt. Ob ich es übermorgen mit einer Einladung zum Mittagessen wieder gutmachen kann?«
Nach einer längeren Pause willigte Candace scheinbar zögernd ein.

Lord Montreux hüllte sich in eine Zigarrenrauchwolke und wartete, bis seine Tochter das Gespräch mit Adam beendet hatte. Er war sehr verärgert. Schon lange hatte es niemand mehr gewagt, ihn so zu brüskieren. Dieser Mensch war ein harter Brocken; ihn zu gewinnen, war viel schwieriger, als er es sich vorgestellt hatte.
Endlich war Candace fertig und berichtete kurz über den Rest des Telefonates.
»Wir müssen ihn kriegen«, murmelte ihr Vater. »Die Situation wird immer gefährlicher.«
Candace hatte keine Lust, weiter mit ihrem Vater darüber zu sprechen, und verließ den Raum. Lord Montreux ging nach einer

kurzen Überlegung in sein Arbeitszimmer zu seinem privaten Telefon. Er wählte eine Geheimnummer zum europäischen Festland. Nur elf weitere Personen weltweit kannten diese Nummer. Er hinterließ eine Nachricht, wartete kurz, wurde dann zurückgerufen. Einige Floskeln wurden gewechselt. Schnell war man beim Thema.

»Könnte es sein, dass er seine Meinung noch einmal ändert?«

»Ich befürchte, nein.«

»Hat er Verdacht geschöpft?«

»Dafür sehe ich keine Anzeichen.«

»Die Angelegenheit scheint schwieriger zu sein, als wir zuerst dachten. Wie stehen die Chancen Ihrer Tochter?«

»Sie ist ebenso erfolglos wie ich. Vor kurzem schien die Beziehung noch stabil zu sein, doch neuerdings entzieht er sich uns. Er spricht öffentlich über Religion und scheint sich sehr für diese Fragen zu öffnen.«

»Vielleicht haben wir zu lange gezögert. Es ist an der Zeit, dass wir zu massiveren Mitteln greifen. Er muss auf unsere Seite gebracht werden.«

»Was könnte für seine Veränderung verantwortlich sein?«

»Er wird unserem Einfluss entzogen. Wir nehmen viele Störungen in der geistlichen Welt wahr.«

»Ja, und Livingstone scheint von diesen störenden Einflüssen umgeben zu sein. Ich hoffe, dass seine Zuneigung zu meiner Tochter stärker ist. Ich werde weiterhin mein Möglichstes versuchen.«

»Ich werde den Zwölferrat einberufen.«

Am nächsten Morgen trafen McCondy und Adam sich beim Frühstück.

»Was haben Sie heute vor, Herr McCondy?«, fragte Adam freundlich. Der Detektiv sah fast ärgerlich aus.

»Ich kann dieses ›Herr McCondy‹ nicht mehr hören. Könnten Sie nicht einfach Rocky zu mir sagen?«

Adam lachte, stand auf und reichte ihm theatralisch die Hand. »Ich bin Adam.« McCondy wurde ihm immer sympathischer, je länger er ihn kannte. »Und was hast du nun heute vor?«

»Ich will auf die Wache fahren und mir ein paar Sachen besorgen.«

»Einige der Polizisten dort sind meine Freunde. Sag mir Bescheid, wenn du etwas brauchst, das sie dir nicht geben wollen. Dann kann ich mich einschalten. Andererseits habe ich gehört, dass sie dir dort schon den roten Teppich ausgerollt haben.«

»Nicht ganz. Manchmal sind sie schon noch komisch und erinnern mich daran, dass sie Engländer sind und Polizisten. Detektive sind nie besonders beliebt, auch in den Staaten nicht. Aber ich kann nicht klagen, sie geben mir, was ich brauche. Darauf kommt es an«, meinte McCondy lapidar und verabschiedete sich.

»General Pervukhin«, sagte eine schneidende, autoritäre Stimme. »Haben Sie heute Zeit, wie wir verabredet haben?«

»Ich stehe Ihnen zur Verfügung, Herr Minister.«

»Vielen Dank, Herr General«, erwiderte der Innenminister. »Meine Limousine wird in 20 Minuten in Ihrer Tiefgarage sein. Ich werde Sie persönlich im Wagen erwarten und Sie dann zu meiner Villa bringen.«

Zorin legte auf und goss sich einen Whiskey ein. Zufrieden dachte er über die Erfolge seiner Arbeit nach. Schon jetzt war Georgien so gut wie übernommen. Seine Kontakte zur dortigen Industrie, der Finanzwelt, dem Transportwesen, den Kommunikationszentren, den Medien und dem Militär waren hervorragend. Sobald er an der Macht wäre, würde die georgische Bevölkerung von selbst darum bitten, mit Aserbaidschan vereinigt zu werden. Jeder Georgier wusste heute schon, dass es auf der anderen Seite der Grenze Wohlstand und Aufstiegsmöglichkeiten gab. Gleichzeitig wurde von seinen Kräften dort die Unzufriedenheit über den eigenen Staat beständig geschürt.

Es würde keine Übernahme nötig werden, es käme nur zur friedlichen Vereinigung, und das auf Verlangen der georgischen Regierung, versteht sich. Zorin grinste.

Fünf Minuten später war er auf dem Weg zu seinem Wagen. Auch der General war pünktlich. Zorin hatte die Unterlagen schon in der Hand.

»Ich möchte mit Ihnen über mögliche Manöver im Nordwesten sprechen, General«, sagte er ohne Vorrede und reichte dem anderen die Unterlagen.

Dem General wurde immer mulmig, wenn er Zorins Stimme hörte. Wenn er ihn sprechen wollte, verhieß das nie etwas Gutes. Nach einiger Zeit fragte er: »Meinen Sie, diese, mmh, Manöver werden notwendig werden?«

»Wir müssen auf alle Eventualitäten vorbereitet sein«, erwiderte der Innenminister, der als der unausgesprochen zweite Mann nach dem Präsidenten auch über die Außenpolitik entscheiden konnte.

»Was haben Sie zu berichten, General?«

Pervukhin lieferte seinen Bericht ab. Seit ihrer letzten Begegnung hatte sich nicht viel ereignet.

»Gut, wir werden die Details in meiner Villa besprechen.«

Zwei Stunden später brachte sein Chauffeur den General zurück.

Zorins Gedanken waren bei Livingstone. Am besten wäre es, wenn er eine der Personen, die in engem Kontakt zu ihm standen, auf seiner Seite hätte. Er schaltete seinen PC an und lud die Datei »Livingstone«, die sehr umfangreich war und eine ganze Menge Informationen über den Wissenschaftler enthielt. Wissen war Macht und er wusste viel über Personen, die dies nicht ahnten. So hatte er auch schon seit langem über jedes Mitglied des Zwölferbundes eine geheime Akte.

Einer plötzlichen Eingebung folgend, verknüpfte er die Datei Livingstones mit dem Zwölferbund. Gab es Überschneidungen? Tatsächlich, Lord Montreux! Seine Tochter sollte Livingstone heiraten. Zorin hatte diese Entwicklung nicht genau verfolgt, er glaubte auch nicht, das Mädchen zu kennen.

Er gab ihren Namen ein. Sekunden später erschien ihr Bild auf dem Monitor. Er starrte Candace Montreux an, erstaunt, begeistert. Das also war sie! Er hatte sie im königlichen Garten gesehen! Nicht schlecht, was Livingstone sich da an Land gezogen hatte! Sie sah äußerst attraktiv, dazu auch intelligent und stark aus.

Das war also der Plan der anderen elf Mitglieder des Bundes. Wie lange die Kleine wohl schon damit beschäftigt war, Livingstone einzuwickeln? Ob sie überhaupt wusste, welche Rolle sie spielte?

Er sah etwas in ihren Augen, das ihn in ihren Bann zog. Minutenlang studierte er das Bild, lächelte, seine Augen blitzten. Er konnte sich vorstellen, was sie dachte. Sie würden gut zusammenarbeiten, vielleicht noch mehr als das.

Es war Zeit, die junge Dame kennen zu lernen, ganz diskret natürlich. Dann könnte man gemeinsam herausfinden, welche Form der Zusammenarbeit möglich war.

Drohungen und Verschwörungen

Eines Morgens, als Adam früh durchs Haus ging, hörte er Geräusche im Büro. Es war zu früh, als dass jemand vom Team schon da sein konnte. Vorsichtig öffnete er die Tür. Zu seiner Erleichterung fand er Rocky vor, der zwischen vielen Kabeln und Drähten saß und offenbar gerade dabei war, sämtliche Computer auseinander zu nehmen.

»Morgen, Livingstone!«, rief er vergnügt.

»Was machst du denn hier? Ist es immer noch der Jetlag?«

»Unter anderem. Aber ich wollte auch vor deinen Leuten hier sein.«

»Was machst du denn da?«

»Ich will sicher stellen, dass hier keine weitere Bombe eingebaut ist.«

»Was glaubst du, was für eine Bombe das war und wie sie hier hereingekommen ist?«

»War dein Gerät einmal im Laden zur Reparatur?«

»Nein, es war immer nur hier, seit wir es gekauft hatten.«

»Dann war jemand in deinem Büro und hat hier die Bombe eingebaut. Frag mich nicht, wie. Aber wenn man sich auskennt, kann man das in 30 Sekunden erledigen: Man muss nur das Gehäuse aufschrauben, einen Klebestreifen mit Sprengstoff und eine kleine Batterie anbringen, die ein elektronisches Signal empfängt, und dann funktioniert das so ähnlich wie eine Briefbombe. Verdammt gefährliches Zeug!«

»Warum ist sie nicht vorher schon hochgegangen?«

»Die Explosion konnte zu jeder beliebigen Zeit ausgelöst werden.«

»Du meinst …?«

»Genau, sogar aus zwei oder drei Kilometern Entfernung.« McCondy nickte nachdenklich.

»Wer kann das gewesen sein? Woher wusste die Person, wann der Moment war?«

»Ich nehme an, dass der Täter auch den Absturz deines Programmes vorbereitet hat und etwas mit dem Computerladen zu tun hatte. Die Person wusste genau, wann du das Gerät vorbeibringen würdest. Keine Ahnung, ich vermute das nur so. Ach, übrigens, ich habe noch etwas gefunden.«

Der Detektiv drehte sich um und griff hinter sich. Er präsentierte Adam ein kleines rundes, flaches Gerät von etwa 15 Millimetern Durchmesser.

»Das ist die Wanze. Sie war unter deinem Schreibtisch. Jemand hat jedes Wort mitgehört, das hier gesprochen wurde.«

Adam ließ sich fluchend auf den nächsten Stuhl fallen.

»Ich fühle mich ... irgendwie ...« Er stöhnte. »Jemand dringt in meine Privatsphäre ein, ist hier mitten unter uns, um uns auszuspionieren und umzubringen! Das ist ja entsetzlich!«

»Es ist eine sehr moderne Wanze, ich habe noch nie so ein tolles Gerät gesehen. Ich werde es untersuchen lassen. Ich traue dem Ding zu, dass es auch hören konnte, was jenseits der Wand in deinem Zimmer gesprochen wurde.«

Adam schauderte bei dem Gedanken.

»Eines ist sicher: Deine Feinde haben viel Geld. Das passt zu meiner Theorie. Wenn du erlaubst, würde ich das ganze Haus nach Wanzen absuchen.«

»Keine Frage!«

Am selben Nachmittag ließ Rocky die Wanze analysieren und stattete Inspektor Thurlow einen Besuch ab. Auf dem Schreibtisch lagen neben der Akte über den Anschlag auf Livingstone auch die Unterlagen des Bombenattentates vor dem Buckingham-Palast.

»Die Sache ist ganz eindeutig, aber sehr schwer zu verstehen«, sagte Thurlow.

Rocky erhob sich. »Vielen Dank, Sie haben mir sehr geholfen. Ich bin gespannt, wie Livingstone darauf reagieren wird.«

Als Rocky wieder im Eichhof angekommen war, suchte er als Erstes Adam auf, um ihm die neuen Erkenntnisse vorzulegen. Er fand ihn im Hof bei der Garage, wo er mit Beeves redete. Als Adam ihn kommen sah, ging er ihm entgegen.

»Was gibt es?«

»Kannst du dich an das Attentat vor dem Buckingham-Palast erinnern, bei dem die Angehörigen deiner Haushälterin ums Leben kamen?«

»Natürlich.«

»Inspektor Thurlow hat mir etwas Interessantes erzählt. Der Sprengstoff, der auf deinem Hof gefunden wurde, ist identisch mit der Bombe vor dem Palast. Er ist bislang noch nie in England aufgetaucht. Es ist ein ganz besonderes Material, das hier noch nie verwendet wurde.«

»Und was denkst du darüber?«

»Ich denke, es ist der neueste Hit für Terroristen.«

Adam nagte an seiner Unterlippe. Das Ganze setzte ihm doch erheblich zu. Nach ein paar Augenblicken sah er auf und fragte: »Kommst du mit rein? Ich möchte mit dir reden.«

Sie machten es sich kurz darauf in den großen Ledersesseln in Adams Büro bequem. Rocky wartete, bis Adam sprach.

»Ich kann es alles immer noch nicht fassen. Du sagtest, es gäbe eine anti-religiöse Verschwörung. Aber was hat das mit mir zu tun?«

»Es geht um deine Arbeit, genau genommen die Entdeckung der Arche. Damit hast du etwas ausgegraben, das sie in ihrem Innersten bedroht.«

»Wurde nicht immer schon nach der Arche gesucht? Warum muss ausgerechnet ich ... ausgerechnet jetzt ... auf ihrer Abschussliste stehen?«

»*Du* hast sie gefunden. Und *du* willst Eden suchen. Das hängt beides zusammen.«

Adam erinnerte sich an jenen Morgen, als sich ihm so vieles offenbarte, was nun nicht nur technisch verloren war, sondern was er auch aus seinem Gedächtnis verbannt hatte, zusammen mit den ganzen schrecklichen Bildern dieses Morgens.

»Auch mein Urgroßvater ist ein Opfer dieser Leute. Die gleichen sind jetzt hinter dir her.«

»Wie wurde er umgebracht?«

»Keine Ahnung. Genau genommen weiß man nur, dass er verschwunden ist. Aber ich bin mir ganz sicher, dass es Mord war.«

»Das ist lange her.«

»Ja, es war 1898. Aber es geht heute immer noch um dieselben Ziele. Andere Menschen, unveränderte Motive. Harry wusste Dinge, die man geheim halten wollte. Wenn du auf der gleichen Spur bist, setzt du dich der gleichen Gefahr aus.«

»Es erscheint mir alles eine Nummer zu groß zu sein. Was mache ich denn schon?«

»Wahrscheinlich hast du die wirkliche Dimension von Harrys Forschung nie richtig erkannt. Du wusstest gar nicht, über was du gestolpert bist, als du die Arbeit über ihn geschrieben hast. Kannst du dich nicht mehr an den Inhalt erinnern?«

»Ich versuche schon seit Tagen, den Text wieder zusammenzukriegen. Irgendwo in der Tiefe meines Gedächtnisses fand ich etwas über den Sinai. Er hatte eine bestimmte Theorie darüber, das Volk Israel sei an einer anderen Stelle durchs Rote Meer gegangen und der Berg Sinai sei auch woanders. Das wurde von den Theologen immer heftig bekämpft und verspottet. Vielleicht hatte ich noch mehr darüber geschrieben, aber an mehr kann ich mich im Moment nicht erinnern.«

McCondy nickte. »Das klingt richtig. Ich habe eine Theorie entwickelt. Willst du sie hören?«

»Ja, unbedingt.«

»Es ist nur ein Versuch, die Bruchstücke, die wir schon haben, zusammenzusetzen. Aber irgendwo müssen wir ja anfangen. Gut, ich habe mir die Dinge also bis jetzt folgendermaßen zusammengereimt: Opa Harry war drauf und dran, etwas zu entdecken, das der Sache dieser Leute sehr geschadet hätte.«

»Welcher Sache?«

»Evolution, Humanismus, New Age, die neue Weltordnung. Damals hatte alles wahrscheinlich noch andere Namen. Sie haben ihn also beseitigt. Dann haben sie darauf geachtet, dass niemand an der Stelle weitermacht, wo er aufgehört hatte. Sie haben also die ganze Zeit über darauf geachtet, ob Harrys Theorie irgendwo wieder auftauchte. Plötzlich erscheinst du auf der Bildfläche und schreibst diesen Text über Harrys Forschung. Damit hast du natürlich ihre Aufmerksamkeit auf dich gezogen. Vielleicht war in deinem Text gar nichts Besonderes drin, aber dein Interesse an seiner Person reichte schon. Vielleicht hast du aber auch, ohne es zu wissen, in deinem Artikel das heiße Eisen aufgegriffen. Jedenfalls haben sie jetzt deinen Text und wir werden möglicherweise nie erfahren, was drin steht und wie sie dran gekommen sind. Einer von ihnen war in deinem Haus, das steht fest.«

»Du glaubst allen Ernstes, dass sie mich seit dem Studium beobachten?«

»Jede Wette! Sie beobachten alles und jeden. Das ist ein Teil und auch die Grundlage ihrer Macht. Und du bist ihnen aufgefallen, weil du dich mit Urgroßvater Harry beschäftigt hast. Später hast du mit deiner Forschung eine ähnliche Richtung eingeschlagen wie er. Du selbst wusstest davon nichts, aber du hast dich mit den Dingen beschäftigt, die sie damals, 1898, so nervös gemacht haben. Sie glauben, dass du genau weißt, was du tust. Du wurdest berühmt und sie fingen erst recht an, dich zu beobachten. Sie bekamen deine Arbeit in die Hände und das bestätigte ihre Einschätzung deiner Person. Aber dann wurde alles noch schlimmer, denn du fandest tatsächlich die Arche. Du fingst an, über den Garten Eden zu reden. Damit hattest du mitten in ihr weltweites Hornissennest gestochen. Sie sehen dich als Bedrohung ihres Systems, genau wie damals Urgroßvater Harry. Seither tickt deine Zeitbombe. Es ist nur eine Frage der Zeit, bis sie wieder versuchen werden, dich zu stoppen.«

Mark Stafford hatte sich schon den ganzen Tag über komisch gefühlt. Ständig waren seine Gedanken abgeschweift. Am Abend verstärkte sich seine Unruhe noch, ohne dass er die Ursache wusste. Er versuchte, einige Psalmen zu lesen, doch er war nicht bei der Sache. Schließlich ging er schlafen.

Gegen vier Uhr morgens war er plötzlich hellwach. Er sah Rocky McCondys Gesicht vor sich. Aus irgendeinem Grund war ihm sofort klar, dass er für seinen Freund beten musste.

Leise ging er ins Wohnzimmer, um seine Frau nicht zu stören. Er zog nur den Bademantel über und schaltete auch kein Licht an. Er setzte sich aufs Sofa.

»Vater«, betete er mit kaum hörbarer Stimme, »ich komme zu dir wegen Rocky McCondy und bitte dich, dass du ihn bewahrst.«

Er wusste schon einiges über die Macht des Gebetes. Trotzdem ahnte er nicht, in welch großen geistlichen Kampf er sich mit diesem Gebet einmischte.

»Herr«, setzte er sein Gebet fort. »Rocky kennt dich noch nicht so gut, aber er ist dir so wichtig. Bewahre du ihn, Vater, und auch den Mann, zu dem er gefahren ist. Beschütze du sie beide, Herr. Umgib sie mit deiner Liebe. Gib ihnen deine Weisheit für ihre Arbeit. Bewahre sie vor allem Bösen. Dein Wille soll durch sie geschehen, Herr. Sei ihnen nahe und lass sie deine Nähe spüren.«

Plötzlich hörte er leise Schritte hinter sich. Es war seine Frau Laurene, die aus dem Schlafzimmer kam und sich neben ihn kniete.

»Ich hoffe, ich habe dich nicht geweckt«, sagte Mark.

»Nein, hast du nicht. Ich wurde gerade eben wach mit dem starken Gefühl, dass ich beten sollte.«

»Ich bete gerade für Rocky.«

»Irgendetwas ist los in der geistlichen Welt. Ich spüre, dass es dort gerade einen wichtigen Kampf gibt.«

»Warum Rocky? Warum gerade heute Nacht?«

»Keine Ahnung. Ich wurde wach und fühlte den Drang, für ihn zu beten, als ob er gerade mitten im Zentrum einer geistlichen Auseinandersetzung steht.«

»Gott wird ihn beschützen. Wer weiß, was Gott noch mit ihm vorhat.«

Während Tausende von Kilometern entfernt für ihn gebetet wurde, schüttelte Adam ungläubig den Kopf über das, was Rocky ihm da gerade erzählte.

»Es gibt nichts, was man vor diesen Leuten geheim halten könnte«, sagte Rocky gerade. »Per Internet können sie in jeden privaten Computer hinein. Jeder Haushalt, der ein Modem hat, ist für sie zugänglich. Niemand ist vor ihnen sicher. Es geht nicht so sehr um Wissen, sondern vielmehr um Einfluss. Deshalb sind die höchsten Positionen des Geheimbundes oft mit Menschen besetzt, die aus dem Finanzwesen oder den Medien kommen. So können sie ganze Wirtschaftssysteme kontrollieren. Sie setzen alte Regierungen ab und neue ein und bestimmen, was gedacht wird. Was glaubst du, warum der Westen zu einer post-christlichen, unmoralischen und atheistischen Gesellschaft wurde?«

»Du meinst, daran seien diese Leute schuld?«

»Sie entscheiden, welche Informationen das Denken der Leute beeinflussen.«

»Unglaublich!«

»Es ist tatsächlich furchterregend, Livingstone. Wir müssen herausbekommen, wer aus deinem Umfeld der Verräter ist. Und wir müssen davon ausgehen, dass sie alles, was wir bisher gesagt, gedacht oder getan haben, genau verfolgen. Da fällt mir ein, was ich dich schon die ganze Zeit fragen wollte: Hattest du in den Tagen vor dem Attentat neue Daten über die Arche oder Eden in den Computer eingegeben?«

»Ja, eine ganze Menge, direkt am Morgen vor der Explosion.«

»Was war dabei das Hauptthema?«

»Es war eine Sternstunde. Ich konnte alles zusammenfassen, was mir im Zusammenhang mit dem Fund am Ararat einfiel und wie Arche und Eden zusammenhängen.«

»Oh, nein«, stöhnte Rocky, »diese Leute arbeiten verdammt schnell. Möglicherweise war das der Auslöser für die Bombe. Sie haben deine Eingaben mitgelesen, deine Theorie erschien ihnen gefährlich und los ging's. Meine Güte! Ich wünschte, wir hätten deinen Artikel. Du bist vermutlich auf dem gleichen Weg wie der alte Harry.«

Und zum wiederholten Male reihte der Detektiv die Fakten aneinander, die sie schon kannten. Das war seine Art zu arbeiten. Indem er die bekannten Dinge mit den Vermutungen zusammen formulierte, hoffte er, weitere Ideen und Verknüpfungen zu finden.

»Wir kennen zwar den Zusammenhang zwischen deiner Arbeit und der von Harry nicht, weil wir deinen Artikel nicht haben, aber es gibt ihn, da bin ich mir sicher. Und deine Feinde kennen ihn.«

Er dachte nach.

»Warum sind sie eigentlich nie hinter mir hergewesen? Wenn sie dich beobachtet haben, hätten sie mich eigentlich auch beobachten müssen. Wissen sie nicht, dass ich seine schriftlichen Arbeiten besitze? Wieso stehlen sie deinen einzelnen Artikel und kümmern sich nicht um die Bücher, die ich besitze?«

Rocky schwieg. Eine nachdenkliche Stille breitete sich im Raum aus.

»Ich glaube dir gerne, dass es dir hilft, die Fakten und Vermutungen immer wieder aufzuzählen. Aber mich macht es nervös. Je länger du redest, desto weniger verstehe ich.« Adam lachte und versuchte, seine Unsicherheit zu überspielen. Rocky sprach unbekümmert weiter.

»Du hast viel im ersten Buch Mose geforscht. Plötzlich hast du die Arche gefunden und das 6. Kapitel bewiesen. Damit bist du dem Anfang zu nahe gekommen.«

»Was?«

»Mein Urgroßvater hatte es sich zur Lebensaufgabe gemacht, das Buch Genesis zu erforschen. Er wollte beweisen, dass die Bibel wahr ist. Zu seiner Zeit war Evolution das neue Thema, das heiß diskutiert wurde. Sein Lebensziel war, die Evolutionstheorie zu widerlegen. Aber ich weiß leider nichts Genaues. Es geht um sehr große Zusammenhänge, Adam.«

»Und wir beide sollen die lösen? Das hört sich ja an, als hinge das Schicksal der Menschheit von uns ab.«

»Manchmal geraten gewöhnliche Leute in historische Zusammenhänge. Wenn du die Evolutionstheorie belegen würdest, hättest du keine Probleme. Aber du stellst eine Gefahr für das humanistische Weltbild dar«, erklärte Rocky. »Dieses Modell hat sich mit dem Evolutionsgedanken verbunden und begründet ein Denken, in dem Gott nicht mehr vorkommt. Wenn du so weitermachst, kommen die Menschen ins Nachdenken. Das ist durchaus ein großer historischer Zusammenhang, in dem du arbeitest.«

»Irgendwie übersteigt das meinen Horizont und es klingt zu einfach, so wie du das zusammenfasst.«

»Adam, wenn du die Menschheit dazu bringst, an Gott zu glauben, dann bist du die größte Bedrohung für diese Kräfte. Wenn du Genesis beweisen kannst, hast du Kultur und Geschichte stärker beeinflusst als Darwin. Ich sage dir, du stehst auf ihrer Abschussliste ganz oben!«

Adam atmete tief und schüttelte den Kopf. Rocky fuhr fort: »Wenn durch deine Arbeit die Menschen anfangen, über Gott nachzudenken, dann machst du alles zunichte, was die Feinde Gottes über Jahrhunderte aufgebaut haben. Religion an sich ist für sie keine Gefahr. Aber echtes Christentum, das ist sehr gefährlich. Wenn deine nächste Expedition nur halb so erfolgreich ist wie die Ararat-Geschichte – Mann, dann hast du so gut wie bewiesen, dass es den Gott der Bibel gibt und dass es historisch stimmt, was in Genesis über den Anfang unserer Welt steht. Egal, ob du selbst dich als Christ bezeichnen würdest oder nicht, darum geht es bei deiner Arbeit!«

»Aber ich habe doch noch gar keine Beweise für meine Theorie. Ich vermute und hoffe bis jetzt nur –«

»Und was ist mit den Daten, die du an dem betreffenden Morgen eingegeben hast? Vielleicht warst du der Wahrheit näher, als du selbst wusstest.«

»Ich hatte das nur auf der Festplatte gespeichert, die in die Luft geflogen ist, keine Sicherheitskopie.«
»Kannst du dich nicht mehr erinnern?«
»Ehrlich gesagt, nein. An diesem Morgen war ich wie elektrifiziert von all den neuen Gedanken und faszinierenden Zusammenhängen, die plötzlich in meinem Kopf waren. Aber als Erin tot war – es war, als ob mit ihr auch meine Gedanken ausgelöscht worden wären. Sie waren mir egal und sie waren aus meiner Erinnerung verschwunden.«
»Wenn Gott dir diese Gedanken geoffenbart hatte, dann wird er sie dir zur rechten Zeit noch einmal schenken.«
»Glaubst du, dein Urgroßvater hatte die gleichen Einsichten?«
»Ich weiß nicht, was er genau tat. Er war nie am Ararat, auch auf dem afrikanischen Kontinent kam er nur bis Ägypten. Möglicherweise hat er etwas anderes erforscht als du. Aber es muss eine Verbindung zwischen euren Arbeiten geben, eine sehr starke Verbindung.«

Als Candace in die schwarze Limousine einstieg, die wie verabredet neben ihr hielt, war sie überrascht, als sie den Mann am Steuer erblickte. Er sah atemberaubend aus.

Seine Nachricht hatte nicht viel verraten und ihr auch keine Möglichkeit gegeben abzusagen. Er hatte ihr Unterstützung wegen Adam versprochen und dieses Angebot wollte sie auf jeden Fall prüfen. Doch als sie jetzt neben dem Fremden saß, dachte sich nicht an Adam.

Sie hatte eine geschäftsmäßige Begegnung erwartet und war völlig überrascht von den Gefühlen, die plötzlich in ihr aufwallten. Sie war keine Frau, die schnell erregt oder verlegen wurde. Auch Adam hatte selten Herzklopfen bei ihr ausgelöst. Romantische Liebe hatte sie kaum für ihn empfunden. In erster Linie wollte sie ihn besitzen.

Aber hier, neben diesem Mann, fühlte sie sich plötzlich und unerwartet so sehr als Frau, wie sie es bislang kaum gekannt hatte. Candace fühlte, dass er ihr in jeder Hinsicht überlegen war; sie spürte seine Macht, noch ehe sie ein Wort gewechselt hatten. Sie fürchtete ihn und lag ihm gleichzeitig zu Füßen. Es war nicht Liebe, es war die Lust an Macht. Ihr Vater hatte eine ähnliche Ausstrahlung, nur dass die Macht dieses Mannes alles übertraf, was sie von ihrem Vater kannte. Und er war attraktiv, vermutlich Anfang vierzig, ein Mann in den besten Jahren.

»Lady Montreux«, erklang seine volle Stimme, »wie schön, dass Sie gekommen sind.« Der Klang dieser Stimme jagte ihr am ganzen Körper eine Gänsehaut ein. »Mein Name ist Haldor Zorin.«

Mühsam gewann sie ihre Fassung wieder, kämpfte alle Emotionen nieder und antwortete in neutralem Tonfall: »Ich freue mich, Sie kennen zu lernen.« Dazu hielt sie ihm ihre Hand zum Gruß hin. Doch er griff zart und bestimmt nach ihren Fingern, drehte den Handrücken nach oben und führte ihn an seine Lippen. Sie versank in seinem Blick, den er nicht von ihren Augen abwandte. Doch so viel Macht, wie er hatte, so viel Selbstbeherrschung hatte sie. Diese Schwäche würde sie ihm nie zeigen. In Sekundenschnelle hatte sie sich wieder unter Kontrolle, war kühl und stark.

»Sind Sie damit einverstanden, wenn ich die Stadt verlasse? Es wäre nicht gut, wenn wir zusammen gesehen werden.«

Candace zeigte ihr verschlagenes Lächeln, das sie so gut beherrschte, und nickte.

»Wer sollte uns sehen?«, fragte sie.

»Ihr Vater und seine Leute.«

»Sie kennen meinen Vater?«

»Ja.«

»Aber Sie wollen nicht, dass er von unserer Begegnung weiß?«

»So ist es.«

»Was beabsichtigen Sie mit unserem Treffen?«

»Liegt das nicht auf der Hand, Lady Montreux?«, fragte er mit verführerisch-berechnendem Lächeln. »Sie sind mir bei der Gartenparty im Buckingham-Palast aufgefallen. Seither wünsche ich, Sie zu sprechen.«

Sie nickte und beschloss, ihm ihr Interesse heute noch nicht zu zeigen.

»Aber zu meinem Interesse an Ihrer Person kommt ein gewisses Interesse an Adam Livingstone hinzu. Wie ich verstanden habe, stehen Sie sich nahe ... sehr nahe. Sie sind so gut wie verlobt, ist das richtig?«

»Möglicherweise«, antwortete sie ausweichend und ausdruckslos.

»Sollten Sie dies wünschen, könnte ich Ihnen auch in dieser Angelegenheit behilflich sein.«

»Ich vermute, dass dies nicht ohne Gegenleistung möglich wäre?«

Zorin grinste. Diese Frau war mit allen Wassern gewaschen. Sie war so stark, wie er vermutet hatte. Sie waren sich sehr ähnlich.

»Wie ich schon sagte, habe ich einige Wünsche in Bezug auf Livingstone. Seine Forschung interessiert mich. Ich vermute, dass Sie mir helfen können, Einblick in seine Arbeit zu bekommen.«

Sie fuhren weit aus der Stadt. Während die Umgebung immer ländlicher wurde, fanden die beiden immer mehr Gemeinsamkeiten. Adam war bald kein Thema mehr. Sie sprachen über sich.

Als Candace viele Stunden später wieder ausstieg, hatte sich ihre Welt verändert. Wo ihr Leben vorher eintönig und festgefahren gewesen war, kam jetzt Spannung und Abwechslung in ungeahnten Ausmaßen auf sie zu.

Einige Tage später, während sie am Steuer ihres Wagens saß und in Richtung London fuhr, dachte Candace wieder an Zorin. Seit sie mit ihm zusammen gewesen war, schien ihr Adams unbestimmtes Hinhalten unerträglich. Konnte er nicht endlich konkret werden? Hatte sie es nötig, hinter ihm herzulaufen, während er so wenig Interesse zeigte? Das Abendessen neulich, zu dem er sie ausführte, hatte nicht gerade dazu geführt, dass sich ihre Ungeduld besänftigte.

Zweimal hatte sie seither versucht, ihn anzurufen, und er hatte nicht zurückgerufen. Früher hatte sie sich immer gesagt, Adam tue alles, was sie wolle. Dies konnte man schon seit längerer Zeit nicht mehr behaupten. Er schien ihr aus den Händen zu gleiten. Das alleine machte ihr Verlangen, ihn zu besitzen, unerträglich und leidenschaftlich.

Wie hatte Zorin gesagt? *Wir leben in einer von Frauen mitbestimmten Welt. Eine Frau, die weiß, was sie will, und es sich verschaffen kann, ist aufregend und erotisch.*

Ohne darüber nachgedacht zu haben, wendete sie und fuhr wieder aus der Stadt, doch diesmal Richtung Eichhof. Sie würde dieses Spiel nicht länger mitmachen. Sie hatte lange genug gewartet. Es gab auch noch andere Männer! Für Zorin war sie erotisch und aufregend. Sie war nicht auf Adam angewiesen! Sollte er doch sehen, was er davon hatte, wenn er sie so lange warten ließ. Es war Zeit, dass er seine Entscheidung traf. Und natürlich würde er sich für sie entscheiden.

Eine halbe Stunde später stürmte sie auf den Eingang des Eichhofs zu. Adam sah sie und empfing sie besonders freundlich: »Candace, mein Schatz, was für eine schöne Überraschung, dich hier zu sehen!« Falls er die Wut in ihren Augen lodern sah, hatte er dies jedenfalls geschickt überspielt.

»Ich muss mit dir reden«, begann sie grußlos.

»Gerne, lass uns in den Garten gehen.«

Mittlerweile hatte Adam natürlich gemerkt, dass etwas nicht in Ordnung war, und er konnte sich auch schon denken, was ihre Erregung verursachte. Aber er wollte ruhig bleiben und erst einmal abwarten, was sie zu sagen hatte.

Kaum waren sie hinter dem Haus, legte sie auch schon los. Ihre Stimme war ebenso feindselig, wie ihr Blick finster war. Adam spürte eine Kraft hinter ihren Worten, die ihm Candace alles andere als anziehend machte.

»Adam«, begann sie, »ich bin nicht mehr bereit, bis nächstes Jahr zu warten. Es ist Zeit, dass du entscheidest, was du eigentlich willst.«

»Du meinst, ich soll mit deinem Vater sprechen?«

»Mein Vater kann mir gestohlen bleiben. Ich will, dass du dir endlich überlegst, was du eigentlich willst. Bin ich es oder ist es deine Arbeit? Ich mache dieses Spiel jetzt schon seit Jahren mit: ›Nur noch diese Expedition, nur noch jenes Projekt, tut mir Leid, im Moment habe ich zu viel zu tun.‹ Für wen hältst du dich eigentlich? Es ist unfair, wie du mit meinen Gefühlen spielst.«

Adam schaute sie überrascht an. Das war also die wahre Candace? Ein schmerzhafter Druck legte sich um ihn, während sie sprach.

»Ich wusste nicht, dass du meine Arbeit als Konkurrenz empfindest.«

»Aber siehst du nicht, dass es tatsächlich so ist? Ständig vertröstest du mich und ziehst deine Arbeit mir vor.«

»Bisher hattest du doch immer Verständnis dafür!«

»Aber mir fiel es immer schwerer, diesen Zustand zu ertragen. Nun kann ich nicht mehr. Du hast nie gemerkt, wie es mir geht, weil du dich nur für deine Arbeit interessiert hast.«

»Du hast deine Freiheit aber auch genossen. Nun tu nicht so scheinheilig, ganz London redet darüber. Kaum bin ich weg, vergnügst du dich anderswo. Außerdem wusstest du von Anfang an, dass ich eine Arbeit habe, die mich beansprucht. Ich bin nun mal Forscher und kein Aristokrat.«

»Ich will, dass wir heiraten, bevor du nach Afrika gehst!«
»Was?!«
»Ja, genau das will ich.«
»Candace, ich habe noch nicht mit deinem Vater gesprochen, wir sind nicht einmal verlobt, ich will schon sehr bald abreisen und habe bis dahin alle Hände voll zu tun. Wie stellst du dir das vor?«
»Mit meinem Vater brauchst du nicht mehr zu sprechen, das habe ich schon getan.«
»Wäre das nicht meine Aufgabe?«
»Aber du hast es nicht getan.«
»Also, wenn das deine Vorstellung ist, dann muss ich sagen, meine ist es nicht. Ich erwarte von meiner Frau Verständnis und Unterstützung für meine Aufgaben. Du hingegen siehst nur deine Interessen. So geht das nicht.«

Schweigend gingen sie nebeneinander her. Die Stimmung war kalt und feindselig. Candace spürte, dass sie dabei war, das Gegenteil von dem zu erreichen, was sie eigentlich wollte. Und Adam fragte sich, ob er nicht die ganze Zeit schon gewusst hatte, wie Candace wirklich war. Warum hatte er nie die Konsequenzen gezogen? Immer wieder erlag er ihrer Schönheit und ihrem Charme, statt eine klare Entscheidung zu treffen. Es war schön gewesen, eine so attraktive Geliebte zu haben, die für ihn da war, wenn er Zeit und Lust hatte. Doch die Kluft, die sich jetzt zwischen ihnen auftat, war nicht erst heute entstanden, sie war über lange Zeit gewachsen. Ihre Beziehung war so oberflächlich, dass die Unterschiede zwischen ihnen nie ins Gewicht gefallen war. Tatsächlich waren sie schon lange auf zwei entgegengesetzten Wegen unterwegs gewesen.

Candace sah verstohlen zu Adam, der den Blick nachdenklich gesenkt hatte. Sie sah etwas in ihm, das ihr fremd war. Er und Haldor Zorin waren grundverschieden. Da war weder die Anziehungskraft noch die Macht, die sie bei Zorin erlebt hatte. Adam schien plötzlich verachtenswert und farblos. Aber wenn sie ehrlich war, spürte sie noch mehr. Irgendetwas in ihm machte sie wütend.

»Nun, Candace«, sagte er endlich, »wenn du jetzt die Entscheidung erzwingen willst, dann muss ich nein sagen. Ich kann mich nicht zwischen meiner Frau und meiner Arbeit entscheiden. Wenn ich heirate, muss beides Hand in Hand gehen. Ich möchte, dass meine Frau an meiner Arbeit Anteil nimmt und sie nicht als Konkurrenz betrachtet.«

»Eine Frau hat das Recht auf die ungeteilte Aufmerksamkeit ihres Mannes«, zischte sie – es war ein Zitat Zorins.
»Ich muss meine Pläne einfach fortsetzen und ich werde jetzt nicht überstürzt heiraten. Ich sehe keinen Grund dafür.«
Candace biss sich auf die Unterlippe. Adam schwieg und fügte dann, mit einem Blick auf Candace, besorgt und versöhnlich hinzu: »Ich weiß gar nicht, was mit dir los ist. Wir waren doch beide einverstanden und zufrieden mit der Form von Beziehung, wie wir sie hatten. Was ist nur heute in dich gefahren?«
»Willst du mir jetzt auch noch eine Predigt halten?«
»Nein, ganz im Gegenteil. Es stimmt doch, was ich sage.«
Sie konnte ihn nicht ertragen. Etwas in ihr sah Rot. Adam sagte nichts mehr. Candace warf ihm einen letzten Blick zu, drehte sich dann um und eilte wütend zu ihrem Wagen zurück. Adam sah ihr nicht nach. Der Druck ließ nach, als sie sich entfernte. Er atmete tief durch.

Einige Tage waren vergangen. Die Reise nach Afrika rückte näher. Wieder einmal war Adam früh wach und dachte nach. Während die Worte seines neuen amerikanischen Freundes ihn beschäftigten, kam auch die Erinnerung an jenen Morgen wieder, als sich plötzlich alles so klar und einleuchtend zu einer einzigen, in sich geschlossenen Theorie zusammengefügt hatte.

Rocky hatte gesagt: »Gott wird dir im richtigen Moment die Zusammenhänge noch einmal erklären.« Woher wollte Rocky das wissen?

Gott würde doch nicht mit ihm reden. Oder? Konnte Gott – wer oder was auch immer das war – mit Adam Livingstone sprechen?

Erst die Arche, dann Juliet, jetzt Rocky – ständig gab es Grund, über dieses Thema nachzudenken, das bis vor kurzem überhaupt nicht für ihn existiert hatte.

Wenig später fand er Rocky beim Frühstück. Er konnte es kaum erwarten, seine Frage loszuwerden: »Glaubst du, Gott redet zu Menschen? Ich meine, heute?«

»Absolut.«

»Und wie geht das vonstatten?«

»Da gibt es viele Möglichkeiten«, antwortete der Amerikaner gedehnt, setzte seine Tasse ab und begann mit einer längeren Erklärung.

»Gott redet durch Umstände, durch Gedanken, durch Eindrücke; oft ist es sein Reden, wenn du spürst, du solltest etwas tun. Er redet manchmal auch durch Gefühle oder durch andere Menschen, durch sein Wort, durch Propheten, im Gottesdienst, in Träumen – es gibt sehr viele Formen.«

»Redet Gott nur zu – äh – Gläubigen, zu Christen?«

»Nicht unbedingt.«

»Würde Gott zum Beispiel auch zu jemandem wie mir reden?«

»Na klar.«

»Warum macht er das?«

»Das weiß ich nicht, er hat bestimmt viele Gründe.«

»Zum Beispiel?«

»Vielleicht hat er etwas mit dir vor.«

»Was könnte er denn mit mir vorhaben?«

»Gott macht seine Wahrheit meistens durch Menschen bekannt, manchmal durch Personen, von denen wir es nie erwarten würden. Gott redet zu ihnen und sie geben seine Wahrheit weiter. Warum fragst du? Hat Gott zu dir gesprochen?«

»Äh, nein, ich glaube nicht. Aber an diesem Morgen vor dem Attentat, da hatte ich so viele neue Gedanken im Kopf, alles hatte mit Gott zu tun und machte plötzlich auf eine Weise Sinn, wie ich es noch nie gesehen hatte. Es war, als wäre meine ganze Arbeit neu bewertet worden.«

»Unterschätze das nicht«, sagte Rocky ernst. »Es kann durchaus sein, dass Gott versucht, zu dir zu sprechen. Vielleicht hat er einen Auftrag für dich. Das finde ich eigentlich sehr naheliegend.«

»Warum?«

»Du stehst in der Öffentlichkeit und wirst von allen anerkannt. Deshalb bist du vor Gott nicht besser als andere, aber er könnte das gebrauchen. Manchmal legt Gott seine Hand auf ein Leben, weil er mit einer Stimme viele Menschen mit der Wahrheit erreichen kann.«

»Aber ich bin doch gar kein Christ!«

»Gib Gott noch ein bisschen Zeit«, grinste Rocky.

»Was soll das?« Adam wollte sich nicht manipulieren lassen.

»Du wirst selbst wissen, wann deine Zeit ist.«

Nach einer Weile meinte Adam nachdenklich: »Du solltest dich mal mit Juliet unterhalten. Ihr seid euch ganz schön ähnlich. Kann ich dich noch etwas fragen?«

»Logisch.«

»Wie lange bist du schon – ich meine, wie lange ist es bei dir her, dass du, äh, Christ bist?«

»Drei oder vier Jahre, glaube ich.«

»Und hast du jemanden, mit dem du über diese Dinge reden kannst?«

»Ja, meinen Pastor und seine Frau. Sie sind nette Leute und haben mir viel geholfen, nachdem meine Frau gestorben war.«

»Es hat auch mit dem Tod zu tun, nicht wahr? Da denkt man plötzlich über Gott nach. Bei mir scheint das im Moment jedenfalls so zu sein.«

»War bei mir auch so. Als meine Frau starb, habe ich Nägel mit Köpfen gemacht.«

»Was heißt das?«

»Vorher ging ich auch zur Kirche, ziemlich regelmäßig sogar. Aber Gott hatte in meinem Leben wenig Raum. Ich wollte letztendlich immer mein Leben selbst bestimmen. Erst als ich meine Frau verloren hatte, begann ich, ernsthaft Hilfe von Gott zu suchen. Mark half mir, eine persönliche Beziehung zu Jesus zu bekommen.«

Persönliche Beziehung – da war es wieder, das Wort, das auch Juliet verwendet hatte.

»Seither treffe ich mich einmal im Monat mit Pastor Mark. Ich weiß immer noch nicht sehr viel über die biblische Lehre, aber er erklärt mir eines nach dem anderen. Erst jetzt fange ich an, das Ganze zu verstehen. Vorher, als ich nur zur Kirche ging, war für mich die ganze Sache wie ein Buch mit sieben Siegeln.«

Eine Stunde später saßen die beiden immer noch am Frühstückstisch; ihr Gespräch drehte sich aber mittlerweile wieder um die unmittelbar bevorstehende Expedition.

»Kann ich es verantworten, die Reise zu machen?«, fragte Adam.

»Warum nicht?«

»Nun, wenn wir uns so sehr in Gefahr befinden –«

»Ich glaube, ihr seid überall sicherer als hier. Außerdem wäre es doch super, wenn ihr dort den Schlüssel für alles finden würdet.«

»Was machst du, wenn wir abreisen?«

»Ich habe hier alles getan, was ich tun wollte, ich werde zurückfliegen.«

»Ich würde alles darum geben, wenn ich das Notizbuch deines Urgroßvaters lesen könnte. Kann ich nicht mit dir in die USA fliegen?«

»Auf gar keinen Fall. Ich bin froh, dass ich bis jetzt noch nicht zur Zielscheibe geworden bin, aber sobald wir zusammen reisen, wäre ich das. Und wenn ich erst genauso bedroht bin wie du, kann ich dir kaum noch eine Hilfe sein.«

»Nein, ich will dich auf gar keinen Fall in Gefahr bringen, da hast du Recht. Aber es würde uns so viel weiterhelfen, wenn wir diesen Text hätten. Es wäre super, wenn wir ihn zusammen lesen könnten. Vielleicht könnte ich seine Arbeit fortführen oder er würde mir die Schlüssel zu meiner Arbeit liefern, auf jeden Fall würden wir wissen, wo sich unsere Forschungen überschneiden.«

»Ja, du hast Recht. Wie können wir das am besten machen?«

Rocky dachte einige Augenblicke nach und hatte dann die Idee: »Was hältst du davon? Du machst weiter wie geplant. Ich fliege zurück, kopiere alles, schließe das Original wieder ein, sehe in meinem Haus nach dem Rechten und komme dann mit den Kopien zu dir nach Afrika. Dort lesen wir sie zusammen und dann sehen wir weiter.«

Adam war einverstanden. Er versprach sich sehr viel von dem Text des alten Harry McCondy. Und Rockys Gesellschaft würde ihm in Afrika sicher auch gut tun.

Teil III
Afrika

Geheime Pläne

Die zwölf Repräsentanten ihrer jeweiligen Länder und geheimen Organisationen saßen um den schweren ovalen Konferenztisch. Die Einrichtung des Raumes war ebenso teuer wie die Kleidung der Anwesenden. Leder und Mahagoni dominierten den fensterlosen Raum in der obersten Etage eines holländischen Wolkenkratzers; es war ein Treffen der Mächtigsten der Welt.

Der Grund für dieses außerplanmäßige Treffen war die biblische Archäologie, die Disziplin, die über Nacht so populär geworden war. Vor einigen Jahren hatten sie Gilbert Bowles' Expedition finanziert und damit die Evolutionstheorie gestützt. Nun waren sie zusammengekommen, weil wieder die Gefahr bestand, Darwins Theorie könnte komplett widerlegt werden.

Es ging ihnen dabei nicht so sehr um den Wahrheitsgehalt der einen oder anderen Theorie. Entscheidend war, was die Massen glaubten. Und die waren derzeit sehr angetan von den Ereignissen am Ararat.

Die Versammelten hatten zusätzlich zu ihrer Sorge über die Ausgrabungen am Ararat noch eine Vorahnung von weitaus bedrohlicheren kommenden Ereignissen im Bereich der Archäologie. Ende des 19. Jahrhunderts war ihre Organisation schon einmal mit dieser Gefahr konfrontiert worden. Nun wurde wieder an diesem gefürchteten Punkt gerührt. Sie fühlten, dass die Mächte des Guten wieder am Werk waren. Der Fluch und die Verstoßung, die zu Beginn der Menschheitsgeschichte von diesem Ort ausgegangen waren, und der darauf folgende lange Winter, in dem die Menschheit seither lebte, hatten ihnen ihre Macht gegeben. Die Tür, die im Begriff war, sich zu öffnen, musste gefunden und für immer verschlossen werden. Sonst wäre das das Ende ihrer Herrschaft.

Es war die Aufgabe der Zwölf, diese Bedrohung aus der Welt zu schaffen. Jeder von ihnen vertrat ein anderes Land; jeder gehörte zu den Mächtigsten seines Landes. Ihr Bund war geheim und doch seit Jahrhunderten in gewissen Kreisen kein Geheimnis mehr. Die Regierungen und Finanzmärkte, die von ihnen geleitet wurden, wussten nichts von ihrer Mitgliedschaft in der geheimen Gesellschaft. Sie hatten die Macht, Weltwirtschaft und Weltmärkte zu lenken, aber ihr übergeordnetes Ziel war es, das Denken der Menschen zu manipulieren.

Ihre Vorgänger in diesem Bund waren in erster Linie für Wirtschaft und Politik verantwortlich gewesen, hatten Kriege verantwortet, Aufstieg und Fall von Königreichen beschlossen, Verträge ausgehandelt und wissenschaftliche Entdeckungen zugelassen oder verhindert. Doch die zwölf Auserwählten, die jetzt an der Macht waren, hatten eine größere Aufgabe als ihre Vorgänger. Sie waren die Wegbereiter des neuen Zeitalters, das bald anbrechen würde. Was über Jahrtausende vorbereitet worden war, würde in Kürze sichtbar werden. Einer aus ihren Reihen würde die Weltherrschaft übernehmen.

Ein Overhead-Projektor warf das Bild einer Weltkarte an die Wand.
»Wir waren im naturwissenschaftlichen Bereich unaufmerksam, aber politisch haben wir alles unter Kontrolle«, sagte der weißhaarige Sprecher.
Eine weitere Karte zeigte die ideologischen Färbungen der Hauptstädte der Welt.
»In Demokratien gibt es ebenso wenig Grund zur Besorgnis wie in totalitären Staaten. In den USA sind die religiösen Fundamentalisten diskreditiert worden. Der nächste Präsident wird gerade von unseren Leuten aufgebaut.«
Es folgte eine Projektion der Weltfinanzmärkte, dann eine Übersicht der Weltreligionen. Alle Berichte waren zufrieden stellend. Selbst über die Entwicklung unter den Christen waren alle erfreut.
»Nur die Entwicklung im naturwissenschaftlichen Bereich hat uns unangenehm überrascht«, fuhr der ältere Herr fort. »Wir hatten alle Gebiete der Kunst und Wissenschaft kontrolliert und verzahnt, die Fortschritte in der Molekulargenetik waren sehr positiv – nur auf diese archäologische Entdeckung mit dem Potenzial, die religiöse Weltkarte zu beeinflussen, darauf waren wir nicht gefasst.«
»Ich bezweifle, ob dieses Potenzial wirklich so groß ist«, warf der russische Vertreter ein.

»Sie sind offensichtlich mit der Situation nicht vertraut«, fiel ihm die Schweizerin ins Wort. Sie war die einzige Frau in der Runde, Anni D'Abernon, Mitglied einer alten Züricher Familie, die seit Generationen sowohl in der Produktion als auch in der Finanzpolitik ihres Landes die Fäden in der Hand hielt. »Die Gefahr ist sehr real und äußerst ernst zu nehmend«, bekräftigte sie. Einige Häupter nickten.

»Könnten Sie uns die Hintergründe darlegen?«

Die Frage richtete sich an die Schweizerin, die gerne darauf einging. »Wir haben Dr. Livingstone seit Jahren genau beobachtet«, begann sie. »Unsere Leute gehören zu seinen Sponsoren und sind über jeden seiner Schritte informiert. Es ging in seiner Forschung bisher um Geld, Macht und Ehrgeiz – Motive, die uns beruhigen könnten.«

Sie machte eine kurze Pause.

»Was nun jedoch geschieht«, fuhr sie ernst fort, »war nicht vorherzusehen. Livingstones Forschung führt ihn in eine Richtung, die verheerende Folgen für uns haben könnte. Wir konnten die konkreten Ereignisse, die zu seiner Richtungsänderung führten, leider nicht beobachten. Was seither geschieht, liegt außerhalb unseres Einflussbereiches. Feindliche Kräfte sind am Werk. Unsere Kontrolle über Livingstone wird schwächer.«

Während sie fortfuhr, Livingstones Entwicklung und die möglichen Folgen zu schildern, hatte sie die volle Aufmerksamkeit der Anwesenden. Nach und nach verstanden die meisten, wie groß die Gefahr für ihre Pläne tatsächlich war.

»Wie ich schon sagte, wurde Livingstone jahrelang überwacht. Wir vermuteten schon recht bald, dass er eine strategisch wichtige Person war. Seine Faszination an biblischer Forschung war zunächst erfreulich, da wir sicher sein konnten, dass er sie in der Öffentlichkeit auf ein menschlich erklärbares Niveau zurückführen würde. Er war in der Lage, auch biblische Berichte in den Darwinismus einzugliedern.

Doch, wie ich schon sagte, sind fremde Einflüsse dazugekommen, mit denen wir nicht rechnen konnten. Er hat schon wiederholt beunruhigende Aussagen in der Öffentlichkeit gemacht. Es ist dringend angeraten, ihn umgehend und vollständig in unseren Machtbereich zu integrieren.«

»Was schlagen Sie vor?«, fragte der Russe.

»Seit langem verfolgen wir den Plan, ihn mit der Tochter eines unserer Mitglieder zu verheiraten. Damit hätten wir ihn nicht nur un-

schädlich gemacht, sondern ihn auch in unsere innersten Kreise aufnehmen können, wo er ein Sprecher des neuen Zeitalters für die naturwissenschaftliche Welt hätte werden können.«
»Sie meinen, er könnte ein Mitglied unseres geheimen Rates werden?«
»Nun, diese Angelegenheiten werden auf höheren Ebenen entschieden. Aber Livingstones Zukunft würde sich erst entscheiden, nachdem er in unsere Gruppe aufgenommen und in den Plan eingeweiht worden wäre.«
»Ich verstehe.«
»Doch leider ist dieser Plan inzwischen mehr als unsicher geworden. Vielleicht können wir den abgewiesenen Schwiegervater selbst dazu hören.«
Sie sah Lord Montreux missbilligend an, dieser hustete und begann zu sprechen.
»Ich versichere Ihnen, die Sache ist noch nicht verloren. Erst kürzlich sprach er mit mir über die Heirat. Nun kam es zwar zum Zerwürfnis zwischen ihm und meiner Tochter, aber das wird sich sicher wieder einrenken lassen. Der Bombenanschlag in seinem Haus hat ihn sehr verunsichert und viel zu seiner Öffnung für die feindlichen Einflüsse beigetragen. Aber mit der Zeit wird er sich uns gegenüber wieder öffnen.«
»Wir alle hoffen, dass Sie Recht behalten«, war der knappe Kommentar eines anderen Ratsmitgliedes. »Da Sie den Bombenanschlag erwähnen, weiß einer von uns, wer hinter diesem glücklosen Versuch steckte? Ich nehme doch an, wir sind uns darüber einig, dass uns Livingstone als Mitglied unseres Kreises am nützlichsten ist? Wir wollen, dass er für uns arbeitet, nicht wahr?!« Er ließ seinen Blick prüfend von einem zum anderen schweifen und verweilte bei Zorin ein wenig länger. Doch der Verdächtigte reagierte mit unbewegter Kälte.
Die Schweizerin ergriff das Wort: »Es hat sich noch eine zweite Person dazugesellt, die wir gut überwachen sollten. Es ist mir unerklärlich, wie er uns die ganzen Jahre entgehen konnte. Möglicherweise ist er für die Störungen in Livingstones geistlichem Umfeld verantwortlich. Ich habe bereits einige Anstrengungen unternommen, um ihn zu behindern. Er ist ein ernst zu nehmender Gegner unserer Sache – mit dem Potenzial, uns Dr. Livingstone zu entfremden.«

Rocky McCondy war kein ängstlicher Typ. Er war von seiner äußeren Erscheinung her groß genug, um es mit jedem Gegner aufzunehmen, auch psychisch war er so stark, dass er Angst kaum kannte.

Aber dieser Kerl, der mit ihm in der Maschine saß, war ihm wirklich unangenehm. Jedes Mal, wenn er an ihm vorbei zur Toilette musste, verkrampfte er sich. Der Typ hatte knochige Wangen, trug eine olivgrüne Baskenmütze und hatte einen auffallend femininen Gang. Es war unmöglich, ihn nicht zu sehen. Und es war mehr als sein Äußeres. Rocky hatte ständig das Gefühl, der Kerl beobachte ihn, und er fühlte sich immer unfreier.

Das war eine Art von Bedrohung, die Rocky überhaupt nicht mochte. Er wollte seine Gegner vor sich sehen. So eine versteckte, unsichtbare Gefahr, das war nichts für ihn. Während des ganzen Fluges spürte er diese finstere Kraft. Er hatte immer wieder versucht, sich einzureden, dass er sich das alles nur einbilde, aber das Gefühl der Bedrohung blieb. Vielleicht hätte er sich die ganze Sache mit Livingstone besser überlegen sollen. Er hätte sich vielleicht doch nicht in diese Geschichte einmischen sollen, sie war einige Nummern zu groß für ihn.

Als das Flugzeug endlich landete, konnte Rocky es kaum erwarten, den Blicken dieses Mannes zu entfliehen. Er holte seinen Wagen aus dem Langzeitparkplatz und machte sich auf den Heimweg. Obwohl er schrecklich müde war, hatte er sich entschlossen, bis nach Hause durchzuhalten.

Als er endlich in seine Auffahrt fuhr, waren seine Augen rot vor Müdigkeit. Er ließ seinen Koffer zunächst noch im Wagen und wankte zum Eingang. Sein Bett – er hatte nur noch einen einzigen Gedanken: ein paar Stunden zu schlafen.

Er drehte den Schlüssel herum und öffnete die Tür. Im selben Moment war jede Müdigkeit wie weggeblasen. Ungläubig blieb er auf der Schwelle stehen. Er hoffte, dass es nicht wahr war, was er da sah. Seine ganze Wohnung war auf den Kopf gestellt worden, alles lag durcheinander, kaputt, durchwühlt, zerstört. Sein Wohnzimmer war ein wüster Raum, das Schlafzimmer sah noch schlimmer aus, in der Küche lag das Geschirr zerschlagen auf dem Boden, Schränke waren aus der Wand gerissen, Schubladen zertreten, ein Bild des Entsetzens.

Plötzlich fiel ihm die Truhe auf dem Boden ein. Er rannte nach oben. Im Vorbeilaufen sah er, dass sich im ersten Stock das gleiche Bild der Verwüstung bot.

Auch der Dachboden war nicht unentdeckt geblieben. Die Truhe war offen, der Deckel lag zertrümmert davor – es war alles leer.
Seine schlimmsten Befürchtungen hatten sich bewahrheitet. Das war das Werk der Feinde Livingstones. Sie wussten genau, was sie taten.
Was für ein Glück, dass er den wichtigsten Inhalt der Truhe, das Notizbuch seines Urgroßvaters, vorher ausgelagert hatte. Hoffentlich hatten sie es nicht gefunden! Er nahm zwei Stufen auf einmal, als er wieder die Treppe hinunter rannte. Das Aufräumen hier würde längere Zeit in Anspruch nehmen. Er ließ alles zurück und fuhr in die Stadt.

»Wir müssen mit äußerster Vorsicht vorgehen«, sagte der japanische Vertreter des Zwölferbundes. »Wir haben Jahrhunderte gebraucht, um unsere gegenwärtige Position aufzubauen. Selbst Darwins Hypothese, die mittlerweile zu den Grundlagen der Wissenschaft gehört, brauchte 100 Jahre, um sich überall durchzusetzen. Die großen Veränderungen geschehen langsam, leise und unbemerkt. So wird die öffentliche Meinung verändert, ohne dass die Gesellschaft es merkt. Wir müssen in dem, was wir jetzt unternehmen wollen, unbedingt Ruhe bewahren.«
Andere widersprachen ihm. Livingstone sei eine große Gefahr, die dringende Maßnahmen erfordere. Das Gespräch ging hin und her. Einige hielten die Angelegenheit für nicht allzu alarmierend, andere wiederum sahen höchste Dringlichkeit.
»Das Problem ist nicht die Arche. Die können wir wieder wegrationalisieren. Das kann Livingstone für uns übernehmen. Seine intellektuelle Bildung wird ihn zwingen, eine rationale Erklärung zu finden. Er wird einen Artikel darüber schreiben, der geistliche Aspekt wird in den Hintergrund geraten und die Arche wird letztendlich unseren Zielen dienen. Hat man die geistlichen Dinge erst einmal ihrer Kraft beraubt, dann arbeiten sie uns immer in die Hände. Unglaube angesichts überwältigender Beweise ist der wirksamste Unglaube überhaupt.«
»Das stimmt. Die eigentliche Gefahr sehen wir darin, wie die Entdeckung der Arche derzeit von Livingstone selbst verarbeitet wird. Es ist nicht absehbar, in welche Richtung er gehen wird.«
»Viele Wissenschaftler haben Phasen, in denen sie sich plötzlich mit metaphysischen Zusammenhängen beschäftigen. Aber die Realität der rationalen Welt holt sie doch immer wieder ein.«

Nachdem die Runde längere Zeit die verschiedenen Argumente erwogen hatte, ergriff Frau D'Abernon wieder das Wort. Innerhalb dieses Zirkels gehörte sie neben dem Engländer Lord Montreux und dem Niederländer Vaughan-Maier zu den drei mächtigsten Personen. Ihre Stimme war ruhig, aber so kraftvoll, dass es fast unangenehm war.

»Die Arche und ihre Bedeutung sind tatsächlich keine große Bedrohung für uns«, sagte sie zusammenfassend. »Was uns ernsthaft beunruhigt, ist die Entwicklung Livingstones, der im Begriff ist, Geheimnisse zu lüften, die niemals bekannt werden dürfen. Er hat die Macht, unsere Pläne zunichte zu machen.«

»Das glauben Sie wirklich?«, unterbrach Zorin sie. Sie sah ihn kurz und durchdringend an. Er schwieg. Zwischen den beiden schwelte eine Rivalität, die in dieser Runde nicht ausgetragen werden durfte.

»Wir sind gut informiert«, fuhr sie fort, ohne auf die Zwischenfrage einzugehen. »Die Richtung, in die seine Forschung jetzt geht, ist äußerst gefährlich. Es geht um viel mehr als nur um Evolution.«

Ihre Stimme strahlte plötzlich so viel Autorität aus, wie sie kein Mensch von sich aus haben konnte.

»Er ist auf dem Weg nach Afrika«, warf Lord Montreux ein.

»Was sucht er dort?«, fragte der russische Vertreter.

Der Mächtigste in der Runde, Vaughan-Maier, antwortete und in seiner Stimme schwang ein Hauch echter Furcht mit: »Er sucht den Garten Eden.«

Ungläubiges Schweigen folgte. Alle fröstelten bei diesem Gedanken.

»Der Ort ist ein Mythos. Keiner wird ihm glauben. Sie werden ihn verspotten«, versuchte jemand, sich selbst und die Runde zu beruhigen.

»Nein, wir alle wissen, dass es kein Mythos ist, sondern ein Ort mit großer Kraft, vor dem gerade wir uns sehr in Acht nehmen müssen.«

»Was ist denn an dem Garten so besonders? So besorgt habe ich Sie, meine Damen, meine Herren, noch nie gesehen. Ist das wirklich gerechtfertigt? Kein Mensch wird jemals einen Hinweis auf diesen seit Jahrtausenden verborgenen Garten finden. Und wenn – wen wird das interessieren?«

»Wir dürfen an dieser Stelle kein Risiko eingehen«, widersprach Vaughan-Maier, der Leiter des geheimen Bundes. »An diesem Ort begann die Herrschaft unserer Organisation. Seine Entdeckung könnte den größten Machtverlust auf unserer Seite zur Folge haben.«

»Natürlich werden wir letztendlich gewinnen. Das nächste Zeitalter wird uns gehören.« Die Schweizerin hatte wieder das Wort ergriffen. »Livingstone wird nicht ungestört weiter forschen und immer mehr finden. Die Tür zu diesem Ort wird nicht geöffnet werden. Wir werden die Menschen auch weiterhin mit Belanglosigkeiten und theologischen Lehrstreitigkeiten ablenken. Aber ich denke, dass wir spüren, wie aktiv die Gegenseite versucht, die Tür zu öffnen und unsere Herrschaft zu beenden. Wir müssen unsere Anstrengungen verdoppeln. Ohne es zu wissen, hat Livingstone den Schlüssel zu der Tür in den Händen, die entscheidet, wer im kommenden Zeitalter an der Macht sein wird. Es liegt an uns, das Geheimnis des Gartens auch weiterhin zu verbergen, Livingstone den Schlüssel zu entwenden und unsere Macht zu sichern.«

Dies war eine flammende Rede, deutlich genug, dass alle Versammelten die Dimension begriffen, um die es hier ging. Alle schwiegen und versenkten sich eine Zeit lang in die unsichtbare Welt, um von ihrem Führer Leitung zu empfangen.

Nach einer halben Stunde wurde die Diskussion wieder fortgesetzt.

»Wie können wir Livingstone auf unsere Seite bringen?«, fragte ein Ratsmitglied in die Runde.

Vaughan-Maier antwortete: »Das Wichtigste wird die Eheschließung mit Lord Montreux' Tochter sein. Geld und Prestige haben momentan kaum noch Anziehungskraft auf Livingstone.«

Einige überlegten, ob Livingstone als Intellektueller und Naturwissenschaftler überhaupt geeignet wäre, in ihre Geheimnisse eingeweiht zu werden. Vielleicht wäre es sogar besser, ihn überhaupt nicht von der Existenz des geheimen Kreises in Kenntnis zu setzen.

Dann kam Zorins Vorschlag: »Warum entfernen wir ihn nicht einfach?« Er versuchte, dabei harmlos und spontan zu klingen. Doch ein Blitz aus D'Abernons Augen traf ihn. Sie schwieg. Andere antworteten an ihrer Statt: »Wir können ihn für unsere Ziele einsetzen. Außerdem ist es besser, Menschen zu manipulieren und zu betäuben, als sie zu Märtyrern zu machen. Mit Gewalt würden wir die öffentliche Meinung in die falsche Richtung lenken.«

Der amerikanische Vertreter holte zu einer längeren Erklärung aus: »Das Beispiel meines Landes zeigt, dass christlicher Glaube keine Bedrohung für uns ist, wenn er nur ausreichend intellektualisiert oder emotionalisiert wird. Ungläubige Christen sind unsere stärksten Verbündeten. Solange wir sie nicht aufscheuchen oder ihren Eifer anstacheln, sind sie ungefährlich. Ein Märtyrer würde sie aufschrecken. Solange wir subtil arbeiten, schlafen sie und wähnen sich in ihrem formal-religiösen System sicher.«

»Genau!« Er bekam viel Zustimmung.

Alle waren sich einig, dass insofern auch die Arche kein wirkliches Problem sei. Jemand erinnerte daran, dass auch früher schon einmal Forscher behauptet hatten, die Arche gefunden zu haben. Es gab sogar eine Ausstellung und ein Touristenbüro an der Fundstelle. Das alles war kein Problem. Die Christen würden sich darüber streiten, welche Arche denn nun die echte wäre, und bald hätten sie selbst dem Ganzen jede geistliche Kraft geraubt. So würde die Arche letztendlich sogar ihren Zielen dienen.

Aber die mögliche Entdeckung von Eden – das durfte keinesfalls auf die leichte Schulter genommen werden.

»Wir sollten versuchen, ihn unglaubwürdig zu machen.«

»Wir erwecken den Eindruck, ihm ginge es nur um Geld und Ehre. Vielleicht sind seine Beweise für die Arche gefälscht und das Ganze ist ein riesengroßer Betrug. Wir müssen nur ein paar Gerüchte in die Welt setzen und seinen guten Ruf ruinieren.«

Einige stimmten zu.

Sie überlegten weiter. Ob vielleicht ein Gerücht über eine Affäre helfen würde? Der Gedanke fand keine Zustimmung, über Affären regte man sich heutzutage kaum noch auf. Oder ob man ihm im finanziellen Bereich etwas anhängen könnte? Auch das würde voraussichtlich nicht genügend Empörung hervorrufen. Man müsste ihn als Person angreifen, das war die Lösung! Jemand, der ihm nahe stand, müsste plötzlich sein Angreifer werden. Ihnen fiel kein geeignetes Familienmitglied ein. Aber der Kollege und Landsmann Livingstones, war der nicht geradezu ideal für diese Aufgabe?

»Sir Gilbert Bowles ist unser Mann. Er ist als Archäologe glaubwürdig, er ist käuflich – das hat er früher schon bewiesen – und er hasst Livingstone. Er ist der perfekte Angreifer!«

»Können Sie das in die Wege leiten?«, fragte Vaughan-Maier und sah Anni D'Abernon dabei an.

»Selbstverständlich«, antwortete diese.
»Bitte hinterlassen Sie keine Spuren«, ergänzte der Niederländer.
»Natürlich nicht«, beruhigte die Schweizerin ihn. Sie kannte doch die Arbeitsweise der Gruppe.
Das Gespräch drehte sich dann um andere Themen. Anni D'Abernon blieb sehr ruhig. Ihre Gedanken waren noch bei Livingstone. Sie war sich nicht sicher, ob die geplante Maßnahme ausreichen würde. Wenn ihre Befürchtungen bezüglich Zorin der Wahrheit entsprächen, würde er versuchen, die Angelegenheit selbst und auf seine Art zu erledigen.

Rocky stürmte in die Bank. Er sah sich nervös um und fühlte sich immer noch beobachtet. Wenigstens war die Müdigkeit weg. Er ging direkt zu den Schließfächern und nannte seinen Namen.
»Schon wieder zurück, Herr McCondy?«, fragte die Angestellte freundlich.
»Wie meinen Sie das?« Rocky war irritiert.
»Waren Sie nicht kürzlich erst hier – ach, stimmt, hier steht es, das waren Sie gar nicht persönlich, das war ja Ihr Notar.«
»Wieso? Ich habe doch keinen Notar beauftragt. Vor drei Stunden war ich noch im Ausland.«
»Das ist ja seltsam«, überlegte die Dame und prüfte seine Akte. »Hier steht es, Sie hatten Ihrem Notar eine Vollmacht ausgestellt und er hatte auch den Schlüssel.«
»Unmöglich! Ich habe den Schlüssel hier bei mir!« Rocky präsentierte den Schlüssel, den er die ganze Zeit über bei sich gehabt hatte.
»Nun, wie auch immer«, knurrte Rocky, »lassen Sie mich an mein Fach.«
Die beiden Schlüssel wurden eingeschoben, er drehte und zog seine Schublade heraus.
Wer auch immer sein angeblicher Notar war, er hatte keine materiellen Interessen. Die Goldmünzen und Silberdollars waren vollzählig.
Nur das Notizbuch seines Urgroßvaters war verschwunden.

Dunkle Schatten

Am Tag nach dem Treffen der Zwölf gab es ein weiteres Treffen, von dem aber nur die drei inoffiziellen Leiter des Zirkels wussten. Rupert Vaughan-Maier, Anni D'Abernon und Lord Montreux wollten in kleinem Kreis noch einmal das Thema des Vortages besprechen.

»Die anderen haben die Gefahr immer noch nicht erkannt«, eröffnete Vaughan-Maier das Gespräch. »Ich bin überrascht, dass sie unsere Warnungen auf die leichte Schulter genommen haben. Ich spürte einen gewissen Widerstand in der Gruppe.«

»Was glauben Sie, sind die Ursachen dafür?«

»Ich denke, Stolz und Machtgier sind am Werk.«

»Genau das ist auch meine Beobachtung«, bestätigte die Schweizerin. »Einer der Zwölf ist zu stolz geworden.«

»Ich hatte den Eindruck, dass er eine ganze Menge über den Anschlag wusste, über den wir gestern gesprochen haben.«

»Ja, ich könnte mir auch vorstellen, dass unser Freund eigene Pläne verfolgt.«

Sie waren sich einig. Zorin, der länger als die meisten anderen zum Kreis gehörte und dem die größte Verantwortung in der Vorbereitung des neuen Zeitalters übertragen worden war, ausgerechnet er schien mit der ihm anvertrauten Macht nicht umgehen zu können. Mit seiner unüberlegten Bombenaktion brachte er die übergeordneten Pläne in Gefahr. Es war an der Zeit, ihn in seine Schranken zu verweisen, bevor er in seiner Gier nach Macht noch mehr Schaden anrichtete. Sie würden ihn genau beobachten. Vielleicht musste er sogar aus dem Rat der Zwölf entfernt werden.

Dann wechselten sie das Thema.

»Dieser Livingstone sucht also tatsächlich den Garten Eden!«

D'Abernon konnte es einerseits kaum glauben, wusste andererseits aber, dass es der Wahrheit entsprach. Sie war die Erste in der

Runde, die schon vor Wochen durch ihre dunklen Führer gewarnt worden war.

»Wissen wir, wo er in Afrika sein Camp aufbauen will?«

»Meine Tochter könnte es von ihm erfahren.«

»Vielleicht wird die Entfernung bei ihm sogar Sehnsucht nach Ihrer Tocher bewirken«, hoffte Vaughan-Maier.

»Meine Mitarbeiter haben von einer Hotelreservierung in Arusha in Tansania erfahren. Das könnte bedeuten, dass sie ihr Lager in der Olduwai-Schlucht aufschlagen werden«, erklärte D'Abernon.

»Das ist keine sehr aussagekräftige Erkenntnis«, warf Montreux ein, »fast alle Archäologen, die nach Afrika fahren, graben in dieser Gegend herum. Ich frage mich, was er eigentlich sucht? Wie will er den Nachweis für den Garten erbringen? Etwa mit Fossilien?«

»Das werden wir durch Bowles erfahren. Wir müssen dafür sorgen, dass er Livingstones Lager findet und uns alles berichtet, was dort vor sich geht.«

»Wissen wir eigentlich, wo der entscheidende Ort ist, der die Existenz von Eden beweist und den Livingstone auf keinen Fall entdecken darf?«

»Nein, leider nicht. Wenn wir das wüssten, könnten wir doch alles zerstören, bevor Livingstone es findet. Aber der Narr, der ihn beim letzten Mal suchte, irrte damals scheinbar planlos in der Arabischen Wüste umher, als unsere Leute ihn fanden und unschädlich machten. In seinen Aufzeichnungen steht nichts Konkretes, nur das Wort ›Sinai‹.«

»Der Berg Sinai oder die Wüste Sinai?«

»Es gibt keinen Berg, der so heißt. Aber in der südlichen Hälfte der Halbinsel Sinai gibt es einen Berg namens Dschebel Musa. Am Fuße des Berges befindet sich ein abgewirtschaftetes Kloster. Dort pilgern viele Christen hin, besteigen den Berg bei Sonnenaufgang und glauben, sie wären an dem Ort, an dem Mose von Gott die Zehn Gebote bekommen hat. Wir beobachten die Gegend schon seit Jahrhunderten sehr genau, aber dort tut sich nichts. Wenn das überhaupt der richtige Berg ist, so ist dort jedenfalls nicht viel los. Auch Livingstone hat sich noch nie um diesen Berg gekümmert. Trotzdem sollten wir unsere Aufmerksamkeit erhöhen, vielleicht kommt Livingstone doch noch auf die Idee, dort zu suchen.«

Kaum war Lord Montreux wieder in London, bestellte er seine Tochter zu sich.

»Hast du dich mit Adam versöhnt?«, begann er ohne Umschweife.

»Adam? Der kann mir gestohlen bleiben!«

»Was ist passiert?«

»Ich habe mich entschlossen, ihn nicht zu heiraten.«

Der Vater war erschrocken. Das würde er nicht akzeptieren. Auch die Proteste der Tochter, dass sie Adam nicht mehr liebe, halfen nichts.

»Es geht hier doch um viel mehr als um Liebe. Du wirst mit ihm eine gute Partie machen.«

»Außerdem ist er so religiös geworden, er ist ganz anders als früher, ich kann ihn nicht mehr ertragen.«

Als seine Tochter das sagte, kam zu dem Ernst, der auch davor schon auf dem Gesicht des Vaters zu lesen war, noch eine gute Portion Sorge dazu.

»Umso wichtiger ist es, dass du deinen guten Einfluss auf ihn ausübst«, redete er Candace zu. »Dein Lächeln und dein Charme sind unwiderstehlich. Wenn du willst, kannst du ihn in die Richtung lenken, die wir beide für die richtige halten.«

»Ich kann nicht charmant sein, wenn ich ihn nicht mehr liebe und begehre.«

»Aber er ist doch ein attraktiver und intelligenter Mann und ein perfekter Gentleman. Ich kann mir nicht vorstellen, dass deine Gefühle, die du über Jahre für ihn gehegt hast, so schlagartig verschwunden sind.«

»Erstens habe ich ihn vielleicht nie wirklich geliebt, zweitens gibt es auch noch andere Männer und drittens interessiert Adam Livingstone mich nicht mehr.«

»Ich verlange von dir, dass du dich mit ihm triffst, bevor er nach Afrika reist. Verstehst du mich? Das ist keine Frage deiner Gefühle. Es geht um viel mehr.«

»Dann triff du dich doch mit ihm! Ich hasse Adam!«

»Wenn du nicht freiwillig tust, was ich dir sage, muss ich dich dazu zwingen!«

»Es geht um mein Leben! Du kannst mir keinen Mann aufzwingen, den ich nicht will!«

»Gut, wie du meinst. Wenn du dich weigerst, Adam zu heiraten und alle notwendigen Bemühungen in diese Richtung zu unternehmen, dann bekommst du von mir ab sofort keinen Pfennig mehr. Verstehen wir uns richtig? Du heiratest Livingstone oder ich enterbe dich, klar?«

Das wirkte. Candace biss sich wütend auf die Unterlippe. Ihr Gesicht war rot vor Zorn. Aber sie schwieg. Sie hatte keine Wahl. Wenn ihr Vater in diesem Ton sprach, meinte er es bitterernst, das wusste sie. Sie könnte schon morgen mittellos sein. Doch ohne Geld konnte sie sich ihr Leben nicht vorstellen. Wie sie ihren Vater dafür hasste, dass er sie so erpresste!

»Was willst du von mir?«, kam es endlich nach minutenlangem Schweigen zwischen zusammengepressten Lippen hervor.

»Du sollst das tun, was dir am meisten liegt: Wickle diesen Mann ein.« Die Stimme des Vaters war wieder sanft und liebevoll, voll von väterlichem Stolz. »Erobere ihn, mach ihn wieder in dich verliebt – und finde heraus, wohin er geht und was er dort sucht.«

»Wenn er es mir aber nicht sagt?«

»Er wird es dir sagen, denn er liebt dich ja schließlich.«

»Aber oft tut er sehr geheimnisvoll mit seiner Arbeit.«

»Schluss jetzt! Du kannst und wirst das herausfinden. Stell dich nicht so an, als ob du noch nie einen Mann verführt hättest!«

Candace stand auf und verließ wortlos den Raum. Sie war unter der Herrschaft dieses Mannes aufgewachsen. Er besaß eine Macht über sie, der sie nichts entgegenzusetzen hatte. Der einzige Weg, sich ihm gegenüber zu behaupten, schien der zu sein, selbst mehr Macht zu erlangen. Sie musste so stark werden wie ihr Vater. Zorin konnte ihr vielleicht dabei helfen. Bis dahin blieb ihr nichts anderes übrig, als sich ihm zu fügen. Der Hass in ihrem Herzen wuchs.

Auch Lord Montreux war nachdenklich. Es wurde immer schwieriger, seine Tochter zu lenken. Er hatte heute schon das stärkste Mittel eingesetzt, das er ihr gegenüber besaß. Trotzdem war er sich nicht sicher, ob sie seine Ziele und seinen Auftrag zu seiner Zufriedenheit ausführen würde. In dieser Angelegenheit konnte er sich nicht mehr ausschließlich auf seine Tochter verlassen. Er ging zum Telefon.

Seit Tagen hatte Frau Graves ein mulmiges Gefühl. Es hatte an dem Tag begonnen, als sie mit Herrn Beeves zusammen einkaufen gewesen war. Seither drehte sie sich immer wieder um, weil sie sich beobachtet fühlte. Wahrscheinlich lag es daran, dass das Haus plötzlich so leer war, versuchte sie sich nach einer Weile selbst zu beruhigen.

Als Juliet am späten Nachmittag von einem Ausflug heimkam, war sie sichtlich erleichtert.

»Hattest du einen schönen Tag?«

»Oh ja, Tante, es hat so viel Spaß gemacht ...«, sagte sie und begann dann, ihr von ihrem Besuch in der Stadt zu erzählen.

»Mir war es heute zu ruhig«, seufzte die Tante, als Juliet geendet hatte.

»Ja, es ist schade, dass alle weg sind, das finde ich auch. Aber ich dachte immer, du bist froh, wenn es ruhiger ist, dann hast du doch viel weniger Arbeit.«

»Schon.« Dabei sah Frau Graves fast traurig, aber auch ein bisschen ängstlich aus.

Juliet beobachtete sie von der Seite. Sie hatte schon früher gedacht, dass der Amerikaner sehr gut zu ihrer Tante passen würde. Sie hatte immer wieder beobachtet, wie die beiden sich angeregt unterhielten. Aber das würde sie sicher nie zugeben.

»Vermisst du ihn?«, versuchte sie es trotzdem.

»Wen?« Frau Graves sah das vielsagende Grinsen ihrer Nichte und errötete. »Quatsch, nein, natürlich nicht.« Juliet streichelte entschuldigend den Arm ihrer Tante. Auch sie vermisste jemanden.

»Nein, mir war es nur fast ein bisschen unheimlich in den letzten Tagen.«

In diesem Moment klingelte das Telefon. Frau Graves hob ab. Es war Candace. Sie mochte die eingebildete Frau nicht. Jetzt, da Livingstone in Afrika war, musste sie auch nicht mehr nett zu ihr sein.

»Was wünschen Sie?«

»Ich möchte bitte Adam sprechen.«

»Der ist nicht da.«

»Wann kommt er denn wieder?«

»Das weiß ich nicht.«

»Wieso, wo ist er denn?«

»Er ist verreist.«

»Nach Afrika?«

»Ja.«

»Das gibt's doch nicht!«

Candace war fassungslos und wütend. Sie war auf die abweisende Wortkargheit dieser Person ebenso wenig gefasst wie auf die

Nachricht, dass Adam schon abgereist war. Er hatte sich noch nicht einmal von ihr verabschiedet! Am liebsten hätte sie den Hörer hingeknallt. Aber sie erinnerte sich an die Worte ihres Vaters. Also versuchte sie es: »Können Sie mir seine Telefonnummer geben?«
»Nein.«
»Können Sie mir sagen, was er dort eigentlich macht?«
»Ich weiß es nicht.
»Sagen Sie mir doch wenigstens, wo genau er ist!«
»Tut mir Leid.«
»Aber es muss doch irgendwie möglich sein, dass ich ihn dort erreichen kann?«
»Lady Montreux, Dr. Livingstone ist irgendwo mitten in Afrika. Mehr weiß ich auch nicht.«

Nun warf Candace endlich den Hörer hin. Die alte Hexe! Es musste doch jemanden im Haus geben, der mit Adam in Kontakt stand. Wenn sie selbst es nicht wusste, warum hatte die Frau sie dann nicht mit einer der Mitarbeiterinnen verbunden, die im Labor und im Büro arbeiteten? So eine Gemeinheit! Niemand hatte das Recht, sie so zu behandeln, weder Adam noch seine Haushälterin. Sie war wütend und ihr Stolz war verletzt. Sie würde schon herausfinden, was dort vor sich ging.

Vor dem Anwesen von Dr. Livingstone, irgendwo am Anfang der Zufahrt, hinter Büschen versteckt, ließ ein Mann das Fernglas sinken. Er hatte das Mädchen den ganzen Tag lang beobachtet. Im Café war es ihm gelungen, aus ihrer Tasche zu stehlen, was er benötigte. Er hatte seinen Auftrag fürs Erste erfüllt. Nun galt es, auf den richtigen Moment zu warten.

Schon seit einer Stunde wurde der Nebel immer dichter. Er zog allmählich vom Hafen in die Straßen der Stadt und verschluckte alle Geräusche. Nur die Nebelhörner der Schiffe und einzelne Möwenschreie waren noch zu hören. Die Fischerboote lagen im Hafen; heute würde niemand mehr hinausfahren.

Der Mann, der sich jedes Straßenschild genau ansah, trug die Kleidung eines irischen Hafenarbeiters, aber seine feinen Gesichtszüge und sein neugieriger Blick verrieten, dass ihn mit dem Hafen von Belfast nicht viel verband. Es wurde allmählich dunkel. Der Mann zog seine Mütze tiefer ins Gesicht.

Es hätte nicht unbedingt Belfast sein müssen. Irgendeine Kneipe in einer beliebigen Stadt hätte diesen Zweck ebenso erfüllt. Aber er wollte nichts riskieren. Der Mann, den er treffen würde, fiel in der Menge auf, da er bekannt war. In London wäre er vermutlich um ein Interview oder zumindest um ein Autogramm gebeten worden. Doch hier, im Hafen von Belfast, würde ihn keiner erkennen und selbst wenn, würde sich keiner um ihn kümmern.

Hinzu kam, dass dieser Treffpunkt dem anderen ein Gefühl von Anrüchigkeit und Gefahr vermitteln würde. Vielleicht würde ihn das Umfeld einschüchtern, zumindest würde er nicht so viele Fragen stellen. Er würde nie dahinter kommen, mit wem er es zu tun hatte. Vielleicht hielt er ihn auch tatsächlich für einen Iren. Jedenfalls passte die Atmosphäre hier zu dem Stil seiner Auftraggeber. Fragen waren unerwünscht, ebenso öffentliche Aufmerksamkeit. Sie hatten ihre Macht über lange Zeit im Verborgenen aufgebaut.

Nun betrat er eine verrauchte, aber noch leere Kneipe. Später würde es hier voll werden. Er sah sich nur kurz um, dann hatte er die Gestalt ausgemacht, die in einer dunklen Ecke über einem Glas Guinness saß. Es bestand kein Zweifel, er trug seine übliche Kluft und war eindeutig zu erkennen. Der Neuankömmling ging erst noch zur Bar und ließ sich ein leeres Bierglas geben. Allmählich gewöhnten sich seine Augen an die Dunkelheit und er ging zu dem Wartenden.

Wortlos setzte er sich dem Engländer gegenüber und füllte sein Glas mit dem Bier, das in der Mitte des Tisches in einem großen irdenen Krug stand. Mit einem Zug leerte er sein Glas. Er wischte sich über den Mund, fixierte den anderen mit Blicken, die diesen einschüchtern sollten, und begann in seinem besten irischen Akzent: »Herr Bowles, die Leute, für die ich arbeite, möchten Ihnen ein Angebot machen.«

»Was für ein Angebot?«, fragte Bowles missmutig. Er hatte eine halbe Stunde gewartet und mochte diesen finsteren Ort nicht. Vor wilden Tieren und den Gefahren des Urwalds, den Savannen und Steppen hatte er keine Angst, auch Schlangen und Skorpione fürchtete er nicht. Aber das hier war etwas anderes. Sein Gegenüber sah so aus, als würde er ihn für ein Glas Bier umbringen. Ihm war mulmig und er wollte schnell von hier weg.

»Kurz gesagt geht es darum, Ihren Kollegen Adam Livingstone zu diskreditieren.«

Nun sah Bowles interessiert aus. Er versuchte, sich nichts anmerken zu lassen.

»Wie Sie dabei vorgehen werden, ist Ihre Sache. Meine Auftraggeber wollen in der Öffentlichkeit nicht mit Ihnen in Verbindung gebracht werden. Wichtig ist, dass Livingstones Name und Ansehen für immer zerstört werden. Sie müssen nicht zimperlich sein. Je mehr Schaden Sie ihm zufügen können, desto besser.«

»Wieso kommen Sie damit ausgerechnet zu mir?«

»Sie sind ein Kollege und Spezialist auf Livingstones Gebiet, damit sind Sie in der Öffentlichkeit glaubwürdig. Zusätzlich vermuten wir, dass auch Sie ein gewisses persönliches Interesse haben, Livingstone zu schaden. Was wir wollen, ist mehr als ein Sexskandal oder Steuerhinterziehung. Er soll auf solche Weise angegriffen werden, dass sein Fund am Ararat insgesamt bedeutungslos wird.«

Die Augen des Archäologen glänzten. Was für ein Auftrag!

»Ich denke ohnehin, dass dies alles Betrug ist!« Bowles griff das Thema begeistert auf.

»Meine Leute gingen davon aus, dass dies Ihre Sicht der Dinge sein würde. Sie allein sind in der Lage, diese Sichtweise auch in der Öffentlichkeit überzeugend zu vertreten. Darüber hinaus wollen wir, dass Sie die aktuelle Expedition unterwandern.«

»Der Garten Eden!«, knurrte Bowles und schüttelte sich vor Abscheu. »Das muss man nicht mehr unglaubwürdig machen, das ist an sich schon eine Farce. Es ist das Dämlichste, was ich jemals gehört habe.«

»Trotzdem ändert das nichts an Ihrem Auftrag. Wir wollen wissen, wo Livingstone ist und was er sucht, alle Einzelheiten. Meine Leute müssen über den aktuellen Stand seiner Forschung unterrichtet sein. Sobald er irgendetwas findet, müssen wir das wissen, und zwar sofort. Sie werden mir persönlich über alles Bericht erstatten.«

»Ach was, er findet doch nichts!«

»Die Wirklichkeit ist nicht so wichtig für die öffentliche Meinung. Wir müssen wissen, was er zu finden hofft, wonach er sucht. Auch damit können wir Einfluss nehmen und seinen religiösen Ansatz der Lächerlichkeit preisgeben. Er soll als frommer Narr dastehen.«

»Das ist kein Problem«, grinste Bowles.

»Es geht darum, seinen Einfluss zu zerstören, egal, was er findet oder nicht.«

»Und wie soll das praktisch funktionieren?«

»Sie unternehmen ebenfalls eine Expedition nach Afrika, finden alles über Livingstone heraus und halten uns auf dem Laufenden. Wir werden die Informationen dann weiterverwerten.«

»Für wen arbeite ich?«

»Das hat Sie nicht zu interessieren. Deshalb treffen wir uns doch hier.«

»Was bringt mir das Ganze?«

»Nennen Sie uns Ihren Preis.«

»Gehört Ihren Auftraggebern eine Bank?«

»Nein, ihnen gehören *alle* Banken.« Er sah Bowles fest in die Augen und ließ ihn seine Macht spüren.

Bowles senkte den Blick und lachte unsicher. Er wusste wirklich nicht, was er von diesem Typen halten sollte. Er hatte eine verdammt finstere Ausstrahlung. Unwillkürlich schauderte es ihn. »Wie ich Ihnen bereits sagte, bin ich nicht an Geld interessiert. Ich werde über Ihren Auftrag nachdenken. Aber käuflich bin ich nicht.«

»Wir können Sie auf vielfältige Art belohnen, Herr Bowles. Vielleicht werden Sie sich eines Tages sogar im Parlament wiederfinden.«

»Also gehören Ihnen nicht nur Banken, sondern auch Regierungen«, gab Bowles schlagfertig zurück und lachte über seinen eigenen Witz.

»Sagen wir es so«, sagte der andere ernst und erhob sich, »meinen Auftraggebern ist fast nichts unmöglich.«

Im afrikanischen Grabenbruch

Adam Livingstone saß in seinem offenen Zelt, wischte sich mit einer Hand den Schweiß von der Stirn und versuchte mit der anderen Hand, sich die Mücken vom Leib zu halten. Sein Hemd klebte an ihm. Wie konnte es hier nur mitten im Winter so heiß sein?

Hoffentlich würde sich sein Körper bald an die Hitze und die extreme Luftfeuchtigkeit gewöhnen. So ging es jedenfalls nicht weiter. Schon seit seiner Ankunft war er ständig erschöpft. Inzwischen war das Lager fertig aufgebaut und sie konnten mit der eigentlichen Arbeit beginnen.

Stöhnend erhob er sich, kroch aus seinem Zelt und ließ sich auf den daneben stehenden klapprigen Stuhl fallen, der vor einem nicht minder gebrechlichen Klapptisch stand. Darauf war die Karte Ostafrikas ausgebreitet. Er kannte sie schon auswendig, doch immer wieder gab es ihm neue Energie, wenn er sich die Karte ansah.

Es war die Karte vom afrikanischen Grabenbruch. Damit war es vielleicht auch eine Darstellung davon, wie und wo die Menschheit ihren Anfang genommen hatte, dachte er oft, wenn er sie studierte. Die Olduwai-Schlucht, an deren Rand sie sich jetzt eingerichtet hatten, war ein beliebter Ort für Archäologen. Die Erde war hier voller menschlicher Fossilien. Die Schlucht lag etwa 150 Kilometer östlich des Viktoriasees und schnitt einen 35 Kilometer langen Graben in die Serengeti-Savanne im Hochland Tansanias.

Aber er und sein Team interessierten sich nicht für Fossilien. Auch die Olduwai-Schlucht war nicht ihr Bestimmungsort. Hier hatten sie lediglich ihr Camp aufgeschlagen und hofften, damit alle Beobachter in die Irre zu führen. Vor vier Tagen waren sie in Nairobi gelandet, hatten zwei Fahrzeuge und Ausrüstung gemietet und waren dann hierher gefahren. Ihre Computer und alles, was mit dem Schiff aus England kam, würde in wenigen Tagen im Hotel in Arusha ankommen, etwa 100 Kilometer östlich von ihrem Lager. In diesem Hotel hatten sie für die Dauer ihrer Expedition Zimmer gemietet.

Zufrieden dachte er daran, dass es ihnen geglückt war, die Journalisten zu täuschen. Seit Rocky die Wanze entdeckt hatte, war von ihren Plänen nichts mehr nach außen gedrungen. Unauffällig hatten sie alle Reisevorbereitungen getroffen und waren einzeln mit verschiedenen Flügen nach Nairobi gekommen. Bei der Einreise hatten die Beamten zwar aufgemerkt, als sie seinen Namen sahen, doch die Presse hatte nichts davon erfahren. Frau Graves und Juliet, das Ehepaar Beeves, Crystal und Emiliy, die im Eichhof geblieben waren, hatten versprochen, bei Anrufen und Nachfragen sehr vorsichtig zu sein.

Am Horizont wurde eine Staubwolke sichtbar, dann kam das Motorengeräusch dazu. Scott kam vom Hotel in Arusha zurück. Er hatte Lebensmittel, Getränke und sonstige Dinge für den täglichen Bedarf eingekauft.

»Es war eine Nachricht von McCondy für dich da«, rief Scott und sprang aus dem Jeep.

»Dringend?«

»Keine Ahnung.«

»Morgen fahre ich zu einem Telefon. Ich muss Dr. Cissna in Kairo erreichen. Dabei kann ich auch Rocky anrufen.« Als er an seinen amerikanischen Freund dachte, erschien ein Lächeln auf Adams Gesicht. Er vermisste ihn.

»Hast du alles bekommen?«

»Ja, es ist alles im Wagen. Wo ist Jen?«

»Sie schläft in ihrem Zelt. Die Hitze macht sie genauso fertig wie mich.«

»Was ist nur los mit euch beiden?«, lachte Scott. »Vielleicht hat euch irgendein bösartiges Insekt gebissen?«

»Ach was, das ist nur die Hitze«, wehrte Adam ab. »Komm, ich helfe dir beim Ausladen.«

An diesem Abend, als die Dämmerung sich langsam über die Serengeti ausbreitete, ging Adam in die Schlucht. Nachdenklich stapfte er über den steinigen, grasbewachsenen Boden. Hier gab es mehr als 100 verschiedene ausgewiesene archäologische Fundstellen. Tausende von Knochen und Werkzeugen waren hier ausgegraben worden. Es war eine einzigartige Gegend; nirgendwo sonst gab die Erdkruste so viel Geschichte preis. Die ältesten Funde wurden auf zwei Millionen Jahre geschätzt. Aber noch mehr faszinierte Adam die Geschichte des Wassers in dieser Gegend. Es gab Hinweise auf einen großen Salzsee, der einst dieses ganze Gebiet bedeckt hatte. Später sollte dann ein kompliziertes Netz von Süßwasserströmen und Teichen an seine Stelle getreten sein.

Aber vielleicht war alles auch ganz anders, überlegte Adam. Vielleicht war es gar kein großer Salzsee, sondern eine weltweite Flut gewesen, deren Spuren man hier finden konnte!

Viele Fragen beschäftigten ihn. Gelegentlich kickte er einen Stein weg. Man konnte hier nie wissen, wann man über einen uralten Knochen stolperte.

Plötzlich musste er lachen. Was würde er tun, wenn er ein Skelett finden würde, etwa so bedeutend wie »Lucy«? Diese Knochen hatten ihren Namen nach dem Lied der Beatles »Lucy in the Sky with Diamonds« bekommen, das angeblich gerade aus den Lautsprechern dröhnte, als die Archäologen die Knochen entdeckten.

Würde er sein Skelett »Candace« nennen? Oder »Juliet«? Candace wäre wahrscheinlich nicht sehr begeistert, wenn ein Haufen alter Knochen nach ihr benannt werden würde. Er grinste.

Aber er suchte ja keine Knochen. Er hoffte, altes Holz zu finden, das mindestens so eine Sensation abgäbe wie »Lucy«. Das wäre wirklich mal etwas ganz Neues. Während alle Archäologen hier immer nur nach Fossilien suchten, würde er mit Holz die Schlagzeilen liefern. Soweit er wusste, gruben zur Zeit mehr als ein Dutzend Teams hier in der Schlucht. Dazu kamen die Grabungen, die in der Umgebung stattfanden. Das ganze ostafrikanische Grabenbruchgebiet war fast wie ein einziger großer Ausgrabungsort. Aber alle suchten nach Spuren der Fauna, nirgendwo wurde nach der anderen Hälfte, der Flora gesucht. Ob überhaupt schon einmal jemand daran gedacht hatte?

Adam rechnete eigentlich nicht ernsthaft damit, hier in Olduwai etwas von dem zu finden, was er suchte. Ganz Afrika war allmählich immer trockener geworden, was er als das »Sahara-Syndrom« bezeichnete. Auch jetzt ging er über trockenen, steinigen Boden, der Zeugnis gab von dieser Klimaveränderung. Es waren ideale Bedingungen für die Erhaltung von Fossilien, aber eine üppige Vegetation gab es hier schon sehr lange nicht mehr.

Die würde er an anderer Stelle finden.

Sein Ziel lag westlich, am Viktoriasee, vielleicht auch auf den hohen afrikanischen Bergen, möglicherweise sogar noch weiter westlich in den Regenwäldern Zaires. Er hoffte, dass Dr. Cissna ihn an die richtigen Orte führen würde.

Als er zum Lager zurückkam, war es bereits dunkel. Ein riesiger Vollmond stieg langsam am dunkelblauen Horizont hoch, größer und heller als an irgendeinem anderen Ort der Welt. Die Serengeti war wirklich eine einzigartige Gegend, eine so riesige Fläche, so still, mit den bizarren Tierlauten in der Ferne, so ganz frei von menschlicher Zivilisation, dabei so reich an anderen Lebensformen. Überall hatte man hier das Gefühl, der Vergangenheit ganz nahe zu sein. Am deutlichsten wurde es in der Nacht.

Scott und Jen saßen auf den Klappstühlen vor dem Zelt; Jen hatte ein kleines Buch vor sich.

»Was liest du denn da?«, fragte Adam sie.

»Einen Psalm«, antwortete sie, »den achten Psalm.«

»Wie kommst du darauf?«

»Erins Mutter hat mir zum Abschied dieses Kärtchen gegeben.« Sie reichte Adam die Karte. Auf der einen Seite stand handschriftlich: »Haben Sie eine gute Reise! Gott segne Sie!« Auf der anderen Seite war ein Foto von einem wunderbaren Bergsee, an dessen Ufer ein einzelner Mann ging. Darunter stand: »Was ist der Mensch, daß du an ihn denkst, des Menschen Kind, daß du dich seiner annimmst? […] Herr, unser Herrscher, wie gewaltig ist dein Name auf der ganzen Erde!« (Ps 8,5.10).

»Nun interessierte mich der ganze Psalm«, erklärte Jen.

»Könntest du ihn uns vorlesen?«, bat Adam und klappte sich einen dritten Stuhl auf.

Jen las laut vor. Als sie geendet hatte, schwiegen alle drei. Es war ein besonderer Moment. Die Landschaft, der Mond, die Geräusche der Nacht, der Friede in der Wildnis und dazu dieses hebräische Gedicht – was für eine wunderbare Stimmung!

Sie saßen eine Stunde so zusammen, schweigend, jeder hing seinen Gedanken nach. Es gab keine Worte, die dazu gepasst hätten. Irgendwann standen sie still auf und jeder ging in sein Zelt.

Als Adam aufwachte, war es noch sehr früh am Morgen. In der Ferne hörte er einzelne Schreie von Hyänen und das Brüllen eines Elefantenbullen. Auch das Kreischen der Affen war zu hören.

Er hatte gut geschlafen und fühlte sich erfrischt. Seine Gedanken kreisten immer noch um die Worte, die Jen am vorangegangenen Abend vorgelesen hatte. Er zog sich an und trat aus dem Zelt.

Am anderen Ende der Ebene zog im Dunst des frühen Morgens eine Giraffenherde vorbei. Auch Zebras und Elefanten konnte er in der Ferne sehen. Solch einen Ort gab es auf der Erde kein zweites Mal. Er war hier, um die Anfänge zu suchen. Hier vermutete er den Ort des Anfangs, umgeben von einer Fülle von Leben, Tieren, Pflanzen und Fossilien – wohin man auch ging, immer wieder hatte man die Zeugnisse einer wunderbaren Schöpfung vor Augen.

Ganz langsam ging Adam von seinem Zelt weg in den Frühnebel hinein. Wie war das alles entstanden? Wie hatte alles begonnen? Möglicherweise stand er genau dort, wo vor Tausenden von Jahren der Garten Eden gewesen war! Ein Garten, der unter den klimatischen und anderen äußeren Einflüssen sein Aussehen verändert hatte. Er konnte seine Theorie inzwischen gut formulieren. Aber sich hier in dieser Landschaft aufzuhalten und zu behaupten: »Hier war Eden«, war doch noch etwas ganz anderes. Würde er diesen Mut besitzen?

Wenn er doch nur einen richtigen Beweis finden könnte!

Schöpfung.

Adam hielt inne, kniete sich nieder und nahm eine Hand voll Staub und Steine von der Erde auf. Er betrachtete den Staub – leblose, unbewegte Materie.

Viele seiner Kollegen hatten sich hier in Olduwai und in ähnlichen Gegenden niedergekniet und den Staub untersucht. Sie hatten alte Knochen oder Teile eines Schädels von prähistorischen Menschen gefunden.

Adam starrte immer noch auf den Staub in seiner Hand.

Was war der Unterschied zwischen dem felsigen Land, das ihn umgab, dem Staub in seiner Hand und den alten fossilen Knochen, die hier überall gefunden wurden? Die Knochen waren genauso leblos wie die Steine.

Worin lag der Unterschied? Konnten Steine sich in Knochen verwandeln? War es nur die Molekularstruktur, die beide unterschied?

Nein, der Unterschied war natürlich das Leben. Die Knochen waren irgendwann einmal lebendig gewesen, es waren Männer und

Frauen gewesen, die gelebt hatten. Die Steine dagegen waren und blieben tot.

Woher kam das Leben der Knochen? Wie konnte aus totem Staub ein Mensch werden, der lebendig war, atmete, liebte, sich vermehrte, dachte und Entscheidungen traf?

Dieses Leben sollte durch Zufall entstanden sein? Das war einfach nicht möglich!

Adam lächelte, als er an die vertrauten Worte dachte: »Da formte Gott, der Herr, den Menschen aus Erde vom Ackerboden und blies in seine Nase den Lebensatem. So wurde der Mensch zu einem lebendigen Wesen.«

Er hielt immer noch Staub und Steine in der Hand. Nun hob er die Hand zu seinem Mund und blies sanft hinein. Eine kleine Staubwolke erhob sich.

Nachdenklich beobachtete er, wie der Staub wieder zu Boden rieselte. Wie hatte Gott das nur gemacht? Sein Atem war jedenfalls nicht in der Lage, Leben zu geben.

Er spreizte seine Finger und ließ Steine, Sand und Staub zur Erde rieseln. Langsam erhob er sich.

Der Mensch war nicht in der Lage, aus Staub Leben zu erwecken. Genauso wenig konnte der Staub sich selbst lebendig machen. Aber das Leben existierte. Woher kam es? Wie könnte es entstanden sein, wenn nicht durch den Akt eines Schöpfers?

Der Mensch war die Krone der Schöpfung; er konnte denken, sich sehnen, lieben, planen und kreativ sein. Der Mensch besaß eine solche Größe und stand weit über einer Giraffe oder einem Elefanten.

Es musste einen Grund für diese Überlegenheit des Menschen geben. Die Evolution hatte keine Erklärung dafür. Alles, was man in den nächsten tausend Jahren noch in der Olduwai-Schlucht finden würde, könnte das nicht erklären. Der Mensch war wunderbarer und fähiger als jede andere Kreatur.

Die Erklärung lag in Eden. Es war der Atem des Allmächtigen, der schöpferische Geist, lebendiger Odem, vom Schöpfer auf den Menschen übertragen, der Befehl zu leben, der den Staub zum Menschen machte.

Adam suchte nicht nur nach dem Ort, an dem das menschliche Leben begann, er suchte auch nach der Quelle, aus der das Leben entsprang. Er suchte die Antwort auf das große »Wie?«.

Es waren keine leichten Gedanken, die ihn an diesem Morgen bewegten. Als er nicht mehr weiter kam, erinnerte er sich wieder an die Worte, die Jen am Abend vorgelesen hatte. Es fiel ihm leicht, sich an die Sätze zu erinnern: »Was ist der Mensch, daß du an ihn denkst ...? Du hast ihn nur wenig geringer gemacht als Gott, hast ihn mit Herrlichkeit und Ehre gekrönt. Du hast ihn als Herrscher eingesetzt über das Werk deiner Hände, hast ihm alles zu Füßen gelegt: All die Schafe, Ziegen und Rinder und auch die wilden Tiere, die Vögel des Himmels und die Fische im Meer [...]. Herr, unser Herrscher, wie gewaltig ist dein Name auf der ganzen Erde!«

Es war alles so einleuchtend, so leicht zu erkennen ... lag das daran, dass es hier geschehen war?

Was ist der Mensch ...?

Die Worte erinnerten ihn an seinen Namen: Adam, Mensch. Der Satz drehte sich in seinem Kopf: *Was ist der Mensch ... Was ist Adam ...?*

Dann formte sich der ganze Satz in seinen Gedanken: *Was ist Adam, dass du an ihn denkst?*

Gott, dachte er und der Gedanke war mehr an sich selbst gerichtet als an ein Gegenüber, *denkst du wirklich an mich, denkst du an Adam Livingstone?*

Da waren Juliets Worte, die ihn immer wieder trafen. Gott kümmerte sich um einzelne Personen. Dieser Psalm sagte das Gleiche und es schien für alle Menschen zu gelten. Er schien auch ihm persönlich zu gelten.

Plötzlich brach die Frage aus ihm heraus und dieses Mal musste er es sich eingestehen, es war ein Gebet: *O Gott, wo hast du das alles gemacht? Wo hast du den Menschen zum Herrscher über die Tiere gesetzt? Wo war der Garten, in dem du mit Adam spazieren gegangen bist?*

Er hatte es kaum selbst bemerkt, was er getan hatte. Es war das erste Gebet seines Lebens. Die Worte waren aus seinem tiefsten Inneren gekommen. Das war mehr als wissenschaftliche Überlegung. Adam Livingstone hatte sich auf eine Reise begeben. Es war, als stünde er am Ufer eines riesigen Stromes. Er sah in die Fluten. Etwas in ihm drängte, hineinzuspringen und sich tragen zu lassen, auch wenn er nicht wusste, wohin ihn die Strömung bringen würde.

Vielleicht war Eden kein Ort, den man auf dieser Welt finden konnte. Vielleicht war er für immer verschwunden, damit die Nachfahren des ersten Adam ihn an anderer Stelle, in ihrem Herzen suchen würden?

Und wenn es nur wegen meines Namens ist, dachte Adam, *ich werde diesen Ort suchen. Und wenn es möglich ist, möchte ich beides, den tatsächlichen Garten und den Garten des Herzens finden. Auch wenn ich im Moment keine Ahnung habe, wo beide sein könnten.*

Während er über diese Dinge nachdachte, hatte er sich weit vom Lager entfernt. Es war längst dämmrig geworden. Bald würde die Sonne am Horizont auftauchen und die Tageshitze würde sich wieder lähmend über alles legen.

Es war Zeit, ins Lager zurückzukehren.

»Sehr gut, ja, haben Sie das notwendige Werkzeug, um Proben nehmen zu können, Dr. Cissna?«

»Ich werde alles mitbringen, Dr. Livingstone«, antwortete der Botaniker. »Wir haben eine große Auswahl an Bohrern und Extraktoren. Ich habe spezielle schwedische Bohrer, die einen Meter lang sind. Ich habe auf Ihren Wunsch hin auch Plastikröhrchen besorgt, obwohl wir sonst immer Metallröhrchen verwenden. Meistens werden die Jahresringe aber gleich vor Ort gezählt, weil die Proben sehr empfindlich sind. Aber wir werden auch transportfähige Proben nehmen können. Haben Sie die Genehmigungen?«

»Ich habe von den Behörden in Kenia und Tansania die Bewilligungen erhalten. Um Kongo muss ich mich noch kümmern.«

»Was ist mit Uganda? Wir werden vermutlich auch zu den Murchison-Wasserfällen gehen.«

»Meine Beziehungen zu den Verwaltungen der Länder sind gut, auch wenn es dort zum Teil große Probleme mit Bürgerkrieg, Unruhen und Flüchtlingen gibt. Das wird uns aber bei unserer Arbeit nicht behindern.«

»Gut, ich freue mich auf die Zusammenarbeit mit Ihnen.«

»Sie sollten sich auch auf unvorhergesehene Ereignisse einstellen.«

»Selbstverständlich. Es wird mir eine willkommene Abwechslung und eine schöne Herausforderung zu meinem sonstigen Alltag sein. Ich bin gespannt, mehr über Ihre Arbeit zu erfahren.«

»Wie lange werden wir brauchen?«

»Ich kann Ihnen alles, was Sie wollen, in etwa einer Woche zeigen. Mehr Zeit habe ich auch nicht zur Verfügung. Danach können Sie ohne mich weiterarbeiten.«

»Ich freue mich, Sie bald kennen zu lernen, Dr. Cissna. Wir treffen uns dann hier im Hotel in Arusha. Vielen Dank und bis dann.«

Adam sah auf die Uhr. Er musste noch einen Anruf erledigen. Ob es in den USA jetzt sehr früh war? Er wartete, bis der Telefonist des Hotels ihn durchgestellt hatte.

»Rocky, hier ist Adam!«

»Hallo, Adam, wie schön, von dir zu hören!«

»Ebenso! Ich hoffe, ich habe dich nicht aus dem Bett geholt?«

»Nun, ich hätte sowieso bald aufstehen müssen. Wie geht es euch? Habt ihr das Lager schon aufgebaut?«

»Danke, hier läuft alles bestens, bald geht es richtig los. Was sind deine Pläne?«

»Die sind etwas unklar im Moment. Mich hat hier eine böse Überraschung erwartet.«

»Was denn?«

»Mein Haus war verwüstet.«

»Oh nein, wirklich?«

»Ja, und sie haben das Notizbuch von Urgroßvater.«

»Hast du nicht gesagt, du hättest es —«

»Stimmt, in einem Banksafe. Sie waren mit einer gefälschten notariellen Beglaubigung und einem Zweitschlüssel dort.«

»Was machen wir denn jetzt?«

»Keine Ahnung. Die Sache wird immer heißer. Das gefällt mir gar nicht.«

»Mir auch nicht. Es tut mir Leid um dein Haus und dass du in Gefahr bist. Außerdem hatte ich schon meine ganzen Hoffnungen auf die Infos aus dem Notizbuch gesetzt.«

»Ich auch, das kannst du mir glauben.«

»Wie sehen denn nun deine Pläne aus? Wenn du das Buch nicht mehr hast, wirst du dann trotzdem noch nach Afrika kommen?«

»Es macht nicht viel Sinn für mich, jetzt zu kommen. Ich werde mich hier um alles kümmern, mein Haus wieder in Ordnung bringen und versuchen, den Einbrecher zu stellen. Vielleicht gelingt es mir ja.«

»Ich hätte eine Bitte. Wenn du doch nach Afrika kommen solltest, was ich mir eigentlich schon wünsche, könntest du dann in

England vorbeischauen? Nur für ein paar Tage, um nach dem Rechten zu sehen.«

»Warum?«

»Ich weiß nichts Konkretes. Aber wenn sie dir bis in die Staaten gefolgt sind, dann sind sie bestimmt auch noch in der Nähe des Eichhofes. Ich mache mir ein bisschen Sorgen um die Leute des Teams, die jetzt noch dort sind.«

»Das verstehe ich. Ich werde mich also zuerst hier umsehen, vor allem will ich herausfinden, wer das Notizbuch gestohlen hat. Und dann mache ich noch einen Zwischenstopp in England, bevor ich zu euch nach Afrika komme. Das geht in Ordnung.«

»Bitte halte mich auf dem Laufenden. Du kannst hier im Hotel immer eine Nachricht für mich hinterlassen.«

»Geht klar.«

Fremde in Peterborough

Rocky war sich ganz sicher, dass er diesen Kerl aus dem Flugzeug kannte. Er legte sein Fernglas auf die Fensterbank. Was machte der Typ in seiner Heimatstadt? Er lungerte hier herum, um sein Haus zu beobachten. Der war hinter ihm her! Was sollte er jetzt tun? Am besten wäre, *er* würde die Initiative ergreifen. Hatte er eine andere Wahl?

Einen Moment lang überlegte er noch, was er stattdessen tun könnte, doch ihm fiel nichts ein. Also verließ er das Haus. Er hatte noch keinen konkreten Plan, aber er war mit solchen Situationen vertraut. Bald würde er wissen, was das für ein Kerl war.

Rocky überquerte die Straße und betrat ein Café. Peterborough war ein winziges Dorf mit weniger als 3 000 Einwohnern. Von seiner Haustür aus konnte er praktisch den ganzen Ort überblicken. Es gab zwei Hauptstraßen, an deren Seiten sich je zwei hintereinander liegende Reihen kleiner weißer Häuser entlangzogen, jedes von einem weißen Gartenzaun umgeben.

Als er das Café betrat, blickte er unauffällig über seine Schulter. Tatsächlich, auf der anderen Straßenseite war der Mann und sah hinter ihm her. Doch schon drehte sich der Mann um und ging zur Telefonzelle, die sich zwischen der Tankstelle und der Bäckerei befand.

»Hallo, Darci«, grüßte Rocky die Bedienung. Sie hatte rote lockige Haare, war etwas mollig und trug ein blumiges Parfum. Rocky setzte sich ans Fenster und hielt die aufgeklappte Speisekarte vors Gesicht. Der Mann kam schon bald wieder aus der Telefonzelle und drehte sich kurz zu Rocky um. Als er sah, dass alles in Ordnung war, ging er in die entgegengesetzte Richtung zum einzigen Hotel am Ort.

Rocky wartete, bis er hineingegangen war, dann erhob er sich.

»Machst du mir ein Omelett, Darci?«, bat er die Bedienung. »Und dazu frische Brötchen und Kaffee. Ich bin in einer Viertelstunde wieder da, ja?« Die Frau nickte freundlich und strich sich eine rote Locke aus der Stirn. Er war ihr Lieblingsgast.

Rocky ging zum Hintereingang, dann an den Toiletten vorbei zum Hof. Vorsichtig schlich er sich um das Gebäude herum, zögerte kurz und rannte dann schnell über einen freien Platz zu dem schmalen Weg, der parallel hinter der Hauptstraße zwischen den Hausreihen verlief. Bald war er nahe am Hotel. Die Mauer hatte an dieser Seite keine Fenster. Langsam schob er sich an der Wand entlang zum Eingang hin, als er die Tür aufschwingen hörte. Erschrocken blieb er stehen. Schritte kamen die Treppe herunter und er konnte zwei Menschen reden hören. Er duckte sich hinter der Wand.

»… wird erst mal eine Weile dort bleiben. Wir können solange sehen, ob wir etwas zum Essen finden … nicht auszuhalten in diesem verdammten Kaff.«

Der Akzent klang ausländisch. War das eine Frauenstimme?

Zwei Personen gingen zum Parkplatz des Hotels. Rocky lugte um die Ecke. Es war der Mann mit der Mütze, die Person daneben konnte er nicht genau sehen. Er wusste auch nicht, welche Stimme zu wem gehörte. Er wartete, bis sie weggefahren waren.

Als der Wagen verschwunden war, ging Rocky die Stufen hinauf durch den Haupteingang ins Hotel.

»Guten Morgen, Walter«, grüßte er den Mann an der Rezeption. »Wie läuft das Geschäft?«

»Im Sommer ist es natürlich besser, im Winter wird ja hier wirklich nicht viel geboten. Aber was soll's, ein paar Leute verschlägt es doch immer wieder zu uns!«

»Die beiden, die gerade rausgegangen sind, welche Zimmernummern haben die?«

»Also wirklich, Rocky, du solltest wissen, dass ich das nicht –«

»Wo ich dir so viele Kunden bringe?«

»Trotzdem –«

»Und weißt du nicht mehr, wie ich dir damals geholfen habe, als diese Kerle fast das Hotel gekauft hätten und dich dabei nur übers Ohr hauen wollten? Dafür schuldest du mir eigentlich noch etwas.«

»Ich weiß, schon, aber –«

»Nur ein paar Zimmernummern. Niemand wird etwas davon erfahren, am wenigsten die beiden. Sie führen nichts Gutes im Schil-

de. Mein Ziel ist nur, ein Verbrechen zu verhindern, bevor es zu spät ist.«
»Was für ein Verbrechen?«
»Mord!«
»Oh!«
»Ja, und ich könnte das Opfer sein, wenn ich nicht schneller bin als sie.«
»Na, schön«, sagte der Mann resigniert, »Nummer 23 und 24.«
»Danke!«
Rocky war schon halb an der Treppe.
»Willst du die Schlüssel?«
»Nein, lieber nicht, sonst bekommst du nur Ärger.«
»Mit wem denn?«
»Mit dem Chef.«
»Ich bin doch der Chef!«
»Oh, stimmt ja!« Rocky grinste und rannte die Treppe hinauf.

Mehr aus Routine als aus Nervosität sah sich Rocky sorgfältig um. Auf dem Flur war niemand zu sehen. Es war kein Problem für ihn, mit seinem kleinen Dietrich die Tür zu öffnen.

Mit diesem Teil seiner Arbeit hatte er in letzter Zeit allerdings immer mehr Probleme. Seit er Christ war, fühlte er sich nicht mehr wohl, wenn er irgendwo einbrach. Früher als Polizist hatte ihm das nie etwas ausgemacht. Aber jetzt fiel es ihm von Mal zu Mal schwerer. Natürlich hatte er dann immer eine Reihe guter Argumente parat, um sein Gewissen zu beruhigen. Schließlich versuchte er, Gewalt zu verhindern, Leben zu retten und den Bösewichten das Handwerk zu legen. Trotzdem fühlte er sich ganz und gar nicht wohl dabei.

Jetzt war jedenfalls auch nicht die Zeit, dieses Problem zu lösen und über ethische Fragen nachzugrübeln. Er betrat den Raum.

Was ihn erwartete, konnte er nicht sehen, aber er konnte es fühlen. Es war ein schwer zu beschreibendes Gefühl, das seine ganze Person umfing. Was er hier spürte, spielte sich auf einer anderen Ebene ab als alles, was er bisher kennen gelernt hatte. Seine Haare standen regelrecht zu Berge.

Er zog einige Schubladen aus dem Schreibtisch, leer. Im Schrank stand ein Koffer. Rocky zog ihn heraus, legte ihn hin und öffnete die Schlösser.

Volltreffer! Ausweise, Papiere und Ähnliches.
Eilig sichtete er den Inhalt. Am liebsten hätte er alles mitgenommen, konnte sich aber beherrschen. Nur zwei Dinge nahm er mit. Sie gehörten ihm. Sie waren ihm gestohlen worden.
Die Geschichte war doch genauso gefährlich, wie er es Adam gegenüber vermutet hatte. In den nächsten zwei Minuten hatte er beide Zimmer durchsucht. Was er im Nebenzimmer fand, war nicht weniger wertvoll.
Fünf Minuten später war er wieder draußen. Der Schweiß rann ihm in Bächen über den Körper, obwohl es kalt war. Er hatte in seinem Leben noch nie eine solche Angst gehabt wie in diesen Räumen.
Nachdem er jetzt etwas mitgenommen hatte, würden die beiden doch merken, dass jemand in ihrem Zimmer gewesen war, obwohl er dem Hotelier sein Versprechen gegeben hatte. Es half nichts, er musste auch das auf sein Gewissen nehmen.
»Vielen Dank«, rief er dem Mann an der Rezeption zu, als er durch die Lobby eilte, »jetzt schulde ich dir etwas.«

Eine Minute später rannte Rocky wieder ins Café.
»Tut mir Leid, Darci, aber das Essen müssen wir aufschieben«, entschuldigte er sich.
»Aber, Rocky, die Eier –«
»Weißt du was? Ich möchte, dass du alles rüber ins Hotel bringst, für Walter Weiderman an der Rezeption. Mach ihm auch noch ein Kotelett dazu.«
»Wirklich?«
»Ja, er hat mir wahrscheinlich gerade das Leben gerettet. Mach ihm das größte Frühstück, das dir einfällt. Und nimm dir selbst 20 Dollar Trinkgeld. Setz das Ganze auf meine Rechnung.«
»Danke, Rocky.«
Er legte 50 Dollar auf die Theke und war wieder an der Tür.
»Ach ja, wenn Fremde nach mir fragen, bitte sage ihnen nicht, dass du mich heute Morgen gesehen hast, ja?«
Sie sah ihm nach. Ein kleines, einsames Lächeln war in ihrem Gesicht. Müde wischte sie sich eine rote Locke aus der Stirn.
Er rannte, so schnell er konnte, zu seinem Haus zurück. Vermutlich blieben ihm gerade mal 30 oder 40 Minuten. Bis dahin musste

er verschwunden sein. Wer wusste schon, was sonst geschehen würde! Während der eine Typ mit ihm hergeflogen war, hatte die zweite Person offensichtlich sein Haus verwüstet. Angesichts des Attentats, das die Laborantin in England getötet hatte, musste er davon ausgehen, dass diese Leute keine Skrupel kannten.

So schnell er konnte, rannte er die Treppe zum Dachboden hinauf und zerrte die schwere Truhe hinunter ins Erdgeschoss. Er warf die wichtigsten Wertsachen und Papiere hinein, seine Akten, wichtige Unterlagen und ein paar persönliche Sachen, die ihm viel bedeuteten. Wohin damit?

Er schob die Truhe zum Hinterausgang, packte sie in den Wagen und verschloss sorgfältig das Haus. Erst als er so weit war, wusste er auch, wohin er gehen würde: zu Pastor Mark. Er brauchte jetzt geistliche Unterstützung. Vielleicht konnten Mark und Laurene ihm auch erklären, was Gott in dieser Situation von ihm erwartete.

Er vermisste seine Frau. Sie hatte in geistlichen Sachen immer einen guten Riecher gehabt. Andererseits war er froh, dass sie diese gefährliche Situation jetzt nicht erleben musste. Gut, dass er Mark und Laurene kannte. Hoffentlich wussten sie Rat.

Anfänge und Epochen

Adam Livingstone saß am Steuer der kleinen Maschine, die er für eine Woche gemietet hatte. Neben ihm saß Dr. Cissna. Es war die erste persönliche Begegnung der beiden Männer, die beide auf das Wissen des anderen gespannt waren.

Sie hatten einen dreistündigen Flug geplant, um sich einen Überblick über die Region zu verschaffen und sich gleichzeitig in Ruhe austauschen zu können. Dann wollten sie in der Nähe des Lagers wieder landen.

»Ich danke Ihnen, dass Sie sich Zeit genommen haben, um an meinem Projekt mitzuarbeiten«, begann Adam das Gespräch, während er die Maschine nach oben zog.

»Das wenige, was Sie mir am Telefon verrieten, klang so spannend, dass ich nicht nein sagen konnte. Was suchen Sie denn nun eigentlich?«

»Ich suche alte lebende Organismen, sehr alte. Keine Fossilien.«

»Sie sind sehr zurückhaltend mit Ihren Auskünften, Dr. Livingstone.«

»Bitte entschuldigen Sie. Ich musste lernen, vorsichtig zu sein, nachdem wir einige ernsthafte Sicherheitsprobleme hatten. So kann ich dem Telefon praktisch kaum noch vertrauen. Deshalb konnte ich Sie telefonisch nicht über die Einzelheiten in Kenntnis setzen.«

»Aber jetzt sind wir ganz bestimmt allein«, lachte der Ägypter und deutete aus dem Fenster. »Ich bin wirklich neugierig auf Ihre Arbeit. Es ist jedenfalls ziemlich unüblich für einen Archäologen, nach *lebenden* Objekten zu suchen.«

»Meine Suche gilt einem ganz konkreten Ort, Dr. Cissna«, bekannte Adam endlich, »ich suche den Garten Eden.«

Überrascht wandte sich Dr. Cissna, der bisher aus dem Fenster geschaut hatte, Adam zu. Prüfend sah er ihn an. Wollte er ihn auf den Arm nehmen? Aber Dr. Livingstone sah völlig ernst aus.

»Sie meinen den *biblischen* Garten? *Den* Garten Eden?«
Adam nickte.
»Ich möchte die älteste Pflanze der Erde finden«, erklärte er. »Wenn meine Theorie stimmt, muss sie hier irgendwo zwischen dem ostafrikanischen Senkungsgraben und dem Roten Meer wachsen.«
»Sie haben eine Theorie? Darf ich sie erfahren?«
»Ich nenne sie die ›Theorie des großen ovalen Garten Eden‹«, begann Adam und erklärte ihm alles, so gut es in der Kürze der Zeit möglich war.
Der Botaniker hörte fasziniert zu. Die Logik war einfach und schlüssig; die Zusammenhänge drängten sich ihm förmlich auf.
»Da könnten Sie wirklich auf einer ganz heißen Spur sein, Livingstone«, sagte er begeistert, als Adam fertig war. »Es liegen tatsächlich ungeahnte Geheimnisse in den Dschungeln und Regenwäldern unserer Erde. Die Pflanzen dort haben eine unvorstellbare Lebenskraft. Wir haben viele Pflanzenarten noch gar nicht entdeckt, manche haben ein riesiges Wurzelwerk – es gibt Reben und Pilze, die kilometerweit wachsen. Es gibt so viel zu entdecken und wir wissen noch so wenig über unsere Erde, trotz aller Forschung und Bemühungen. Warum sollte es keinen Beweis für Eden geben? Wir müssen ihn nur finden. Tatsächlich –«
Er wandte sich Adam zu. »Welche Route haben Sie für heute geplant?«
»Nichts Bestimmtes. Ich wollte nur einen Überblick über die ganze Region bekommen und mit Ihnen über die Arbeit sprechen.«
»Dann lassen Sie uns nach Süden fliegen«, sagte Dr. Cissna und deutete nach links.
Adam befolgte den Vorschlag und beschrieb mit dem Flugzeug einen Bogen.
»Ich schlage vor, wir fangen morgen am Manyara-See an. In ungefähr zehn Minuten werden wir ihn überfliegen. Dort gibt es mehr Elefanten als Bäume.«
»Wie ist die Vegetation dort?«
»Es wachsen dort vor allem Akazien. Am Westufer haben wir vulkanisches Gestein. Auf der Hochebene des Kraters hat sich durch den hohen Grundwasserspiegel eine waldartige Vegetation entwickelt. Dort wachsen einige Pflanzen, die wir als Erstes untersuchen sollten.
Nach dem Manyara-See könnten wir zum Kenya-Berg fliegen. Dort gibt es eine Menge ungewöhnlicher Pflanzen.«

»Sie scheinen wirklich Freude an Ihrer Arbeit zu haben.« Adam lächelte über den eifrigen Wissenschaftler neben ihm.
»Und an Ihrer Arbeit. Ihre Theorie finde ich sehr interessant. Aber wie gut ist dieses Flugzeug? Können wir jeden beliebigen Ort anfliegen?«
»Ich dachte zuerst, diese Maschine würde für unsere Zwecke ausreichen. Nun bin ich mir aber nicht mehr so sicher. Wenn nicht, tauschen wir sie gegen eine bessere, so dass wir wirklich überall landen können.«
»Jedenfalls gibt es keine geeignetere Gegend für Ihre Forschung als Ostafrika. Es gibt praktisch nichts, was hier nicht wächst.«
»So optimistisch sind Sie? Glauben Sie, ich kann den Nachweis erbringen, dass Eden wirklich existiert hat?«
»Vielleicht ist der Affenbrotbaum der Schlüssel zu Ihrer Frage«, antwortete der Ägypter. »Die ältesten uns bekannten Exemplare sind 2 500 Jahre alt, aber möglicherweise finden wir noch viel ältere. Manche Wissenschaftler halten sie für die ältesten lebenden Pflanzen überhaupt. Allerdings ist die Altersbestimmung meistens ungenau, weil das Holz porös ist.«
»Wie kommt das?«
»Die Stämme werden mit der Zeit innen hohl. Oft enthalten die hohlen Stämme große Wassermengen. Deshalb werden alte Bäume manchmal von durstigen Elefanten zerstört.«
»Interessant.«
»Die Affenbrotbäume werden riesengroß und sehr alt. Manchmal leben Menschen in ihren hohlen Stämmen. Es gibt eine berühmte Geschichte, nach der ein Affenbrotbaum als Bushaltestelle diente. In seinen Stamm passten 30 Leute.«
»Ist der Affenbrotbaum älter als die Borstenkiefer?«
»Darüber streitet man sich in Fachkreisen erbittert. Das Zählen der Jahresringe ist eine sehr ungenaue Methode. Manchmal ist ein Teil des Stammes abgestorben, der übrige Baum lebt aber noch. Oder ein Blitz hat eingeschlagen, danach wird das Ringezählen sehr erschwert. Oft muss man dem Stamm verschiedene Proben aus verschiedenen Winkeln entnehmen und dann versuchen, sie zusammenzusetzen. Es gibt natürlich auch noch andere Methoden der Altersbestimmung.«
»Das scheint ja wirklich eine komplizierte Wissenschaft zu sein.«

»Ja, das ist es tatsächlich. Ich möchte Ihnen auch noch die Dornen-Bäume zeigen und die riesige Wolfsmilch-Pflanze im Königin-Elisabeth-Park. Sie ist eine Kaktusart, aber vermutlich älter, als wir überhaupt bestimmen können. Das wird Sie mit Sicherheit interessieren. Afrika ist voll von alten Geheimnissen, Herr Livingstone. Das Alter der Funde ist nicht nur bei den menschlichen Fossilien außerordentlich hoch, sondern ebenso in den Bereichen von Flora und Fauna, der Geologie und nahezu allen anderen Disziplinen. Ich sage das nicht nur, weil ich als Ägypter auch Afrikaner bin, sondern ich denke, es ist objektiv richtig, Afrika den Kontinent der Anfänge zu nennen.«

»Je mehr ich mich mit diesem Thema beschäftige, desto mehr bin ich geneigt, dies genauso zu sehen.«

Dr. Cissna fiel noch mehr ein, was er Adam unbedingt zeigen wollte. Die beiden unterhielten sich lebhaft und die Zeit verging wie im Flug.

Als sie zum Lager zurückkamen, lief Jen ihnen aufgeregt entgegen.

»Was ist denn los?«, fragte Adam sie.

»Rat mal, wer unser nächster Nachbar ist! Er hat etwa einen Kilometer von hier sein Lager aufgeschlagen!«

»Keine Ahnung.«

»Gilbert Bowles.«

»Bowles! Das gibt's doch nicht! Was macht der denn hier?«

»Das wüsste ich auch gerne. Scott will morgen mal rübergehen und versuchen, etwas herauszufinden.«

»Das halte ich eigentlich für keine gute Idee. Aber, Jen, ich möchte dir Dr. Cissna von der Universität in Kairo vorstellen. Er wird uns zu den ältesten lebenden Pflanzen der Erde führen.«

»Ich weiß nicht, ob Sie da nicht zu viel von mir erwarten«, lächelte er freundlich.

»Doch, das traue ich Ihnen zu«, gab Adam zurück. »Ich habe mich gründlich über Sie informiert.«

Am nächsten Morgen wurde das gemütliche Frühstück des Teams plötzlich von kreischendem Motorenlärm gestört.

»Was ist denn hier los?«, fragte Scott und suchte sein Fernglas.

»Das kommt aus der Richtung von Bowles«, erklärte Jen.

Adam lachte. »Was hat unser verehrter Kollege bloß vor?«

Alle hatten sich erhoben und blickten in die Richtung, aus der der Lärm kam. Doch ein Hügel verdeckte ihnen die Sicht. Während alle auf den Hügel stiegen, um mehr zu sehen, sprach Adam mit Dr. Cissna und erklärte ihm, warum Bowles ihn auf keinen Fall sehen sollte. Kurz bevor sie auf der Kuppe angekommen waren, versteckten sie sich hinter einigen Felsen und Sträuchern und Adam ließ sich das Fernglas geben. Nach ein paar Augenblicken begann er zu kichern.

»Das ist nicht zu fassen! Die ganze Fahrzeugkolonne ist von der Presse. Ob die ihm alle hierher gefolgt sind? Wahrscheinlich hat er eine Pressekonferenz angekündigt, mitten in der afrikanischen Steppe. Das sähe ihm ähnlich. Jetzt steigen sie alle aus und umringen ihn.«

Adam hatte die gleiche Antipathie für Bowles wie Jen und Scott.

»Das hat er bestimmt inszeniert, um auch mal wieder in die Schlagzeilen zu kommen.«

Doch bei dem Gedanken, welche Folgen das für sie haben könnte, verging Adam das Lachen.

Er erklärte: »Wir sind bisher unentdeckt geblieben. Wenn die Journalisten uns hier finden, haben wir ein Problem. Ich will weder, dass das Stichwort ›Eden‹ noch einmal fällt, noch sollen sie ahnen, dass wir die Flora absuchen. Dr. Cissna darf auf keinen Fall hier gesehen werden. Ich möchte dieses Projekt in Ruhe durchführen, ohne mich schon im Vorfeld vor der ganzen Welt verteidigen zu müssen.«

Alle nickten. Scott erklärte: »Ich werde mich unter die Reporter mischen, ich sehe doch sehr einheimisch aus. Dann kann ich herausfinden, was der Alte eigentlich vorhat.«

»Spinnst du? Wenn sie dich erkennen –« Adam war entrüstet.

»Ach was, ich werde schon aufpassen. Ich fürchte, Bowles ist hier, um uns auszuspionieren. Das will ich herausfinden.«

»Ich gehe mit«, erklärte Jen entschieden. Adam runzelte die Stirn, sagte aber nichts mehr. Beide wussten, dass er nicht einverstanden war. Wenn sie trotzdem gehen wollten – er versuchte immer, sich im Team partnerschaftlich zu verhalten. Sie mussten selbst wissen, was sie taten, er würde sie nicht mit Gewalt davon abhalten.

Während Adam und Dr. Cissna zum Lager zurückgingen, marschierten Scott und Jen los.

Schon bald waren sie bei Bowles. Niemand hatte sie bemerkt. Alle scharten sich um Bowles, der seine übliche Kluft trug. Die beiden stellten sich hinten zu den Journalisten. Bowles genoss die Situation offensichtlich und nahm bereits Fragen entgegen.

»… wie Ihnen allen bekannt sein dürfte, belegen die Funde, die ich vor einigen Jahren in dieser Schlucht gemacht habe, die Tatsache, dass der heutige Mensch sich über Millionen von Jahren allmählich entwickelte. Daran besteht kein Zweifel mehr.«

»Deswegen sind wir nicht hergekommen. Sagen Sie uns etwas Neues«, verlangte eine junge Journalistin. »Sie haben doch wohl nicht hier mitten in der Wildnis eine Pressekonferenz angesetzt, um uns das zu sagen?«

Beifällige Kommentare wurden laut. Die meisten hatten eine lange, teure Reise zurückgelegt und fürchteten, ohne eine gute Story in ihre Redaktion zurückkehren zu müssen.

»Ich wollte doch nur noch einmal die Grundlagen klären«, beschwichtigte Bowles sie. »Aber was halten Sie von dieser Information? Das Ziel meiner Expedition ist der Nachweis, dass in dieser Schlucht und in der näheren Umgebung seit viel mehr als zwei Millionen Jahre ununterbrochen menschliche Siedlungen waren.«

»Wie viel mehr als zwei Millionen Jahre?«, fragte jemand zurück.

»Vielleicht fünf oder sogar sechs Millionen Jahre«, antwortete Bowles, »damit also schon vor der Zeit, als hier ein Salzsee die Gegend bedeckte.«

»Wie wollen Sie diese Hypothese beweisen?«

»Mein Expertenteam ist unterwegs. In London haben wir bereits alle bekannten Funde dieser Gegend in unseren Computern erfasst und datiert. Wir werden die lückenlose Geschichte des Menschen in dieser Gegend nachweisen und damit die menschliche Evolution belegen. Ich hoffe, dass mit dieser Arbeit der Glaube an eine Schöpfung für immer vernichtet wird.«

»Sie wollen die Evolution beweisen? Das hätte selbst Darwin nicht gewagt«, protestierte der Reporter einer amerikanischen Zeitschrift.

»Amerikaner lieben Intuition und haben ein Problem mit Fakten, das ist mir bekannt«, gab Bowles scharf zurück. »Aber die übrige Welt wird damit sicher etwas anfangen können.«

Alle lachten. Bowles war bekannt für seine scharfe Zunge, die ihn bei Journalisten natürlich beliebt machte.

»Was sagen Sie zu den Entdeckungen Ihres Kollegen Adam Livingstone?«, fragte der Amerikaner zurück. »Seine Arche beweist die biblische Version einer weltweiten Flut. Wie passt das zu Ihrer Theorie?«

Ein zufriedenes Lächeln lag auf Bowles' Gesicht. Endlich nahm das Gespräch die gewünschte Wendung. Genüsslich setzte er zu seiner Antwort an.

»Ein einziges Holzschiff auf einem einzelnen Berg ist noch lange kein Beweis für eine weltweite Flut«, begann er, legte eine Pause ein und fixierte sein Publikum. »Adam Livingstone hat den nüchternen Boden der Tatsachen an dieser Stelle längst verlassen. Ich drücke mich vorsichtig aus. Er hat sich ins Reich der Fabeln und Legenden begeben und sucht nach Beweisen für Kindergeschichten. Das hat mit Wissenschaft nichts mehr zu tun. Selbst wenn ein Schiff durch eine Flut auf einen Berg getragen wurde, wird es sich natürlich um eine örtlich begrenzte Überschwemmung gehandelt haben.«

»Sie glauben also nicht, dass Livingstone die Arche Noah gefunden hat?«

»Nun, ich möchte meinen lieben Kollegen nicht diskreditieren. Aber meines Erachtens leidet er unter einem hoffentlich vorübergehenden Anfall von religiösem Wahn.«

»Was sagen Sie denn zu seinem Fund?«

»Es scheint tatsächlich ein großes, schiffsähnliches Gebilde zu sein. Aber haben Sie vergessen, dass es im Ararat-Gebirge schon einige sehr alte schiffsförmige Funde gibt? Ganz offensichtlich waren die Zivilisationen, die dort früher gelebt haben, in der Lage, Schiffe zu bauen.«

»Das muss doch etwas bedeuten!«

»Selbstverständlich, man kann und muss jeden Fund interpretieren«, dozierte er nun mit väterlich wohlwollendem Ton. »Ich selbst bin viel gereist und habe immer wieder über die Fähigkeiten unserer Vorfahren gestaunt. Die Ägypter haben in der Wüste Pyramiden gebaut und die Inkas haben mitten in den Anden eine hochzivilisierte Kultur entwickelt. Warum sollten die Menschen, die damals in der Osttürkei lebten, keine Schiffe gebaut haben?«

»Was sagen Sie zu Livingstones neuem Projekt, seiner Suche nach dem Garten Eden?«

Bowles lächelte, kicherte, fing schließlich an, schallend zu lachen. Nach einigen Augenblicken schüttelte es ihn vor Lachen. Sein lautes Gelächter wirkte ansteckend und bis auf die zwei Personen, die ganz hinten standen, lachten bald alle lauthals mit.

»Er ist unerträglich«, flüsterte Jen in Scotts Ohr.

»Lächeln!«, befahl Scott. »Adams Ansehen hängt nicht von Bowles' Meinung ab.«

Bowles konnte endlich wieder sprechen: »Wir werden ihn bald Pastor Livingstone nennen müssen.« Wieder folgte eine Lachsalve.

»Glauben Sie nicht, dass an der Arche etwas Wahres dran sein könnte?«, versuchte eine junge Dame es noch einmal.

»Selbstverständlich nicht. Die Bibel ist ein Märchenbuch. Ich würde sie noch nicht einmal eine Legende nennen wollen. Es ist reinste Erfindung. Das beweist mein eigenes Werk und die Arbeit von Zehntausenden von Wissenschaftlern in den letzten 150 Jahren.«

»Livingstone würde Ihnen an dieser Stelle aber widersprechen.«

»Ich weiß. Und wenn er so weitermacht, wird er mir auch bald predigen, dass ich für meine Sünden Buße tun soll, um nicht in die Hölle zu kommen«, feixte er. »Ich kann es nicht fassen, was aus diesem intelligenten jungen Mann geworden ist. Er war wirklich begabt. Vielleicht hat er zu viele Erweckungsgottesdienste besucht.«

Alle lachten. In diesem Moment drehte sich eine Journalistin um. Überrascht betrachtete sie Scott und Jen. Sie sah verwirrt aus, löste sich aus der Gruppe und ging langsam auf die beiden zu. Ihrem Gesicht war anzumerken, dass sie nicht sicher war, ob sie sich irrte. Als die beiden ihre Entdeckung bemerkten, versuchten sie, unauffällig zu verschwinden. Das fiel der Reporterin auf.

»Halt, warten Sie!«, rief sie laut. »Hier ist Scott Jordan. Was hat das zu bedeuten?«, rief sie der Gruppe zu, während sie hinter den beiden herlief. »So bleiben Sie doch stehen, ich will Ihnen ein paar Fragen stellen. Sind Sie zu Bowles' Team übergelaufen?«

Es war zu spät. Die ganze Schar drehte sich um und lief auf Scott und Jen zu. Bowles lachte nicht mehr. Er sah den Journalisten hinterher und fühlte sich plötzlich sehr überflüssig. Wut machte sich breit. Die würden sich alle noch wundern. Er würde zuletzt und am besten lachen.

»So viel zu unserer geheimen Mission. Adam wird uns umbringen«, flüsterte Jen entsetzt.

»Mach dir keine Sorgen, ich habe schon noch ein paar Tricks auf Lager. Sie dürfen nur nichts von Dr. Cissna erfahren, sonst haben wir wirklich verspielt.«

»Aus welchem vernünftigen Grund könnten wir denn hier sein?«, überlegte Jen.

»Sie kommen nie dahinter, was Adam wirklich vorhat.«
»Hallo, Sie beide, dürfen wir nicht wissen, worüber Sie sich gerade unterhalten?«, fragte die Journalistin, die sie als Erste entdeckt hatte. »Was machen Sie denn hier?«

Mark Stafford wurde blass, als er plötzlich Rocky auf seiner Türschwelle sah. Einen Moment lang sah er ihn schweigend an.
»Was um alles in der Welt ist denn los?«, lachte Rocky unsicher. Er wusste nicht, wie er das Verhalten seines Pastors deuten sollte. »Du schaust mich an, als ob ich ein Geist wäre.«
»Ich ... es tut mir Leid, Rocky«, stammelte Mark und versuchte, seine Fassung wiederzugewinnen, »das klingt jetzt wahrscheinlich komisch, aber Laurene und ich fürchteten, dich vielleicht nie wieder zu sehen.«
Jetzt war es an Rocky, verwirrt dreinzuschauen.
»Nun komm schon rein, Rocky«, sagte der Pastor endlich, »ich kann dir gar nicht sagen, wie froh ich bin, dich zu sehen. Schatz!«, rief er ins Innere seines Hauses. »Rate mal, wer da ist?«
Frau Stafford kam mit einem Geschirrtuch in der Hand aus der Küche. »Rocky!«, rief sie entzückt. Sie ging direkt auf ihn zu und umarmte ihn herzlich. Ihre Augen füllten sich mit Tränen. »Wir haben so sehr für dich gebetet«, sagte sie schließlich.
»Was ist denn los?«, fragte Rocky unsicher. »Ihr tut ja, als sei ich von den Toten auferstanden.«
»Ich mache uns etwas zu essen«, sagte Laurene und verschwand wieder in der Küche.
»Und ich erkläre dir alles«, fügte Mark hinzu und schob Rocky sanft ins Wohnzimmer.
»Wir hatten den Eindruck, du seist in Gefahr«, begann der Pastor.
»Das bin ich immer noch«, bestätigte Rocky.
»Hängt das mit dem englischen Archäologen zusammen?«
Rocky nickte.
»Ich bin mir sicher, dass wir deshalb so intensiv für dich beten mussten. Wir hatten das Gefühl, dass du mitten in einem Kampf bist. Der Heilige Geist drängte uns, jeden Tag intensiv für dich zu beten.«
»Ich danke euch.«
Laurene deckte den Tisch und Rocky erzählte seine Geschichte.

»Aber ich bin eigentlich gekommen, weil ich euch um einen Gefallen bitten möchte«, sagte Rocky, nachdem er alles erzählt hatte. »Ich bin immer noch in großer Gefahr und werde die Stadt für einige Zeit verlassen müssen.«

»Geht es wieder nach London?«

»Ja, fürs Erste. Aber ehrlich gesagt, weiß ich nicht genau, wie es dann weitergeht. Möglicherweise nach Afrika. Ich möchte euch so lange die Schlüssel für mein Haus geben.«

Die beiden nickten.

»Es könnte nicht ganz ungefährlich sein, mein Haus zu betreten. Vielleicht wird wieder eingebrochen. Die Einbrecher sind noch in der Stadt.«

Der Pastor und seine Frau sahen sich an: »Wir werden vorsichtig sein.«

»Außerdem habe ich eine Truhe mit Wertsachen und Papieren im Auto, die ich irgendwo verstecken muss.«

»Du kannst sie hier bei uns lassen.«

»Nein, das ist zu gefährlich. Wie wäre es mit dem Keller der Kirche?«

»Gute Idee. Dort gibt's sonst nichts Wertvolles. Zwischen all den alten Stühlen und Kartons könnten wir deine Kiste gut verstecken. Aber was sind das denn für Leute, die hinter dir her sind?«

»Das weiß ich auch nicht so genau, ich versuche aber gerade, das herauszufinden. Sie scheuen auf jeden Fall nicht davor zurück, Gewalt anzuwenden oder Menschen umzubringen. Ich glaube auch, dass sie mit den Endzeit-Dingen zu tun haben, von denen ihr mir neulich erzählt habt.«

Der Pastor und seine Frau sahen sich bedeutungsvoll an.

»Bitte, können wir jetzt die Truhe rüberbringen?«, drängte Rocky.

»Hast du es eilig?«

»Ja, ich werde noch heute Nachmittag die Stadt verlassen.«

»Dann kümmern wir uns am besten jetzt gleich um deine Sachen. Aber ich möchte vorher gerne noch mit dir beten.« Die Frau des Pastors nickte zustimmend. »Heiliger Geist, danke für deine Gegenwart.« Seine Stimme war sanft, voller Zuversicht und Vertrauen, aber auch mit einem gehörigen Anteil Autorität.

»Wir beten jetzt im Namen Jesu und wir binden die Mächte der Finsternis. Bewahre uns. Fülle uns neu mit deiner Kraft. Wir wissen, dass du bereits den Sieg errungen hast. Hilf uns, die geistlichen Waffen einzusetzen, die du uns gegeben hast. Wir wollen uns nicht von der Angst beherrschen lassen, sondern mit dir zusammen Sieger sein. Und jetzt komm, Heiliger Geist, und gib uns deine Weisheit, um die Dinge geistlich beurteilen zu können. Danke für deinen Schutz, deine Gegenwart und deinen Sieg. Wir preisen dich, Jesus! Amen.«

Sie schwiegen. Gottes Nähe war spürbar. Er hatte ihr Gebet erhört, das wussten sie. Ein wunderbarer Frieden erfüllte alle drei.

»Ich schlage Folgendes vor«, sagte Mark schließlich, »da wir hier beobachtet werden könnten, lass uns so vorsichtig wie möglich sein. Wir fahren zusammen los, aber mit zwei Fahrzeugen. Rocky, du fährst zur Kirche, parkst hinter den Bäumen und bringst deine Sachen in den Keller. Wir fahren ein paar Extratouren, machen vielleicht noch einen kurzen Besuch bei einem älteren Gemeindemitglied, dann kommen wir auch zur Kirche und treffen uns in meinem Büro. Dort möchte ich dir noch einige Zusammenhänge erzählen, die für dich wichtig sein könnten. Okay?«

Rocky hatte nichts dagegen.

Gilbert Bowles war wie versteinert. Mit hochrotem Kopf blickte er hinter den Reportern her, die bei seinem ärgsten Feind die spannenderen Nachrichten vermuteten.

Nachdem sie die ersten Fragen zu beantworten versucht hatten, wurde Scott und Jen bewusst, dass sie dabei waren, sich in Halbwahrheiten zu verheddern. Sie sahen sich an, verständigten sich ohne Worte und rannten los. Die Journalisten liefen zu ihren Fahrzeugen und verfolgten sie.

Bowles blieb zurück. Als der Staub sich gelegt hatte und der Lärm in der Ferne verhallte, ging er langsam in sein Zelt zurück.

»Entspannen Sie sich«, sagte eine volle Stimme aus dem Zeltinneren.

»Ich soll mich entspannen?« Bowles spuckte dem anderen seine Worte regelrecht ins Gesicht. »Haben Sie nicht gehört, was los war?«

»Ich habe jedes Wort gehört. Das werden wir alles zu unserem Vorteil nutzen.«

»Was für ein Vorteil! Ich soll herausfinden, was er vorhat. Heute Abend muss ich meine Kontaktperson anrufen und Bericht erstatten. Aber bis jetzt habe ich überhaupt nichts in Erfahrung gebracht.«

»Wer ist denn Ihre Kontaktperson? Vielleicht kenne ich sie.«
»Er heißt Cutter, Mitch Cutter.«
Der andere Mann lächelte. Cutter kannte er. Er war der persönliche Bote von Anni D'Abernon. »Machen Sie sich wegen Cutter keine Sorgen. Mit dem kann ich reden.«
»Sie kennen Cutter?«
»Selbstverständlich«, entgegnete der Schwarzhaarige und zog eine Augenbraue nach oben.
Der Archäologe fühlte sich in der Gegenwart Zorins nicht wohl. Manchmal wünschte er sich, er hätte sich nie mit ihm eingelassen.
»Aber Cutter darf nicht wissen, dass ich hier bin.«
»Ja, ja, ich weiß, Sie tun immer sehr geheimnisvoll, Herr Zorin.«
»Mit Recht. Und es ist Ihre Aufgabe, darauf zu achten, dass unsere Zusammenarbeit auch in Zukunft geheim bleibt.«
Die Stimme Zorins war hart und bedrohlich. Bowles verstand nur zu gut.

Dreißig Minuten waren vergangen. Rocky hatte seine Truhe im Kirchenkeller verstaut. Nun saß er mit dem Pastorenehepaar im Büro.
»Wir hatten vor deiner Reise nach England schon einmal über das Thema geredet«, begann Mark. »Damals hätten wir nicht gedacht, wie schnell das für dich aktuell werden würde. Ich denke, es ist wichtig, dass du die großen Zusammenhänge in der unsichtbaren Welt klar siehst, zumal du so sehr in die Konflikte hineingezogen wirst.«
»Ja«, nickte Marks Frau, »Gott zeigt uns die Dinge, damit wir den Feind besser bekämpfen können.«
»Geht es um die Endzeit, oder was?«, fragte Rocky etwas ungeduldig. Eigentlich wollte er Peterborough möglichst schnell verlassen, bevor die beiden Gangster ihm noch einmal über den Weg laufen würden.
»So ungefähr. Wir denken, dass ein neues Zeitalter anbricht.«
»Aha.«
»Damit meine ich nicht so etwas wie die industrielle Revolution oder das Computerzeitalter. Hier geht es um viel größere Ereignisse: Es geht um Gottes Plan mit der Menschheit.«
Rocky seufzte. Vermutlich sollte Livingstone das auch wissen. Er würde es ihm erklären müssen. Also bemühte er sich, aufmerksam und interessiert zu sein.

»Als Gott mit der Schöpfung begann, war das laut Bibel ›am Anfang‹. Und zwar am Anfang der Zeit. Von da an entfaltete sich der Schöpfungsbericht in Tagesabschnitten, also in Zeiteinheiten. Gottes Denken und Handeln erfolgt in einer Zeitskala. Kannst du mir folgen?« Rocky nickte und Mark fuhr fort: »Gottes Handeln mit der Menschheit kann man in Epochen einteilen. Ein geistliches Zeitalter dauert ziemlich lange, es hört dann aber plötzlich auf und wird ganz unerwartet von einem neuen abgelöst, das dann auch wieder sehr lange dauert. Jede neue Epoche ist grundverschieden von der vorherigen. So gesehen ist die Geschichte keine kontinuierliche Entwicklung, kein fließender Verlauf, es liegt ihr nicht das Konzept der Evolution zu Grunde, sondern es gibt immer wieder einen Sprung, ein plötzliches Abbrechen des Bisherigen und die Fortsetzung der Geschichte auf einer anderen Ebene.«

»Gibt es dafür ein Beispiel?«, fragte Rocky etwas angestrengt.

»Lass es mich versuchen«, bat Laurene, »man kann das gut mit Schwangerschaft und Geburt vergleichen. Solange das Baby im Mutterleib ist, vergeht die Zeit langsam, abgesehen von seinem allmählichen Wachstum passiert nicht viel. Aber plötzlich bricht diese Zeit ab und etwas ganz anderes beginnt. Die Geburt ist ein schneller, schmerzhafter Umbruch und der Anfang eines neuen, langen, gleichförmigen Lebensabschnittes.«

»Ein gutes Beispiel«, lobte Mark seine Frau, »und der Tod ist der nächste Sprung im Leben eines Menschen.«

»Gut, ich glaube, ich verstehe jetzt, wie ihr das meint«, nickte Rocky.

»So verläuft also die Geschichte des Menschen, allerdings sind die Sprünge nicht so leicht zu erkennen, weil es Ereignisse sind, die in der geistlichen Welt stattfinden. Der Bibel können wir entnehmen, dass die Schöpfung das erste Zeitalter war. Die Theologen streiten sich darüber, wie lange diese Tage des Schöpfungsberichtes tatsächlich dauerten, aber für uns spielt das jetzt keine Rolle. Jedenfalls gab es eine bestimmte Zeit, in der Gott das Universum, Pflanzen und Tiere geschaffen hat. Danach kam etwas Neues. Gott schuf den Menschen und gab ihm eine Seele. Damit begann das Zeitalter des ersten Menschen, der nach dem Bilde Gottes geschaffen war und dem Gott die ganze Schöpfung anvertraute. Zeit verging, viele Generationen gingen über die Erde. Bis die Sintflut kam. Ein plötzliches dramatisches Ereignis löschte Menschen und Tiere aus. Nur die Insassen des

Schiffes überlebten. Mit ihnen begann die dritte Zeit. Gott sprach mit den Menschen, lehrte sie, ihn zu verehren, die ersten Zivilisationen entwickelten sich. Dann kam wieder ein plötzliches Ereignis, das alles veränderte: Gott schloss einen Bund mit Abraham. Damit war das Volk Israel entstanden. Und wieder verging viel Zeit, es war das Zeitalter des Bundes und des Gesetzes. Bis Jesus kam. Mit ihm brach die Epoche der Erlösung an. Dadurch wurde alles völlig anders. Jesu Blut ersetzte Tieropfer, an die Stelle von Gesetzeswerken trat der Glaube. Wir leben heute immer noch in diesem Zeitalter.«

»Und ihr meint, dass jetzt, nachdem die ganze Zeit seit Jesus nichts passiert ist, wieder ein neues Zeitalter beginnt?«

»Genau das glauben wir und das versuchen wir, dir zu erklären.«

Rocky sah auf die Uhr. Er war jetzt schon eine halbe Stunde in der Kirche. Die ganze Zeit stand sein Wagen draußen.

»Ich fürchte, ich werde hier bald entdeckt. Die beiden werden mich suchen, nachdem sie meinen Einbruch bemerkt haben. Mein Auto ist hier relativ leicht zu finden. Aber eure Geschichte möchte ich auch noch zu Ende hören. Vielleicht können wir woanders hinfahren?«

»Natürlich. Wohin wolltest du denn heute fahren?«

»Nach Boston, dort wollte ich mich den Abend über aufhalten und morgen früh einen Flug nach Europa nehmen.«

»Gut, wir fahren mit«, erklärte das Ehepaar kurz entschlossen. Sie fuhren zu verschiedenen Zeiten los und trafen sich zwei Ortschaften weiter vor der Kirche, wo sie Marks Auto stehen ließen.

Erst die lauten Motorengeräusche machten ihn auf die Fahrzeugkolonne aufmerksam, die da auf das Lager zuhielt. Adam hatte etwas Ähnliches befürchtet, wenn auch nicht so bald. Scott und Jen rannten aus der Richtung der Schlucht auf das Lager zu.

»Sie haben uns erkannt ... wir konnten nichts mehr machen.«

»Es tut uns schrecklich Leid, Adam«, keuchte Jen, »wir haben versucht, sie zu täuschen, indem wir in die falsche Richtung liefen, aber es war schon zu spät.«

Adam sagte keinen Ton. Er war stinksauer. Wenn die beiden auf ihn gehört hätten, wäre das nicht passiert. Er wandte sich ab. Die ersten Wagen fuhren gerade auf das Gelände. In einer großen Staubwolke folgten die anderen Fahrzeuge.

»Dr. Cissna, bitte verstecken Sie sich im Zelt«, wies Adam den Wissenschaftler an. Der Botaniker nickte und verschwand.

Adam warf seinen beiden Mitarbeitern noch einen giftigen Blick zu: »Dann werde ich jetzt also ausbaden, war ihr mir eingebrockt habt. Ich rede, ihr schweigt, klar?«

»Was führt Sie zu mir?«, sprach Adam die Leute an, die jetzt aus den Autos gesprungen waren. Mehrere Stimmen riefen durcheinander: »Livingstone! Es ist Livingstone!«

»Was machen Sie hier?«, begann der Reporter, der schneller als die anderen bei Adam angekommen war.

»Ach, das Übliche, was ein Archäologe hier eben so macht, suchen, graben, den ganzen Kram. Aber mich interessiert, was Sie alle hier mitten in der Wildnis machen?« Adam kannte einen guten Teil der Gruppe aus London.

»Nun, wir müssen auch manchmal auf Expedition gehen und in der Wüste schwitzen«, lachte ein junger Reporter, dem das Ganze viel Spaß machte.

»Hat Ihre Expedition etwas mit der Arche zu tun?«

»Alle Abschnitte der Geschichte gehören zusammen. Aber unsere Arbeit an der Arche werden wir erst nächsten Sommer fortsetzen.«

»Was ist mit Ihrer Eden-Theorie? Sind Sie deswegen hier?«

»Sie glauben doch nicht alles, was in der Zeitung steht, oder?«

Adam versuchte, seinen Ärger zu verbergen und humorvoll zu wirken, was ihm aber nur teilweise gelang.

»Glauben Sie, Eden war hier in Olduwai?«

»Wer weiß.« Adam zuckte mit den Schultern.

»Hier ist alles kahl und trocken, das kann doch nicht Eden sein!«

»Oft findet man in der Archäologie die Dinge nicht dort, wo man sie vermutet. So lernt man, an ungewöhnlichen Orten zu suchen.«

»Sind Sie hier, weil es in London zu gefährlich für Sie wurde?«

»Diese Expedition ist seit über einem Jahr geplant gewesen.«

»Sind Sie hier auch in Gefahr?«

»Na ja, es gibt eine Menge wilder Tiere ...«

So ging das Spiel noch eine Weile weiter. Adam blieb vage und am Ende mussten sich die Journalisten eingestehen, dass ihre Reise ein Fehler gewesen war. Keiner der beiden Archäologen hatte eine Schlagzeile geliefert.

Rocky, Mark und Laurene fuhren langsam über die leeren Landstraßen. Der Detektiv griff das vorangegangene Gespräch noch einmal auf. »Und ihr glaubt, dass wieder ein neuer Abschnitt beginnt?«, hakte er noch einmal nach.

»Ja, und deshalb sollten wir verstehen, was es bedeutet, wenn in der Geschichte plötzlich ein Zeitsprung auftritt. Mir ist aufgefallen, dass es seit dem zweiten Zeitalter bei jedem Wechsel der Zeiten Menschen gab, die in beiden Abschnitten lebten. Bei der Sintflut überlebten nur acht Personen, aber als Jesus kam, lebten alle Menschen während des Übergangs weiter. Weiter habe ich beobachtet, dass die Menschen, die während eines Überganges lebten, fast nie wussten, in welch einer bedeutungsvollen Zeit sie sich befanden. Und drittens fiel mir auf, dass nur die Menschen, die in sehr enger Gemeinschaft mit Gott lebten, verstanden, was um sie herum geschah.«

Laurene ergänzte: »Für die Zeitgenossen Jesu war es unvorstellbar, dass Gott mit seinem Blut das absolute Opfer bringt, das alle Tieropfer überflüssig macht. Sie konnten nicht verstehen, was das neue Zeitalter brachte. Auch die Jünger haben es erst sehr spät verstanden. In der sichtbaren Welt wurde ein junger Mann aus Nazareth hingerichtet. Doch in der unsichtbaren Welt veränderten sich die grundlegenden Machtverhältnisse, Satan wurde besiegt, Erlösung kam zu den Menschen.«

Sie schwiegen einen Augenblick. Rocky spürte, wie seine Konzentration nachließ. Aber Mark fuhr schon wieder fort: »Die meisten Zeitgenossen Jesu wussten nichts von all dem. Auch im ersten Jahrhundert nach Christus schafften nur wenige Menschen den Sprung ins neue Zeitalter der Erlösung. Die meisten blieben geistlich in der abgelaufenen Epoche zurück, obwohl sie von der Zeitrechnung her schon in der neuen Zeit waren. Sie hätten es sehen können, wenn sie gewollt hätten. Jeder Mensch kann mit seinen geistlichen Augen sehen, wenn er will. Die von Gott Auserwählten sind die, die sich entscheiden, die Welt mit Gottes Augen zu sehen.«

Dieser Ausflug war anders als die vorigen. Juliet war entschlossen, aus dem Verlust, den sie erlebt hatte, etwas Gutes zu machen, und den Trost, den sie empfangen hatte, an andere weiterzugeben.

Sie fand die Adresse, die ihr ihre Tante gegeben hatte, ohne Probleme. Eine Frau öffnete auf ihr Klingeln.

»Ja, bitte?« Sie sah freundlich aus, wusste aber nicht, wen sie vor sich hatte.

»Guten Tag. Ich … äh … ich bin Juliet Halsay. Im Moment wohne ich im Eichhof bei Adam Livingstone. Ich kannte Erin und … äh … ich wollte Ihnen … ich dachte …«

Die Frau verstand und bat Juliet freundlich ins Haus.

»Bitte treten Sie ein, ich freue mich, dass Sie mich besuchen kommen. Mein Name ist Katie Wagner. Trinken Sie eine Tasse Tee mit mir?«

Juliet nahm gerne an. Frau Wagner führte Juliet in die Küche und bedeutete ihr, sich auf die Eckbank zu setzen, während sie sich am Herd zu schaffen machte. Es war eine freundliche Küche mit vielen Fenstern, Blumen und hübscher Dekoration. Als das Wasser auf dem Herd stand, setzte sich Frau Wagner zu Juliet.

»Ich finde es schön, dass Sie mich besuchen. Sie kennen sicher auch Crystal, Jen und Frau Graves? Wie geht es ihnen allen?«

»Oh, gut, danke, ich wusste gar nicht, dass Sie alle Hausbewohner kennen.«

»Doch, ich kenne Frau Graves schon seit Jahren. Dadurch bekam Erin ihre Stelle.«

»Frau Graves ist meine Tante.«

»Tatsächlich? Das ist ja interessant. Ich wusste nur, dass sie zwei Schwestern hat, über deren Kinder war mir nichts bekannt.«

»Ich möchte Ihnen sagen, dass es mir sehr Leid tut, was mit Erin passiert ist«, sagte Juliet. »Wissen Sie, ich konnte nicht zu Erins Beerdigung kommen, weil es mir nicht so gut ging. Aber ich kann mich in Ihre Lage versetzen, weil ich diesen Sommer meinen Vater und meinen Bruder bei einem Bombenanschlag in London verloren habe.«

»Oh, das tut mir Leid«, sagte Frau Wagner sanft und streichelte mütterlich über Juliets Arm. Inzwischen kochte das Wasser. Frau Wagner goss den Tee auf und deckte den Tisch.

»Da haben wir ja eine Menge Gemeinsamkeiten. Schade, dass es etwas so Schweres ist, was uns verbindet«, meinte sie nach einem kurzen Schweigen.

Juliet hatte den Blick gesenkt und nickte.

»Sie haben eine schlimme Zeit hinter sich, stimmt's?«, fragte Frau Wagner leise.

»Es war schrecklich«, brach es aus Juliet heraus, »nicht nur, dass mein Vater und mein Bruder tot waren, ich erfuhr erst einen Tag später, dass meine Mutter überlebt hat. Die Polizei stellte mir immer neue Fragen und außerdem erfuhren Mutter und ich dann auch noch, dass mein Vater hoch verschuldet war. Wir mussten das Haus verkaufen und uns trennen. Ich hatte mich gerade ein bisschen von allem erholt, als das mit Erin passierte ...«

Juliets Stimme zitterte leicht. Sie sah mit großen, nassen Augen zu Frau Wagner auf. Im nächsten Moment hatte sich diese neben Juliet gesetzt und sie in ihre Arme geschlossen. Juliet konnte angesichts dieser Wärme und Freundlichkeit nicht anders und weinte laut. Nach ein paar Minuten versiegten ihre Tränen, sie trocknete ihr Gesicht und löste sich aus der Umarmung. Frau Wagner setzte sich wieder an ihren Platz zurück.

»Eigentlich bin ich gekommen, weil ich dachte, ich könnte Ihnen etwas geben«, lächelte Juliet verlegen, »und stattdessen weine ich Ihnen etwas vor. Bitte entschuldigen Sie.«

»Nicht doch, Sie haben mir mehr gegeben, als Sie selbst wissen.«

»Wie denn? Wir haben doch nur über mein eigenes Leid gesprochen.«

»Aber ich habe mich so sehr danach gesehnt, Erin wieder so mütterlich umarmen zu dürfen, wie ich es jetzt bei Ihnen tun konnte.«

»Oh«, sagte Juliet überrascht.

»Ich habe Erin nicht erst durch den Anschlag verloren. Sie hat sich schon vor einem Jahr von mir entfremdet. Obwohl sie noch hier wohnte, wollte sie nichts mehr mit mir zu tun haben. Das war für mich schlimmer, als ihren leiblichen Tod zu erleben. Verstehen Sie das? Wenn man sich liebt, besteht die Beziehung über den Tod hinaus. Aber für eine zerbrochene Beziehung gibt es keinen Trost.«

»Wieso hat sie sich so von Ihnen entfremdet?«, fragte Juliet.

»Wahrscheinlich die übliche Entwicklung junger Leute. Sie wollte unabhängig sein, anders sein als ich, und sie schloss Freundschaft mit jungen Leuten, die sie darin bestätigten. Ich warnte sie wegen ihres neuen Freundes, aber sie schlug meine Worte in den Wind.«

»Sie sprechen von Dexter Cain?«

Frau Wagner nickte.

»Auf den ersten Blick schien er ein sympathischer junger Mann zu sein. Erin war völlig fasziniert von ihm. Aber ich spürte, dass er einen schlechten Einfluss auf Erin hatte, auch wenn sie das nie zugeben wollte. Da war irgendetwas Dunkles in ihm. Doch auf mich hörte sie zu dem Zeitpunkt überhaupt nicht mehr.«

Frau Wagner sah Juliet prüfend an. Offensichtlich verstand diese nichts von dem, was sie gerade hörte.

»Tut mir Leid, das muss Ihnen sehr komisch vorkommen. Ich bin Christin und ich liebe Jesus Christus von ganzem Herzen. Mein Glaube hat mir in vielen schweren Situationen geholfen. Sind Sie auch gläubig?«

»Ich glaube an Gott, falls Sie das meinen, und unlängst habe ich auch seinen Frieden gespürt. Das hat mich getröstet und mir gezeigt, dass er gut ist und für mich sorgt.«

»Wie schön.«

»Aber Sie meinen noch etwas anderes, stimmt's?«

»Ja, was ich eigentlich meinte war, ob Sie Jesus in Ihr Leben eingeladen haben, ganz persönlich. Was Sie als Frieden spürten, das war der Heilige Geist, der zu Ihnen sprach und der Ihnen noch viel mehr sagen möchte. Friede ist nur der Anfang von allem, was er für Sie hat.«

»Was will er sonst noch sagen?«

»Zum Teil sagen Sie es auch schon selbst, dass Gott ein guter, liebevoller Vater ist und sich um Sie kümmert. Aber darüber hinaus will er Ihnen vermitteln, dass Sie in einer engen Verbindung mit ihm, Ihrem Vater, leben können. Das ist die Botschaft, die Jesus auf der Erde bekannt machte: ›Gott will unser Vater sein und uns lieben.‹ Jeder Mensch hört irgendwann in seinem Leben auf irgendeine besondere Weise diese Botschaft. Sie haben es als Frieden erlebt, andere machen andere Erfahrungen. Manche hören Gott im Leid, andere in einem besonders schönen Augenblick. Egal, wann und wie, aber es ist der wichtigste Moment im Leben eines Menschen.«

»Sie meinen, das habe ich erlebt?«

»Möglicherweise. Oft sind es schwere Situationen, die uns auf Gottes Stimme vorbereiten. Nun liegt es an Ihnen, wie Sie sich entscheiden. Wollen Sie mit Gott leben oder wollen Sie Ihr eigenes Leben weiterführen wie bisher?«

»Wie geht das praktisch, mit Gott zu leben?«

»Sie werden Gott als Vater kennen lernen und der Heilige Geist wird in Ihrem Herzen wohnen und Ihnen die göttlichen Dinge erklären. Wissen Sie, vielleicht ist diese Zeit, in der Sie Ihren irdischen Vater hergeben mussten, genau die Zeit, in der Sie Ihren himmlischen Vater kennen lernen. Das ist das Kennzeichen von Erwachsenen: Sie erkennen, wer ihr wirklicher Vater ist, und werden sein

Kind. Die meisten Menschen ringen ihr Leben lang um Unabhängigkeit. Sie werden nie erwachsen und können nie geistliche Menschen werden.«

Juliet sah sie fragend an. Das war ihr alles ganz neu, aber in ihrem Inneren spürte sie, dass ihr alles, was sie hörte, gut tat. Eine tiefe Sehnsucht regte sich in ihr.

»Wir werden dann reife Menschen, wenn wir unser Verlangen nach Unabhängigkeit aufgeben und die Rolle der Söhne und Töchter einnehmen, als die wir geschaffen wurden. Wir müssen die eigene Herrschaft über unser Leben loslassen und Jesus zum Herrn unseres Lebens machen. So begeben wir uns freiwillig in eine Beziehung der Abhängigkeit vom Vater und vertrauen darauf, dass er unser Leben gut führt, besser, als wir selbst es könnten.«

»Das ist ungefähr genau das Gegenteil von allem, was ich zu dem Thema jemals gehört habe«, wandte Juliet ein.

»Stimmt. Gott und die Welt sind Gegensätze. In Gottes Reich werden die Ersten die Letzten sein und umgekehrt. Bei Gott ist alles ganz anders.«

Juliet schwieg nachdenklich. »Ich weiß nicht, ob ich das wirklich verstehe«, sagte sie schließlich und sah ein bisschen ratlos aus.

»Wenn Sie wollen, bitten Sie Gott einfach, Ihnen das alles noch besser zu erklären und sich Ihnen selbst zu zeigen. Es gibt kaum ein Gebet, das er lieber erhört als das.«

»Es ist eine komische Vorstellung, dass der Tod meines Vaters und meines Bruders am Ende noch zu etwas Gutem führen könnte.«

»Sie werden die beiden immer vermissen. Die Erinnerung an sie wird immer weh tun. Aber wenn Gott in unserem Leben regiert, wird er alles zum Guten wenden. Er sehnt sich danach, Ihr Vater zu sein, Sie in seine Arme zu schließen und Ihnen seine Liebe zu zeigen.«

Juliet blieb bis zum Mittagessen bei Frau Wagner. Sie stellte noch viele Fragen und Frau Wagner hatte viel Zeit für sie. Als sich Juliet wieder auf dem Heimweg befand, hatte sie das Gefühl, ihr Leben hätte gerade erst begonnen.

»Ich glaube, ich habe verstanden, was du sagen willst«, seufzte Rocky nach einer längeren Gesprächspause. »Aber ich verstehe nicht, was das alles mit mir zu tun haben soll?«

»Für uns gilt das Gleiche wie für die Menschen zur Zeit Jesu. Wenn wir geistlich wach sind, betreten wir das neue Zeitalter, wenn wir blind sind, bleiben wir im alten zurück. Die größten geistlichen Umbrüche werden von den meisten Menschen gar nicht bemerkt.«

»Aber reden die Christen nicht die ganze Zeit von der Endzeit, der Entrückung, der großen Trübsal und dem Antichristen?« An Rockys Tonfall war zu merken, dass er von diesem Thema schon ein bisschen zu viel gehört hatte.

»Das ist ja das Schlimme. Viele von ihnen bemerken nichts, weil sie ganz bestimmte Vorstellungen haben, auf deren Eintreffen sie warten. Ihre Auslegung der Schrift geht an den geistlichen Tatsachen vorbei. Ich glaube, dass fast alle, die aus der Bibel irgendwelche konkreten Aussagen über die Zukunft herauslesen, sich irren. Vielleicht gehöre ich selbst auch dazu. Ich hoffe aber und habe viel dafür gebetet, dass ich der Wahrheit zumindest nahe komme.«

Er schwieg und spürte die ermutigenden Blicke seiner Frau, für die er dankbar war.

»Viele Juden kannten Jesus persönlich und haben trotzdem nie verstanden, dass er der Erlöser ist. Sie erwarteten, dass der Messias Rom vernichten und Israel zur Weltherrschaft führen würde. Für das, was er wirklich getan hatte, waren sie blind. Das führte dazu, dass Jerusalem zerstört wurde. Vielleicht ist die Gemeinde heute genauso blind für geistliche Ereignisse wie die Juden damals. Es ist gut möglich, dass die heutigen Christen nicht merken werden, wenn das neue Zeitalter anbricht. Sie sehen in die falsche Richtung, legen die Schrift falsch aus und warten auf sichtbare Ereignisse, die nie eintreten werden. Ich bete dafür, dass Gott uns dabei hilft, die Bibel zu verstehen und die Zeichen der Zeit zu erkennen.«

Juliet lächelte. Sie hatte Frau Wagner trösten wollen und nun hatte diese ihr so viel Gutes gesagt. Während sie nach Hause fuhr, kreisten die Worte in ihrem Kopf.

Sie spürte, dass sich heute vor ihr etwas geöffnet hatte, das sie nicht ignorieren konnte. Sie war in ihrem Innersten ganz ruhig. Der Friede war da, noch intensiver als damals, als sie mit Adam darüber gesprochen hatte. Was sie jetzt am Steuer von Adams Wagen wahrnahm, war mehr als Friede. Es waren die liebevollen Arme Gottes, die sie sanft umfingen. Sie war bereit, das umzusetzen, was Erins

Mutter ihr erklärt hatte. Manches von dem, was sie gehört hatte, verstand sie noch nicht. Aber sie war sich ganz sicher, dass es Gottes sanftes Drängen war, das sie jetzt in ihrem Innern wahrnahm.

»Glaubst du mit deinem Verstand an Gott oder erlaubst du ihm, Herr deines Lebens zu sein?«, hatte Frau Wagner sie gefragt.

Wenn sie Jesus die Herrschaft ihres Lebens anvertraute, würde das bedeuten, dass er die Entscheidungen träfe, die Prioritäten festlegte, die Zukunft bestimmte. Es konnte jeweils nur eine Person regieren, entweder sie selbst oder Jesus.

Während sie immer noch über das Gehörte nachdachte, liefen ihr plötzlich Tränen über die Wangen. Es war nicht Trauer, sondern eine tiefe Ergriffenheit, die sie erfüllte. Langsam kamen Friede, Trost und eine Freude, die sehr tief in ihrem Innern entsprang. So konnte sie nicht weiterfahren. Sie nahm die nächste Ausfahrt, bog in einen Feldweg und hielt an.

Dies schien der Moment der Entscheidung zu sein. Bis jetzt hatte sie es genossen, in dem göttlichen Frieden geborgen und getröstet zu sein. Jetzt war es an der Zeit, darauf zu reagieren, persönlich zu reagieren – auf den Frieden – auf Gott – ihren Vater.

Juliet lehnte sich zurück, schloss ihre Augen und atmete tief durch. Die Tränen flossen über ihre Wangen und fühlten sich so an, als würden sie allen Schmerz und alles Leid aus ihrer Seele herausspülen.

Minutenlang saß sie still da. Sie nahm den Verkehr nicht wahr, der an ihr vorbeirauschte. Sie konnte nur einen einzigen Gedanken denken: *Ich habe wieder einen Vater.*

Langsam begann sie zu beten: »Gott, ich danke dir, dass du mir die Augen geöffnet und gezeigt hast, dass ich nicht allein bin. Ich möchte deine Tochter sein. Ich will mich nicht mit dem theoretischen Glauben an dich zufrieden geben, ich wünsche mir, dass dein Geist in mir lebt, für immer. Ich gebe dir die Herrschaft über mein Leben.«

Juliet hielt einen Moment inne und sah aus dem Fenster. Es war ein kühler Tag, der Himmel war blass und die Hügel am Horizont schimmerten in silbernem Blau. Sie hörte das Pfeifen eines vorbeifahrenden Zuges. Erinnerungen wurden wach. Die Atmosphäre passte auch zu ihrer jetzigen Situation, sie hatte eine große Reise angetreten, die sie in ein neues Land bringen würde.

Sie schloss noch einmal die Augen und flüsterte ins Ohr ihres neu gewonnenen Vaters: »Danke für deinen Frieden. Erfülle mich mit dir, ich will dich kennen lernen, schenke mir deine Nähe. Alles, was mich und meine Zukunft betrifft, lege ich in deine Hände. Du weißt am besten, was für mich gut ist, weil du mein Vater bist. Ich will dir vertrauen.«

Wieder flossen ihre Tränen, doch es war ein wohltuendes Weinen. Sie spürte eine neue Kraft in sich und das Verlangen, ganz Gott zu gehören und ihm alles anzuvertrauen.

Gefahr auf dem Eichhof

Langsam senkte sich die Dämmerung auf den Eichhof. Schon seit dem frühen Nachmittag gingen heftige Regenschauer über Südengland nieder, begleitet von einem kräftigen Sturm. Schon am frühen Nachmittag war es fast dunkel.

Gegen sechzehn Uhr parkte ein Pkw auf der Straße, die zum Eichhof führte. Er stand etwa 400 Meter vom Tor entfernt und so, dass man ihn vom Haus aus nicht sehen konnte. Seither stand der Wagen dort. Niemand war ein- oder ausgestiegen. Nichts hatte sich bewegt. Niemand hatte ihn bemerkt.

Seit Adam Livingstone verreist war, gab es hier keine Journalisten mehr und auch Hausmeister Beeves hatte sich bei diesem Wetter nicht vor die Tür gewagt.

Erst um 22 Uhr öffnete sich eine Autotür. Ein schwarz gekleideter Mann stieg aus. Er trug einen Regenmantel, Gummistiefel und einen Lederhut mit breiter Krempe. Im Schutz der Dunkelheit ging er auf das schwere schmiedeeiserne Tor zu. Sorgfältig betrachtete er das vor ihm liegende Haus. Es war fast überall dunkel, die Bewohner schienen zu schlafen. Soweit er wusste, lebten momentan nur zwei Frauen im Haupttrakt.

Am Tor zögerte er kurz, dann zog er ein kleines Stück Papier aus der Tasche und studierte mit Hilfe einer kleinen Taschenlampe noch einmal die Zahlen. Dann gab er die Nummern in die Tastatur ein, die neben dem Tor in die Mauer eingelassen war. Damit hatte er das Schloss geöffnet und die Alarmanlage ausgeschaltet.

Er schlüpfte durch die Pforte und lehnte das Tor nur an. Unbemerkt überquerte er den Hof, Regen und Dunkelheit verbargen ihn vollständig. Unter dem Vordach des Hauses zog er seine Regenkleidung aus. Auch darunter war er ganz in Schwarz gekleidet. Die nassen Sachen ließ er in der Dunkelheit zurück. Dann zog er Handschuhe an und nahm vorsichtig den Hausschlüssel aus der Tasche. Er hatte ihn nach einem Abdruck hergestellt, den er in einem Londoner Café anfertigen konnte, während die jüngere Hausbewohnerin dort mit einer anderen Frau saß. Als er ihren Schlüssel auslieh, hatte er auch den Code für das große Tor in ihrer Handtasche gefunden.

Der Schlüssel passte und Sekunden später schlüpfte er ins Haus. Mit wenigen Blicken hatte er sich orientiert. Das Erdgeschoss war unbewohnt, die beiden Frauen waren im Ostflügel des Hauses einquartiert.

Auf seinen schwarzen Strümpfen war er unhörbar, als er behände die Treppe hochschlich.

Frau Graves und Juliet hatten einen gemütlichen Abend zusammen verbracht, Backgammon gespielt und einen Krimi im Fernsehen angeschaut. Um 22.30 Uhr war der Film zu Ende.

»Herr McCondy hätte sicher sofort gewusst, wer der Mörder war«, lächelte Frau Graves, »aber ich war die ganze Zeit auf der falschen Spur.«

»Ich auch«, lachte Juliet, »ich war mir ganz sicher, dass es der Schriftsteller war. Er kam mir von Anfang an so komisch vor. Ich habe auch nicht geglaubt, dass er wirklich ein Schriftsteller war.«

»Und ich war mir ganz sicher, dass es der finstere Professor war, der immer so viele Fragen stellte.«

»Nein, der konnte es nicht gewesen sein, der war doch in Cambridge, als es passierte«, widersprach Juliet.

»Das sagte er zwar, aber der Student hatte ihn abends in der Bibliothek getroffen.«

»Stimmt, das hatte ich vergessen.«

Die beiden plauderten über den Film, während draußen der Sturm an den Fensterläden riss. Dann kamen sie wieder auf den einzigen Detektiv zu sprechen, den sie persönlich kennen gelernt hatten: »Ob McCondy auch schon einmal einen Mord aufgeklärt hat?«

Genau in dem Moment, als Juliet das Wort »Mord« aussprach, zuckte ein Blitz vor dem Fenster und fast gleichzeitig folgte ein krachender Donnerschlag. Beide Frauen fuhren zusammen und sahen sich erschrocken an. Erst jetzt fiel ihnen auf, wie unheimlich diese Nacht geworden war. Juliet erhob sich und ging zum Fenster. Der Regen prasselte gegen die Scheiben und sammelte sich in Bächen im Garten. Es war eine besonders finstere Nacht.

»Ich hatte gar nicht gemerkt, was für ein Unwetter draußen niedergeht«, seufzte Juliet und setzte sich wieder zu ihrer Tante. Es dauerte eine weitere halbe Stunde, bis die letzte Partie Backgammon zu Ende war. Dann sprachen beide davon, schlafen zu gehen. Doch minutenlang stand keine von ihnen auf. Eine unerklärliche Furcht hatte sie befallen.

Endlich widerstand Juliet diesen beklemmenden Gefühlen und beschloss, sich nicht von einer Gewitternacht einschüchtern zu lassen. Sie nahm allen Mut zusammen und versuchte, unbeschwert zu klingen: »Ich werde runter gehen und mir etwas zu trinken holen. Soll ich dir etwas mitbringen, Tantchen?«

»Das ist lieb von dir, aber ich möchte nichts. Ich werde ins Bett gehen, ich bin wirklich müde. Gute Nacht, mein Kind.«

»Gute Nacht, Tante Andrea.«

Juliet verließ das Wohnzimmer ihrer Tante und ging, ohne das Licht anzuschalten, den Korridor entlang zur Treppe. Sie kannte den Weg gut genug, um ihn im Dunkeln zu finden. Erst unten in der Küche würde sie das Licht einschalten.

Ein Blitz erhellte das ganze Haus, gefolgt von einem ohrenbetäubenden Donnerschlag. Juliet presste die Hand auf den Mund. Fast hätte sie vor Schreck geschrien. Ihr Herz klopfte laut. Heulend strich der Wind um die Ecken des Hauses. Juliet atmete tief durch. Erneut machte sie sich klar, dass sie keinen Grund hatte, sich zu fürchten.

Als sie an Dr. Livingstones Büro vorbeikam, hörte sie ein Geräusch, das nicht vom Sturm verursacht worden war. Es kam aus dem Büro!

Sie blieb stehen. Nun raste ihr Herz vor Angst. Langsam drehte sie sich zur Bürotür um – ein flackernder, dünner Lichtstrahl kam unter der Tür hervor. Wer konnte jetzt noch dort arbeiten?

Ohne zu überlegen, ging sie auf den Raum zu, öffnete die Tür und trat ein.

Am anderen Ende des Raumes kniete ein Mann auf dem Boden. Er war ganz in Schwarz gekleidet, hatte eine Taschenlampe in der Hand und schien etwas zu suchen. Offensichtlich hatte er schon das ganze Büro durchsucht. Alles war offen, herausgerissen, die Computer waren zum Teil aufgeschraubt.

»Was machen Sie ... wer sind Sie überhaupt?«, stotterte Juliet.

Der Mann fuhr herum und starrte sie mit glühenden, bösen Augen an. Juliet wich entsetzt zurück. Im nächsten Moment sah sie einen Revolver in seiner Hand. Er sprang auf und zielte auf sie. Juliet schlug die Tür zu. Der Schuss verfehlte sein Ziel. Sie versuchte zu fliehen und schrie voller Angst nach ihrer Tante. Der Einbrecher war mit zwei, drei Sätzen bei ihr und setzte sie mit einem kräftigen Fausthieb außer Gefecht. Juliet sackte zusammen; der Eindringling floh die Treppe hinunter.

Rockys Maschine hatte Verspätung. Er überlegte, ob er sich wieder ein Zimmer in der Nähe des Flughafens mieten sollte, entschloss sich dann aber doch, direkt zum Eichhof zu fahren. Er hatte sich zwar nicht angemeldet, weil er den Telefonapparaten nicht traute. Aber die Haushälterin Frau Graves würde ihn heute bestimmt herzlicher empfangen als beim ersten Mal, dachte er schmunzelnd. Sie hatte ihn zuletzt sehr gut behandelt und aus den anfänglichen Schwierigkeiten zwischen den beiden war eine humorvolle Bekanntschaft geworden.

Als das Taxi ihn am Eichhof absetzte, war es 23.00 Uhr. Das Haus lag im Dunkeln. Zögernd stand er vor dem Tor. So mitten in der Nacht unangemeldet aufzutauchen, war wirklich nicht seine Art. Aber Regen und Sturm waren äußerst ungemütlich. Er hatte schon die Hand erhoben, um zu klingeln, da bemerkte er, dass das Tor nur angelehnt war.

Verwundert ging er hindurch. Warum schlossen sie denn ihr Anwesen nicht ab?

Da hörte er einen Knall. Er kannte das Geräusch zu gut, um es mit dem Gewitter zu verwechseln. Der Schuss kam aus dem Haus.

Rocky ließ seinen Koffer stehen, duckte sich und rannte im Schutz der Pflanzen, die den Weg säumten, zum Eingang des Hauses. In diesem Moment flog die Tür auf und eine nur schemenhaft zu erkennende Person rannte heraus.

»Halt, stehen bleiben oder ich schieße!«

Der andere erschrak, drehte sich um und feuerte in die Richtung, aus der die Stimme gekommen war. Er konnte Rocky, der sich hinter einem Busch duckte, nicht sehen. Dann rannte er weiter.

»Werfen Sie Ihre Waffe weg!«

Der andere rannte auf das Tor zu, Rocky hinterher. Als der Flüchtende den Verfolger hinter sich hörte, blieb er abrupt stehen, wandte sich um und zielte. Doch Rocky hatte damit gerechnet und war schneller. Zwei Schüsse lösten sich fast gleichzeitig, ein Schrei, dann Blut.

Dem Fremden fiel die Pistole aus der Hand, sein Arm blutete und er wollte fliehen, aber Rocky hatte ihn schon erreicht, warf sich auf ihn und hielt ihn fest. Dort, wo Rockys Schuss ihn getroffen hatte, blutete er stark. Rocky riss ihn hoch und zwang ihn mit vorgehaltener Waffe, zum Haus zu gehen. Ein hässlicher Schwall von Flüchen kam aus dem Mund des Gefangenen.

Auch für Frau Graves war dieser Abend reichlich unheimlich. Zuerst der Krimi im Fernsehen, dann das Gewitter und der Sturm – sie hatte sich Juliet gegenüber nichts anmerken lassen wollen, aber sie fürchtete sich. Als Juliet sie verließ, ging sie ans Fenster und starrte in die Nacht.

Plötzlich drangen Geräusche an ihr Ohr, die ihr den Atem stocken ließen. Ein Schuss, dann ein Schrei. Es war ihre Nichte, die verzweifelt um Hilfe schrie und plötzlich verstummte.

Lieber Gott, bitte lass es nicht wahr sein, war Frau Graves' einziger Gedanke.

Während eilige Schritte zur Treppe rannten, griff Frau Graves zitternd vor Angst zum Telefon und rief Polizei und Notarzt.

Eine halbe Stunde später war der Spuk vorbei.

Rocky hatte seinen Gefangenen an die örtlichen Beamten übergeben.

Juliet hatte nur einige Prellungen und der Einbrecher hatte eine Fleischwunde am Oberarm, die der Notarzt an Ort und Stelle versorgen konnte.

Alle waren fassungslos über das, was passiert war. Aber sie waren froh, dass Rocky rechtzeitig da gewesen war und mutig eingegriffen hatte.

»Eigentlich müsste ich Sie wegen unerlaubten Waffenbesitzes verhaften und Sie mit unserem Einbrecher zusammen in eine Zelle stecken«, sagte Inspektor Thurlow streng, »aber ich werde Sie nicht fragen, wo Sie Ihre Waffe herhaben, und ich werde mir auch Ihren Waffenschein nicht zeigen lassen, Herr McCondy.« Rocky grinste nur. »Ich will nicht wissen, wie Sie es geschafft haben, damit durch die Zollkontrolle zu kommen. Aber ich würde an Ihrer Stelle nicht so oft damit herumspielen.«

»Geht in Ordnung, Chef«, antwortete der Amerikaner großzügig und grinste.

Rocky blieb zwei Tage im Eichhof. Äußerlich schien er fröhlich und unbeschwert, aber er machte sich doch Sorgen.

Der Einbrecher hatte offensichtlich nicht das gefunden, was er gesucht hatte. Nun war schon zum zweiten Mal jemand unbemerkt ins Haus eingedrungen, trotz aller Alarmsysteme und Sicherheitsvorkehrungen. Man musste damit rechnen, dass es wieder jemand versuchen würde. Scotland Yard hatte inzwischen einen Beamten abgestellt, der das Haus rund um die Uhr bewachte. Aber trotzdem fiel Rocky der Gedanke schwer, Juliet und ihre Tante, das alte Ehepaar Beeves und die beiden jungen Forscherinnen Crystal und Emily wieder allein im Haus zu lassen.

Es war spät in der Nacht, als Rocky wach lag und überlegte, was er tun sollte. Er erinnerte sich an sein Gespräch mit Mark und Laurene Stafford und suchte nach einem Zusammenhang zwischen ihrer Theorie und seinen Erlebnissen.

Eines stand fest: Die Gefahr war sehr real. Und die Vorfälle schienen tatsächlich zusammenzuhängen und Teil eines größeren Planes zu sein.

Er sehnte sich danach, wieder mit den Staffords zu sprechen und mehr zu erfahren.

Am nächsten Mittag setzte er diesen Gedanken in die Tat um, fuhr zu einer Telefonzelle und rief die beiden an. Sie waren gerade mit dem Frühstück fertig und freuten sich, Rockys Stimme zu hören.

Er erzählte ihnen, was sich ereignet hatte. Dann kam er zum eigentlichen Thema.

»Ihr habt mir von den verschiedenen Zeitaltern erzählt. Wisst ihr vielleicht, woran man die nächste Zeit, die jetzt anbrechen wird, erkennen kann?«

»Ich glaube«, antwortete Mark, »dass eine Zeit der Verführung kommen wird. Allerdings sind viele Christen anderer Meinung.«

»Und was ist mit Gottes Herrschaft? Ich dachte, jetzt kommt Gottes tausendjähriges Friedensreich? Oder ist das jetzt die große Trübsal?« Rocky fand das Thema äußerst verwirrend.

»Auch das wird kommen, aber so, wie ich das sehe, erst später. Jetzt leben wir im fünften Zeitabschnitt. Das sechste Zeitalter wird bald beginnen. Die Zahl sechs steht für Fehlerhaftigkeit, Spaltung, Widerstand gegen Gott und Verführung.«

»Aha.«

»Erst danach, wenn Satan keine Macht mehr hat, beginnt die siebte Epoche, das Zeitalter der göttlichen Ruhe, in dem Jesus herrschen wird.«

»Aber das dauert dann ja noch 1 000 oder 2 000 Jahre?«, fragte Rocky enttäuscht.

»Keine Ahnung. Ich denke, es wird so lange dauern, wie Gottes Volk sich verführen lassen wird. Sobald sie sich dagegen auflehnen, verliert der Feind seine Macht.«

»Wieso Gottes Volk? Ich dachte, die anderen werden verführt?«

»Nein, die Verführung gilt denen, die nicht damit rechnen. Sie erwarten die Entrückung und erkennen nicht, was sich in Wahrheit auf sie zubewegt. Darauf sind sie nicht vorbereitet und aus diesem Grund fallen sie dem großen Betrug zum Opfer.«

»Ich dachte, die Welt, die nicht zu Gottes Volk gehört, werde verführt?«

»Nein, sie sind ja von vornherein schon blind für die Wahrheit, sie brauchen keine Verführung mehr.«

»Und das gilt für alle Christen?«

»Nein, ein kleinerer Teil wird erkennen, was vor sich geht, und wird die Prophetien richtig deuten. Sie sind wie Noah und seine Familie. In Gottes schützender Arche werden sie den Umbruch überleben und zu den wenigen Menschen gehören, die mit ihrem Leben über die Kluft zweier Zeitalter eine Brücke schlagen.

Im 2. Timotheus-Brief werden sie beschrieben als der Überrest Gottes, dem er seine Wahrheit anvertrauen kann. Sie kennen Gott und leben im Gehorsam ihm gegenüber. Durch sie wird die Lüge der Verführung überhaupt erst sichtbar. Sie werden das sechste Zeitalter erkennen und es nicht mit dem siebten verwechseln und sie werden zu Wegbereitern für Jesu Wiederkunft.«

»Was für Christen sind das, dieser Überrest?«

»Sie kommen aus allen Lagern, es sind Evangelische, Katholiken, Pfingstler, Charismatiker, Baptisten, Adventisten, Liberale, Fundamentalisten und was es sonst noch so gibt.«

»Und die Verführten?«

»Auch sie kommen aus den gleichen Denominationen. Leider sind sie in der Überzahl.«

»Und was hat das alles nun mit meinen Erlebnissen zu tun?«

»Es gibt einen Kreis von Verschwörern, die das Zeitalter der Verblendung vorbereiten. Alle, die sich diesem Ziel verschreiben, haben große Macht auf dieser Erde und große verführerische geistliche Kräfte. Wir kennen den Ausdruck ›New Age‹. Um das geht es. Ein Zeitalter scheinbaren Friedens und scheinbarer Erleuchtung wird der Welt und der Christenheit angeboten. Es könnte sein, dass du zwischen die Fronten der höchsten Ebene dieser Verschwörung geraten bist, die ihr Zeitalter seit Jahrhunderten vorbereiten, vielleicht auch schon seit Jahrtausenden. Die Christen wiegen sich in Sicherheit, während der Feind immer mehr an Boden gut macht, das Denken der Menschen beeinflusst und die Wahrheit verdreht.«

Eine längere Gesprächspause entstand.

Mark nahm den Faden wieder auf: »Evolution ist für sie so wichtig, weil damit Gott im Denken der Welt nicht mehr notwendig ist.«

»Und deshalb ist Adam in Gefahr?«, fragte Rocky nach, dem nur langsam die Zusammenhänge klarer wurden.

»Ja, natürlich. Für das gottlose Weltbild ist die Evolution ein notwendiges Element. Livingstone wühlte ein Thema auf, das für sie schon erledigt schien und über das die Menschen nicht mehr nachdenken sollten. Wenn alles entstanden ist, ohne dass ein Schöpfer notwendig war, dann braucht niemand mehr an Gott zu glauben, man braucht nicht mehr zu fürchten, einem übergeordneten Wesen Rechenschaft ablegen zu müssen, die moralischen Werte werden relativ und Ethik ist nur noch eine Frage der Definition. Lüge und Wahrheit sind keine absoluten Werte mehr, sondern können von Fall zu Fall neu entschieden werden. Diese Verführung hat sich in christlichen und nichtchristlichen Kreisen sehr weit verbreitet.«

Rocky hatte genug gehört. Das konnte ja heiter werden!

Die Suche beginnt

Erst 24 Stunden nach dem Zwischenfall gelang es Inspektor Thurlow, Adam zu erreichen. Adam war gerade auf dem Flughafen, um mit Dr. Cissna nach Nairobi zu fliegen, als er den Anruf erhielt. Er war so aufgebracht, dass er am liebsten mit seinem Flugzeug nach London geflogen wäre. Aber Thurlow beruhigte ihn: »Der Mann wurde verhaftet. Sie können im Moment hier nichts tun.«
»Ich sollte trotzdem dort sein.«
»Herr Livingstone, ich kann mir vorstellen, dass es Ihnen jetzt schwer fällt, nicht vor Ort zu sein. Aber Ihr amerikanischer Freund kümmert sich hervorragend um alles. Außerdem wird Ihr Anwesen rund um die Uhr von Scotland Yard bewacht. Niemand betritt oder verlässt Ihr Grundstück, ohne dass wir ihn sehen. Und selbstverständlich werden wir Sie auf dem Laufenden halten.«
Adam sah ein, dass der Beamte Recht hatte. Aufgewühlt kehrte er zum Lager zurück, um den anderen die Nachricht mitzuteilen.
»Ich bin gerne bereit, nach London zurückzufliegen, wenn du willst«, bot Scott sich an.
»Mal sehen«, seufzte Adam, »mir gefällt es in Anbetracht der Situation auch nicht, so weit weg zu sein. Andererseits hat Thurlow wahrscheinlich Recht. Wenn wir nur dort rumsitzen und warten, bis etwas passiert, aber nichts zu tun haben, dann sollten wir besser hier bleiben. Es genügt, dass Rocky dort ist.«
»Ich wäre auch bereit, alles zu tun, was du für richtig hältst. Wenn du mich lieber in London hättest, würde ich auch fahren.«
»Danke. Ich werde darüber nachdenken und abwarten, was noch passiert. Unterdessen werden Dr. Cissna und ich so viel wie möglich arbeiten, einverstanden, Doktor?«
Dr. Cissna nickte.
»Dann lassen Sie uns mal auf die Suche nach den Anfängen gehen«, sagte Adam zu Dr. Cissna gewandt und versuchte, die belas-

tenden Gedanken zur Seite zu schieben. »Wir wollen uns heute die Wälder am Mount Kenya vornehmen, stimmt's, Doktor?«

»Richtig. Ich bin startklar.«

»Aber bevor wir gehen, möchte ich noch zu Sir Gilbert gehen und ihm Guten Tag sagen. Glaubt ihr, dass dort noch Reporter herumlungern?«

»Nein, die letzten beiden Tage habe ich keine mehr gesehen«, erklärte Scott.

»Also sind wir sie jetzt endgültig los?«

»Das glaube ich nicht. Ich wette, dass sie bald wiederkommen«, seufzte Scott.

»Ich werde rübergehen. Wenn jemand nach mir fragt, ich bin bei unserem Nachbarn. In einer Stunde bin ich wieder da.«

»Nun treffen wir uns also hier in Afrika wieder, wo Sie berühmt geworden sind«, rief Adam dem anderen entgegen, während er aus dem Jeep sprang. Bowles stand vor seinem Zelt, hielt eine Tasse Tee in der Hand und sah dem Kollegen entgegen.

»Nicht so berühmt wie Sie«, erwiderte er und versuchte, seinen Ärger über die missglückte Pressekonferenz nicht zu zeigen. Gerade hatte er über Livingstone nachgedacht und überlegt, wie er herausfinden konnte, was dieser vorhatte. Er konnte sich vorstellen, wie ungeduldig sein Auftraggeber Cutter schon wartete. Zorin war gestern abgereist und Bowles wusste nicht, ob er wiederkam. Er war froh, dass der ungebetene Gast weg war.

»Es ist nur ein vorübergehendes Interesse der Öffentlichkeit«, wehrte Adam ab, »die Aufregung um die Arche wird schnell wieder nachlassen.«

»Sie sind ein schlechter Lügner«, tadelte Bowles ihn.

»Und Sie sind hier, um eine detaillierte Chronologie der menschlichen Evolution in dieser Gegend zu erarbeiten?«, fragte Adam.

»Ja, das stimmt.«

»Und wie kommt Ihre Arbeit voran?«

»Äh … sehr gut, danke. Mein …äh … Team wird bald eintreffen.«

»Sie wissen, dass die Evolution neuerdings auf wackligen Beinen steht?«, lächelte Adam.

»Wie kommen Sie darauf?«

»Sie sollten wirklich darauf achten, etwas mehr auf dem Laufenden zu bleiben, Dr. Bowles«, entgegnete Adam süßlich, »es könnte sein, dass die Bibel doch stimmt und dass wir Wissenschaftler uns getäuscht haben.«

»Nun klingen Sie wie ein Wissenschaftler, der seinen Verstand verloren hat. Sie sind es, Livingstone, der darauf achten sollte, auf dem Laufenden zu bleiben. Die Entwicklung läuft immer vorwärts, niemals rückwärts. Aber nachdem wir uns über mein Projekt unterhalten haben: Was machen Sie eigentlich hier?«

»Aber, Sir Gilbert«, Adams Stimme war immer noch äußerst ironisch, »als Kollege müssten Sie doch wissen, dass man keinem trauen kann, wenn es um die aktuelle Forschung geht. Darüber kann ich Ihnen natürlich nichts erzählen.«

Sir Gilbert Bowles zuckte zusammen. Nun hatte er zu plump gefragt. Und doch brauchte er die Antwort. Er musste es geschickter anstellen. Aber Adam ließ ihm keine Zeit zum Überlegen: »Mal ehrlich, Sie sind doch auch nicht nur hier, um einen Katalog aller Funde zu erstellen. Das können Sie mir nicht weismachen. Was haben Sie denn tatsächlich vor?«

»Jetzt muss ich Ihnen mit Ihren eigenen Worten antworten. Ich werde meinen nächsten großen Fund doch nicht jemandem mitteilen, der versucht, mir Konkurrenz zu machen.«

»Sehr gut«, lachte Adam, »wir verstehen uns. Wir sollten wirklich einmal ein gemeinsames Projekt durchführen.«

Bowles sagte nichts. Eine gemeinsame Arbeit mit Livingstone interessierte ihn nicht im Geringsten. Er fand es unerträglich, dass ein so junger Mann so viel Erfolg haben konnte. Er musste an seine Information rankommen, egal, wie.

»Sie haben sich einen Mann aus Kairo einfliegen lassen, der Ihnen hilft?«, ließ Bowles die Frage los, auf die er am dringendsten eine Anwort suchte.

»Sie sind ja gut informiert, Bowles«, sagte Adam anerkennend und versuchte, sich seine Überraschung nicht anmerken zu lassen. Woher wusste er das schon wieder? Sir Gilbert war neugierig, so viel stand fest. Ob sich außer Bowles noch jemand für Dr. Cissna interessierte, konnte er nicht sagen.

»Nun ja, Olduwai ist eine kleine Welt für sich, die Menschen interessieren sich füreinander. Alle in der Schlucht fragen sich, was Sie hier suchen«, erklärte Bowles.

Adam lächelte. Sir Gilbert war wirklich sehr neugierig, daran bestand kein Zweifel.

»Welchen Fachbereich vertritt denn Ihr Ägypter?«, versuchte Bowles es ein letztes Mal.

»Sie lassen wirklich nicht locker! Ich kann Ihnen nur so viel sagen: Nachher fliegen wir zusammen los und es steht Ihnen frei, uns zu folgen ... wenn Sie können. Ich muss jetzt jedenfalls wieder gehen. Gute Jagd, Sir Gilbert!«

Bowles sah ihm leise fluchend hinterher. Er schüttete den kalt gewordenen Tee aus und steckte sich eine dicke Zigarre an. Sobald Adams Maschine abgehoben hatte, würde er zum Flughafen gehen und versuchen, sich ein paar Informationen zu kaufen.

»Hütet euch vor Bowles«, ermahnte Adam sein Team, bevor er mit Dr. Cissna startete. »Ich will nicht, dass er irgendetwas über uns erfährt.«

»Geht in Ordnung, Chef!«, lachten Scott und Jen.

»Bitte fahrt nach Manyara und nehmt Holzproben von Affenbrotbäumen«, wies er Scott an. »Ich möchte neben den Proben aus dem Stamm in Brusthöhe zusätzliche Proben aus den Wurzeln. Geht so tief ins Wurzelsystem wie möglich. Wir werden das Gleiche am Mount Kenya bei verschiedenen Pflanzen machen und morgen oder spätestens übermorgen zurück sein.«

Als Adam und Dr. Cissna ihre Plätze eingenommen hatten, gähnte der Botaniker herzhaft.

»Entschuldigen Sie bitte«, sagte er, »ich konnte vergangene Nacht nicht schlafen. Würde es Ihnen etwas ausmachen, wenn ich das jetzt nachhole?«

»Nein, natürlich nicht. Das Motorengeräusch wird Sie sofort zum Einschlafen bringen.«

Zehn Minuten später erhob sich das kleine Flugzeug. Gilbert Bowles sah ihm lange nach. Sie flogen nach Norden, aber das alleine sagte noch gar nichts. Der Grabenbruch erstreckte sich über 5 000 Kilometer nach Norden. Sie konnten überall hinfliegen.

Die kleine Maschine gewann schnell an Höhe. Dr. Cissna schlief bereits und so konnte Adam die einzigartige Landschaft auf sich wirken zu lassen. Unter ihm breitete sich Tansania mit seinen Bergen und Vulkanen, Tälern, Seen und Ebenen aus. Er konnte die Spalte des Grabenbruchs deutlich sehen; wie eine lange Narbe zog sie sich über die Erdoberfläche. Dieser Riss in der Erdkruste hatte schon so viel von der Vergangenheit preisgegeben und enthielt ohne Zweifel noch viel mehr Geheimnisse, als man sich vorstellen konnte.

Vom Libanon im Norden durch das Jordantal und das Rote Meer, über die äthiopische Hochebene und den größten Teil Ostafrikas bis nach Mosambique hatte sich die Erdkruste langsam auseinanderbewegt und tiefe Täler in die Felsen gerissen, in deren Tiefe an vielen Stellen vulkanische Aktivitäten ausbrachen. Im Süden teilte sich der Graben in einen kleineren westlichen Teil, zu dem der Albertsee und der Tanganjika-See zählten, und in den östlichen Graben. Dazwischen lag der Viktoriasee.

Auch heute war die Erde hier noch nicht zur Ruhe gekommen. Immer wieder konnte Adam Dampf und Rauch sehen, der aus aktiven Kratern und heißen Quellen aufstieg.

Während Adam so auf diese gigantische Narbe hinabsah, kehrten seine Gedanken wieder zu dem Grund dieser Reise zurück. Dies war die Gegend, in der er den Garten Eden vermutete. Zählte das Grabenbruchsystem also auch dazu? Hatte der allmächtige Gott seinen Garten verborgen, indem er die Erdkruste veränderte?

War es möglich, dass der Garten jetzt wieder sichtbar wurde? Was für ein Gedanke! Und doch schien alles darauf hinzudeuten. Es hatte mit der Arche begonnen, die Proben aus Eis und Holz, die er dort genommen hatte, jetzt die Baumproben, die er unter Anleitung des Botanikers gesammelt hatte – es sah alles sehr vielversprechend aus.

Nun überflog er den Ngorongoro-Krater; etwas nördlich davon gab es drei weitere Vulkane. Auf der anderen Seite lag der Manyara-See. Hatte er da nicht eine Elefantenherde ausgemacht, die in der Nähe des Ufers unterwegs war? Hier gab es mehr Elefanten pro Quadratkilometer als irgendwo sonst auf der Erde. Noch weiter im Osten erhob sich der majestätische Kilimandscharo. Was für ein Bild!

Adam riss sich zusammen und konzentrierte sich wieder auf seine Armaturen. Der Doktor neben ihm schlief fest. Das Wetter war klar und ruhig. Sie gewannen immer noch an Höhe, überflogen jetzt den Lengai, einen Vulkan, der 1966 zuletzt aktiv gewesen war. Links von ihnen erstreckte sich die Serengeti-Hochebene, im Westen glitzerte der Viktoriasee.

Afrika war so voller Kontraste. Üppige Regenwälder und Urwälder auf der einen Seite, dann wieder Fels- und Sandwüsten, dazwischen dampfende Quellen. Die Vegetation war so überwältigend, dass der Gedanke an Eden nahe lag. Nun flogen sie über den Natron-See, der im Norden bis zur kenianisch-tansanischen Grenze reichte. Bald würden sie über den Nkuruman-Steilabbruch fliegen, dann westlich von Nairobi über die Aberdare-Berge und schließlich in Nanyuki landen. Von dort würden sie mit dem Jeep auf den Kenya-Berg fahren.

Dr. Cissna wurde erst wach, als Adam den Motor drosselte.

»Haben Sie gut geschlafen? Wir befinden uns schon im Landeanflug.«

Es war später Nachmittag, als der Botaniker und der Archäologe durch das dichte Unterholz am Fuße des Mount Kenya stapften. Sie befanden sich etwa 350 Kilometer nördlich der Olduwai-Schlucht.

»Wir haben hier so viele alte Pflanzen, ich weiß gar nicht, wie ich Ihnen die alle zeigen soll«, schwärmte der Botaniker. »Die Hälfte der Pflanzen ist noch gar nicht erforscht.«

»Gibt es auch Pflanzen, die altersmäßig mit der Borstenkiefer und dem Affenbrotbaum mithalten können?«

»Diese beiden werden schon als die ältesten lebenden Pflanzen angesehen. Mir ist jedenfalls keine bekannt, die es mit ihnen aufnehmen könnte. Es gibt eine heute lebende Borstenkiefer, die auf 9 000 Jahre geschätzt wird.«

»Erstaunlich. Damit lebte dieser Baum schon vor Abraham.«

»Es geht noch weiter. Dendrochronologen, die sich mit der Datierung historischer und prähistorischer Ereignisse durch die Untersuchung der Jahresringe in Bäumen beschäftigen, haben lebende und tote Borstenkiefern verglichen und zusammengesetzt und stießen auf 8 000 Jahre alte Stämme. Damit würden diese Bäume nach der biblischen Zeitrechnung noch aus der Zeit vor der Sintflut stammen.«

»Glauben Sie an diese Zeitrechnung?«

»Nicht direkt, aber ich halte sie für sehr interessant. Ich habe aber meine eigene Theorie.«

»Würden Sie sie mir erzählen?«

Der Botaniker lächelte und schien nachzudenken. Dann sagte er unumwunden: »Ich glaube, eines Tages werden wir Pflanzen finden, die doppelt so alt sind wie die Borstenkiefer.«

»Wow!«, rief Adam. »Ich habe in Ihnen wirklich den idealen Partner gefunden.«

»Die meisten Leute machen sich kein Bild von dem Reichtum der Vegetation hier«, erklärte Dr. Cissna. »Und das meiste davon ist unerforscht. Aber es deutet alles darauf hin, dass es vor ein paar tausend Jahren um ein Vielfaches reicher war. Ich kann nur ahnen, wie diese Gegend damals aussah. Es ist so aufregend, sich vorzustellen –«

Er unterbrach sich selbst, verlegen, weil er im Begriff war, seine tiefsten Gedanken und Gefühle als Wissenschaftler mitzuteilen.

»– nun, ich meine einfach, ich bin beeindruckt von dem Gedanken, was damals alles möglich war.«

»Und mich begeistert es, Ihnen zuzuhören.«

»Es ist so ein riesiger Kontinent«, fuhr Dr. Cissna fort, »und größtenteils noch unerforscht. Immer wenn ich hier arbeite, stelle ich mir vor, dass in diesen Boden besonders viel kreative Energie gelegt wurde, die hier immer noch vorhanden ist und Wachstum und Lebenskraft schenkt.«

Sie waren auf der Kuppe eines Hügels angekommen. Noch ehe Adam auf diese erstaunliche letzte Aussage des Botanikers eingehen konnte, rannte der plötzlich los. Adam hatte Mühe, ihm zu folgen.

»Genau das habe ich mir gewünscht«, rief er, als er einen riesigen Affenbrotbaum erreicht hatte. »Er sieht hervorragend aus, gesund und hoffentlich auch innen noch massiv.«

Adam hatte schon viele Affenbrotbäume in seinem Leben gesehen, aber dies war der größte.

»Meine Güte, ist das ein Riese«, staunte Adam, »was für ein Stamm! Und dann dieses Zweigwerk, wie beeindruckend!«

»Groß, ja, aber fühlen Sie nicht auch sein Alter?«, stimmte Dr. Cissna in das Staunen mit ein. »Dies ist wirklich ein besonders ehrwürdiger, uralter Baum. Wenn ich mir vorstelle, dass dieser Baum vielleicht schon … allein der Gedanke!«

»Was meinen Sie, Doktor?«

»Egal. Ich bin manchmal so sentimental …«

»Sie meinen, dieser Baum hat vielleicht schon im Garten Eden gestanden?«

Der Botaniker warf ihm einen eigenartigen Blick zu.

»Wieso sagen Sie das?«

»Wissen Sie, Archäologen können auch sehr gefühlvoll sein«, lächelte Adam.
»Davon hörte ich auch schon. Und Sie besonders, was?«
Adam grinste.
»Sie sprachen vor ein paar Minuten von ›kreativer Energie‹. Meinten Sie damit Gott?« Adam fragte jetzt direkt. Er wollte wissen, was der Mann dachte.
»Ich bin Botaniker, kein Metaphysiker, Dr. Livingstone.« Dr. Cissna war sein Gefühlsausbruch von vorhin unangenehm und er versuchte wieder, ganz der sachliche Wissenschaftler zu sein. Aber Adam war nicht gewillt, locker zu lassen. Zumal er selbst schon bei ihrem ersten Flug seine Karten auf den Tisch gelegt und seine ganze Eden-Theorie vor dem anderen ausgebreitet hatte. Sollte der jetzt doch auch sagen, was er wirklich dachte.
»Ihre Worte klingen wie ein Hinweis auf einen verlorenen prähistorischen Garten«, versuchte er es etwas vorsichtiger.
»Damit hätten Sie meine Worte überinterpretiert«, wehrte Dr. Cissna ab.
»Stimmt, das gebe ich zu. Würden Sie mir trotzdem antworten?«
»Sie haben gewonnen«, lachte Dr. Cissna endlich. Dieser Livingstone war wirklich hartnäckig. »Gut, ich glaube nicht, dass das Leben auf dieser Erde zufällig entstanden ist.«
»Könnten Sie das noch etwas weiter ausführen?«
»Ich glaube, dass Gott das erste Leben hier auf der Erde geschaffen hat.«
»Glauben Sie also, dass der Ort Eden wirklich existierte?«
»Lassen Sie es mich so sagen: Es ist unmöglich, durch Afrika zu reisen und nicht ständig an den biblischen Bericht über Eden zu denken. Aber ich möchte mich bezüglich des genauen Standortes von Eden nicht festlegen.«
»Haben Sie den Eindruck, dass ich das versuche?«
»Ja.« Dr. Cissnas Augen funkelten fröhlich. Zwischen den beiden begann sich eine ganz besondere Ebene des Austauschs zu entwickeln, die beiden anfing, Spaß zu machen.
»Ich freue mich über diesen Baum hier.« Dr. Cissna kam wieder in die Gegenwart zurück. »Was für ein Geschenk, dass wir ihn hier gefunden haben.«
»Wollen wir Proben nehmen?«
»Unbedingt.«

Nun knieten sich beide Männer vor dem Baum nieder und packten ihre Werkzeuge aus. Sorgfältig breiteten sie ihre Bohrer, Messer, Griffe, Extraktoren, Röhrchen und alles andere aus, das sie für diese feine Arbeit brauchten.

Während sie anfingen, nach Proben zu bohren, erzählte Adam: »Vor einiger Zeit las ich einen höchst erstaunlichen Artikel in einer wissenschaftlichen Zeitschrift. Darin wurde von einem Baum in der Saudi-Arabischen Wüste berichtet. Haben Sie davon gehört?«

»Davon gehört? Ich habe ihn fünf Mal besucht! Das Foto, das Sie in dem Artikel vermutlich gesehen haben, habe ich gemacht.«

»Tatsächlich? Sie waren dort? Erzählen Sie mir davon!«

»Es gibt nicht viel zu erzählen. Es ist das Erstaunlichste, was ich jemals gesehen habe, ein unerklärliches Phänomen, ein Geheimnis.«

»Haben Sie Proben genommen?«

»Nein, leider haben uns die Saudis das nicht erlaubt.«

»Kann man sie nicht dazu bringen, im Interesse der Wissenschaft?«

»Wir sind dabei, ihnen zu vermitteln, was für einen hohen wissenschaftlichen Wert diese Untersuchungen hätten. Sie haben auch einige Wissenschaftler aus Riad und Amman in die Oase gelassen. Aber ich weiß nicht, ob uns das auch gelingen wird. Sie sind sehr uneinsichtig.«

Die beiden Männer arbeiteten einige Zeit schweigend weiter, drehten ihre Handbohrer in das Holz und versuchten, so waagerecht wie möglich in die Mitte des Stammes zu kommen. Endlich hatten sie auch den letzten zerbrechlichen Holzzylinder in den Plastikröhrchen, die Dr. Cissna extra für Adam besorgt hatte. Adam platzierte die Proben sorgfältig in seinem Behälter. Sie betrachteten schweigend den prächtigen Baum. Dann begann Dr. Cissna: »Kennen Sie den Namen dieses Baumes?«

»Ja natürlich, es ist der Baobab oder Affenbrotbaum.«

»Die Einheimischen hier nennen ihn den Baum, unter dem der Mensch geboren wurde«, erklärte Dr. Cissna. »Es gibt eine Legende der Nuer, einem Stamm aus dieser Gegend. Danach wussten ihre Vorfahren genau, unter welchem Baum der erste Mensch geboren wurde. Es war ein ganz bestimmter Affenbrotbaum im südlichen Sudan. Und der Affenbrotbaum ist wirklich die älteste lebende Pflanze in Afrika, vielleicht auch weltweit. Diese Legende hat mich immer neugierig gemacht. Trotzdem, ein faszinierender Gedanke. Es gibt auch einen Berg östlich der Olduwai-Schlucht, wir müssen heute Morgen darüber geflogen sein. Er heißt ›Ol Doinyo Lengai‹, das bedeutet ›Berg Gottes‹. Viele Legenden und Geschichten, die hier erzählt werden, deuten nicht nur in längst vergangene Zeiten, sondern ranken sich um die Anfänge des Lebens. Wenn Sie sich für den Urbeginn allen Lebens interessieren, dann hören Sie auf die Geschichten Afrikas, es gibt so viele davon.«

»Gibt es auch Legenden über die große Flut?«

»Selbstverständlich. Sie unterscheiden sich von Stamm zu Stamm, aber der Kern der Geschichte ist immer der gleiche. Es wurden alle anderen Stämme vernichtet, nur acht Personen überlebten, sie vermehrten sich, bevölkerten Afrika und schließlich die ganze Erde.«

»Und der Baum?«

»Sie sagen, der Baum überlebte die Flut. Einige Legenden kennen keine Arche. Sie erzählen, die acht Menschen hätten die Flut in den Zweigen des Affenbrotbaumes abgewartet. Das Volk der Ujiji hat eine Überlieferung, nach der die Gegend des Grabenbruchsystems, wo viele Menschen und Tiere lebten, von einer Flut bedeckt wurde. Später hätte sich das Wasser im Tanganjika-See gesammelt.«

»Für wie wahr halten Sie diese Überlieferungen?«

»Nun, Dr. Livingstone, Sie haben doch die Arche gefunden«, lachte Cissna, »da kann ich ja wohl nicht mehr glauben, dass die acht Menschen im Baobab saßen, oder? Aber«, er wurde wieder ernst, »Sie wissen so gut wie ich, dass diese ganze Gegend erwiesenermaßen einmal von Meerwasser bedeckt war.«

»Diese Hinweise gibt es weltweit.«

»Aus diesem Grund kann man die Flut-Legenden nicht als lokale Erscheinungen einstufen.«

»Was ist nun aber mit dem Überleben dieses einen Baumes?«, fragte Adam, während sie weitergingen.

»Ich halte es für möglich. Das Wurzelsystem wird die Flut überlebt haben und danach werden neue Triebe gewachsen sein«, antwortete der Botaniker.

»Eine gut vorstellbare Theorie. So etwas beobachtet man überall, zum Beispiel bei Überschwemmungen und Vulkanausbrüchen.«

»Häufig gibt es unterirdisch mehr Leben als über der Erde«, fuhr Cissna fort. »Tatsächlich können wir den größten Teil des Lebens auf unserem Planeten nicht mit bloßem Auge sehen. Schauen Sie sich doch nur einmal um, Dr. Livingstone. Das ganze Grabenbruchgebiet gibt Zeugnis davon. Hier verbirgt sich so viel Leben unter der Erdoberfläche, das nur darauf wartet, entdeckt zu werden.«

»Ich verstehe Sie, aber ich muss zugeben, dass ich das noch nie so gesehen habe.«

»Wir wissen so wenig, weil wir immer nur von dem ausgehen, was wir mit unseren Augen wahrnehmen. Aber die tiefen, verborgenen Wahrheiten – und das gilt jetzt für alle Fachbereiche –, die findet man auf anderen Wegen.«

»Jetzt klingen Sie philosophisch.«

»Ja, so ist es auch gemeint. Die größten Wahrheiten sind verborgen. Das macht das ganze Leben erst so spannend. Übrigens finde ich Botanik in diesem Zusammenhang auch viel interessanter als Archäologie, wenn Sie mir diese Bemerkung erlauben. Botanik hat mit dem Leben zu tun.« Dr. Cissna sah prüfend in Livingstones Richtung. War er zu weit gegangen? Aber Adam grinste: »Kein Problem, Doktor. Sagen Sie ruhig alles, was Sie denken. Wo nötig, kann ich Sie ja widerlegen.

Wir verstaubten Archäologen und Paläontologen haben zwar meistens mit toten Dingen zu tun, aber unsere Funde verraten uns eine Menge über das Leben. Das macht unsere Funde interessant und wertvoll.«

»Einverstanden«, räumte der Botaniker lachend ein, »trotzdem langweilen mich alte Steine und Knochen. Wenn ich dagegen ein Blatt, eine Wurzel, eine Blüte, ein besonderes Gras, einen Baum, einen Strauch, ein bisschen Moos oder eine Alge in die Finger bekomme, die ich bis dahin noch nicht kannte, so finde ich das äußerst spannend.«

»Einspruch – ich finde, der Mensch ist doch der spannendste Gegenstand der Forschung.«

Adam und Dr. Cissna hatten Dutzende vielversprechender Bäume und Ranken gesehen. Adam schleppte mittlerweile fast so viel Gewicht an Proben mit sich herum, wie er Ausrüstung dabei hatte.

»Für mich ist der Erdboden immer besonders interessant«, erklärte der Botaniker, »Erde steckt voller Leben und doch sehen wir mit unseren bloßen Augen so wenig davon.«

Er hielt inne und sah Livingstone prüfend an.

»Damit nähern wir uns einer meiner Theorien, die ich vorhin erwähnte.«

»Ich bin gespannt darauf«, ermutigte Adam ihn.

»Sie müssen mir versprechen, dass Sie alles für sich behalten. Ich will das veröffentlichen, sobald ich noch mehr Daten habe. Bis dahin will ich nicht, dass diese Gedanken bekannt werden.«

»Ich gebe Ihnen mein Wort, Doktor.«

»Gut, also Folgendes: Organisches Leben kann über Jahre verborgen bleiben. Zum Beispiel ein alter, vernachlässigter Garten geht an einen neuen Besitzer über. Der beginnt, die Erde zu bearbeiten. Sonnenlicht, Luft, Wasser und Sauerstoff kommen an die Schollen, die für Jahre, Jahrzehnte, vielleicht Jahrhunderte nicht berührt worden waren. Jetzt geschieht etwas Seltsames. Längst vergessene Samen, Zwiebeln und Wurzeln lassen plötzlich neues Leben sprossen. Auch Pflanzen, an die sich niemand erinnern kann, wachsen plötzlich wieder. Faszinierend, oder? Kennen Sie den Kräutergarten auf dem Berg Grace Priory, einem englischen Kloster aus dem vierzehnten Jahrhundert? Dort sind nach einer Ausgrabung Pflanzen gewachsen, die wir für lange ausgestorben hielten.«

»Ich hörte davon«, antwortete Adam, »aber ich habe nicht darüber nachgedacht. Doch, Sie haben Recht, es deutet tatsächlich in die Richtung meiner eigenen Forschung.«

»Ja, das tut es wirklich«, lächelte Dr. Cissna und schwieg einen Moment.

»Wenn Sie mir die Analogie gestatten«, fuhr er dann wieder fort, »angenommen, einer Ihrer Kollegen hätte ein altes Skelett gefunden, das Jahrhunderte im Sandboden des Grabenbruchs gelegen hatte. Doch in dem Moment, als es ans Tageslicht kommt, verwandelt es sich plötzlich in einen lebendigen Menschen.«

»Das wäre natürlich wirklich eine Sensation«, lachte Adam.

»Genau das macht die historische Botanik so spannend«, freute sich Dr. Cissna, »in unserem Fachbereich kommt so etwas immer wieder vor. Wenn wir etwas finden, das einem Fossil bei Ihnen entspräche, dann enthält es bei uns noch eine Menge Lebenskraft. Wobei natürlich auch in der Botanik vieles endgültig abstirbt. Wir sind von Beispielen dafür umgeben. Trotzdem glaube ich, dass es mehr verborgenes Leben gibt, als wir uns vorstellen können.«

»Das ist eine erstaunliche Annahme, Doktor. Und was für ein überwältigender Gedanke!«

»Und diese Überlegung hat auch eine Menge mit Ihrer gegenwärtigen Forschung zu tun, denke ich.«

Plötzlich blieb Adam stehen. Er rieb sich die Wangen, war völlig in Gedanken und rief plötzlich: »Eden! Das ist es!«

»Genau«, lächelte Cissna trocken und wunderte sich, dass es so lange gedauert hatte, bis Adam diesen Zusammenhang entdeckt hatte. »Ich stelle mir also vor, sämtliche Pflanzen, alle Bäume, Gräser und Sträucher, die Gott dem ersten Menschen als perfekten Lebensraum gegeben hat, sind noch vorhanden. Sie sind verborgen und warten nur darauf, dass ihre Zeit des Keimens wieder anbricht.«

»Was bestimmt diese Zeit des Keimens? Warum sollten sie plötzlich wieder auftauchen? Wie könnte das möglich sein nach so langer Zeit?«

»Ich kann diese Fragen nicht beantworten. Vielleicht liegen die Antworten außerhalb unseres Fachbereiches. Wenn die Pflanzen Edens wieder keimen, dann haben sie dafür Zeiten und Gründe, die der Mensch nicht beeinflussen kann. Eine Zeit des Wartens geht der Zeit des Wachsens voraus. Die Ruhe des Winters ist nötig, bevor ein neues Frühjahr anbrechen kann. So funktioniert die Natur in vielen Bereichen. Ohne den Frost des Winters könnten viele Samen, Zwiebeln, Gräser und Wurzeln im Frühjahr nicht zu neuem Leben erwachen. Erst wenn die Zeit der Ruhe abgeschlossen ist, wird die Zeit des Blühens kommen. Dann werden sich die lange verborgenen Geheimnisse offenbaren, das versteckte Leben wird wieder aufbrechen und die alten Wahrheiten werden sichtbar werden. Hier am Äquator gibt es keinen Frost, trotzdem glaube ich, dass für den Samen hier ein vergleichbares Prinzip gilt.«

»Warum ist das so?«

»Diese Frage kann ich als Botaniker nicht beantworten, Dr. Livingstone. Als Botaniker beobachte ich die Zeiten des Wachsens und Blühens und achte auf die Zeichen, die dem Keimen vorausgehen.«

Candace Montreux war zum ersten Mal in ihrem Leben in diesem Teil der Welt. Es gefiel ihr überhaupt nicht, alleine in dieses Land zu reisen, das vor nicht allzu langer Zeit noch hinter dem berüchtigten Eisernen Vorhang gelegen hatte. Doch Haldor Zorin war eine starke Persönlichkeit und sie war nicht in der Lage gewesen, seinem Reden und Werben zu widerstehen.

»Sie werden mein persönlicher Gast sein«, hatte er ihr am Telefon versichert. »Ich will, dass Sie meine neue Stadt kennen lernen. Glauben Sie mir, es gibt hier jeden Luxus, den Sie aus London kennen.«

»*Ihre* Stadt, Herr Zorin?«

»Bildlich gesprochen, natürlich«, nahm er sich zurück. Doch gleichzeitig triumphierte er: Bald würde er diese Aussage auch öffentlich machen können.

Die Maschine setzte zum Landeanflug an. Candace sammelte ihr Handgepäck ein und zog ihre Jacke über. Sie hatte bei der Auswahl ihrer Reisekleidung sehr lange überlegt: Ein knapp geschnittenes schwarzes Kostüm und eine rot-seidene Bluse.

Sie waren kaum gelandet, als Candace schon die elegante schwarze Limousine sah, an deren Heck zwei kleine aserbaidschanische Fahnen fröhlich im Fahrtwind flatterten. Als sie wenig später die Treppe hinabstieg, sah sie den Arbeitsminister, der ihr persönlich entgegenging.

»Wie schön, Sie wieder zu sehen, Lady Montreux«, begrüßte er sie galant. Seine Stimme war kraftvoll wie seine ganze Erscheinung. »Sie sehen bezaubernd aus.«

»Vielen Dank, Herr Zorin«, lächelte Candace und ihre Augen blitzten.

Ein Mann in Uniform hielt ihr die Wagentür auf.

»Seien Sie mein Gast, bis wir nach Afrika aufbrechen«, bat Zorin.

Als der Wagen das Flughafengelände verließ, wunderte sich Candace: »Muss ich nicht noch durch die Passkontrolle und den Zoll? Und was ist mit meinem Gepäck?«

Zorin lächelte. Lady Montreux hatte noch keine Vorstellung von seiner Position in diesem Land. »Ich habe mich bereits um alles gekümmert. Ihr Gepäck wird in mein Haus gebracht.«

An diesem Abend saßen die beiden bei einem festlichen Dinner, das Zorins Personal zubereitet hatte. Zorins Villa konnte leicht mit allem mithalten, was Candace aus London kannte. Der Speisesaal war umgeben von Glaswänden, die den Blick auf den Hafen und das Kaspische Meer freigaben. Die Aussicht war unvorstellbar schön, das Essen entsprach den höchsten Standards.

»Ich trinke auf die attraktive und charmante Lady Candace Montreux«, erklärte Zorin und hob sein Glas. »Möge dies der erste von vielen Besuchen sein, mit denen Sie dieses Land und meine Person beehren.«

Candace nickte und ließ ihr Glas mit seinem zusammenklingen. Sie tranken französischen Champagner. Ihre Wangen waren leicht gerötet und ihr Lächeln hatte einiges an Kälte verloren. Sie war im Begriff, sich in Zorin zu verlieben, und er wusste das. Er amüsierte sich darüber, wie leicht Livingstones Braut zu erobern war. Wie genial, ausgerechnet seine Verlobte zu benutzen, um ihn zu zerstören. Was für ein Triumph!

»Morgen werde ich Ihnen die Stadt zeigen und Sie mit unserem Präsidenten bekannt machen«, versprach Zorin seinem Gast.

»Nach allem, was ich heute sah, musste ich annehmen, Sie selbst seien der Präsident«, schmeichelte Candace und wirkte dabei nicht annähernd so überlegen, wie sie selbst hoffte.

»Alles zu seiner Zeit, meine Liebe ... alles zur richtigen Zeit.« Es machte ihm Spaß, ihrer Fantasie Nahrung zu geben. Je höher sie von ihm dachte, desto besser. »Wie gefiele Ihnen die Vorstellung, die First Lady eines kleinen Landes in Osteuropa zu sein?«

»Eines kleinen Landes?«

Sie tat so, als verstünde sie nicht. Zorin ging auf ihr Spiel ein.

»Ja, ich meine ein Land wie ... wie ... ja, ungefähr so groß wie Aserbaidschan.«

Jeder der beiden war geübt in der Sprache der Verführung.

»Vielleicht könnte ich mich an diesen Gedanken gewöhnen«, grinste sie in gespielter Zurückhaltung. »Aber es ist Ihnen doch sicher bewusst, dass ich mit Adam Livingstone so gut wie verlobt bin. Ich war bereit, Ihnen zu helfen, weil Sie mir zusagten, ihm bei seiner Entscheidung für mich etwas nachzuhelfen.«

»Ach, so sehen Sie das. Nun, dann bitte ich Sie lediglich, mir Zeit zu geben.«

»Zeit – was meinen Sie damit?«

»Ich denke, wir verstehen uns durchaus, Lady Montreux«, lächelte Zorin. »Ich schlage Ihnen vor, hier ein paar Tage zu verbringen. Wenn das Wetter es erlaubt, werden wir mit meiner Yacht eine Tour auf dem Kaspischen Meer machen. Wir könnten ein romantisches Dinner zu uns nehmen und die Nacht auf See verbringen.«

»Das klingt tatsächlich sehr verlockend. Ich nehme Ihren verführerischen Vorschlag an. Es war doch verführerisch gemeint oder täusche ich mich?«

Nun war sie wieder die starke, mit allen Wassern gewaschene Frau, die sich keine Blöße gab.

»Durchaus nicht«, erwiderte Zorin ihr vieldeutiges Lächeln. »Danach sollten wir etwas Zeit einplanen, um unsere Reisevorbereitungen zu treffen.«

»Welche Reisevorbereitungen?«

»Vor allem brauchen wir die richtige Kleidung. Sie sehen selbstverständlich in allem hervorragend aus. Aber in diesem Fall sollten Sie sich etwas archäologischer kleiden.«

»Sie meinen doch nicht etwa mit dicken Stiefeln und dem derben braunen Zeug?«

»Wir müssen alle Opfer bringen, Lady Montreux.«

Zwei Tage später waren Adam und Dr. Cissna in der Nähe der Murchison-Wasserfälle unterwegs. Sie hatten an diesem Tag schon sechs oder acht Proben aus alten Baumstämmen entnommen, nicht nur von Affenbrotbäumen, sondern auch von verschiedenen anderen alten Arten, auch von Akazien und verschiedenen Nadelbäumen, dazu hatten sie viel Moos und Rinde gesammelt. Sie hofften, später mit Hilfe verschiedener Tests interessante Erkenntnisse zu gewinnen und die Altersbestimmung nicht nur über das Zählen der Jahresringe, sondern auch mittels anderer Methoden vornehmen zu können.

Plötzlich hielt Dr. Cissna inne. Ein seltsamer Blick traf Adam. Mit einer Handbewegung bedeutete er ihm, still zu sein. Adam verstand nicht, was los war. Nach ein paar Augenblicken gingen sie weiter.

»Ich habe das Gefühl, wir werden verfolgt«, flüsterte Dr. Cissna. »Wahrscheinlich ist es nur Einbildung. Normalerweise bin ich nicht schreckhaft, aber manchmal kann auch so ein alter Hase wie ich in diesem Dickicht Angst bekommen.«

Schweigend gingen sie weiter.

Dann nahm auch Adam die Geräusche hinter ihnen wahr. Er stockte und hörte genauer hin. Dr. Cissna hatte Recht, sie waren nicht alleine. An einem solchen Ort gab es Hunderte von Erklärungen für Rascheln und Knacken. Aber es bedeutete auf keinen Fall etwas Gutes!

Die beiden Männer sahen sich an und überlegten leise, ob es besser wäre, sich hier zu verstecken oder um ihr Leben zu laufen. Wie konnten sie dem unsichtbaren Gepard oder Gorilla entkommen?

Da brach ein fürchterliches Geräusch hinter ihnen los. Äste splitterten, Schritte dröhnten auf dem weichen Waldboden.

Adams Herz setzte einen Schlag lang aus. Dann hechtete er zum nächsten Baum. Dr. Cissna war in die entgegengesetzte Richtung gesprungen.

Ein Schrei.

Adam fuhr herum. Es war kein Tier. Ein vertrautes schwarzes Gesicht tauchte aus den dichten Blättern auf ... weiße Zähne blitzten, Schweißperlen kamen unter dem Tropenhelm hervor ... ein T-Shirt mit einem London-Aufdruck.

Das war Scott! Und wer kam gleich hinter ihm?

»Rocky!«, rief Adam mit ungläubigem Staunen und größter Erleichterung. Sekundenlang konnte er nichts sagen, so überrascht war er. Sein Herz raste immer noch vor Schreck und er atmete heftig.

»Und wir dachten schon, eine Elefantenherde würde uns im nächsten Moment platt machen«, rief er grinsend.

»Tut uns Leid, dass wir euch enttäuschen müssen«, lachte der große Amerikaner.

»Wie um alles in der Welt habt ihr uns denn gefunden?«, staunte Adam.

»Nun, leicht war es nicht. Ich rief auf dem Flughafen in Nanyuki an. Sie sagten, ihr seid in Uganda. Also wusste ich, dass ihr in Murchison seid.«

»Aber wir sind hier mitten in einem Dschungel!«

»Wir haben auch zwei Stunden lang nach euch gesucht. Ich dachte mir, dass ihr zu den Kabalega-Fällen gehen würdet. Vor etwa 20 Minuten sind wir auf eure Fährte gestoßen. Rocky wollte ausprobieren, wie lange wir euch folgen könnten, bevor ihr etwas bemerkt.«

»Natürlich, unser Detektiv!«, lachte Adam. »Wir haben schon seit einer halben Stunde gemerkt, dass wir verfolgt werden, nicht wahr, Dr. Cissna? Rocky ... wie geht's dir?« Adam wandte sich seinem Freund zu. Die beiden umarmten sich herzlich.

»Meine Füße sind müde, mein Körper ist müde, mein Kopf ist müde. Das Flugzeug von London war überfüllt.«

»Armer Rocky! Und was machst du hier?«

»Du hast gesagt, ich soll nach Afrika kommen. Hier bin ich!«

Adam sah immer noch verblüfft aus.

»Hast du von dem Einbruch erfahren?«, fragte Rocky.

»Ja, Thurlow hat vor zwei Tagen mit mir gesprochen. Vielen Dank übrigens für deinen Einsatz. Trotzdem verstehe ich immer noch nicht –«

»Jemand hat versucht, dich umzubringen. Jetzt ist jemand in dein Haus eingebrochen. Ich denke, wir sollten die Angelegenheit aufklären, bevor noch jemand zu Schaden kommt.«

»Stimmt.«

Dann machte er Rocky und Dr. Cissna miteinander bekannt.

»Ich denke, Sie beide haben mehr Gemeinsamkeiten, als man von Ihren Berufen her vermuten könnte. Ihre Weltanschauung dürfte die gleiche sein.«

»Wie kommen Sie darauf?«, kam der schwache Protest des Botanikers.

»Ich lese zwischen den Zeilen. Außerdem geht unsere Unterhaltung immer wieder in bestimmte Richtungen, über die auch Rocky gerne spricht.«

Der Detektiv und der Botaniker lächelten sich an. Sie ahnten, was Adam meinte, und freuten sich darüber.

»Hast du das Notizbuch wieder?«, fragte Adam.

Rocky strich sich über den Bauch. »Hier ist es, direkt unter meiner Weste. Ich gebe es nicht mehr aus der Hand, selbst nachts habe ich es bei mir. Ich habe allerdings eine Kopie gemacht und in den Staaten gelassen.«

»Hoffentlich hast du sie an einem sicheren Ort versteckt?«

»Ich gab sie meinem Pastor. Erinnerst du dich an das, was ich von ihm erzählt habe? Er hat mir auch noch einiges gesagt, was uns helfen kann, alles zu verstehen.«

»Ich will alles genau hören, ja? Lasst uns zurückgehen, wir haben für heute genügend Proben gesammelt. Wir müssen sie schnellstmöglich an Emily zum Eichhof schicken. Ich kann es kaum erwarten, die Analysen aus unserem Labor zu erhalten.«

Die neue Mitarbeiterin

Rocky hatte den Inspektor gewarnt. Der Gefangene war Teil einer Verschwörung, die viel mehr als Einbruch im Sinn hatte. Aber der Gefängnisdirektor hatte die Information nicht ernst genommen. Sie hatten es nicht geschafft, den Mann zum Reden zu bringen. Jetzt war es zu spät.

Drei Tage nach seiner Verhaftung lag er morgens tot in seiner Zelle. Offenbar war ihm in der Nacht Gift gegeben worden.

Niemand hatte den Mann besucht.

Ein Wärter berichtete später, dass am Abend vorher ein Mann aus dem Gefängnis gegangen war, den er noch nie zuvor gesehen hatte und der weder zum Personal gehört hatte noch Besucher gewesen sein konnte.

Der Mann hatte knochige Wangen, trug eine olivgrüne Baskenmütze und hatte einen auffallend femininen Gang. Er wurde nie wieder gesehen.

Alle Untersuchungen blieben ergebnislos. Der Einbrecher wurde einige Zeit nach seinem Tod zwar identifiziert, aber das brachte auch keine weiteren Erkenntnisse.

Im Eichhof war eine unangenehme Ruhe eingekehrt.

Der Polizist, den Inspektor Thurlow abgestellt hatte, bewachte das Anwesen rund um die Uhr, aber auch er konnte nicht verhindern, dass das Haus im Wind ächzte und die Bewohnerinnen ängstlich auf die Geräusche der Nacht lauschten. Wenn Dr. Livingstone erst im Frühjahr wiederkäme, dann hatte der Eichhof einen langen Winter vor sich.

Während Adam, Scott und Jen in Afrika waren, hielt Crystal Johnson im Haus die Stellung, war laufend in Kontakt mit dem Team in Afrika und organisierte das Büro des Archäologen. Außerdem arbeitete sie an einem Computerprogramm für Adam. Emily, die an Erins Stelle getreten war, hatte sich gut eingearbeitet und war für alle Aufgaben im Labor zuständig.

Juliet hatte keine Arbeit gefunden und blieb vorläufig bei ihrer Tante. Oft langweilte sie sich. Dann ging sie manchmal zu Crystal ins Büro, die sich auch meist über eine kleine Abwechslung freute. Crystal und Juliet redeten gern über die Arbeit. Allmählich verstand Juliet immer mehr von Crystals Aufgaben und von Livingstones Forschung. Crystal erzählte ihr von den verschiedenen Projekten, die er in den letzten Jahren durchgeführt hatte.

Fast jeden Morgen kam Post aus Afrika, die ein Bote vorbeibrachte. Es waren Proben, die im Labor untersucht werden sollten. Jen hatte meist noch eine Notiz beigelegt, aus der das Team in England immer die neuesten Nachrichten aus dem Alltag im Camp erfuhr.

Eines Morgens gegen 11.00 Uhr ging Juliet wieder ins Büro, um Crystal zu besuchen.

»Ich koche gerade Tee, soll ich dir eine Tasse bringen?«, fragte sie die Sekretärin.

»Danke, aber alles, was ich im Moment will, ist, dass Emily auftaucht«, war Crystals gestresste Antwort.

»Wo ist sie denn?«

»Keine Ahnung. Sie ist einfach nicht gekommen und hat auch gestern nichts gesagt. Ich rufe sie schon die ganze Zeit zu Hause an, aber ich kann niemanden erreichen.«

Crystal war sichtlich genervt.

»Um 17.00 Uhr ruft Jen an und will die Ergebnisse wissen. Hier liegen die Proben, sie sind heute früh gebracht worden. Was soll ich bloß machen? Ich habe doch keine Ahnung vom Labor.«

»Was soll denn gemacht werden?«, fragte Juliet.

»Die üblichen chemischen Analysen und eine Altersbestimmung von einem kleinen Fossil. Ich habe nicht so viel Ahnung davon. Hier ist der Zettel, den Jen beigelegt hat.« Damit reichte sie Juliet die Notiz mit den Anweisungen für das Labor.« Juliet sah kurz auf das Blatt und erklärte dann: »Das kann *ich* doch machen!«

»Wie bitte?«

»Natürlich nur, wenn du möchtest und wenn ich überhaupt unten im Labor sein darf.«

»Also, wenn du das kannst, dann los. Das ist ja super. Ich möchte Adams Forschung nicht verzögern. Wenn Jen anruft, brauchen wir die Ergebnisse. Wahrscheinlich kommt Emily auch jeden Augenblick, aber wenn du bis dahin schon anfangen könntest, wäre das wirklich genial.«

»Und du meinst, das ist in Ordnung, wenn ich ins Labor gehe, ohne dass Adam das weiß?«

»Natürlich. Ich erlaube es dir hiermit.«

Juliet verlor keine Zeit mehr, nahm die Proben und das Blatt von Jen und verschwand.

»Moment mal, wolltest du mir nicht Tee machen?«, erinnerte sich Crystal.

»Nein, ich habe keinen Durst mehr!«

Crystal lachte, griff wieder nach dem Telefon und wählte Emilys Nummer. Doch sie erhielt keine Antwort.

Das Team hatte gerade gefrühstückt und besprach die anstehenden Aufgaben, als sich ein Fahrzeug dem Livingstone'schen Lager näherte. Alle sahen sich fragend an. Sie erwarteten niemanden.

Adam wollte Dr. Cissna gerade wieder ins Zelt schicken, als Scott ihn beruhigte: »Ich glaube nicht, dass es Reporter sind. Ich kann nur einen Wagen erkennen, in dem auch nur eine einzige Person sitzt.«

Aber keiner von ihnen rechnete mit der Person, die dann aus dem Wagen stieg.

»Candace!«, rief Adam fassungslos, »was machst du denn hier, mitten in der Wildnis?«

»Ich komme dich besuchen«, lächelte sie mit ihrem umwerfenden Charme.

Adam ging ihr zögernd entgegen. Dann umarmte er sie. Er war räumlich und zeitlich sehr weit von London entfernt, in einer fremden Welt, in der er sich oft auch einsam fühlte. Die Erinnerung an die letzte unerfreuliche Begegnung mit Candace war noch da, aber er spürte auch, wie gut es tat, diesen schönen Frauenkörper wieder zu halten. Hinzu kam, dass Candace in ihrem neuen Outfit wirklich aussah wie eine von ihnen. Sie war ganz in Khaki gekleidet, mit derben Wanderstiefeln an den Füßen und einem Strohhut, der ihr vorzüglich stand. Für Adam war sie noch nie schöner gewesen als an diesem Morgen. Zorin hatte ihn richtig eingeschätzt.

Er führte sie zu den anderen und begann, ihr das Team vorzustellen.

»Scott und Jen kennst du bereits ...«

Scott erhob sich und gab ihr die Hand, doch Jen nickte ihr nur wortlos zu, ohne zu lächeln. Jen hatte für Candace etwa genauso viel übrig wie für Gilbert Bowles.

»Das ist Rocky McCondy«, fuhr Adam fort, »ein Freund aus den Staaten. Und hier ist Dr. Cissna von der Universität in Kairo.«

»Du bist die Letzte, mit der ich jetzt gerechnet hätte«, staunte Adam dann. »Warum bist du hier? Ich dachte, du hasst das alles?« Während sie redeten, führte Adam sie von den anderen weg zu einem kleinen Spaziergang in die Schlucht.

»Freust du dich denn nicht, mich zu sehen?«, fragte sie mit gespielter Enttäuschung. Dabei schmiegte sie sich an ihn und er legte seinen Arm um ihre schlanke Taille.

»Doch, schon. Ich bin nur völlig überrascht.«

»Du denkst bestimmt auch noch an unsere letzte Begegnung«, begann Candace vorsichtig.

Adam schwieg. Es war keine angenehme Erinnerung.

»Ich habe viel über das nachgedacht, was du letztes Mal gesagt hast. Du willst eine Frau, die deine Arbeit mit dir teilt.« Candace bemühte sich, so ehrlich wie möglich zu klingen und möglichst viel Wärme in ihre Stimme zu legen. »Es war falsch von mir, etwas anderes von dir zu verlangen. Du musst so denken, weil du ein Wissenschaftler und ein Intellektueller bist. Und das ist der Mann, den ich will. Deshalb bin ich hergekommen, um dir zu zeigen, dass ich mich ändern will und mich für deine Arbeit interessiere.«

»Candace, ich kann es kaum glauben, was ich da höre. Meinst du das ernst?« Adam staunte.

»Und was machst du nun eigentlich hier? Hast du Erfolg? Möchtest du mir ein bisschen erzählen?« Candace spielte die Interessierte.

»Ja, gerne. Ich habe schon sehr viel Erstaunliches entdeckt. Es ist ganz fantastisch, mit Dr. Cissna zusammen zu arbeiten. Wir ergänzen uns ausgezeichnet«, begann Adam.

»Und hast du den Garten Eden schon gefunden?«

»Nicht ganz, aber wir sind auf dem besten Weg«, lachte Adam stolz.

Die beiden machten einen Spaziergang, den Adam sehr schön fand, während Candace unter der Hitze, dem Staub und den unbequemen Schuhen litt. Aber es gelang ihr, sich nichts anmerken zu lassen. Adam erzählte aus vollem Herzen und genoss es, diese schöne Frau an seiner Seite zu haben, die ihm ihre Bewunderung reichlich zuteil werden ließ.

Als sie wieder zum Lager zurückkamen, war es für Adam klar, dass Candace gekommen war, um zu bleiben. »Wollen wir deine Sachen in mein Zelt bringen?«, fragte er leichthin.

»Nein, ich habe ein Zimmer in Arusha.« Candace wurde wieder härter Adam gegenüber, als sie an Zorin dachte, mit dem sie das Zimmer teilte.

»Aber du bleibst doch ein paar Tage hier, nicht?« Adam bettelte fast darum, doch Candace war plötzlich wie verwandelt.

»Ich fürchte, dazu bin ich noch nicht bereit.«

»Wolltest du nicht meine Arbeit mit mir teilen?« Adam verstand gar nichts mehr, doch Candace musste sehen, dass sie schleunigst verschwand, bevor sie aus der bis dahin so gut gespielten Rolle fiel.

»Ich werde es dir so angenehm und gemütlich wir irgend möglich machen, das verspreche ich dir«, flehte Adam. Er fühlte sich plötzlich hilflos wie ein Kind.

Und Candace ließ sich scheinbar erweichen. Sie vereinbarte mit Adam, dass er sie in zwei Tagen in Arusha abholen dürfe. Von da an würde sie auch bei ihm schlafen.

Als Candace ging, war sie zufrieden. Sie hatte alles gehört, was sie in Erfahrung bringen sollte. Ob sie die Verabredung einhalten würde, wusste sie noch nicht.

Im Keller des Eichhofes klingelte das Telefon. Frau Graves hatte den Anruf entgegengenommen und weitergeleitet.

Adam erkannte die Stimme am anderen Ende nicht.

»Bin ich mit meinem Labor verbunden?«, fragte er zögernd.

»Kann ich bitte mit Emily sprechen?«

»Ja ... nein ... Emily ist nicht hier.«

»Mit wem spreche ich denn bitte?«

»Ich bin Juliet Halsay«, antwortete Juliet. Erst jetzt wurde ihr bewusst, dass Adam am Telefon war. Die Erinnerung an ihre erste Begegnung mit Adam war noch sehr lebendig. Nun war sie schon zum zweiten Mal ohne seine Erlaubnis hier unten.

»Was machen Sie denn im Labor?«, fragte Adam leichthin. Juliet konnte an seiner Stimme nicht erkennen, dass er nicht verärgert war. Sie hatte in diesem Moment auch all die netten Gespräche vergessen, die sie in den Wochen vor Adams Abreise nach Afrika miteinander gehabt hatten. Ihr ganzes Selbstbewusstsein, das in den letzten Tagen, seit sie hier unten arbeiteten, stark zugenommen hatte, verließ sie. Ein entsetztes: »O nein« war alles, was sie sagen konnte.

Adam hörte, wie eingeschüchtert sie klang und meinte lachend: »Keine Angst, Frau Halsay, ich beiße nicht.« Doch bei Juliet kam sein Humor nicht an.

»Ich ... es tut mir Leid, Dr. Livingstone – Emily ist seit ein paar Tagen nicht gekommen und wir wussten nicht, was wir tun sollten –«

»Wir?«

»Crystal und ich.«

»Wo ist Crystal eigentlich?«

»Sie macht Besorgungen.«

»Ach so. Deshalb hat Frau Graves das Gespräch entgegengenommen?«

»Ja. An dem Morgen, als Emily nicht kam, war ein Päckchen von Jen da und Crystal hatte Angst, Ihre Arbeit zu verzögern, wenn sie bis Mittag keine Ergebnisse durchgeben könnte. Ich habe das mitbekommen und sagte ihr, dass ich die Tests auch machen kann. Emily kam seither nicht. Deshalb bin ich ... bin ich hier. Es tut mir Leid, Dr. Livingstone.« Ihre Stimme zitterte bedenklich. »Ich ... dachte, ich wollte nur ein bisschen helfen, bis Emily wiederkommt.«

»Schon gut, ich bin doch gar nicht böse auf Sie«, lachte Adam. »Außerdem bin ich Tausende von Kilometern entfernt. Selbst wenn ich ärgerlich wäre, könnte ich nichts machen.«

Juliet schluckte. Sein Lachen klang wie Spott in ihren Ohren.

Doch nun dämmerte Adam etwas.

»Wir haben doch jeden Tag Analysen vom Labor bekommen. Wer hat – waren Sie –?« Er brach ab. War das möglich?

»Haben *Sie* diese Auswertungen geschickt, Frau Halsay?«, fragte er endlich.

»Ja ... ja, das war ich. Ich wollte doch nur helfen, Dr. Livingstone«, stammelte Juliet. Sie hatte immer noch ein schlechtes Gewissen.

»Sie sind eine wunderbare Hilfe, Juliet!«, lobte Adam sie. Er war wirklich beeindruckt. »Sie haben mich außerordentlich überrascht. Wir haben uns hier alle gewundert über die sorgfältige und fleißige Arbeit, die uns seit ein paar Tagen geliefert wird. Sie waren das also! Hervorragend!«

»Danke«, stammelte Juliet.
»Dann wollen wir zur Sache kommen, ja?«, fragte Adam und klang sehr sachlich. »Ich schicke Ihnen heute mehrere Zylinder-Bohrungen aus einigen Bäumen, dazu verschiedene Ranken, Knollen, einen oder zwei Sträucher und einige ungewöhnliche Algen. Davon brauche ich Alter, Molekularstruktur, Klassifizierung und alles, was man sonst noch bestimmen kann. Das müssten Sie selbst herausfinden, Frau Halsay, Botanik ist nicht mein Fachgebiet.«
»Aber was ist mit Dr. Cissna, er ist doch der Experte?«
»Ich sehe, Sie sind gut informiert. Aber Dr. Cissnas Zeit bei uns ist fast abgelaufen. Außerdem haben wir hier natürlich kein Labor, in dem er arbeiten könnte. Er muss bald wieder nach Kairo zurück, da er sich nur ein paar Tage für uns frei nehmen konnte. Scott und ich werden nach seiner Anleitung alleine weitermachen und die Wälder, Ebenen und Täler hier durchforsten. Es gibt noch einiges, was wir näher untersuchen wollen.«
»Ich kenne einen Botaniker an meinem College, den ich anrufen könnte«, schlug Juliet vor, »er ist Spezialist für Altersbestimmungen von Pflanzen.«
»Die Altersbestimmung ist nur ein Teil dessen, was wir machen müssen, obwohl sie natürlich am wichtigsten ist. Wenn Sie Hilfe bekommen, gut. Aber seien Sie vorsichtig, ob der Mann vertrauenswürdig ist. Bitte lassen Sie ihn nicht kommen, gehen Sie mit Ihren Fragen zu ihm. Ich erlaube niemandem, mein Labor zu betreten. Am besten Sie sagen ihm auch nicht, für wen Sie arbeiten.«
Adam schwieg und überlegte.
»Wie viel von Emilys Arbeit beherrschen Sie?«
»Das weiß ich nicht. Ich habe versucht, nicht neugierig zu sein und nur das anzusehen, was ich für die Arbeit der letzten paar Tage benötigt habe.«
»Machen Sie sich keine Gedanken mehr darüber. Das ist jetzt vorbei, Sie gehören ja nun offensichtlich zu den Vertrauten des Teams. Der Grund für meine Frage ist: Wissen Sie, wo die langen Holzproben sind, die ich schon vor einigen Tagen geschickt habe? Es sind ungefähr zehn Röhrchen.«
»Ich glaube, ich habe sie in der Post gesehen.«
»Wo sind sie jetzt?«
»Das weiß ich nicht. »
»Können Sie sie suchen?«

»Ja.«

»Gut. An diesen Proben müssen wir noch ein paar zusätzliche Untersuchungen vornehmen. Ich möchte sie mit dem Material vergleichen, das wir jetzt neu gefunden haben. Bitte vergleichen Sie Emilys Ergebnisse von diesen Proben mit Ihren Ergebnissen von den Proben, die ich heute schicke.«

»Ja, das kann ich versuchen.«

Als Juliet ein paar Minuten später den Hörer auflegte, war sie so aufgeregt und glücklich wie seit Jahren nicht. Sie arbeitete jetzt für Adam. Und Adam war zufrieden mit ihrer Arbeit. Sie durfte jetzt offiziell im Labor sein. Bald würde er wieder anrufen und sich nach ihrer Arbeit erkundigen. Sie war entschlossen, ihn nicht zu enttäuschen. Juliet arbeitete bis spät in die Nacht und war am nächsten Morgen in aller Frühe schon wieder im Labor.

Candace Montreux ging zu Fuß zu Gilbert Bowles' Zelt. Sie hatte den Wagen so geparkt, dass er von Adams Camp aus auf keinen Fall zu sehen war, genau, wie sie angewiesen worden war. Die letzten 500 Meter musste sie zu Fuß gehen.

Der Untergrund war felsig und sie hatte jetzt schon Blasen von den neuen Schuhen. Es war heiß und staubig. Sie hasste Afrika schon nach einem Tag. Entnervt humpelte sie auf das Zelt zu.

»Ist hier jemand?« Ihre Stimme klang müde, erschöpft und gereizt.

»Komm rein, Liebes«, war Zorins kraftvolle Stimme zu hören, »wir warten schon auf dich.«

Aber niemand kam ihr entgegen, sie musste selbst die Plane heben und in das Zelt kriechen. Drinnen saßen zwei Männer, die frisch und erholt aussahen, Getränke in ihren Händen hielten und keine Anstalten machten, ihr zu helfen.

»Sir Gilbert, wo kann ich mich hinlegen?«, fragte sie verärgert. »Ich muss mich ausruhen.«

»Sie können mein Bett da drüben nehmen«, kicherte Bowles und deutete in eine muffige Ecke des Zeltes.

»Haben Sie etwas zu trinken für mich?«, fragte sie weiter und ließ sich angewidert auf die Matten fallen.

»Wir haben warmes Bier, wenn Ihnen das recht ist«, grinste Bowles.

»Mir ist alles recht«, stöhnte sie und mühte sich, ihre Stiefel auszuziehen. »Meine Füße sind voller Blasen.«
Zorin beobachtete sie amüsiert. Dies war jedenfalls nicht die Partnerin, die zu Livingstone passte, das stand fest. Er wunderte sich, dass Livingstone das nicht selbst merkte.
»Und, was hast du herausgefunden, mein Engel?«, erkundigte Zorin sich mit seiner freundlichsten Stimme.
»Der Mann heißt Cissna, Doktor Cissna, und er kommt von der Universität in Kairo. Mehr hat Adam nicht gesagt, keine Ahnung, was er macht. Adam sagte nur, dass sie schon sehr viel Erstaunliches entdeckt hätten und dass es ganz fantastisch sei, mit Dr. Cissna zusammen zu arbeiten. Sie ergänzten sich ausgezeichnet, sagte er.«
Zorin überlegte. Dann sah er Bowles an: »Sagt Ihnen der Name etwas?«
Bowles schüttelte den Kopf.
»Ich werde Cutter fragen«, schlug der Archäologe vor, »wenn ich ihm diese Nachricht weitergebe, kann er das bestimmt heraus –«
»Von wegen«, unterbrach ihn Zorins schneidende Stimme. »Sie werden niemandem etwas weitergeben. Von jetzt an arbeiten Sie für mich, verstanden? Ausschließlich für mich.«
Der Autorität in seiner Stimme hatte Bowles nichts entgegenzusetzen. Aber er hasste es, so behandelt zu werden. Und er fürchtete sich vor Cutter. Hätte er sich doch nie auf das alles eingelassen.
»Wie lange wird Livingstone noch hier sein?«
»Weiß ich nicht«, brummte Candace, die immer noch mit ihren Füßen beschäftigt war.
Zorin dachte einen Moment nach, dann erklärte er: »Wir haben hier alles erledigt. Solange Livingstone das Flugzeug hat, können wir ihm nicht folgen. Wir reisen ab. Bowles, Sie fliegen nach Kairo und finden alles über Cissna heraus. Sie informieren mich, sobald Sie etwas wissen, verstanden?«
Bowles war voller Hass auf Zorin. Aber er sah das böse Glitzern in Zorins Augen und ahnte, wie gefährlich jeder Widerspruch sein könnte. Fürs Erste musste er sich fügen.
Zorin fuhr fort: »Ich muss für ein paar Tage nach Baku. Aber sobald es etwas Neues gibt, bin ich wieder da. Candace, wir gehen nach Arusha zurück.«
»Ich bin mit Livingstone verabredet. In zwei Tagen –«
»Wieso denn das? Was soll der Quatsch?«, unterbracht Zorin sie.

»– holt er mich in Arusha ab. Bis dahin wird er mir einen Platz in seinem Lager eingerichtet haben, sagte er. Er will, dass ich dort bleibe, bei seinem Team«, grinste Candace. »Ich werde aber bestimmt nicht in einem Zelt schlafen. Dort gibt es ja nicht einmal eine Dusche!« Sie schüttelte sich angewidert.

»Nein, mein Liebling, das ist wirklich nicht das Richtige für dich«, lächelte Zorin amüsiert.

Als Adam das nächste Mal im Eichhof anrief und Crystal bat, ihn mit dem Labor zu verbinden, wusste er, mit wem er am anderen Ende der Leitung zu rechnen hatte.

»Wir erhalten jeden Tag Ihre Analysen, Frau Halsay«, begann Adam, »Sie machen eine ausgezeichnete Arbeit, sehr sorgfältig und professionell. Wir sind sehr zufrieden mit Ihnen.«

»Danke«, strahlte Juliet.

»Wie schaffen Sie es, so komplexe Untersuchungen durchzuführen? Die C-14-Altersbestimmungen sind ja nicht so einfach. Haben Sie mit dem Botaniker Kontakt aufgenommen?«

»Ja, ich rief ihn an und fragte ihn ein paar Sachen. Es war alles gar nicht so schwierig.«

»Haben Sie das vorher mit Emily besprochen?«

»Nein, nie. Aber wir haben uns damit am College beschäftigt.«

»Übrigens, was ich Crystal noch fragen wollte: Was ist nun eigentlich mit Emily los? Kommt sie nicht mehr?«

»Crystal hat sie schließlich erreicht. Sie ist einfach nur stark erkältet, das ist alles.«

»Und meldet sich nicht ab? Das gefällt mir ganz und gar nicht.« Er schwieg. Dann fuhr er fort: »Was haben Sie studiert?«

»Geografie und Geologie.«

»Geologie – stimmt, genau wie Scott, das sagten Sie schon einmal, jetzt erinnere ich mich.«

»Ich wollte mich auf Erdbeben spezialisieren.«

»Erdbeben? Das ist interessant. Wir könnten so viel über die Erde verstehen, wenn wir mehr über die Vorgänge in ihrem Innersten wüssten.«

»Ja, ich weiß. Ich denke, Erdbeben gehören zu den größten Geheimnissen der Erde. Vielleicht faszinieren sie mich, weil sie so unsichtbar sind.«

Adam unterbrach sie: »Aber jetzt zu einem anderen Thema: Sie brauchen sich erst mal keine Arbeit mehr zu suchen.«
»Warum?«
»Weil Sie jetzt für mich arbeiten. Natürlich nur, wenn Sie wollen.«
»Und was ist mit Emily?«
»Darum werde ich mich kümmern.«
»Aber ... ich kann das doch gar nicht«, protestierte Juliet, die kaum glauben konnte, was sie gehört hatte, »ich weiß doch viel zu wenig –«
Doch ihr Herz klopfte wie wild vor Freude.
»Sie können genug«, schnitt Adam ihr das Wort ab. »Das haben Sie bereits unter Beweis gestellt. Machen Sie einfach so weiter. Wenn ich zurückkomme, werde ich Ihnen alles zeigen, was Sie bis dahin noch nicht wissen. Jetzt hätte ich aber beinahe den eigentlichen Grund meines Anrufs vergessen: Ich brauche die Ergebnisse der Probe, die ich Ihnen zuletzt geschickt habe. Haben Sie alles erhalten?«
»Es kam gestern an.«
»Können Sie das Alter der verschiedenen Teile des Fossils mit der C-14-Methode bestimmen? Ich meine die kleine Muschel, die im Holz eingebettet ist. Das Holz ist um die Muschel herumgewachsen. Ich möchte sie mit einer anderen Muschel vergleichen, die Emily letzte Woche bestimmt hat – oder hatten Sie das schon gemacht? Dieses neue Stück ist wirklich sehr erstaunlich. Wenn es tatsächlich ein Wassertier war, das von diesem Baumstamm umwachsen wurde, können wir herausfinden, wie alt der Baum zu dem Zeitpunkt war.«
»Das könnte ein Hinweis auf die Flut sein!«
»Genau das dachte ich auch. Können Sie das erledigen, Frau Halsay?«
»Ich denke schon. Ich habe selbst zwar noch nie so etwas gemacht, aber ich habe schon zugesehen.«
»Ich helfe Ihnen. Stellen Sie das Telefon laut, dann kann ich Ihnen die Anweisungen geben, während Sie arbeiten.«
»Gut.«
Jetzt war Juliet noch viel aufgeregter, als sie es ohnehin schon die ganze Zeit gewesen war. Adam hatte so viel Vertrauen in sie gesetzt und sie wollte seine Erwartungen so gerne erfüllen und ihn nicht enttäuschen. Sie wollte ihm mit ihrer Arbeit helfen und ihm

Freude machen. Warum das so war, darüber wollte sie erst einmal nicht nachdenken.

Die beiden redeten noch eine halbe Stunde und Juliet konnte alle Anweisungen, die Adam ihr gab, zu seiner Zufriedenheit ausführen.

Als Juliet an diesem Abend das Labor verließ, rannte sie die Treppen hoch. Sie fühlte sich so gut wie schon seit Monaten nicht mehr.

Urgroßvater Harrys Tagebuch

Adam Livingstone hatte schon einige beeindruckende Wasserfälle gesehen. Er war an den Niagara- und den Viktoriafällen gewesen. Aber nie zuvor war er von der Kraft und der Schönheit der Natur so berührt gewesen wie jetzt, als er an den Murchisonfällen stand.

Er hatte diese Reise bewusst alleine unternommen. Nun stand er hier, 30 Kilometer nördlich des Albert-Sees, und sah zu, wie der weiße Nil sich in die Tiefen der engen Schlucht hinabstürzte.

Seit einer halben Stunde starrte er schon unbewegt auf das gewaltige Schauspiel. Er war eingehüllt in ohrenbetäubendes Donnern, nass von der Gischt, die im weiten Umkreis alles befeuchtete, doch in ihm war es ruhig. Er ließ seinen Gedanken freien Lauf.

Wenn je ein Ort den Anspruch erheben wollte, etwas mit dem Garten Eden zu tun zu haben, dann musste es dieser Ort sein.

Der Äquator war nur 150 Kilometer entfernt. Die Sonne schien jeden Tag genau zwölf Stunden. Es gab keinen Winter. Ständig wurde die reiche Vegetation mit einem zarten Gischtschleier überzogen wie mit einem warmen, sanften und sonnendurchfluteten Nebel. War das die Umgebung, in der der erste Adam gelebt hatte? Wie mochte es damals gewesen sein? Wenn er diese Gegend sah, so grün und blau, ein dichtes Pflanzendach und die permanente Feuchtigkeit, dann konnte er es sich leicht vorstellen. Es war ein wahrer Paradiesgarten.

Durch diesen Teil Afrikas zog sich eine Reihe von Seen. Auch Flüsse und Ströme gab es im Überfluss. Hier entsprangen die Quellflüsse des Nils, des längsten Flusses der Welt. War er vielleicht der Gihon aus dem Schöpfungsbericht?

Ein Strom entspringt in Eden, der den Garten bewässert; dort teilt er sich und wird zu vier Hauptflüssen.

Was war seit damals alles geschehen! Es hatte Kontinentalverschiebungen, Erdbeben, Bewegungen der Erdkruste und das Aufbrechen des großen Grabens gegeben. Die Erde hatte laufend ihre Oberfläche verändert. Nachdenklich folgten Adams Augen dem Fluss, der vom Viktoria-See kommend hier am Anfang seiner 6 000 Kilometer langen Reise zum Mittelmeer war. Möglicherweise war er, wie der Amazonas, zunächst genau in die entgegengesetzte Richtung geflossen.

Langsam ging Adam zu einem Felsblock und ließ sich darauf nieder. Es war mehr als Schönheit, mehr als Wissenschaft, mehr als eine Entdeckung. Etwas ganz Tiefes, Besonderes war da. Er spürte, er war nicht allein. Und er genoss das Gefühl.

Hatte der erste Adam etwas Ähnliches gespürt? Wie war das erste Erwachen des Menschen gewesen? Daran zu denken, war schon äußerst aufregend. Wie musste das gewesen sein, als der erste Adam feststellte, dass da noch eine unvorstellbare Menge von Tieren um ihn herum lebte? Woran hatte er festgestellt, dass er anders war als alle anderen Geschöpfe? Wie hatte er sich selbst wahrgenommen? Irgendwie musste er bemerkt haben, dass er nicht nur ein Geschöpf war, sondern dass er einem Höheren gegenüber Verantwortung für die anderen Geschöpfe trug und dass er dem Höheren Rechenschaft ablegen musste. Ob er wusste, dass dieser Höhere sein Schöpfer war?

Archäologen sollten sich nicht mit solchen Fragen beschäftigen. Gott war nicht Teil ihres Forschungsgebietes.

Etwas ging in Adam Livingstone vor sich, das er so nicht kannte. Er hatte sich vorher schon diese Fragen gestellt und wusste, dass nun seine Reaktion darauf folgen musste. Dieser Augenblick würde ein Meilenstein in seinem Leben werden, das spürte er deutlich.

In diesem Moment wusste Adam, er war mehr als nur ein *Homo sapiens*, mehr als ein zukünftiges Fossil, er war kein Zufallsprodukt der Evolution.

Er war ein Mensch, ein Adam, den ein Schöpfer gemacht hatte. Gott der Herr hatte ihn geschaffen, gezielt, bewusst, mit einem Plan und ... nach seinem eigenen Ebenbild.

Später wusste Adam nicht mehr, ob er die Worte gedacht oder laut ausgesprochen hatte. Aber sie waren von ihm gekommen und hatten sich an den gewandt, dessen Gegenwart so deutlich, lebendig, fühlbar und persönlich geworden war. Nachdem er sich selbst als Mensch und als Geschöpf erkannt hatte, musste er eine Entscheidung treffen.

»Gott«, begann Adam vorsichtig, »du bist hier, das weiß ich. Es ist neu für mich, so über dich zu denken, so real und persönlich, als eine Person in unserer Welt. Aber ich weiß, dass du da bist. Ich spüre dich mit meinem ganzen Wesen. Deine Gegenwart ist unverwechselbar. Ich weiß nicht, was ich jetzt sagen oder tun soll –«

Adams Gebet stockte. Er sah sich in dem ihn umgebenden Grün um – Pflanzen, Wasser, Luft, alles war wunderbar. Sein ganzes Leben schien auf diesen Moment abgezielt zu haben. Davor hatte er existiert, irgendwie funktioniert. Von jetzt an würde er wach sein, zum Leben erwacht, sich seiner selbst und Gottes bewusst geworden. Als ein neuer Mensch würde er diesen Platz verlassen.

Er bückte sich und griff in die schwere, dunkle Erde, roch daran, ließ sie durch die Finger gleiten und erinnerte sich mit einem glücklichen Lächeln an die geliebten Worte: *Da formte Gott der Herr den Menschen aus Erde vom Ackerboden und blies in seine Nase den Lebensatem. So wurde der Mensch zu einem lebendigen Wesen.*

Dies war der Moment, in dem Gottes Atem ihn weckte, es war ein Moment der Schöpfung, des Wunders. Es konnte für den ersten Adam nicht großartiger gewesen sein als für Adam Livingstone.

»Ich möchte dich kennen lernen«, wandte er sich wieder an Gott. »Wenn du mir deinen Willen zeigst, wie du es bei dem ersten Adam getan hast, dann werde ich versuchen, deinen Willen zu tun und dir nachzufolgen.«

»Nein, er ist keine Bedrohung mehr, er wird nicht mehr reden ... wir haben uns um ihn gekümmert.«

»Hat er es gefunden?«

»Ich bin mir nicht sicher. Wahrscheinlich nicht. Einer meiner Leute hat seine Sachen durchsucht, als er verhaftet wurde, und nichts gefunden.«

»Wie läuft es mit Bowles? Was berichtet er?«

»Der Kerl meldet sich nicht und ich kann ihn nicht erreichen.«

Die Stimme der Frau am anderen Ende der Leitung verstummte. Sie war es gewohnt, sich von ihrer übersinnlichen Macht leiten zu lassen, und in diesem Moment nahm sie wahr, dass es in ihren eigenen Reihen einen Verräter gab.

»Versuchen Sie es weiter«, sagte sie nachdrücklich. »Und ich will, dass Sie sich darauf vorbereiten, nach Afrika zu gehen.«

Sie legte auf und wählte eine andere Nummer.
»Was haben Sie über Ihre Tochter in Erfahrung gebracht?«
»Leider gar nichts. Sie ist im Moment nicht hier.«
»Wo ist sie?«
»Im Ausland.«
»Wo?«
»In Baku.«
»BAKU!«
»Danach wollte sie nach Afrika weiterreisen.«
Das war es! Genau wie sie geahnt hatte. Der Verräter war einer von ihnen. Er musste sich entschlossen haben, die Angelegenheit selbst in die Hände zu nehmen.

Die Sonne war schon vor Stunden untergegangen und der schmale Halbmond konnte die afrikanische Hochebene nur wenig erhellen.
Adam saß in seinem Zelt; hinter ihm surrte der Generator. Er las das Notizbuch von Harry McCondy. Es war das Original, handschriftlich verfasst – ein wahrer Schatz. Nur ein paar Schritte entfernt lag Rocky und schnarchte laut und regelmäßig. Adams Lampe schien ihn nicht zu stören. Das Leben hier war ermüdend für ihn.
Es war wohl schon gegen 2.00 Uhr morgens, aber Adam hatte jegliches Zeitgefühl verloren.
Was ihm hier vorlag, war kein gewöhnliches Tagebuch, es war ein geistliches Notizbuch, das viele tiefe Gedanken und Gebete enthielt, dazwischen waren Bibelstellen abgeschrieben, Reiserouten eingezeichnet, Exkursionen protokolliert und eine Menge Theorien aufgestellt. Harry McCondy hatte erstaunlich viele Theorien gehabt.
Adam las, was mit feiner Handschrift unter der Jahreszahl 1893 eingetragen war:

»Ich besuchte den Vortrag von John Walter Gregory. Seine Theorie über den Grabenbruch ist wirklich faszinierend. Der große Grabenbruch, der sich vom Nahen Osten bis nach Ostafrika zieht, ist aber auch ein Symbol für die Notwendigkeit des Kreuzes, das den Graben der Sünde zwischen Gott und Mensch überbrücken kann. Doch für die modernen Menschen des 19. Jahrhunderts ist das alles überholt. Sie sind geblendet von der Lüge der Evolution.

Wobei die Evolution nicht das eigentliche Übel ist. Vielleicht hat Gott ja mit Hilfe der Evolution alles geschaffen. Wer bin ich, die Handlungen meines Vaters zu verstehen? Aber das Prinzip des Zufalls ist eine Idee der Hölle. Der Zufall ersetzt Gott als Schöpfer. Die Feinde Gottes haben die Evolutionsgedanken missbraucht, um die Menschheit weiter zu verführen und den Graben zwischen dem Menschen und seinem Schöpfer zu vertiefen.
Die Formulierungen der Bibel lassen alles offen. ›Die Erde bringe hervor‹ kann auch auf eine Entwicklung hinweisen. Die Methoden Gottes sollen nicht mein Thema sein. Aber der Schöpfergott ist nicht wegzudenken. Seine kreative Kraft steht hinter jedem kleinsten Schritt der Schöpfung.
Was verbindet die beiden Gräben? Die Heilung! Wo beginnt der Graben? Natürlich in Eden. Hier irrt sich Gregory. Es ist nicht der afrikanische Grabenbruch, es ist der Grabenbruch des Gartens Eden. Der Graben entstand in Genesis, Kapitel 3, als der Mensch bei sich selbst sagte: ›Ich werde mich von meinem Schöpfer trennen ... ich werde von dem Baum essen ... ich werde dem Herrn nicht gehorchen.‹ Da verbannte Gott ihn aus dem Garten.
Doch jeder Graben soll überwunden werden. Das Kreuz wird Sieger sein. Damit kann der Graben im Herzen des Menschen geheilt werden. Und der Mensch kann wieder nach Eden zurückkehren, zu dem Leben in der natürlichen Freundschaft mit Gott, für das er geschaffen worden ist. Ein Leben in Harmonie, in Liebe und Gehorsam. Dann werden Gott und Mensch wieder in der Dämmerung des Abends zusammen durch den Garten gehen. Der Graben wird überwunden, Eden wird wieder gefunden werden.«

Irgendwann viel später schlief Adam doch ein. So fand Rocky ihn früh am nächsten Morgen. Er saß noch am Tisch, das aufgeschlagene Heft lag auf seiner Brust und sein Kopf war zur Seite gefallen.

»Scott, kannst du mir etwas über diesen Gregory erzählen?«, fragte ein übernächtigter Adam am nächsten Morgen beim Frühstück. Scott wusste zunächst nicht, wen er meinte.

»Gregory ist der Geologe, der im letzten Jahrhundert als Erster die Gegend hier untersuchte.«

»Ach so, John Walter meinst du. Ich weiß auch nicht allzu viel über ihn. Er war Schotte, kam 1892 das erste Mal nach Afrika und unternahm im folgenden Jahr seine erste eigene Expedition. Er war erst 29 Jahre alt. Damals entdeckte er den Grabenbruch.«

»War er der erste Weiße hier?«

»Nein, das nicht. Aber durch ihn wurde die Gegend bekannt und er gab ihr den Namen.«

»Wo war er genau?«

»Am Naivasha-See, im Massai-Gebiet und mehr nördlich am Baringo-See. Dort machte er die meisten Entdeckungen. Dann hatte er eine gründliche Untersuchung der Schlucht von Kamasia bis Elgeyo geplant. Aber dabei gingen ihm die Vorräte aus und er musste zurückkehren. Trotzdem hatte er genug gesehen, um das Prinzip des Grabenbruchs verstanden zu haben, über den er von da an in England lehrte.«

Adam hörte aufmerksam zu.

»Warum interessierst du dich für ihn?«, fragte Scott.

»Rockys Urgroßvater war einer seiner Zuhörer.« Adam deutete auf das dicke Heft, das neben ihm lag. »Gregory spielte offensichtlich eine wichtige Rolle für ihn.«

»Ich habe mich mit Gregory nur im Zusammenhang mit der Kontinentalverschiebung beschäftigt«, erklärte Scott. »Gregory war ein überzeugter Verfechter der Theorie. Zu seiner Zeit, 1890, war das alles noch sehr umstritten. Als ich studierte, gehörten Pangäa, Gondwanaland und Laurasia längst zu den Grundlagen der Forschung.«

»Ein bisschen habe ich mich auch damit beschäftigt«, erklärte Adam nachdenklich. »Auch meine Computersimulation zur Theorie des großen ovalen Eden berücksichtigt die Kontinentalverschiebung. Aber ich würde das Ganze gerne noch einmal neu bedenken. Könntest du mir die Grundlagen ganz einfach zusammenfassen? Stell dir vor, ich würde das alles zum ersten Mal hören.«

»Warum denn das?«, fragte Scott.

»Vielleicht werden mir noch ein paar neue große Zusammenhänge klar, auch im Hinblick auf das, was ich mit Dr. Cissna besprochen und mir in den letzten Wochen neu überlegt habe.«

»Na, schön«, willigte Scott ein. »Im Innern der Erde herrscht große Hitze und gewaltige Kräfte sind am Werk. Sie sind so stark, dass die Felsen der Erdoberfläche sich wie zähe Flüssigkeiten bewegen. Man kann sich das vorstellen wie einen Gletscher. Das Eis ist fest, trotzdem spricht man vom Fließen der Eisströme im Gletscher. Diese Bewegungen sind so langsam, dass man sie nicht sehen kann. Würde man sie jedoch mit Zeitraffer sehen, wäre es eine fließende Bewegung.«

»Gut, mach weiter.«

Scott wollte eben fortfahren, da sah er einige Fahrzeuge, die auf das Lager zuhielten.

»Oh, nein, schon wieder die Medien!«

»Wenigstens ist Dr. Cissna nicht mehr hier. Keiner scheint etwas von seiner Anwesenheit erfahren zu haben.«

»Herr Livingstone«, sagte der Reporter, der am schnellsten gelaufen war, »mein Name ist Jeremy Tout. Ich komme aus Mombasa. Darf ich Ihnen einige Fragen über Ihre Arbeit stellen?«

»Selbstverständlich. Ob ich sie beantworte, kann ich aber nicht versprechen«, grinste Adam.

»Ich versuche es. Übrigens, eines noch vorneweg. Wo ist eigentlich Gilbert Bowles? Ich sollte ihn auch interviewen.«

»Sein Lager ist gleich da drüben. Ich habe ihn während der letzten ein, zwei Tage nicht gesehen.«

»Ich bin Kathryn Anderson«, stellte sich die nächste Reporterin vor, »wir kommen gerade von Herrn Bowles' Lager. Wir dachten, er hätte sich Ihnen angeschlossen.«

»Wie kommen Sie denn darauf?«

»Er hat sein Lager abgebrochen und ist spurlos verschwunden.«

»Sollte nicht sein ganzes Team noch hier eintreffen?«, wunderte sich Adam.

»Er ist jedenfalls nicht mehr da.«

Eine halbe Stunde später hatten sich die Reporter wieder getrollt. Alle im Team wunderten sich über Bowles' Verschwinden.

»Ich verstehe das nicht«, überlegte sich Scott, »er kam den ganzen Weg angereist, wirbelte eine Menge Staub auf, kündigte große Forschungen an und verschwindet dann nach ein paar Tagen einfach wieder.«

»Ich glaube, wie brauchen uns über Sir Gilbert keine Sorgen zu machen«, versuchte Adam das Gespräch abzubrechen, »der wird schon wissen, was er tut.«

»Was mich angeht«, seufzte Jen, »ich bin jedenfalls froh, dass er weg ist.«

»Wollen wir weitermachen?«, wandte Adam sich an Scott.

»Gut, wir waren beim Fließen der Gletscher stehengeblieben. Sie bewegen sich übrigens mit einer Geschwindigkeit von ein bis zwei Zentimetern pro Stunde. Jedenfalls, mit den Kontinenten ist das so ähnlich. Am Anfang, als Pangäa –«

»Wie bitte? Was ist denn das?«, unterbrach Rocky.

»Pangäa war der zusammenhängende Urkontinent, der auf dem Urozean schwamm. Geologische Kräfte spalteten ihn in den Nordkontinent Laurasia und den Südkontinent Gondwanaland, die sich beide wiederum in mehrere Blöcke spalteten. Unvorstellbare Kräfte waren am Werk. Madagaskar zum Beispiel ist nichts weiter als ein Stück des afrikanischen Kontinents, das abgerissen und weggeschwemmt wurde. Auch Indien war nach dieser Theorie ursprünglich ein Teil Afrikas.«

»Nach welcher Theorie?«, hakte Adam nach.

»Das ist alles noch gar nicht so alt. Ein Deutscher namens Alfred Wegener hat die Theorie 1912 veröffentlicht und 1915 das Buch geschrieben: ›Die Entstehung der Kontinente und der Ozeane‹. Das war damals aber sehr umstritten. Bis in die vierziger Jahre wurde die Theorie abgelehnt.«

»Aber heute ist sie anerkannt?«

»Ja. In den sechziger Jahren wurde auf Grund von umfangreichen Echolotvermessungen der Ozeane die Theorie der Plattentektonik aufgestellt, die eine Weiterentwicklung der Theorie der Kontinentalverschiebung ist. Danach gibt es sechs große und mehrere kleine Platten; ihre Grenzen sind Erdbebenzonen. Lavaströme am Meeresgrund sorgen für ständige Bewegung am Ozeanboden und bewirken, dass sich die Platten ständig voneinander wegbewegen. Jedenfalls ist die Kontinentalverschiebung heute unumstritten.«

Rocky und Adam hörten aufmerksam zu, während Scott Fragen beantwortete und sein Wissen ausbreitete. Für Rocky war das meiste ganz neu. Adam kannte es natürlich schon, doch er hörte konzentriert zu und versuchte, neue Verbindungen zu seiner sich immer weiter entwickelnden Eden-Theorie herzustellen.

»Es wäre auch möglich gewesen, dass der Senkungsgraben ganz auseinandergerissen wird. Dann hätten wir ein viel größeres Rotes Meer und Ostafrika wäre eine Insel wie Madagaskar.«

»Warum ist das nicht passiert?«, fragte Rocky.
»Keine Ahnung. Vielleicht sollte es einfach nicht so sein.«
Adam sah ihn überrascht an. Solche Anspielungen war er von Scott nicht gewöhnt.
»Vielen Dank, Scott«, sagte Adam schließlich, »ich glaube, für heute Morgen haben wir genug gehört. Ich muss los, um Candace in Arusha abzuholen.«

Zwei Stunden später war Adam in Arusha im Hotel.
»Guten Tag, Herr Livingstone«, begrüßte ihn der Hotelier, »wir haben Sie lange nicht gesehen.«
»Guten Tag. Ja, ich war viel unterwegs. Candace Montreux hat ein Zimmer in Ihrem Hotel. Könnten Sie ihr bitte sagen, dass ich da bin?« Adam hatte es eilig.
Der Mann schaute ihn verwundert an.
»Herr Livingstone, ich bedaure. Sie ist gestern Morgen abgereist.«
»Wie bitte? Wann?«
»Gestern Morgen.«
Adam schaute ihn überrascht an. Damit hatte er nicht gerechnet.
»Das verstehe ich nicht. Sind Sie sicher?«
»Absolut. Ich habe ihr und ihrem Begleiter eigenhändig die Koffer hinuntergetragen.«
»Welchem Begleiter?« Er bekam ein flaues Gefühl in der Magengegend.
»Ein Herr mit dunklen Haaren und einer tiefen Stimme.«
»Wie war sein Name?«
»Zorin.«
Der Name sagte ihm nichts.
»Waren sie zusammen?«
»Ja, natürlich, sie kamen zusammen an und reisten zwei Tage später zusammen ab.«
»Bitte geben Sie mir meinen Schlüssel. Gibt es irgendwelche Nachrichten für mich?«
Der Hotelier leerte Adams Fach, in dem mehrere Zettel von Mitgliedern seines Teams lagen.
Adam sagte nichts mehr. Langsam ging er zu seinem Zimmer. Er würde einige Telefonate führen müssen und die Gelegenheit nutzen,

ein Bad zu nehmen. Aber was er von Candace denken sollte, das war ihm ein Rätsel.

Was war nur mit ihr los? In England hatte sie auf einer sofortigen Heirat bestanden, jetzt wollte sie sogar mit ihm auf Expedition sein. Gleichzeitig hatte sie einen anderen Reisegefährten und versetzte ihn, ohne eine Nachricht zu hinterlassen. Je länger er darüber nachdachte, desto mehr nahmen Wut und Zorn zu. Das war also seine Geliebte? Er hatte genug von ihren Spielchen! Sie hatten sich nie Treue geschworen. Aber was sie jetzt trieb, war zu viel.

Als Adam eine halbe Stunde später im Eichhof anrief, fürchtete er sich fast vor Juliet. Er war so aufgewühlt und verletzt. Sie sollte es nicht spüren; er wollte ihr das nicht erklären müssen. Er erkannte plötzlich, dass er sich auf das Gespräch mit ihr freute, dass er sich darauf freute, ihre Stimme zu hören.

Sie war genau so, wie er es erwartet hatte: heiter und voller Freude über ihre Arbeit.

»Herr Livingstone, schön, dass Sie anrufen. Ich habe eine Menge herausgefunden«, platzte es aus ihr heraus.

»Haben Sie die Gletscherprobe analysiert?«

»Ja, ich habe das Eis untersucht. Aber die Ergebnisse müssen Sie selbst interpretieren. Dazu reichen meine Kenntnisse nicht. Ich werde Ihnen alles schicken.«

»Und was haben Sie noch Tolles gefunden?«

»Ich habe das Alter der Holzproben bestimmt, die Sie zuletzt geschickt haben. Außerdem habe ich deren DNA analysiert.«

»Konnten Sie eine Verbindung zu anderen Arten herstellen?«

»Das ist das Problem. Zumindest bei einer Probe scheint es nichts Ähnliches zu geben. Ich hoffe, Sie sind damit einverstanden, dass ich in Emilys Unterlagen früherer Arbeiten nachgesehen habe. Aber ich habe auch dort nichts gefunden, das mit den neuen Daten vergleichbar wäre.«

»Natürlich können Sie dort nachsehen. Und was haben Sie dann gemacht?«

»Ich rief den Botaniker vom College an, der aber auch keine Antwort wusste. So telefonierte ich mit mehreren Universitäten in London. Vielleicht liegt es daran, dass ich diese Zusammenhänge nicht so gut beschreiben kann. Aber die Molekularstruktur einer der Pro-

ben passt in kein Raster. Ich fand niemanden, der so eine Struktur kannte. Ich denke, Sie sollten sich das am besten selbst anschauen.«
»Super. Schicken Sie mir alles so bald wie möglich her.«
»Und dann war da noch das Fossil, über das wir letzte Woche geredet haben.«
»Ja?«
»Ich bin mir sicher, dass es ozeanischen Ursprungs ist.«
»Fantastisch! Damit haben wir vielleicht den Hinweis auf die Flut, den wir gesucht haben. Wenn wir es jetzt noch schaffen, den Senkungsgraben mit dem Ararat und Mesopotamien zusammen zu bringen, dann sind wir schon fast fertig. Ich will die übereinstimmende geologische Ausgangsform dieses ganzen großen Gebietes herausarbeiten. Sie haben gute Arbeit geleistet, ich danke Ihnen.«
»Soll ich die Ergebnisse zum Hotel faxen?«
»Moment, das muss ich mir eben noch überlegen –«
Schlagartig war Adam klar geworden, wie leichtsinnig er immer noch operierte. Die ganzen geheimnisvollen Angriffe waren noch nicht geklärt. Rocky hatte in seinem Büro eine Wanze entdeckt. Aber vielleicht war es nicht die einzige?
»– nein, kein Fax. Bitte sprechen Sie jetzt auch am Telefon nicht weiter über die Ergebnisse.«
Plötzlich kam ihm auch das Hotel nicht mehr sicher vor. War der Vorfall mit Candace nicht auch suspekt? Wer weiß, was hier vor sich ging!
Er hatte Juliet noch um etwas anderes bitten wollen. Um das Notizbuch von Opa Harry verarbeiten zu können, brauchte er einige Disketten. Er hatte zwar sein Notebook dabei, aber ihm fehlten Software und Datenbanken, die er eigentlich jetzt gerne gehabt hätte.
»Frau Halsay, bitte gehen Sie hoch in den zweiten Stock in die Bibliothek. Sie kennen den Raum, nicht?«
»Ja.«
»Ich brauche ein ganz bestimmtes Zitat. Auf dem linken oberen Regal stehen alle Bände von Sir Walter Scott. Bitte suchen Sie mir im 14. Band die Seite 175 heraus. Haben Sie das notiert?«
»Ja, aber woher weiß ich, welches Zitat Sie meinen?«
»Sie werden es erkennen. Bitte machen Sie eine Kopie und schicken Sie –«
Adam unterbrach sich und überlegte.
»Nein, ich brauche das ganze Buch. Frau Halsay –«

Neue Gedanken gingen durch seinen Kopf. In diesem Hotel fühlte er sich nicht mehr sicher. Nicht nur Fax und Telefon, auch der Paketbote war vielleicht nicht mehr vertrauenswürdig. Was war zu tun? Er konnte nur noch seinen eigenen Leuten vertrauen.

»Frau Halsay, ich möchte Sie um einen großen Gefallen bitten. Packen Sie alles ein, was Sie an Material für mich erarbeitet haben. Holen Sie das Buch, von dem ich sprach, und lassen Sie es zu keinem Zeitpunkt aus den Augen. Achten Sie darauf, dass nichts herausfällt. Dann bitten Sie Crystal, Kopien der Programme zu machen, an denen sie zur Zeit arbeitet, vor allem – nein, ich werde selbst gleich mit ihr reden. Ich möchte, dass Sie mir alles persönlich herbringen. Wenn Sie einverstanden sind, werde ich Crystal bitten, für Sie den nächsten Flug nach Nairobi zu buchen.«

Adam zögerte. Hatte er an alles gedacht?

Juliet holte tief Luft. Das war ja fantastisch! Ihr Herz sprang vor Freude. Endlich würde sie ihn wieder sehen.

Juliet versuchte mit aller Kraft, sachlich und nüchtern zu bleiben. Schließlich war es ein dienstlicher Auftrag, keine private Einladung. Aber sie freute sich unbändig.

»Dann bis bald in Kenia und gute Reise!«

Teil IV
Kairo

Böse Machenschaften

Gilbert Bowles räkelte sich in seinem Liegestuhl. Auf der einen Seite von ihm glitzerte das Wasser des Swimmingpools, auf der anderen Seite befand sich die Bar. Über ihm schien die Sonne am wolkenlos blauen Himmel. Er hatte ein Glas Scotch in der Hand und fühlte sich rundum wohl.

Eine Menge hübscher Damen waren hier unterwegs. Heute Abend würde er versuchen, einige von ihnen kennen zu lernen.

Doch jetzt musste er zuerst noch seinen kleinen Auftrag zu Ende bringen. Sein Anruf bei der Universität hatte ergeben, dass Dr. Cissna Botaniker war. Cissna war Leiter der Fakultät und weltweit für die Bestimmung von Arten gefragt. Nun wartete Bowles auf den Rückruf des Professors, der vorhin nicht zu sprechen gewesen war.

Nach zwei Stunden weckte ein Hotelangestellter den schlafenden Bowles. Er hatte ein schnurloses Telefon in der Hand.

»Hier ist ein Anruf für Sie, Herr Bowles.«

»Danke.«

Bowles gähnte, setzte sich auf, nahm einen Schluck Scotch zum Wachwerden und atmete einmal tief durch.

»Hier ist Gilbert Bowles.«

»Herr Bowles, ich bin Dr. Cissna von der Universität Kairo. Sie haben mich heute Vormittag angerufen.«

»Ja, Dr. Cissna, vielen Dank für Ihren Rückruf.« Bowles holte Luft und bemühte sich, freundlich und unbefangen zu klingen. Sein Herz klopfte schnell. Hoffentlich gelang es ihm.

»Ich bin Archäologe«, begann er vorsichtig.

»Das ist mir bekannt, Herr Bowles, ich kenne Ihre Arbeit und habe Ihr Buch gelesen.«

»Das freut mich«, antwortete Bowles geschmeichelt. Er konnte nicht wissen, dass Cissna sein Buch als platte Selbstdarstellung empfunden hatte und auch inhaltlich nicht mit ihm übereinstimmte.

»Wie ich weiß, haben Sie in den vergangenen Tagen mit meinem Kollegen Dr. Livingstone zusammengearbeitet.«
»Das stimmt«, bestätigte Cissna alarmiert.
»Wie Sie wissen, arbeiten Dr. Livingstone und ich zusammen an diesem Eden-Projekt«, versuchte Bowles sein Glück. »Adam sagte mir, ich solle Sie anrufen und Sie bitten, mir die letzten Ergebnisse zu berichten, damit ich über Ihre gemeinsamen Funde wieder auf dem Laufenden bin. Sie haben doch nach alten Pflanzen gesucht, nicht?«
Bowles war nichts Besseres eingefallen, um Cissna zum Reden zu bringen. Er hoffte, der andere würde keinen Verdacht schöpfen. Aber Cissna wusste sofort, dass Bowles log. Dazu hatte er Adam in den vergangenen Tagen zu gut kennen gelernt.
»Ich bedaure, Herr Bowles«, antwortete Cissna reserviert, »Sie müssen sich mit allen Fragen an Dr. Livingstone direkt wenden. Ich bin nicht befugt, Auskunft über seine Arbeit zu geben. Das gilt übrigens grundsätzlich für alle Forschungsprojekte, an denen ich beteiligt bin.«
»Ich verstehe, Doktor, aber in diesem Fall ist es tatsächlich anders. Adam bat mich ausdrücklich, mit Ihnen zu sprechen.«
»Tut mir Leid.«
»Nach welchen Arten haben Sie gesucht?«
»Ich bedaure.«
»Wann werden Sie sich wieder mit Adam treffen?«
»Wir haben keine derartigen Pläne.«
»Wird Adam –«
»Herr Bowles, ich muss dieses Gespräch jetzt beenden. Guten Tag.«
Fluchend legte Bowles das Telefon weg. Noch schlimmer war der Anruf, der ihm als Nächstes bevorstand. Zu gerne hätte er sich davor gedrückt, aber das war unmöglich.
Zumindest könnte er dieses Gespräch noch ein bisschen aufschieben. Mühsam erhob er sich und wankte zur Bar.

Juliet war die aufgeregteste und glücklichste Passagierin an Bord der großen Boing 747. Sie konnte ihr Glück kaum fassen. Sie bewunderte die Stewardessen, genoss das Essen und sah fast ununterbrochen aus dem Fenster. Der Himmel war überwiegend wolkenlos und Europa breitete sich unter ihr aus wie ein traumhaft großes Gemälde.

Als sie in Nairobi durch die Passkontrolle kam, sah sie Dr. Livingstone schon an der Tür stehen. Strahlend ging sie auf ihn zu. Sie freute sich auf ihn.

Adam beobachtete die vielen Menschen, die eben gelandet waren und an ihm vorbeigingen. Endlich entdeckte er Juliet. Sie strahlte über das ganze Gesicht, ging aufrecht und selbstbewusst. Sie wirkte größer und älter, als er sie in Erinnerung hatte. Unwillkürlich legte sich seine Stirn in Falten. Das war sie also. Kannte er sie überhaupt? Was erwartete er?

Juliet zögerte, als sie seine gefurchte Stirn sah. Er freute sich gar nicht, sie zu sehen! Eine Welle der Enttäuschung stieg in ihr auf. Natürlich, was hatte sie sich eingebildet? Dr. Livingstone war ein berühmter Forscher und eine sehr wichtige Persönlichkeit. Sie arbeitete für ihn. Das war alles und das war mehr als genug. Bekümmert ging sie weiter auf ihn zu.

Da kam jemand von der Seite, hielt sie an der Schulter fest und lachte: »Juliet, hallo, willkommen in Afrika!« Sie fuhr herum und im nächsten Moment lag sie in Rocky McCondys Armen, der sie väterlich-herzlich an sich drückte.

»Wie war Ihr Flug? Es war Ihre erste Reise, stimmt's?«

Seine Natürlichkeit und Wärme taten ihr so wohl, dass sie fast geweint hätte.

Nun kam auch Adam auf sie zu, hielt ihr die Hand entgegen und sagte lächelnd: »Willkommen, Frau Halsay. Ich freue mich, Sie zu sehen. Hatten Sie einen guten Flug?«

Juliet sah sein Lächeln und entspannte sich. Der dunkle Ausdruck von vorhin war aus seinem Gesicht verschwunden. Sie wollte nicht länger darüber nachdenken und begann, von ihrem Flug zu erzählen.

»Das Buch!«, erinnerte sie sich dann plötzlich und stellte ihre Tasche ab. Sie griff ins Innere ihres Blousons und holte den Band heraus, den Adam ihr genannt hatte. »Ich tat, was Sie mir gesagt haben und habe es seit unserem letzten Telefonat rund um die Uhr bei mir getragen.«

Mit diesen Worten hielt sie Adam das Buch hin. »Ich verstehe jetzt natürlich auch, was Sie mit dem Zitat meinten«, lächelte sie. Adam blätterte ganz unauffällig durch das Buch. Alles klar. In der

Vertiefung, die er aus den Blättern in der Mitte des Buches herausgeschnitten hatte, lagen Disketten. Es waren große Schätze für ihn.

»Sehr gut«, lobte er sie. »Gab es irgendwelche Zwischenfälle?«

»Nein, nichts, jedenfalls ist mir nichts aufgefallen. Vielleicht habe ich aber auch nicht alles wahrgenommen, mir ist diese Situation noch sehr fremd.«

»Ja, mir auch«, seufzte Adam, der nach Ansicht von Rocky immer noch viel zu unvorsichtig war. Inzwischen war Juliets Gepäck eingetroffen und sie verließen das Flughafengebäude. Juliet wurde rechts und links von Adam und Rocky eskortiert, die je einen Koffer trugen. Juliet ging in der Mitte, hatte nur noch ihre kleine Handtasche und genoss es, wie eine Dame behandelt zu werden. Sie war entschlossen, diese Reise von Anfang bis Ende zu genießen.

»Zorin ... hier ist Bowles«, klang es schleppend, »ich habe etwas für Sie.«

»Wie klingen Sie denn – ich verstehe Sie ja kaum. Sprechen Sie ordentlich!«

»Jawohl, Eure Majestät!«

»Sie sind betrunken, Idiot!« Zorins Verachtung schlug ihm kalt ins Gesicht, aber Bowles spürte an diesem Abend nicht mehr viel.

»So ist es, Euer Ehren!«

»Hören Sie auf damit! Was haben Sie mir zu berichten?«

Bowles atmete tief durch und versuchte, einen klaren Kopf zu bekommen. Aber es gelang ihm nicht. Im Gegenteil, die Wände begannen, sich um ihn zu drehen. Seufzend ließ er sich wieder auf sein Bett fallen.

»Was ich habe? Ich habe ... Cissna ist Botaniker, an der Uni, Dekan. Und ... Livingstone hat ihn angeheuert, um alte Pflanzenarten zu finden.«

»Wozu?«

»Wahrscheinlich, um Eden zu finden. Ha ha ha ...!« Bowles prustete los. Auch in nüchternem Zustand fand er diesen Gedanken sehr komisch, aber jetzt verlor er völlig die Fassung. Er lachte aus vollem Halse. Zorin wurde von Sekunde zu Sekunde wütender.

»Was haben sie in Olduwai gemacht?«

»Ach, das war nur ein Täuschungsmanöver. Livingstone ist ein cleveres Kerlchen.«

»Was haben sie gefunden?«
»Keine Ahnung, Hochwürden. Der Doktor hat einfach aufgelegt. Ein sehr misstrauischer Mensch. Aber ich versichere Euch bei meiner Ehre als Wissenschaftler, sie haben nichts gefunden, was auf Eden hinweisen würde. Weil es Eden nämlich nicht gibt, ha ha ha … Niemand kann eine Pflanze von Eden finden, weil Eden ein Märchen ist, ha ha ha …«

Wieder konnte Bowles sich nicht beherrschen und lachte ungezügelt. Zorin kochte.

»Wo suchen sie?«
»Hat er mir nicht verraten.«
»Sie sind ein Versager, Bowles, betrunken und unfähig.« Er zischte einen Fluch in den Hörer. Bowles hörte auf zu lachen, nüchtern wurde er aber nicht.
»Ich werde die Sache selbst in die Hand nehmen.«
»Wie Sie wünschen.«
»Ich verbiete Ihnen, mit irgendjemandem über das alles zu sprechen.«

Bowles legte den Hörer neben das Telefon, fluchte, lachte und schlief ein.

Mitch Cutter hatte eine eindeutige E-Mail erhalten. In zwei Stunden sollte er im Zug nach Zürich sitzen. Er musste gehorchen, wenn Frau D'Abernon ihn rief.

Wenige Stunden später saßen sie sich gegenüber.

»Bowles ist in einem Hotel in Kairo«, teilte sie ihm als Erstes mit. »Wie waren Sie mit ihm verblieben?«
»Er sollte nach Afrika fliegen, neben Livingstone sein Lager aufschlagen und mich täglich anrufen. Die ersten Tage klappte das auch.«
»Was dann geschah, wissen Sie nicht?«
»Nein, leider nicht.«
»Ich denke, er arbeitet jetzt für einen anderen.«
»Für Livingstone?«
»Nein, das halte ich für ausgeschlossen. Ich will, dass Sie nach Kairo fliegen und herausfinden, was mit ihm los ist.«
»Wie haben Sie erfahren, dass er dort ist?«
»Wir haben viele Möglichkeiten.«

»Haben Sie außer mir noch jemanden auf ihn angesetzt?«
Frau D'Abernon schüttelte den Kopf. »Niemand kann uns entkommen. Wir können innerhalb kurzer Zeit jede Person aufspüren; eine Transaktion bei einer Bank genügt schon oder der Einsatz einer Kreditkarte, ein Grenzübergang – sobald Geld, Ausweis oder Elektronik benutzt werden, erfahren wir es. Aber das wissen Sie doch, nicht?«
Frau D'Abernon sah ihn aufmerksam an und versuchte zu erkennen, was in ihm vorging. Konnte sie sich noch uneingeschränkt auf ihn verlassen?
»Unser Auftrag ist es, die gesamte Menschheit für unsere Sache zu gewinnen. Wir wollen sie nicht nur beherrschen und manipulieren. Wir wollen das Bewusstsein der Menschheit verändern und sie von unseren Zielen überzeugen. Um das zu erreichen, brauchen wir zuverlässige Boten, Millionen von ihnen weltweit, Leute wie Sie, Cutter. Zusätzlich setzen wir alle Formen von Elektronik und Technik ein, um die Aktivitäten der Menschen zu erfassen. Aber das Denken der Menschen ist der eigentliche Schlüssel für unsere Zukunft.«
»Ich weiß, Frau D'Abernon.«
»Wirklich? Verstehen Sie, das ist das Ziel, auf das unsere Organisation seit Jahrhunderten hinarbeitet.«
Cutter schwieg. Er sah in ihren Augen, dass sie jetzt keine Antwort wollte. Er sollte verstehen. Tatsächlich wusste er sehr wenig über die geheime Gesellschaft, obwohl er schon so lange für Frau D'Abernon arbeitete.
Beide schwiegen. Ihre Augen fixierten ihn. Er spürte, wie eine Starre über ihn kam, einen Moment lang bekam er keine Luft. Nach zwei oder drei Sekunden lockerte sich ihr mentaler Griff wieder.
»Ich werde ab morgen in Kairo sein«, sagte er schließlich.
»Rufen Sie mich über meine private Nummer an, sobald Sie etwas erfahren haben.«
Cutter nickte, erhob sich, wandte sich um und ging.

Der Durchbruch

Adam wollte ein paar Stunden allein sein. Den anderen war es nur recht. Scott und Jen hatten sowieso vorgehabt, mit Rocky und Juliet in die Olduwai-Ausstellung zu fahren. Außerdem wollten sie die ganze Schlucht einmal abfahren und den beiden Neuankömmlingen zeigen, wo all die berühmten Archäologen ihre Fossilien gefunden hatten.

Nun war Adam allein. Endlich konnte er in Ruhe nachdenken. Sein Kopf quoll über von Informationen. Vor ihm lagen die Berichte und Analysen, die Juliet angefertigt hatte. Was konnte man aus der Genstruktur des Affenbrotbaumes folgern? Die Ringzählung hatte nicht mehr als 3 000 Jahre ergeben. Aber andere Altersbestimmungen waren auf höhere Werte gekommen. Welche Möglichkeiten gab es, die Informationen zu verknüpfen? Er schob die Puzzleteile hin und her, es gab Hunderte von Möglichkeiten, aber so richtig passte es nicht zusammen. Er konnte nur mutmaßen. Botanik war nicht sein Fachbereich.

Er träumte von biologisch nachweisbaren Verbindungen zwischen den ostafrikanischen Proben und der Arche und hoffte auf Belege für seine Eden-Theorie. Er hätte alles darum gegeben, Dr. Cissna noch einmal für eine Stunde bei sich haben zu können. Aber dessen Zeit war knapp. Erst auf dem Rückweg nach England wollte Adam einen Zwischenstopp in Kairo machen, wenn er alle Forschungen beendet und die Ergebnisse zusammengetragen hätte.

Adam seufzte, lehnte sich zurück und rieb sich die Augen. Auf dem viel zu kleinen Tisch lagen auch die Disketten von Crystal. Er hatte sie noch nicht in sein Notebook geladen. Das wollte er später erledigen.

Crystal hatte fleißig Informationen für ihn gesammelt. Sie hatte mit rund 30 Forschungsstationen, Universitäten und Meteorologen Kontakt aufgenommen und alle Daten, die sie bekommen konnte, in diesem von ihm geschriebenen Programm zusammengefasst. Darüber hinaus hatte sie Software aus der ganzen Welt kommen lassen und mit eingearbeitet. Zwei Monate lang hatte sie mit diesem Projekt verbracht. Das Ergebnis war ein komplexes Programm, gefüttert mit jeder Menge wissenschaftlicher Daten, mit dem er seine Eden-Theorie durchspielen konnte. Er war gespannt darauf.

Adam griff nach dem über hundert Jahre alten Buch von Harry McCondy. Ehrfürchtig, fast zärtlich nahm er es und roch an dem feinen Ledereinband. Dann blätterte er es noch einmal durch und versuchte zu erkennen, ob McCondy nicht doch irgendwo versteckte Hinweise auf den Standort des Garten Eden hinterlassen hatte.

Einige Stunden später saß Adam immer noch unverändert vor dem übervollen Tisch und spielte Puzzle mit allen Fakten, die er vor seinem Inneren ausgebreitet hatte. Da hörte er den Jeep. Er stand auf und sah durch das trübe Plastikfenster an der Rückwand seines Zeltes.

Jen und Juliet kamen miteinander auf das Lager zu, gefolgt von Rocky und Scott. Die beiden jungen Frauen schienen sich prächtig zu verstehen. Jen war voller Staub, braungebrannt, hatte die Haare zurückgebunden, trug Shorts und Sandalen und sah wie eine in Afrika arbeitende Archäologin aus. Juliet trug eine fließende, lange Hose, darüber eine elegante weiße Bluse mit langem Arm. Ihr schulterlanges Haar wehte offen im heißen Wüstenwind. Sie wirkte wie eine junge Frau, die in London einkaufen gehen wollte und aus Versehen auf einer Safari in Ostafrika gelandet war. Aber sie schien sich wohl zu fühlen, lachte, plauderte und passte sowohl ins Team als auch in die Gegend.

Adam studierte ihr Gesicht. Da man ihn von draußen nicht sehen konnte, erlaubte er sich ein paar Blicke, die tiefer gingen, als er es in ihrer Gegenwart gewollt hätte. Juliet war eigentlich richtig hübsch, stellte er fest. Während sie im Eichhof oft schüchtern und gehemmt gewirkt hatte, lachte sie jetzt ein volles, helles und ansteckendes Lachen. Sie hatte sich verändert, seit er sie zuletzt gesehen hatte, keine Frage. Irgendwie schien sie älter, reifer und stärker geworden zu sein. Ob es daran lag, dass sie die Trauer und den Schock des Attentates allmählich hinter sich ließ? Oder gab es da noch andere Gründe? Er wurde nachdenklich.

Seit sie im Team war, schien die Atmosphäre heiterer zu sein. Er jedenfalls empfand das so. Durch ihre Nähe hatte er mehr Freude an der Arbeit und spürte mehr Entschlossenheit, die ihm aufgegebenen Rätsel zu lösen.

In England war sie schlicht die Nichte von Frau Graves gewesen. Doch seit Juliet hier war, suchten seine Blicke sie immer wieder und die Gedanken an sie nahmen immer mehr Raum ein.

Mitch Cutter hielt es für das Klügste, von Bowles nicht gesehen zu werden, solange er nicht sicher wusste, auf welcher Seite dieser stand.

Aus diesem Grund wartete er bis 2.15 Uhr in der Nacht, ehe er das Hotel betrat, das D'Abernon ihm genannt hatte. Es war unwahrscheinlich, dass Bowles um diese Zeit unterwegs war. Doch selbst wenn sie sich begegnen würden, könnte Bowles ihn vermutlich nicht wieder erkennen. Sie hatten sich nur einmal in Irland gesehen. Damals hatte er wie ein irischer Hafenarbeiter ausgesehen und auch so gesprochen. Trotzdem, Bowles war nicht zu unterschätzen.

Cutter checkte sich ein. Die Frage nach der Zimmernummer »seines Freundes« wurde ihm nicht beantwortet, natürlich nicht. Hätte er dem Hotelier gesagt, dass er für die Leute arbeitete, denen auch dieses Hotel gehörte, er hätte sofort alle Informationen erhalten. Aber er zog es vor, unerkannt zu bleiben.

Wenige Stunden später war er schon wieder auf, sicherheitshalber, obwohl er nicht damit rechnete, Bowles so früh schon anzutreffen. Ab 6.15 Uhr saß er hinter einer großen Zeitung in der Lobby und wartete. Um 7.20 Uhr kam die massige Gestalt aus dem Fahrstuhl und stapfte in Richtung Speiseraum. Cutter nutzte die Zeit, in der Bowles frühstücken würde, für einen kleinen Spaziergang in der Morgensonne und kaufte sich an der Straße einen Kaffee.

Ab 7.40 Uhr nahm er wieder seinen Platz in der Eingangshalle ein, um 8.10 Uhr kam Bowles vom Frühstück zurück und ging zum Aufzug. Glücklicherweise warteten mehrere Leute auf den Fahrstuhl, so konnte Cutter sich unbemerkt zu ihnen stellen. Bowles beachtete ihn genauso wenig wie die anderen Leute, die mit ihm im Fahrstuhl waren. Er gähnte laut und sah sehr verkatert aus.

Im fünften Stock stieg er aus, Cutter folgte ihm. Bowles wandte sich dem linken Flur zu, Cutter nahm den rechten. Schon nach den ersten Schritten blieb Cutter stehen, drehte sich um und beobachtete den Mann. Der blieb jetzt vor einer Tür stehen, schloss auf und verschwand. Schnell war Cutter an der Stelle. Aha, Zimmer 523. Mehr brauchte er nicht zu wissen. Er kehrte in die Lobby zurück und bestellte sich eine Kanne Kaffee. Nun galt es, wieder zu warten.

10.35 Uhr. Cutter war in dem gemütlichen Sessel ein bisschen eingedöst. Da öffnete sich die Fahrstuhltür, Bowles trat heraus und Cutter war hellwach. Kaum hatte der Archäologe das Hotel verlassen, ging der Spion zu dessen Zimmer. Die Tür hatte er mit seiner Spezialschlüsselauswahl schnell geöffnet. Bei Magnetkarten-Schlössern hätte er mehr Schwierigkeiten gehabt. Das Zimmer war unaufgeräumt und enthielt keine interessanten Hinweise. Es sah nicht so aus, als wollte er bald abreisen. Cutter schaltete den Fernseher ein, wählte zuerst »Englisch«, dann »Kunden-Konto«. Sehr gut, hier stand alles, was er brauchte. Bowles war vor zwei Tagen angekommen und hatte zwei lange Gespräche mit Baku geführt.

Wenig später war Cutter in einer Telefonzelle. Er war nicht so leichtsinnig wie Bowles, vom Hotelzimmer aus zu telefonieren.

Frau D'Abernon war sofort am Apparat. Er gab seine Ergebnisse weiter. Sie war nicht überrascht.

»Das hatte ich vermutet. Gute Arbeit, Cutter.«

Sie zögerte, überlegte kurz und sagte dann unvermittelt: »Als Nächstes fliegen Sie nach Baku.«

»Und Bowles?«

»Um den kümmern wir uns später. Er spielt nur eine Nebenrolle. Aber ich habe einen wichtigen und möglicherweise auch gefährlichen Auftrag für Sie. Herr Zorin gefährdet unsere Arbeit, er ist für uns nicht mehr tragbar. Entfernen Sie ihn.«

Nachdenklich legte sie das Telefon aus der Hand. Soeben hatte sie Mitch Cutter auf die schwerste Mission seines bisherigen Lebens geschickt. Sein Leben stand auf dem Spiel, wenn er nicht schnell war und Erfolg hatte.

Ihre Gedanken drehten sich ständig um Livingstone. Wie könnte sie herausfinden, wo der gefährliche Ort war? Eigentlich hasste sie das Buch. Aber sie wurde das Gefühl nicht los, dass es die Antwort auf ihre Frage enthielt. Seufzend ging sie zu dem Tresor, der in einer Ecke ihres Büros stand. Sie gab sorgfältig die Zahlenkombination ein, benutzte einen bestimmten Schlüssel und holte schließlich das in feines Leder gebundene alte Buch hervor.

Sie hatte oft darin gelesen. Jedes Mal, wenn sie die alte Handschrift studierte, die das ganze Buch füllte, hatte sie seltsame, unangenehme Gefühle.

Diese Texte enthielten Informationen, die sehr wichtig für sie sein konnten, gerade jetzt. Aber die Inhalte verschlossen sich bislang ihrem Zugriff. Es war, als wären die Gedanken des Autors in einer Sprache geschrieben, die sie nicht verstand – obwohl das Notizbuch in ganz normalem, wenn auch etwas altertümlichem Englisch verfasst war.

Sie blätterte bis zu den letzten Seiten. Wie oft sie diese Worte schon gelesen hatte! »... mir die großen Zusammenhänge offenbart. Ich muss dorthin ... Gott wird mir zeigen ... die ersten Anfänge des Lebens. Aber sie haben nichts verstanden ... haben noch nie etwas verstanden ...«

Kurz darauf kam die letzte Eintragung, geschrieben in Kairo, im Gartenhotel am Nilufer:

»Meine letzte Nacht hier ... lasse das Notizbuch aus Sicherheitsgründen im Gartenhotel zurück ... sind mir dicht auf den Fersen. Ich fliehe wie das Volk Israel ... bei Nacht ... durch die Wüste zum Berg Seiner Gegenwart ...«

Das Gartenhotel am Nilufer war das einzige Stichwort, mit dem sie etwas anfangen konnte. Sie war einer der Besitzer; auch die Übrigen waren Mitglieder ihrer Gesellschaft. So war damals auch das Notizbuch in die Hände ihrer Vorgänger gelangt.

»Der Berg Seiner Gegenwart« – was sollte das denn sein?

Frustriert schlug sie das Buch zu, heftiger, als es den alten Seiten gut tat. Sie hasste dieses Buch schon allein dafür, dass es sie immer wieder wütend machte. Sie ahnte, dass die Ereignisse, die in dem Notizbuch beschrieben wurden, unmittelbar bevorstanden. Wenn sie doch den Sinn begreifen und entsprechende Maßnahmen ergreifen könnte!

Adam hatte fast die ganze Nacht gearbeitet und sich auch am folgenden Morgen gleich wieder an seinen Computer gesetzt. Nun wollte er unbedingt den anderen seine Ergebnisse präsentieren.

»Jen, Juliet, wo seid ihr? Wo ist denn Scott?«

»Hier kommt er«, sagte Jen und deutete in die Richtung der Schlucht. »Er ist mit Rocky irgendwo unterwegs gewesen.«

Adam versammelte sein Team um sich und klappte das Notebook auf. Die Vier stellten sich hinter Adam. Zuerst sahen sie fast nichts auf dem kleinen Bildschirm.

»Ich habe also versucht, die Eden-Theorie mit allen neuen Informationen zu ergänzen. Als Forscher muss man seine Theorie ständig überarbeiten«, grinste er.

»Alles klar, leg los«, verlangte Scott ungeduldig.

»Hier am Grabenbruch sieht man, wie die Erdoberfläche sich auseinanderbewegen kann. Ich wollte wissen, wie es hier aussah, bevor die Spalte entstanden war.«

Er begann, verschiedene Befehle einzugeben.

»Ich öffne jetzt das Programm, an dem Crystal gearbeitet hat. Es hat alle Daten zur Kontinentalverschiebung so verarbeitet, dass man die Abläufe rückwärts laufen lassen kann.«

Er fuhr fort, Fenster zu öffnen und Felder anzuklicken.

»So, hier sind Afrika und der Nahe Osten«, erklärte Adam, während sich eine schöne Landkarte auf dem Bildschirm entfaltete.

»Jetzt öffne ich die Daten zur Kontinentalverschiebung«, sagte Adam, »und ich verknüpfe sie mit den Daten zur Graben-Expansion zwischen hier und dem Toten Meer. Außerdem habe ich hier«, er öffnete weitere Dateien, »die gesamten Daten zur Klimaentwicklung von heute an bis ganz zurück zum Beginn der Meteorologie. Das Ganze läuft jetzt in der Zeit rückwärts.«

Adams Zuschauer waren fasziniert. Für Jen und Scott war es nichts Neues, von Adams Theorien überrascht zu werden, aber Juliet und Rocky waren in einer neuen Welt, die besonders Juliet wie ein großer, wunderbarer Traum vorkam.

»Ich versuche also herauszufinden, wie die Erde am Anfang war, indem ich die Kontinentalbewegungen, die Entstehung des Grabenbruchs und die klimatischen Ereignisse rückwärts abspiele. So können wir herausfinden, ob die Gegend, die ich für Eden halte, wirklich einmal ein fruchtbarer Garten war. Ich hatte schon einmal angefangen, diese Gedanken zu entwickeln, das war an dem Tag, als Erin starb. Damals wurden die meisten Daten zerstört. Allerdings hatte ich doch einen Teil auf Sicherheitskopie, das hat Juliet mir gebracht. Damit konnte ich nun das Ganze rekonstruieren. Es war eine Menge Arbeit, aber jetzt ist es geschafft.«

»Nun rede doch nicht so viel«, stöhnte Jen, »zeig es uns doch einfach. Wir wollen es sehen.«

»Ist ja gut«, lachte Adam, »wir sehen jetzt die heutige Situation.« Er drückte einige Tasten. »Hier sind die Sahara und die Arabische Wüste. Sie trennen den fruchtbaren Halbmond des Eufrat- und Tigrisgebietes im Norden von der Äquatorialzone Afrikas im Süden.« Alle nickten. Das hatte Adam ihnen oft genug erklärt.

»So, und jetzt starte ich das Programm und alles wird sich in der Zeit rückwärts entwickeln«, kündigte er aufgeregt an und gab entsprechende Befehle ein. »Wir sehen die geografische Entwicklung rückwärts. Es beginnt mit der Erdoberfläche.«

Ganz langsam begannen die Konturen auf dem Bildschirm sich zu verschieben. Sie zeigten nicht nur die Entwicklung von Jahrhunderten, sondern von riesigen Zeiträumen. Die kleine Schar sah gebannt zu, wie der indische Subkontinent aus Asien herausglitt und sich in südwestlicher Richtung auf Afrika zubewegte, während der Indische Ozean gleichzeitig schrumpfte.

»Super«, kommentierte Jen.

»Das war nur, um euch zu zeigen, wie es geht. Jetzt fahre ich das Programm wieder zurück«, erklärte Adam und drückte einige Tastenkombinationen. Das Programm lief in die Gegenrichtung, Indien rutschte wieder an seinen Platz. »Jetzt werde ich die klimatischen Bedingungen dazugeben. Gleich wird es richtig spannend«, freute er sich.

Seine Finger flogen nur so über die Tastatur.

»Crystal hat hervorragende Arbeit geleistet«, lobte Adam seine Mitarbeiterin, die diesen Moment leider nicht miterleben konnte. »Sie ist wirklich ein Computerfreak erster Klasse. So, hier seht ihr die Ozeane, die Erdoberfläche und die Flüsse. Die Wüsten hebe ich farblich hervor«, er klickte einen Beigeton an und gab einige Befehle ein. Sahara, Sinai und die Arabische Halbinsel verfärbten sich entsprechend.

»Tropische Regenwälder und dichte Waldgebiete mache ich dunkelgrün«, erläuterte er seine Arbeit, »und Flusstäler und andere fruchtbare Gegenden, wo Menschen sich ansiedeln könnten, sind hellgrün. Alles klar?«

Alle nickten.

»So, jetzt sehen wir, dass es auf der heutigen Landkarte kaum dunkelgrüne Flächen gibt, nur hier im Kongo ein bisschen und im Sambesi-Flusstal. Die hellgrünen Gebiete der Gegenwart fallen besonders im Zweistromland auf, entlang des Nils und um die Seen

Ostafrikas. Seht ihr das?«, fragte er und deutete auf die Gegenden, von denen er sprach.

»Klar, Mann, nun mach schon«, begann auch Scott zu drängeln.

»Gut, es geht los.«

Wieder begann Indien sich zu bewegen. Madagaskar fügte sich zu Afrika hinzu. Die Erdoberfläche verschob sich mit fließenden Bewegungen. Gleichzeitig nahmen die hellgrünen fruchtbaren Zonen im Norden und Süden zu, während die Wüsten schrumpften.

Was Anni D'Abernon erlebte, war ihr neu und unangenehm. Sie schien die Kontrolle über Menschen, Dinge und Entwicklungen, die sie bislang mühelos beherrschen konnte, zu verlieren.

Im geheimen Zwölferbund gehörte sie zu den drei mächtigsten Mitgliedern. Vieles, was in der Welt geschah, wurde von ihnen bestimmt. Wie sie hatten schon ihre Vorfahren die Geschicke der Welt in der Hand. Und plötzlich gab es eine Hand voll Menschen, die alles zu gefährden schienen, was seit Generationen Bestand gehabt hatte. Sie hatte zwar keinen Beweis dafür und auch keinen Einblick in die Vorgänge, aber sie spürte, dass in der geistlichen Welt etwas schief ging.

Der alte Archäologe war damals dem Geheimnis sehr nahe gekommen. Adam Livingstone war jetzt in seine Nachfolge getreten und schien ihr immer einen Schritt voraus zu sein. Sie musste das Geheimnis vor ihm finden – und zerstören. Dieser verfluchte Platz musste gefunden und ein für alle Mal vernichtet werden. Solange er noch existierte, war ihr großer Plan immer in Gefahr.

Sie verstand nicht, warum es ihr und ihren Leuten trotz all ihrer Macht nicht möglich war, dieses Geheimnis zu lüften. Warum fühlte sie sich nur so angegriffen, als ob sie ihrer Macht beraubt wäre? Es gab keinen sichtbaren Grund dafür. Etwas in der geistigen Welt war anders als sonst.

Sie rief die beiden anderen Mächtigen an und erhoffte sich von ihnen eine Klärung der Lage. Zuerst wählte sie die Nummer in den Niederlanden.

»Ich bin nach Kairo geflogen, um die gefährlichen Entwicklungen unter Kontrolle zu bekommen. Aber ich spüre eine starke geistliche Unruhe und kann die Vorgänge nicht einordnen.«

»Haben Sie das Notizbuch?«, fragte Vaughan-Maier.

»Ja, ich habe es mitgenommen, aber ich verstehe nichts. Ich habe nur an einer Front Klarheit. Zorin ist aus unserem Kreis ausgeschert.«

»Haben Sie etwas in dieser Richtung unternommen?«

»Ja, wie wir es besprochen hatten.«

»Wir müssen die anderen informieren und einen Nachfolger bestimmen.«

»Es gibt einige würdige Kandidaten. Wir müssen dieses Mal aber sorgfältiger vorgehen. Im Grunde hätten wir den falschen Blick in Zorins Augen vom ersten Moment an sehen müssen.«

»Wir dachten, in seinen Augen den Blick des kommenden Herrschers zu sehen.«

»Er hätte es sein können, wenn er sich nicht von der Gier nach Macht hätte verführen lassen.«

Später rief sie in England an.

»Was ist mit Livingstone? Wenn er im Begriff ist, die Tür zu öffnen, sollten wir lieber aktiv werden«, erinnerte Montreux sie.

»Er ist weiterhin in Afrika und wird von einem meiner Leute beobachtet«, erklärte D'Abernon. »Und was ist mit Ihrer Tochter, Montreux?«

Der Angesprochene zögerte. »Sie ist immer noch im Ausland. Eigentlich hatte sie versprochen, mir von Livingstone zu berichten, was sie aber noch nicht getan hat.«

»Bitte informieren Sie uns sofort, wenn sich Ihre Tochter gemeldet hat.«

Die Gespräche hatten für Anni D'Abernon nicht die erhoffte Wirkung. Sie blieb unruhig und hatte das unangenehme Gefühl, dass ihr die Hände gebunden waren.

Adam tippte und klickte an seinem kleinen Notebook und vor den staunenden Augen seiner Zuschauer rollte sich die Erdgeschichte rückwärts auf.

»Diesen Teil des Programmes nenne ich den ›zeitlich umgekehrten klimatischen Einfluss‹ meines Modells«, erklärte er nicht ohne Stolz.

In den folgenden Minuten sprach keiner mehr. Es war unglaublich, was sich vor ihren Augen abspielte. Die Klimaveränderungen liefen über den Bildschirm. Dabei nahmen die grünen Flächen immer mehr zu – sowohl helle als auch dunkle –, gleichzeitig nahmen die Wüstenregionen ab. Bald trafen sich die fruchtbaren Gebiete des Nordens in der Nähe des südlichen Ägyptens mit denen des Südens.

Parallel dazu veränderte sich die Erdoberfläche. Die Kontinente rückten zusammen. Der Grabenbruch schloss sich. Das Rote Meer verwandelte sich in einen Fluss zurück, auch der Persische Golf verschwand, so dass Eufrat und Tigris länger wurden und ins Arabische Meer mündeten. Das Nildelta schloss sich und der große Strom kehrte seine Flussrichtung um.

»Die Wüste ist kaum noch zu sehen, dafür werden die grünen Flächen größer und die Flüsse heben sich deutlicher von den großen Landflächen ab. Passt auf, es geht noch weiter«, erklärte Adam. Es war ein großer Moment für ihn.

Mesopotamien, Arabien und Afrika kamen zusammen und bildeten einen gemeinsamen Kontinent. Bald zeichneten sich die Superkontinente Laurasia im Norden und Gondwanaland im Süden ab. Die Computersimulation ging noch ein paar Augenblicke weiter. Dann blieb das Bild stehen.

»Sehr ihr das?«

Adam war aufgesprungen.

»Was sehen wir denn?«

»Das ist Eden, das große grüne Oval hier ist der Garten Eden, genau wie ich es erwartet hatte.«

Ungefähr eine Stunde nachdem Zorin in Kairo gelandet war, setzte Cutters Maschine in Baku auf. Leider konnte er nicht viel ausrichten. Niemand konnte ihm sagen, wie lange der Innenminister verreist sein würde. Cutter hatte keine Information über den Aufenthaltsort Zorins, konnte ihm also auch nicht folgen. Es blieb ihm nichts anderes übrig, als zu warten. Er vertrieb sich die Zeit damit, die Sicherheitsanlage von Zorins Villa zu inspizieren.

Unterdessen hatten sich Zorin und seine Begleiterin in Kairo einen Wagen gemietet und waren direkt zu Bowles' Hotel gefahren. Zorin wollte sich nicht lange aufhalten; seine Gefährtin wartete unten. Wenn dieser Kerl wieder betrunken war, würde er ihn erschießen.

Auf sein energisches Klopfen hin öffnete Bowles schnell. Die beiden Männer sahen sich an. Kälte war an die Stelle einstiger Sympathie getreten. Aber ihre Zusammenarbeit war noch nicht beendet.

Kaum war die Tür hinter ihm ins Schloss gefallen, legte Zorin los: »Was haben Sie zu berichten?«

Bowles schüttelte verneinend den Kopf: »Nichts.«

»Haben Sie überhaupt wieder versucht, mit dem Mann zu reden?« Zorin stand mitten in dem geräumigen Zimmer und schien es ganz auszufüllen.

»Ja, ich versuchte es.« Bowles war nüchtern und eingeschüchtert von Zorins gewalttätiger Aura. »Er war nicht für mich zu sprechen.«

»Haben Sie seine Adresse?«

»Ja.« Bowles ging zum Schreibtisch, holte ein Blatt Papier und reichte es ihm. Zorin griff danach und wandte sich zum Gehen.

»Brauchen Sie mich noch?«, fragte Bowles hinter ihm her.

Zorin blieb stehen, wandte sich um und musterte ihn geringschätzig.

»Falls Ihre Frage beinhaltet, ob Sie wieder für Cutter arbeiten können – vergessen Sie es! Sie bleiben hier, bis Sie wieder von mir hören. Möglicherweise brauche ich Sie noch.«

Als Zorin bei seiner Begleiterin war, lächelte er anzüglich: »Liebes, ich glaube, wir müssen einiges erledigen, bevor wir wissen, was dein Verlobter tatsächlich treibt.«

»Wow!« Adams Zuschauer waren beeindruckt.

»Nun sind die Kontinente zusammengekommen. Dieser Gesamtkontinent heißt Pangäa und schließt auch das Gebiet von Mesopotamien bis nach Afrika ein.«

Alle starrten auf den kleinen Monitor, auf dem so Erstaunliches zu sehen war.

»Ich werde jetzt die großen Flüsse hervorheben«, kündigte Adam an.

Vor ihnen lag das große ovale Eden in kräftigem Grün und wurde von vier Flüsse durchzogen: der Nil im Westen, in der Mitte der Fluss, der später zum Roten Meer wurde, und Eufrat und Tigris im Norden. Alle hatten viele Nebenflüsse und bildeten vor allem im Süden des Ovals einige Seen.

»Ich vermute, das Ganze ist 3 000 Kilometer lang«, schätzte Adam. »Das ist riesig, zugleich aber auch noch überschaubar. Und die Fläche ist groß genug, um die ganze geschaffene Kreatur aufzunehmen.«

»Es ist so grün, alles so üppig ... es sieht wirklich wie ein Garten aus ...«, staunte Juliet.

»Ich bin überzeugt, dass dieser Teil unseres Planeten einst so aussah«, bestätigte Adam.

»Wenn diese Bilder stimmen, dann liegt ein großer Teil des Gartens in der heutigen Arabischen, Äthiopischen und Nubischen Wüste und wird durch das Rote Meer, das mitten hindurch läuft, geteilt«, stellte Jen fest.

»Genau so ist es«, nickte Adam, »auch das Rote Meer ist wie ein Graben, der das ehemalige Eden genau in der Mitte teilt. Nachdem Eden so zerteilt wurde, begannen die geografischen und klimatischen Veränderungen. Man könnte sogar den großen afrikanischen Senkungsgraben auf diese Weise neu interpretieren. Gott verbannte den Menschen aus seinem Garten. Daraufhin wurde der Garten in beiden Richtungen gespalten, sowohl quer durch das Rote Meer als auch längs durch den Grabenbruch. Die Erdkruste ist zerrissen, nachdem die Beziehung zwischen Gott und Mensch zerrissen war.«

»Jetzt sagst du, der Grabenbruch habe geistliche Ursachen?«, staunte Scott.

»Warum nicht? Ich hatte das bisher selbst nicht so sehen können, aber es scheint mir Sinn zu machen. Harry McCondy schreibt in seinem Tagebuch, die Erde drücke im Sichtbaren aus, was vorher im Unsichtbaren geschah. Ich glaube, er hat Recht.«

Die Suche
nach dem Mittelpunkt

Am nächsten Morgen wurde Adam von eigenartigen Gedanken geweckt. Alles erinnerte ihn an den Morgen vor dem Attentat. Er konnte sich an vieles erinnern, was ihm damals klar geworden war. Auch Zusammenhänge, die sein naturwissenschaftlicher Intellekt gerne vergessen hätte, standen ihm wieder vor Augen.

Etwas Besonderes lag in der Luft, das spürte er deutlich.

Im Verlauf des Tages wurde dieses Empfinden immer stärker. Gott wollte zu ihm sprechen. Doch obwohl er das ahnte, wusste er nicht, was er damit anfangen sollte. Sein sehnlichster Wunsch war, mit Dr. Cissna über alles zu reden. Er war nicht nur Wissenschaftler, das hatte er deutlich genug durchblicken lassen, er hatte auch ein Bewusstsein für geistliche Zusammenhänge. Er wollte ihn fragen, ihm zumindest erzählen, was er sich überlegt hatte, und ihm die Ideen vorlegen, die ihn beschäftigten.

Nach einigen Stunden rastlosen Überlegens fuhr er kurzentschlossen zu dem kleinen Flughafen, wo das nächste Telefon war. Er hatte Glück, Dr. Cissna war erreichbar.

»Dr. Cissna, ich möchte gerne mit Ihnen über die Anfänge des Lebens sprechen.«

Während sie sich unterhielten, hatte Dr. Cissna unbewusst nach einem Stift gegriffen und sich einige Stichpunkte des Gesprächs aufgeschrieben.

Zwei Stunden später klopfte es energisch an Dr. Cissnas Tür. Er erhob sich bedächtig von seinem Schreibtisch; seine Gedanken waren immer noch bei dem Gespräch mit Dr. Livingstone.

Vor ihm stand ein großer, stattlicher Mann mit schwarzen Haaren. Aus seinen dunklen Augen traf ihn ein stechender Blick, der ihn zu durchbohren schien. Dr. Cissna wusste sofort, dass er einer bösen Macht gegenüberstand.

Hinter dem Mann war eine Frau zu sehen, die schön und vermutlich aus gutem Hause war. Sie wirkte wie eine Fliege, die es nicht schaffte, sich aus dem Spinnennetz zu lösen, und gefangen war in der Macht dieses Mannes.

»Sind Sie Dr. Cissna?«, fragte Zorin. Die Schärfe seiner Stimme übertraf noch die kalte Autorität in seinen Augen.

Ohne eine Antwort abzuwarten, betrat er den Raum. »Ich weiß, dass Sie es sind«, beantwortete er seine Frage selbst. »Candace, schließ die Tür«, befahl er, ohne sich der Frau zuzuwenden.

»Mir ist bekannt, dass Sie mit Adam Livingstone zusammenarbeiten. Ich möchte, dass Sie mir berichten, wo Sie zusammen waren.«

»Bitte, nehmen Sie doch Platz«, versuchte Dr. Cissna, die Atmosphäre zu entspannen.

»Ich bin nicht gekommen, um mich zu setzen. Antworten Sie!«, lautete die unwirsche Erwiderung.

»Wir waren an verschiedenen Orten«, begann Cissna gedehnt, als ihm klar wurde, dass jede Antwort besser war als zu schweigen. »Wir flogen zum Mount Kenya, in das Gebiet des Manyara-Sees und waren in der ganzen Umgebung dort.«

»Was haben Sie gesucht?«

»Alte Bäume.«

Dieses Stichwort machte Zorin für einen Moment bewegungsunfähig. Übelkeit befiel ihn. In seinem Innern war an eine Erinnerung gerührt worden, die ihm kaum bewusst war. Sprachlosigkeit und Wut erfüllten ihn gleichzeitig.

»Warum ALTE Bäume?«, fragte er gedehnt.

»Livingstone sucht lebende Bäume, alte lebende Bäume.«

Fast wäre Zorin die Frage nach dem Warum entschlüpft. Er konnte sie gerade noch zurückhalten. Die Antwort darauf war ihm unerträglich, er wollte sie auf keinen Fall hören.

»Und, fand er ihn?«, fragte er stattdessen.

»Wen?«

»Den Baum natürlich, Idiot!«

»Welchen Baum?«

»DEN Baum!«

»Diese Frage verstehe ich nicht –«

Zorin schlug ihm ins Gesicht. Cissna stolperte nach hinten und fiel zu Boden. Candace, die mit dem Rücken an der geschlossenen Tür lehnte, unterdrückte einen Schreckensschrei. Sie presste ihre Hände auf den Mund, um Zorins Aufmerksamkeit nicht auf sich zu lenken.

Dieser hatte den Wissenschaftler inzwischen am Nacken gepackt, ihn hochgezerrt und mit einem bösen Grinsen in einen Sessel geworfen.

»Wagen Sie es nicht, mit mir zu spielen, Doktor!«, drohte Zorin mit mühsam beherrschter Wut, »ich werde alles über Livingstone erfahren, was ich wissen will, dazu bin ich nicht auf Sie angewiesen. Aber Ihr Widerstand macht für Sie selbst alles nur noch schlimmer.«

»Es tut mir Leid. Ich wollte keinen Widerstand leisten. Dr. Livingstone nahm viele Proben von vielen Bäumen«, sagte Cissna erstaunlich ruhig. »Wir haben nichts Außergewöhnliches gefunden. Er will die Proben untersuchen lassen und –«

Ein weiterer Schlag traf sein Gesicht. Blut tropfte aus Cissnas Nase und über einem Auge war eine Platzwunde aufgerissen, die leicht blutete.

»Sie lügen, Doktor!«, brüllte Zorin ihn an. »Hier läuft etwas ganz anderes. Das spüre ich doch! Und was, das will ich von Ihnen wissen!«

Während er den Verletzten anschrie, zog er eine Pistole aus seinem Mantel. Der Schalldämpfer war schon montiert.

»Nein, Haldor, bitte nicht«, stöhnte Candace in Panik, machte einen Schritt auf ihn zu und berührte den Arm, der die Waffe hielt. Ein Fausthieb ließ sie zurücktaumeln und ein kleiner Schrei entwich ihren sorgfältig geschminkten Lippen.

»Ich gebe Ihnen eine letzte Gelegenheit zu sprechen, Dr. Cissna«, erklärte Zorin kalt.

Aber der Mann achtete nicht mehr auf seinen Gegner. Er hatte den Kopf gesenkt, die Augen geschlossen und begann, halblaut zu beten.

»Feigling! Werden Sie wohl die Augen aufmachen! Sehen Sie mich an!«, befahl Zorin. »Und du, sieh jetzt lieber weg«, grinste er über seine Schulter zu Candace. »Aber egal, ob du hinsiehst oder nicht, dabei bist du doch«, lachte er sein teuflisches Lachen.

»Herr, Gott Abrahams, dein Wille soll geschehen«, betete der Ägypter laut. »Vater, vergib diesem Mann, was –«

Seine Zeit war zu Ende.
Die Pistole gab nur ein leises Klicken von sich. Der getroffene Körper klatschte zu Boden. Blut sprudelte aus dem offenen Herzen.
Candace schrie vor Entsetzen, während der Botaniker vor ihren Augen verblutete. Zorin sah sich alles an, ohne eine Gefühlsregung zu zeigen. Er saugte den Anblick förmlich in sich auf. Der zukünftige Herrscher des großen Friedensreiches war in Wahrheit ein Todesbote.

Candace war in einen Stuhl gesunken und zitterte am ganzen Körper. Ihre Hände hatten sich um die Tischkante geklammert und versuchten, Ohnmacht und Übelkeit zurückzudrängen. Sie war schneeweiß. Doch ihr Verstand war klar. Sie war nicht weniger in Gefahr als der Botaniker, solange sie Zorin ausgeliefert war.
Unterdessen durchsuchte Zorin den Raum. Er wollte das finden, was der Tote ihm nicht preisgegeben hatte. An einem zierlichen Telefontischchen fand er endlich etwas. Auf dem Notizblock standen unter der Überschrift »Livingstone« und dem heutigen Datum eine Menge Stichworte. Vielleicht war es das, was er gesucht hatte!
Die beiden schienen vor kurzem telefoniert zu haben. Zorin starrte auf das Papier, sah Worte und halbe Sätze, konnte aber keinen Zusammenhang erkennen. Er verstand nichts von dem, was er las.
»Komm her«, befahl er Candace. Sie erhob sich mühsam und wankte zu ihm.
»Verstehst du das?«, fragte er und hielt ihr den Zettel hin.
Sie nahm das Blatt, las alles und überlegte.
... Bedeutung des Grabens ... Sinai ... geistlicher Graben ... verborgener Garten ... Wachstum ... Bäume ...
Darunter war ein Querstrich, dann folgten unter der Überschrift »Ideen« weitere Stichworte:
... anderer Ort ... Katharinenkloster ... Lawz-Theorie ...
»Nein«, erklärte Candace schließlich, »außer ›Livingstone‹ verstehe ich hier gar nichts.«
»Mist, es ist alles Unsinn«, ärgerte sich Zorin, steckte den Zettel aber in sein Jackett. »Wir gehen. Livingstone wird mir selbst erzählen, was hier los ist.«
Wie soll ich weiter vorgehen?, überlegte Zorin. War es notwendig, Bowles auch auszuschalten? Der alte Trinker könnte leicht ver-

muten, wer für Cissnas Schicksal verantwortlich war. Aber zuerst wollte er sich um Livingstone kümmern. Bowles konnte warten.

Er würde Livingstone persönlich aufsuchen. Entweder er bekam die Information, die er brauchte, um den Ort zu zerstören, oder er würde Livingstone selbst ausschalten müssen.

Zorin suchte eine Telefonzelle und rief in Bagdad an.

»Ich brauche vier Männer«, verlangte er, »wir müssen etwas regeln.«

An diesem Abend saß Adam noch lange an seinem Computer. Er ließ zum wiederholten Male das Programm durchlaufen, das er neulich seinem Team vorgeführt hatte. An was hatte er sich heute Morgen erinnert? Die Erkenntnisse dieses Morgens, die mit der Explosion zeitweilig verloren gewesen waren – zwei Bäume, der Garten, die Zusammenhänge, Fragen, geistliche Bedeutungen –, was hatte das alles mit seiner Computersimulation zu tun?

Es gab einen Zusammenhang – aber Adam konnte ihn nicht greifen. Entmutigt sah er auf den Bildschirm. Auf diese Landkarte war er so stolz gewesen. Aber etwas fehlte ... irgendetwas schien er die ganze Zeit zu übersehen ... etwas Einfaches, aber gleichzeitig sehr Zentrales. Sein Verstand lief gegen Mauern, die er nicht durchbrechen konnte.

Minutenlang starrte er auf die letzte Station der Simulation, den ovalen dunkelgrünen Garten Eden. Eigentlich sollte er sich freuen. Der Computer hatte seine Theorie bestätigt. Doch das Eigentliche, die Mitte fehlte.

Endlich schaltete er das Gerät ab und legte sich hin. Sein Schlaf war unruhig und von schweren Träumen durchzogen. Ein konturloser Archäologe floh vor nicht fassbaren Gefahren, rannte, suchte, stolperte, fand kein Versteck. Er kannte den Namen des Ortes nicht, den er finden musste.

Neues Leben

Es dämmerte gerade, als Adam schweißgebadet wach wurde. Er hatte schlecht geschlafen und Kopfschmerzen hämmerten gegen seine Schläfen. Er beneidete Rocky, dessen regelmäßiges Schnarchen auf gesunden Schlaf hindeutete.

Doch für ihn war die Nacht zu Ende. Er stand auf und zog sich an. Draußen roch es nach Feuer. War das möglich?

Er kroch aus dem Eingang seines Zeltes, gähnte und räkelte sich. Am Horizont war der erste zarte Lichtstreifen zu sehen. Er streckte seine Arme dem Himmel entgegen.

»Guten Morgen«, sagte eine fröhliche Stimme.

Überrascht ließ er die Arme sinken. Juliet saß ein paar Schritte entfernt, hielt eine dampfende Tasse in den Händen und lächelte ihn freundlich an.

»Frau Halsay«, lachte er, verlegen darüber, in diesem Augenblick beobachtet worden zu sein, »was machen Sie denn schon hier?« Er nahm sich einen Klappstuhl und setzte sich zu seiner neuen Mitarbeiterin.

»Ich konnte nicht schlafen«, sagte sie und sah gar nicht müde aus, »ich bin immer noch viel zu aufgeregt, um mich wirklich zu entspannen. Für mich ist es einfach riesig, hier dabei sein zu können.« Sie wurde ernster. »Außerdem wollte ich gerne etwas Zeit zum Beten haben.«

»Mich hat leider weder die Begeisterung über unser Hiersein noch der Drang zu beten geweckt«, stöhnte Adam, dessen Kopfschmerzen schlimmer wurden.

»Möchten Sie Tee?«, fragte Juliet, »das Wasser kocht noch.«

»Ja, sehr gerne.«

Juliet ging zu dem Gaskocher und brachte Adam einen Tee. Dankbar nahm er die dampfende Tasse entgegen, blies in den Tee und ließ ihn in der Tasse kreisen, um ihn schneller abzukühlen.

»Warum konnten Sie denn nicht schlafen?«, erkundigte sich Juliet.

»Ich weiß auch nicht. Gestern Abend habe ich noch lange vor dem Computer gesessen. Irgendwie hatte ich das Gefühl, es fehlte noch etwas. An einer bestimmten Stelle stimmt etwas nicht mit der Theorie und dem Programm. Ich weiß aber nicht, wo.«

»Aber Sie waren doch so begeistert, als Sie uns die Simulation zeigten.«

»Stimmt, trotzdem werde ich seither dieses Gefühl nicht los, dass ich etwas vergessen habe.«

»Hat die Simulation nicht Ihre Theorie bestätigt?«

»Schon. Zumindest scheint die Theorie möglich zu sein, wenn man auch nicht direkt von einer Bestätigung sprechen darf. Davon war ich auch wirklich begeistert.«

Adam stand auf und holte sich Milch. Als er wiederkam, war Juliet tief in Gedanken versunken. Adams Worte hatten sie auf eine Idee gebracht. Doch vorerst wollte sie nicht darüber sprechen.

»Jedenfalls war das der Grund, warum ich nicht schlafen konnte«, sagte Adam und setzte sich wieder. Er nahm einen tiefen Schluck Tee. »Ich glaube, wir stehen unmittelbar vor einer wichtigen Entdeckung. Ich kann es fühlen. Aber ich kenne die Richtung noch nicht. Das belastet mich.«

Beide schwiegen.

»Haben Sie schon einmal daran gedacht, Gott um die Antwort zu bitten?«, fragte Juliet nach längerem Zögern.

Obwohl Adam in letzter Zeit immer mehr über Gott nachdachte, traf ihn diese Frage doch unvorbereitet.

»Nein … nein, daran habe ich nicht gedacht.«

»Wenn Gott den Garten Eden vor den Menschen verborgen hat«, überlegte Juliet, »dann kann man ihn nicht mit dem Verstand oder mit dem Computer wieder finden.«

»Warum nicht?«

»Weil Gott den Schlüssel dafür hat. Wenn er will, dass wir den Garten finden, dann muss er ihn uns zeigen. Wir können das nicht ohne seine Hilfe schaffen.«

»Ach, so meinen Sie das. Ja, das macht Sinn. Wenn er den Garten verschlossen hat, dann muss er ihn auch wieder öffnen.«

Adam schwieg. Sein Gesichtsausdruck veränderte sich. Er sah Juliet nachdenklich an. Diese bemerkte es und wurde unsicher. Sie versuchte, die Angst zu ignorieren, die in ihr aufstieg.

»Ist etwas nicht in Ordnung?«
»Warum?«
»Sie schauen mich so komisch an. Am Flughafen, als ich ankam, schauten Sie genauso. Das verunsichert mich.«
»Bitte, entschuldigen Sie«, lachte er verlegen. »Sie sehen anders aus, als ich Sie in Erinnerung habe. Dafür suche ich nach Gründen. Sie haben sich verändert.«
»Ja, das kann sein«, lautete Juliets vorsichtige Antwort.
»Hat es etwas mit Gott zu tun?«, vermutete Adam.
»Hm, ja, vielleicht ist es wirklich das.«
»Wollen Sie es mir erzählen?«

Das war nicht ganz einfach, weil sie selbst vieles erst staunend wahrnahm, was sie noch nicht erklären konnte. Aber sie versuchte es.

»Ich habe gebetet und Jesus in mein Leben eingeladen«, begann sie einfach. »Das klingt komisch, ich weiß, aber es hat erstaunliche Auswirkungen.«

»Vielleicht ist es gar nicht so komisch«, sagte Adam nachdenklich. »Ich scheine jedenfalls von Gedanken über Gott und Menschen, die mit Gott zu tun haben, umgeben zu sein.«

»Erins Mutter hat mir das erklärt. Nachdem ich mich mit ihr unterhalten hatte, schien es ganz selbstverständlich zu sein, dieses Gebet zu sprechen. Gott hat uns geschaffen, damit wir in einer engen Beziehung mit dem Vater, dem Sohn und dem Heiligen Geist leben. Frau Wagner sagte, das Kreuz sei die Brücke über den Graben, der den Menschen seit Eden von Gott trennt.«

Adam horchte auf. Hier war das Bild wieder, das er bei Harry McCondy gefunden hatte.

»Aber Sie sprachen doch auch schon früher davon, dass Sie an Gott glaubten. Was ist jetzt der Unterschied?«

»Es ist jetzt ganz anders, obwohl ich auch vorher schon geglaubt und gebetet habe. Jetzt erlebe ich, dass Gottes Geist tatsächlich in mir wohnt. Ich spüre den Graben nicht mehr. Stattdessen erlebe ich mich als Gottes Tochter; ich spüre seine Nähe in jedem Augenblick. Es ist schon fast ein bisschen so, als ob ich mit ihm in dem Garten leben würde.«

»Das klingt wunderschön«, wunderte sich Adam, »wie kam das?«

Juliet erzählte ihm mehr von dem Gespräch mit Frau Wagner und dem Gebet, das sie danach im Auto gebetet hatte. Adam hörte aufmerksam zu.

»Und Sie glauben, dass Gott uns Eden finden lässt, wenn wir ihn darum bitten?« Er stellte die Frage, die ihn am allermeisten interessierte.

»Er kennt auf jeden Fall alle Antworten auf alle Fragen. Es kann nicht schaden, ihn zu fragen. Sollen wir?«

»Ich habe noch nie mit jemandem zusammen gebetet.«

»Wenn Sie wollen, kann ich ja beten?«

»Einverstanden.«

Juliet schloss die Augen und konzentrierte sich. »Herr Jesus«, begann sie unsicher, »bitte zeige uns alles, was wir über den Garten Eden wissen dürfen. Wir wüssten so gerne, wo das genau war. Bitte offenbare Herrn Livingstone die Zusammenhänge, die ihm noch fehlen. Amen.«

»Amen«, bestätigte auch Adam. Er lächelte Juliet an und meinte: »War ja gar nicht so schwer.«

Ein paar Minuten lang sprach keiner von beiden. Sie hatten zusammen gebetet. Zum ersten Mal. Irgendwie veränderte das ihre Beziehung.

Am Nachmittag desselben Tages war Adam mit Rocky und Scott in der Schlucht. Als sie zurückkamen, gähnte Adam und meinte: »Ich werde mich ein bisschen hinlegen, die letzte Nacht war doch sehr kurz.«

In seinem Zelt saß Juliet, vor sich das Notebook. Als Adam hereinkam, fuhr sie herum. Aber dieses Mal fühlte sie sich nicht ertappt, sondern sie hatte große, staunende Augen und konnte es kaum erwarten, Adam und den anderen zu erzählen, was ihr eingefallen war.

»Was gibt's, Frau Halsay?«, fragte Adam mit gerunzelter Stirn.

»Bitte entschuldigen Sie, dass ich einfach hier eingedrungen bin, ohne Sie vorher zu fragen. Mir kam eine Idee und ich musste sie unbedingt ausprobieren. Ich glaube, ich habe das gefunden, was Sie heute Nacht gesucht haben.«

»Na, dann zeigen Sie mal her«, meinte Adam skeptisch.

Neben Juliet lag eine Zeitschrift. Adam deutete darauf: »Was ist damit?«

»O, die hatte ich vergessen. Crystal hat mir die Zeitschrift für Sie mitgegeben, sie war noch in meiner Tasche.«

Es war eine der naturwissenschaftlichen Zeitschriften, die Adam abonniert hatte. Er nahm sie auf, blätterte kurz darin und legte sie wieder zur Seite.

Ihn interessierte viel mehr, was Juliet an seinem Computer gemacht hatte. Der Bildschirm zeigte das dunkelgrüne Eden am Ende des Programms. Es war das Bild, über dem er vergangene Nacht so lange gebrütet hatte. Rocky, Scott und Jen drängten sich inzwischen auch ins Zelt. Juliet begann zu erklären.

»Ich kam auf die Idee, die Simulation noch weiter zu führen. Aber das Programm blieb immer an dieser Stelle stehen.«

»Natürlich, wir haben es nur bis zu dieser Zeit programmiert«, sagte Adam. »So weit geht die Theorie der Kontinentalverschiebung zurück.«

»Aber was wäre, wenn wir weiter zurückgingen?«, fragte Juliet begeistert.

»Ich weiß nicht, was Sie meinen. Wir sind bis zum Anfang der Theorie zurückgegangen, bis zum pangäanischen Gesamtkontinent.«

»Trotzdem, kann man nicht weiter zurückgehen? Nicht unbedingt mit dem ganzen Kontinent – nur mit dem Garten – ganz zurück?«

»Zurück zu was?«

»Zum Anfang! Sie suchen doch den Anfang. Das fehlt dem Modell. Es fängt irgendwo zwischendrin an, aber Ihnen geht es doch um den allerersten Beginn der Erde. Wenn wir am Anfang sind, finden wir auch die Mitte des Gartens.«

»Und Sie glauben, man kann diese Mitte finden?«

»Ja, indem man das Programm immer weiter zurücklaufen lässt, auch wenn es keine Daten dafür gibt. Wir tun einfach so, als wäre die Erde ein einzelner Punkt. Die Astrologen machen das doch auch so. Sie lassen das Universum schrumpfen, bis es zum Nullpunkt kommt, dann setzen sie dort mit der Urknall-Theorie an.«

»Wenn Sie meinen«, war Adams gedehnte Antwort. Juliet machte ihm schnell am Computer Platz.

»Wird das gehen?«, fragte Juliet aufgeregt.

»Keine Ahnung.«

Alle sahen schweigend zu, während Adam arbeitete und versuchte, das komplizierte Programm dahingehend zu verändern, dass es sich in der Zeit weiter rückwärts bewegen konnte.

Je länger er daran arbeitete, umso überzeugter wurde er von dem Gedanken. Wenn das wirklich ginge? Wenn sich Eden auf einen Anfangspunkt zurückführen ließe, zu dem Zentrum des Lebens und Entstehens, wäre das nicht der Ort, den er suchte?
Nachdem er alle Angaben gemacht hatte, die er für nötig hielt, startete er die Simulation. Das Bild begann, sich zu bewegen. Der ovale grüne Fleck wurde kleiner und kleiner. Er näherte sich einem Mittelpunkt.
Adam beobachtete sprachlos, was sich vor seinen Augen entwickelte. Alle hatten sich so weit wie möglich über seine Schultern vorgebeugt, um nichts zu verpassen.
Während Eden schrumpfte, kamen die Flüsse immer enger zusammen. Eden wurde immer kleiner, bis es tatsächlich nur noch ein zentraler Fleck war, von dem alle vier Flüsse ausgingen.
»Das ist es«, jubelte Juliet, »das ist die Mitte.«
»Erstaunlich«, bestätigte Adam, »das könnte das Zentrum gewesen sein, bevor der Garten durch die Senkungsgräben geteilt wurde!«
»Aber das ist doch mitten in der Wüste, heute wäre das der Sinai und die Arabische Wüste«, wunderte sich Rocky.
»Heute, ja, aber damals, am Anfang, war das ja ganz anders. Sieh doch nur, die dunkelgrüne Farbe steht für tropischen Regenwald«, erinnerte Scott den Detektiv.
»Ein Hoch auf Juliet«, rief Jen und alle klatschten.
Adams Augen leuchteten, als er Juliet ansah: »Ich danke Ihnen.« Und sie wusste, dass er jetzt nicht nur ihre Idee meinte, sondern auch an den heutigen Morgen und ihr Gebet dachte.

Laurene Stafford beschäftigte sich gerade mit der Hausarbeit, als sie den Gedanken nicht mehr los wurde, dass sie für Rocky und den Archäologen beten sollte. Schließlich ließ sie ihre Arbeit liegen und setzte sich in ihren Lieblingssessel. Sie lehnte sich zurück und betete: »Herr, ich komme wieder zu dir mit der Bitte, Rocky und Dr. Livingstone zu segnen. Ich spüre, dass die beiden mitten in einem wichtigen geistlichen Kampf stehen. Sei du mit ihnen und verjage den Feind mit deiner Macht. Offenbare du dich ihnen. Ich bitte dich, dass du Adam Livingstone hilfst. Segne ihn mit Weisheit, damit er deine Wahrheit erkennt und weiß, was zu tun ist ...«

Zur gleichen Zeit war Mark Stafford mit dem Auto unterwegs, als auch er ein starkes Drängen spürte, für Rocky und Adam zu beten. Er suchte sich einen Parkplatz am Straßenrand und während der Straßenverkehr an ihm vorbeidonnerte, begann er zu beten: »Herr, ich glaube, dass du Adam Livingstone offenbaren willst, wie du bist, wie du denkst und wie du handelst. Er kennt dich noch kaum, aber du hast ihn auserwählt und vorbereitet für eine ganz bestimmte Aufgabe. Schütze und leite du ihn, führe ihn in deine Wahrheit. Mache ihn zu einem Mann nach deinem Herzen, gerade auch für das neue Zeitalter, das jetzt vor der Tür steht. Lass ihn zu einem furchtlosen Streiter für deine Sache werden. Zusammen mit vielen Männern und Frauen, die du gleichzeitig vorbereitest, soll er ohne Angst und im Bewusstsein, dass du immer bei ihm bist und ihn beschützt, dein Wort in das neue Zeitalter tragen. Er soll klar sehen und sein Blick soll nicht von der Verführung, die sich überall ausbreitet, verblendet werden ...«

Als Adam in dieser mondhellen Nacht spazieren ging, bewegten ihn tiefere Gedanken als jemals zuvor in seinem Leben. Eigentlich hatte er sich selbst immer als praktisch veranlagten Intellektuellen gesehen; Nabelschau war nie seine Sache gewesen. Nachdenken konnte er viel, aber er beschäftigte sich selten mit den Regungen seiner eigenen Seele. Doch jetzt war es anders.

Er stand einerseits kurz davor, die Entdeckung seines Lebens zu machen. Seine ganze Arbeit hatte er diesem einen Ziel gewidmet, dem er jetzt so nahe gekommen war.

Doch plötzlich hatte sich das Zentrum seiner Forschung von außen nach innen verschoben.

Es begann damit, dass Juliet und Rocky in sein Leben getreten waren. Durch sie wurde er immer wieder angeregt, sich mit geistlichen Themen zu befassen. In letzter Zeit hatte sich das extrem verstärkt.

Lange hatte er die Bibel als historisch wertvolles Dokument gesehen und benutzt, ohne auch nur die Hälfte der Aussagen zu glauben. Der hebräische Text war interessant zur Erforschung des Altertums im Nahen Osten. Aber über eine mögliche geistliche Kraft des Textes hatte er nie nachgedacht.

Bis er die Arche betreten hatte.

Seither musste er den Schöpfungsbericht als Beschreibung tatsächlicher Ereignisse sehen. Was das bedeutete, wurde ihm seither in immer stärkerem Maße bewusst.

Und nun war er dabei, den Garten Eden zu finden. Damit wäre alles wahr, vom ersten Anfang des Textes an.

Wer würde ihm eine solche These glauben? Das spielte plötzlich keine sehr große Rolle mehr für ihn. Die zentrale Frage war, ob er selbst an die Wahrheit des Textes glaubte. Und jetzt konnte er sich endlich auch eingestehen, dass er es glaubte. Er wusste, dass es wahr war. Aber musste er dann nicht auch von der Wahrheit des ganzen Buches ausgehen? Was bedeutete das wiederum für ihn persönlich?

Und dann wurde ihm bewusst, dass die Erkenntnis der Wahrheit auch eine Reaktion verlangte. Wenn es Gott tatsächlich gab, dann hatte das Folgen für ihn, ein von Gott geschaffenes Wesen. Dieser Gott beanspruchte, an erster Stelle zu stehen und über alles zu herrschen ... nicht nur im Kosmos, sondern in seinem Privatleben.

Nie in seinem Leben hatte sich Adam so entblößt gefühlt wie in dieser Nacht. Seine ganze Identität wurde in Frage gestellt. Wer war er? Gehörte er sich selbst oder einem anderen?

Adam hob seinen Blick zum Himmel. Natürlich wusste er, dass Gott nicht wirklich oben, im Himmel zwischen den Sternen, zu finden war. Gott war überall, neben ihm, um ihn herum, in ihm. Sein nach oben gerichteter Blick drückte Respekt aus, die Reaktion eines Menschen, der erkennt, dass er einen Schöpfer und Vater im Himmel hat und die Beziehung zu ihm sucht.

Adam Livingstone war in dieser Nacht an den Punkt gekommen, an dem er bereit war, seine Autonomie an seinen Schöpfer abzutreten. Irgendwo in der Schlucht setzte er sich auf einen Stein und fasste in Worte, was er in seinem Herzen entschieden hatte: »Gott, ich bin jetzt bereit, dich zu meinem persönlichen Gott zu machen. Ich weiß kaum, was das bedeutet, aber ich kann nichts anderes mehr tun. Ich muss und will diese Entscheidung treffen, jetzt, da ich weiß, dass du Gott bist. Du bist der Schöpfer-Gott, der in den Staub gegriffen hat, um den Menschen zu formen. Du hast mich nach deinem Bild gemacht.

Auch wenn ich das irdische Eden nie finden sollte, ich danke dir, dass du mich auf diese Suche geschickt hast, die mich zu dir führte. Du bist die Mitte aller Dinge ... und du sollst die Mitte meines Lebens werden. In erster Linie hast du Adam damals nicht den Garten gegeben, sondern du hast dich und deine Nähe und Freundschaft angeboten. Dieses Angebot möchte ich auch für mich annehmen.«

Nach einigen Minuten erhob er sich. In ihm war großer Friede. Er war Adam Livingstone, ein Mann, dessen Leben jetzt erst begonnen hatte.

Dschebel al Lawz

Als Adam zwei Stunden später von seinem Spaziergang zurückkam, waren die anderen schon schlafen gegangen. *Schade,* dachte er. Insgeheim hatte er gehofft, noch jemanden anzutreffen. Nein, nicht irgendjemanden, eigentlich wollte er jetzt nur mit Juliet zusammen sein. Er fühlte sich ihr jetzt so seltsam nah.

Wahrscheinlich war es falsch. Aber er tat es trotzdem.

»Juliet?«, rief er leise in das Zelt der beiden jungen Frauen.

Er hörte ein Rascheln im Innern. Dann eine verschlafene Stimme: »Ja, was ist denn?«

»Juliet, entschuldigen Sie, kann ich mit Ihnen reden?«

»Sofort.« Wieder Rascheln. Jen war wach geworden und beschwerte sich über die Störung. Adam war es nun doch ein bisschen peinlich.

Kurz darauf kroch Juliet aus dem Zelt.

»Bitte entschuldigen Sie«, lächelte er verlegen, »haben Sie schon geschlafen?«

»Ja, aber das ist nicht so schlimm. Was ist denn los?«, fragte Juliet besorgt.

»Ach, eigentlich gar nichts. Außer dass ich gerne mit Ihnen plaudern wollte. Haben Sie Lust, mit mir spazieren zu gehen?«

Juliet wunderte sich, willigte aber ein.

Der Mond war immer noch eine schmale Sichel, doch die Nacht war klar und ausreichend hell. Die schwarz-grauen Schatten der Felsen und das silberne Licht gaben eine besondere Kulisse ab. Dazu die Geräusche Afrikas – eine fremde Welt für die beiden Engländer. Es war so romantisch, dass sie beide verlegen wurden. Adam wusste nicht, was er sagen sollte. Vorhin hatte er einfach nur Sehnsucht nach Juliet gehabt. Jetzt fragte er sich, wo und wie er das Gespräch anfangen sollte. Juliet wartete geduldig. Adams Gedanken gingen zu seinem heutigen Gebet zurück und dann flossen die Worte plötzlich nur so aus ihm heraus.

»Erinnern Sie sich noch daran, wie Sie mir zum ersten Mal von Gott erzählten, im Eichhof?«, fragte Adam. »Sie sagten, Gott würde sich um Sie persönlich kümmern.«

Juliet nickte. Natürlich erinnerte sie sich.

»Jetzt verstehe ich endlich, was Sie meinten«, sagte Adam leise. »Manche Sachen wollen mir nicht so leicht in den Kopf. Aber heute weiß ich, dass Sie damals Recht hatten. Gott ist keine unpersönliche schöpferische Energie, er ist ein persönlicher Schöpfer. Um ihn geht es die ganze Zeit bei unserer Forschung.«

Juliets Herz klopfte heftig. Sie hörte zu und wusste, dass auch Adam den großen Schritt getan und die Entscheidung getroffen hatte, die ihn zu einem Kind Gottes machte.

»Jedenfalls«, Adam redete nun unaufhörlich, »wollte ich Ihnen danken, Juliet. Vielen Dank. Wenn Sie mir nicht auf die Sprünge geholfen hätten, wäre mir das Ganze wahrscheinlich für immer ein Rätsel geblieben. Ich verdanke Ihnen sehr viel. Weil Sie so offen mit mir geredet haben, habe ich mich auch auf die Suche nach Gott gemacht.«

Adam holte tief Luft. Er wandte sich Juliet zu. Ihre Blicke trafen sich für einen kurzen Moment, der sich wie eine Ewigkeit anfühlte. Juliet errötete und senkte den Blick.

Adam kam sich vor wie ein Teenager. Juliet konnte kaum einen klaren Gedanken fassen. Sie wagte nicht zu denken, was sie fühlte, und konnte doch an nichts anderes denken. Was war nur los mit ihr?

»Juliet«, Adams Stimme riss sie aus ihren Gedanken, »ich darf dich doch Juliet nennen?«

Sie nickte.

Endlich war die Beklemmung gewichen und fröhlich plaudernd setzten sie ihren Spaziergang fort. Es war ihnen auf Anhieb wie selbstverständlich, den anderen mit dem Vornamen anzureden. Das Vertrauen zwischen ihnen nahm schnell zu.

Der Innenminister Aserbaidschans wartete ungeduldig. Ärgerlich sah er auf seine Uhr. Es war schon nach 22.00 Uhr. Wo steckten sie bloß?

Um 22.35 Uhr betrat ein Araber das Hotel.

Zorin ging im gleichen Moment zum Fahrstuhl. Der andere folgte, ohne Zorin direkt anzusehen. Als sie beide allein im Aufzug waren, fragte Zorin ärgerlich: »Warum sind Sie so spät?«

Der andere antwortete mit gleicher Härte: »Bagdad ist nicht bekannt für seine Pünktlichkeit.«

Zorin ging nicht darauf ein, sondern fragte weiter: »Sind Ihre Begleiter hier?«

Der andere nickte.

»Hier ist Ihr Schlüssel«, sagte Zorin und gab ihm die Zimmerschlüssel. »Da Sie bei Ihrem letzten Auftrag versagt haben, werde ich Sie dieses Mal persönlich begleiten.«

Ein verächtlicher Blick traf den anderen.

»Außerdem«, Zorin lächelte böse, »will ich Livingstone persönlich gegenübertreten.«

»Haben Sie alles, was wir brauchen?«, fragte der Araber.

»Ja, es ist alles vorbereitet. Wir treffen uns um 4.30 Uhr an der Rezeption. Dann fliegen wir nach Arusha. Dort bekommen wir zwei Fahrzeuge, damit werden wir gegen 7.00 Uhr im Lager sein. Wenn alles vorbei ist, reisen Sie und Ihre Begleiter allein nach Bagdad zurück.«

Der Terrorist nickte.

»Die Bezahlung erfolgt auf die übliche Weise.«

Einige Tage nach dem Spaziergang mit Juliet lag Adam wieder einmal mitten in der Nacht hellwach. Aber im Gegensatz zu früheren Nächten waren es nicht Sorgen und anstrengende Überlegungen, sondern viele schöne neue Ereignisse und Gefühle, die ihm den Schlaf raubten.

Der Gedanke an Juliet machte ihn unruhig. Sie lag jetzt in ihrem Zelt, nur wenige Schritte von ihm entfernt. Er sehnte sich danach, sie in seinen Armen zu halten. Anders als bei Candace hätte er es aber nicht gewagt, sie zu bitten, in seinem Zelt zu schlafen. Die Beziehung zu Juliet war anders.

Er legte sich auf sein Lager und nahm Harry McCondys Buch. Mit einer Taschenlampe las er die letzten Seiten. Er hatte sie schon wiederholt gelesen. Aber in dieser Nacht sprachen die Worte mit unerwarteter Dringlichkeit zu ihm.

»Am Morgen werde ich nach Kairo fahren. Selbst hier in Hampshire sind sie hinter mir her. Ich hoffe, ich kann sie auf dem Weg nach Kairo abschütteln. Mit dem Schiff von Boston nach London, von dort direkt bis Rom. Hoffentlich werden sie mich in Ägypten nicht finden. Aber sie wissen sehr viel ... die geheimen Gesellschaften arbeiten eng zusammen ... die Auseinandersetzung in der geistlichen Welt nimmt zu ... keiner weiß, wann es losgeht ... sie wirken äußerlich ruhig, sind aber voller Anspannung ... sie fürchten sich vor Gottes Leuten, weil sie wissen, dass sie keine Macht über sie haben ... Geheimhaltung ist ihre Waffe ... das Licht Gottes wird ihre Verführung offenbaren ... sie werden nichts unversucht lassen, um diese Wahrheit zu verbergen ... sie sind mächtig ... aber ich weiß, der Garten wird gefunden werden ... Eden wird wieder blühen!«

Was wollte er in Kairo? Was war ihm so wichtig, dass er sein Leben aufs Spiel setzte?

Plötzlich fiel Adam etwas ein. Er selbst hatte in seiner Arbeit als Student darüber geschrieben. Wie konnte er das nur vergessen? Natürlich, er hatte damals die letzten Spuren des Archäologen verfolgt und beschrieben. Mit äußerster Konzentration versuchte er, sich an den Text zu erinnern, der aus seinem Arbeitszimmer entwendet worden war. Bruchstückhaft kam die Erinnerung wieder:

»... letzte Spur im Gartenhotel am Nilufer ... kurze Nachricht von dort aus an Kollegen in London ... eilige Mitteilung an den Geschäftsführer des Hotels ... Zum Berg Sinai ... gab einige Wertsachen in Verwahrung, bis er zurückkäme ... nie wieder aufgetaucht. Intensive Suche auf der Sinai-Halbinsel ... vom Katharinenkloster bis zum Gipfel ... ohne Ergebnis. Niemand in der Gegend hatte von ihm gehört oder ihn gesehen ... auch die Papiere, die er im Hotel gelassen hatte, waren verschwunden ... alle Spuren endeten auf geheimnisvolle Weise ... Harry McCondy wurde nie gefunden ... die Welt der Archäologie blieb mit einem ungelösten Rätsel zurück ...«

So ungefähr lautete der Text, den er damals über Harrys Tod geschrieben hatte. Jetzt erinnerte er sich auch wieder, wie spannend er diese Geschichte als junger Mann gefunden hatte.

Wenn er doch diesen Text noch einmal lesen könnte! Nachdem er ihn jahrelang vergessen hatte, war er nun verschwunden. Wie war es möglich, dass seine Arbeit von damals ihn heute in Lebensgefahr brachte?

Adam blätterte durch das Notizbuch des alten Archäologen, las hier und da etwas und kam an eine Stelle, etwa zehn Seiten vor dem Ende, die er bisher nicht verstanden hatte. Es ging um die Reisevorbereitungen für Kairo.

»Ich glaube, Gott hat mir jetzt die großen Zusammenhänge offenbart. Der Berg von Feuer und Rauch ist der Schlüssel. Ich muss dorthin ... Gott wird mir zeigen ... die ersten Anfänge des Lebens. Aber die anderen haben nichts verstanden ... haben noch nie etwas verstanden. Das Volk Israel ging bei Akaba hinüber, nicht bei Suez. Das Lager von Exodus 14 war am Ufer von Nuweiba el Muzeina oder Neviot. Dort ging das Volk Israel durchs Rote Meer und kam dann am anderen Ufer in Arabien zu dem Berg, den Paulus in Galater, Kapitel 4, Vers 25 den ›Berg Sinai in Arabien‹ nennt.«

An dieser Stelle wurde der Text durch eine skizzierte Landkarte ergänzt. Sie zeigte Suez und Akaba, eine gepunktete Linie, die vermutlich den Weg des Volkes Israel markierte und auf der arabischen Seite des Roten Meeres zu einem Berg führte, der Dschebel al Lawz hieß. Daneben stand in großen Buchstaben: HOREB.

Adam kannte das Wort »Horeb« nicht. Es schien ein biblischer Begriff zu sein. Er suchte nach seiner Bibel und blätterte erfolglos darin herum. Die Konkordanz gab nichts her, die Namensliste auch nicht. Aber bei dem thematisch geordneten Nachschlagewerk fand er das Stichwort Horeb und mehrere Bibelstellen. Eilig suchte er die Stellen. Im 2. Buch Mose fand er im 3. Kapitel den Satz »Mose kam zum Gottesberg Horeb«. In einer Fußnote stand die Erklärung: »Horeb bedeutet übersetzt ›Wüste‹ oder ›Verlassenheit‹, ein anderer Name für den Berg Sinai.«

Das war interessant. Wieso hatte er das vorher nie begriffen? Harry McCondy vermutete den Sinai an einem anderen Ort. Er dachte nicht, dass der Sinai der Berg sei, der allgemein dafür gehalten wurde. Seine Gegner wollten verhindern, dass dieser Berg als der echte Sinai bekannt würde.

Als er jetzt das Notizbuch wieder las und die Karte betrachtete, war ihm alles klar. Dieser Archäologe hatte einen biblischen Ort entdeckt, der bis dahin unbekannt gewesen war.

Die Feinde McCondys hatten nichts gegen Archäologie. Sie wollten die Offenbarung und den Beweis der biblischen Ursprünge verschleiern. Genau wie auch seine Feinde! Die Entdeckung der Arche war für diese Leute ebenso unerwünscht wie die Entdeckung des echten Berges Sinai.

Sie hatten McCondy umgebracht, damit er seine Erkenntnisse nicht weitergab, und nun wollten sie ihn aus demselben Grund umbringen.

Anni D'Abernon saß in ihrem Hotelzimmer in Kairo und brütete zur gleichen Zeit wie Adam Livingstone über den Notizen von Harry McCondy. Adams Exemplar hatte die Zeit in einer Truhe in Peterborough überdauert, während ihr Buch vor langer Zeit aus dem Hotel in Kairo direkt an die damaligen Leiter des Geheimbundes gegangen war.

Aber anders als Adam öffnete sich ihr die Bedeutung des Buches nicht. Ihre Frustration stieg, je länger sie las.

... lasse das Buch im Hotel zurück ... muss entkommen ... bei Nacht ... zum Berg der heiligen Gegenwart ...

Er muss den Berg Sinai gemeint haben, dachte D'Abernon, *den Berg auf der Halbinsel Sinai, an dessen Fuße das Katharinenkloster liegt.*

So hatten es auch ihre Vorgänger schon vermutet und sie saß demselben Irrtum auf. Warum McCondy aber, bevor er von seinen Mördern zur Strecke gebracht worden war, in der Saudi-Arabischen Wüste herumirrte, das hatte nie jemand verstanden.

Dann kam dieser Abschnitt über Eden: *Eden wird wieder blühen,* hatte er geschrieben. Ein Garten in der Wüste Sinai? Undenkbar! Vielleicht war dieser McCondy doch ein Verrückter, um den sie sich viel zu viele Gedanken machte.

Aber welche Rolle spielt Livingstone in diesem Zusammenhang?, überlegte sie. Ob er auch so verrückt war, den Garten Eden mitten in der Wüste zu vermuten? Waren alle christlichen Archäologen Spinner? Wie war es möglich, dass zwei Männer, die zu so verschiedenen Zeiten lebten, so exakt dieselben Ziele verfolgten?

Sie las weiter, überlegte, studierte die Namen. Die Bedeutung von Horeb erschloss sich ihr nicht. Während Gott Adam die Wahrheit offenbarte, strafte er Anni mit geistlicher Blindheit.

Adam legte das Notizbuch zur Seite. Genug für heute. Er wollte noch ein bisschen in der Zeitschrift blättern, die Juliet ihm mitgebracht hatte. Der Leitartikel sah interessant aus, das war ihm neulich gar nicht aufgefallen. Er berichtete von dem Baum in Saudi-Arabien, von dem er in einem anderen Magazin schon gelesen hatte. Aber dieser Bericht hier war aktueller. Der Baum war jetzt schon drei Meter hoch. Und dann las er den Hinweis, der wie ein Feuerwerk in seinem Kopf explodierte. Seine Augen weiteten sich, als er auf der nächsten Seite eine Landkarte von dem Gebiet sah. Schnell verglich er sie mit seinem Computerbild.

Das war ja wunderbar! Er konnte kaum glauben, was er las: »Der Baum befindet sich am Fuße des arabischen Berges Dschebel al Lawz, einem Vulkan, der schon lange erloschen ist. Es gab immer wieder Leute, die ihn für den Berg Sinai hielten, den Mose bestiegen hatte, um Gott zu begegnen …«

Das war die Antwort! Natürlich! Das war der Grund, warum die Wüste ausgerechnet dort Leben hervorbrachte!

Seine Computersimulation zeigte, wenn man sie bis zum Ende durchlaufen ließ, das Zentrum Edens genau an diesem Punkt.

Adam war völlig außer sich vor Begeisterung. War das möglich? Hatte er den Schlüssel endlich gefunden?

Genau in der Mitte des Gartens lag der Berg Sinai oder Horeb, ein Berg, der heute Dschebel al Lawz hieß. Endlich passte alles zusammen!

Das war der Berg, den McCondy für den tatsächlichen Berg Sinai gehalten hatte. Noch einmal schlug er die gezeichnete Karte auf. Hier war es! So musste er es gemeint haben. Endlich wusste er, was den Archäologen damals beschäftigt hatte, als er seine letzte Expedition antrat.

Die neuen Gedanken schwirrten in Adams Kopf herum.

Die Warnungen – Harry McCondys Warnungen – galten auch denen, die in seine Fußstapfen treten würden. Schlagartig war Adam klar, dass er keine Zeit zu verlieren hatte. Die Verantwortung für ein ganzes Team lag in seiner Hand. Jetzt, da er die Zusammenhänge verstand, durfte er nicht länger warten. Er lief zu den anderen Zelten.

»Juliet, bist du noch wach? Bitte wecke Jen, wir müssen aufstehen!« Seine Stimme drängte.

»Was ist denn los?«, kam es schlaftrunken aus dem Zelt. Sie hatte gerade so schön geträumt ...

»Ich weiß jetzt, wo es ist. Wir fahren sofort los.«

»Wo ist was?«

»Sinai, der historische Sinai – wo Harry McCondy umgebracht wurde – der Artikel – wo die Computersimulation hinführt – wo die Wüste blüht – alles – verstehst du?!«

Ob Adam einen Alptraum hatte? Juliet verstand kein Wort.

»Ich werde alles in Ruhe erklären. Aber zuerst müssen wir weg von hier.«

Aufgeregt weckte er Scott und Rocky. Es ging ihm alles viel zu langsam.

»Wir brechen auf, jetzt sofort.«

Für einen Moment dachten alle, er sei durchgedreht. Doch Adam begann bereits, Anweisungen zu geben, klar und scharf wie immer. Adam schien genau zu wissen, was er tat. Möglicherweise hatte er tatsächlich einen großen Durchbruch geschafft. Seine Stärke und seine konzentrierte Eile gingen auf sie über.

»Scott, ich habe für dich den schwierigsten und gefährlichsten Auftrag überhaupt.«

»Alles, was du willst, Chef«, grinste Scott, der die Gefahr liebte.

»Könntest du dich darum kümmern, dass alles gut nach England verschickt wird?«

»Was sollte schief gehen?«

»Ich vermute, dass wir ebenso gefährdet sind wie Rockys Urgroßvater. Wahrscheinlich werden wir beobachtet. So wäre es gut, wenn wir das Lager noch ein bisschen stehen lassen und den Eindruck erwecken würden, wir wären noch hier. Wir anderen reisen jetzt in der Nacht ab und hoffen, dass niemand es bemerkt. Brich du dann das Lager ab, bring alles nach England und bleib auf dem Eichhof, um dort nach dem Rechten zu sehen. Mir ist es lieber, wenn du bei dem Team dort bist, sie brauchen deinen Schutz.«

»Wie kann ich dich erreichen?«

»Gar nicht. Wir fahren jetzt nach Kairo, decken uns dort in aller Eile mit Vorräten ein und fahren dann weiter in die Wüste.«

»Warum in die Wüste?«, erkundigte sich Jen.

»Unsere nächste, wahrscheinlich auch die letzte Station auf dieser Expedition ist ein Berg in Arabien, in der Nähe von Akaba auf der anderen Seite des Toten Meeres. Er heißt Dschebel al Lawz.«

Verschwunden

Das Aufheulen der Motoren mischte sich mit fluchenden Männerstimmen, als die beiden Fahrzeuge sich, in eine Staubwolke gehüllt, durch das unwegsame Gelände kämpften. Es waren zwei alte Landrover mit schlechter Federung, die mit maximaler Geschwindigkeit durch die Schlaglöcher der steppenartigen Piste rasten.

Zorin war Luxuslimousinen und elegante Chauffeure gewöhnt. Aber er selbst hatte die beiden Autos besorgt. Sie waren bei diesen Belastungen die schnellsten und zuverlässigsten. Es war schon nach sieben und er wollte auf keinen Fall zu spät kommen. Sie mussten in Olduwai sein, bevor Livingstone seine Arbeit begann.

»Pass doch auf, wohin du fährst«, schrie er den Araber an und fluchte, als der am Steuer riss, um einem Schlagloch auszuweichen. Angestrengt versuchte Zorin, die Karte zu lesen, die er auf seinen Knien ausgebreitet hatte.

»Wie weit noch?«, fragte der Fahrer.

»Nicht mehr weit, ich schätze, noch 20 bis 25 Minuten«, antwortete Zorin und sah zum wiederholten Male auf die Uhr.

Eine halbe Stunde später waren sie auf einer Kuppe, von wo aus man den Eingang der Olduwai-Schlucht überblicken konnte. Zorin nahm sein Fernglas. Mehrere archäologische Teams hatten in der Schlucht ihr Lager aufgeschlagen. Es war noch vor acht Uhr am Morgen, überall wurde Kaffee gekocht, es war Frühstückszeit.

»Hier ist es«, sagte er schließlich, »diese drei Zelte hier vorne unter dem großen Baum gehören Livingstone.«

Seit er zuletzt mit Bowles hier gewesen war, hatte sich nichts verändert. Kein Lebenszeichen war zu erkennen. Sie schienen noch zu schlafen. Aber eine kleine Rauchfahne war zu sehen, jemand hatte ein Feuer gemacht.

»Wie sollen wir vorgehen?«, fragte einer der vier Araber.

Zorin sah einen Moment lang nachdenklich auf die drei Zelte, dann sah er seine Männer an: »Wir fahren direkt ins Lager, zwischen die Zelte. Wir werden sie überwältigen, bevor sie wissen, was los ist.«

Weitere Informationen waren nicht nötig. Die Männer waren nicht zum ersten Mal auf einer solchen Mission. Sie wussten, um was es ging.

Zorin stieg wieder ein. »Los, fahren wir!«

Mit Vollgas rasten die beiden Jeeps den Abhang hinunter. Den Fahrern schien das Spaß zu machen. Zorin fluchte, während er hin- und hergeworfen wurde. Er machte sein Gewehr bereit.

Mit quietschenden Reifen kamen sie wenig später zwischen den drei Zelten zum Stehen. Zorin sprang aus dem Wagen, die Waffe schussbereit in der Hand. Mordlust loderte in seinen Augen.

Er rannte ins erste Zelt; die vier Araber stürmten die anderen Zelte, ebenfalls mit ihren Waffen im Anschlag. Einen Moment später standen alle wieder draußen, überrascht und wütend.

»Sie sind abgehauen!«, schrie Zorin. »Das kann nicht wahr sein!« Ein Schwall von Flüchen ergoss sich aus seinem Mund. Ungläubig blickte er sich um. Wo steckte der Hund? War Livingstone ihm schon wieder entkommen?

»Durchsucht die Zelte«, befahl er, »lasst nichts aus.«

Zehn Minuten später hatten sie das Lager verwüstet, aber nichts gefunden außer Essensresten, Decken und wertlosen Ausrüstungsgegenständen. Es waren keine Bücher da, keine Computer, keine Ordner oder Notizbücher, nichts was darauf hinwies, dass hier gearbeitet wurde.

Aber das kleine Feuer brannte. Jemand musste vor kurzem noch hier gewesen sein. So ein Feuer entstand nicht von selbst. Sie konnten nicht weit sein. Trotzdem, Zorin spürte und wusste es, Livingstone war weg. Der Mistkerl war ihm wieder entkommen.

Hass und Zorn machten ihn rasend. Er trat in das Feuer, das mit Funkenregen und einer Qualmwolke reagierte, dann wirbelte er herum und schoss auf das leere Zelt. Noch einmal und noch einmal, ein Kugelregen ging auf das Zelt nieder und zerfetzte alles. Die anderen mussten nicht erst aufgefordert werden, sie taten es ihm gleich. Schüsse hallten durch die Schlucht. Augenblicke später war von dem Lager nicht mehr viel übrig.

150 Meter entfernt beobachtete Scott das Schauspiel von einem sicheren Versteck aus. Er wagte kaum zu atmen, so fürchtete er sich, entdeckt zu werden. Adam hatte sich nicht getäuscht. Zum Glück hatte er sich selbst und Adams Computer, die Bücher und wichtigen Unterlagen in Sicherheit gebracht, sobald er die Autos in der Ferne wahrgenommen hatte. Sonst wäre er jetzt ein toter Mann. Wie gut, dass Adam und die anderen schon weg waren.

Nun gab es nicht mehr viel zu packen, das konnte er schon von seinem Versteck aus sehen. Aber das spielte keine Rolle. Hauptsache, er kam mit heiler Haut hier heraus.

Die Schüsse verhallten, der Staub senkte sich über das verwüstete Lager. Seinen Zorn hatte er aufs Erste abreagiert. Es war Zeit zu verschwinden. Er hatte keine Lust, sich mit den anderen archäologischen Teams hier anzulegen, die ohne Zweifel die Schüsse gehört hatten.

Genauso schnell, wie sie gekommen waren, verschwanden die Terroristen wieder aus der Olduwai-Schlucht. Scott hatten sie nicht gesehen.

Während der Araber etwas langsamer zurückfuhr, dachte Zorin angestrengt nach. Mit aller Kraft versuchte er, sich in Livingstone hineinzuversetzen. Wo steckte der Kerl?

Plötzlich fiel ihm der Zettel wieder ein, den er bei Cissna am Telefon gefunden hatte. Stand da nicht –? Er fand ihn in seinem Jackett. Plötzlich schlug er sich gegen die Stirn. Hier stand es doch: »… Bedeutung des Grabens … Sinai … geistlicher Graben … verborgener Garten … Wachstum … Bäume … anderer Ort … Katharinenkloster … Lawz-Theorie …«

Sinai – Katharinenkloster – natürlich, Livingstone hatte sich auf den Weg zum Sinai gemacht. Warum hatte er das vorher nicht erkannt? Darüber hatten Livingstone und Cissna geredet.

»Fahren Sie schneller«, befahl er dem Mann am Steuer, »ich muss sofort zum Flughafen. Sie und Ihre Männer können nach Hause fliegen. Ich brauche Sie nicht mehr.«

Scott blieb noch eine Stunde in seinem Versteck, bis er ganz sicher sein konnte, dass die Männer nicht wieder auftauchten. Dann ging er zum Lager zurück und besah sich das Werk der Zerstörung. Hier war nicht mehr viel zu retten. Er musste nur noch aufräumen und den Müll wegbringen, das war alles.

Am Nachmittag war er in Arusha. Vom Hotel aus rief er in England an. Frau Graves freute sich, als sie von seiner Rückkehr hörte. Im Eichhof war alles in Ordnung, aber Angst hatten sie schon; das war ja auch kein Wunder, nach allem, was sie in den letzten Wochen erlebt hatten.

Am nächsten Tag würde seine Maschine fliegen.

Im Gartenhotel am Nilufer

»Was wollen wir in Kairo?«, fragte Rocky, während sie in Nairobi auf ihr Flugzeug warteten. Adam, Jen, Juliet und er standen in der Abflughalle und unterhielten sich.

»Vor allem wollen wir so schnell wie möglich wieder aus der Stadt verschwinden, bevor uns jemand bemerkt. Aber wir brauchen auf jeden Fall noch eine Camping-Ausrüstung, Lebensmittel, Getränke und ein Fahrzeug. Außerdem müssen wir uns Visa für Israel und Saudi-Arabien besorgen. Vielleicht können wir auch Dr. Cissna kurz besuchen. Aber länger als ein oder zwei Tage sollten wir auf keinen Fall in der Stadt bleiben. Ich hoffe, wir bekommen die Visa schnell genug.«

»Könnten wir nicht im Gartenhotel am Nilufer wohnen?«, fragte Rocky. »Nachdem Uropa Harry zuletzt in diesem Hotel war und seine Papiere dort verschwunden sind, könnte es doch sein, dass wir über ein paar Hinweise stolpern.«

»Da spricht wieder der Detektiv in dir«, lachte Adam. »Einerseits stimmt das, was du sagst. Andererseits könnten wir nicht nur über Hinweise, sondern auch über Leute stolpern, die uns kennen und bemerken. Aber da wir die ganze Zeit auf den Spuren deines Opas wandeln, warum nicht auch hier? Meinetwegen.«

Das alte Gartenhotel konnte auf eine lange Geschichte zurückblicken. Es war ein ehrwürdiger Bau, der in einer Zeit großen Wohlstandes entstanden war. Seit hundert Jahren war dies die Renommieradresse für Gäste aus dem westlichen Ausland. Seinem Namen entsprechend hatte man das Hotel ans Nilufer gebaut. Von seiner Parkanlage aus sah man auf die Flussinsel, die durch die Tahir-Gartenanlagen bekannt geworden war. Wandte man den Blick nach Norden, sah man Gezira, den Kairo-Tower und den Gezira-Sportclub. Eine Querstraße entfernt lag die englische Botschaft und im Osten breitete sich das Stadtzentrum aus.

Juliet konnte alles gar nicht schnell genug aufnehmen, als das Taxi mit ihnen durch die pulsierende Stadt zum Hotel fuhr. Der Verkehr war unglaublich; das dauernde Hupen gellte in ihren Ohren. Zwischen den hochmodernen Gebäuden schob sich eine orientalische Welt durch die Straßenschluchten. Das war Kairo.

Ägypten – das Land der Pharaonen und der Sklaven, der Pyramiden und des Papyrus, der Wüste und des Nils. Sie hätte sich nie träumen lassen, eines Tages hier zu sein, schon gar nicht als Begleiterin eines weltbekannten Archäologen. Wenn sie über ihre Situation nachdachte, kam ihr alles wie ein Traum vor.

Männer mit dunklen Gesichtern und langen weißen Gewändern, Turbanen und Bärten drängten sich durch die Straßen. Moscheen und Minarette prägten das Stadtbild, weiße Hauswände reflektierten die grelle Mittagssonne, Eselskarren mischten sich unter den Großstadtverkehr. Was für eine Stadt!

Schon bald tauchte das Gartenhotel vor ihnen auf. Nie zuvor hatte sie ein solches Hotel betreten. Eine wohltuende Stille und Kühle empfing sie, als die schweren Türen sich hinter ihnen schlossen. Der Eingangsbereich strahlte höchste Eleganz aus. Dicke Perserteppiche schluckten jedes Geräusch, Sitzgruppen luden zum entspannten Verweilen ein, Springbrunnen plätscherten sanft, Kronleuchter erhellten den hohen Raum. Kellner in dunkler Livrée bedienten die Gäste, die in der Lobby verweilten. An den Decken drehten altertümliche Ventilatoren ihre weitausgebreiteten Flügel langsam im Kreis. Die Gäste, die Dr. Livingstone und seinem Team begegneten, waren elegant gekleidet und von vornehmer Zurückhaltung. An der Rezeption stand ein junger Ägypter mit dunklem Haar und dickem Schnurrbart, der ihnen freundlich einladend zulächelte.

Doch im Gegensatz zu allem, was sie sah, befiel Juliet ein beklemmendes Gefühl der Angst. Sie sah die anderen an und wusste, ihnen ging es ähnlich. Etwas stimmte hier nicht. Rocky war sich sicher, dass man sie beobachtete. Er stieß Adam in die Seite und versuchte, einen Witz zu machen: »Ich glaube, ich spüre schon den Geist meines Urgroßvaters.«

Adam sah ihn mit einem langen Blick an und nickte nur. Er bezweifelte aber, ob es wirklich nur Harry McCondys Geist war. Hier war eine Kraft zu spüren, die bestimmt nicht auf ihrer Seite stand.

Gelangweilt sah Candace Montreux sich in dem großen Speisesaal um. Sie war erst vor wenigen Stunden in Kairo angekommen. Ihre Sachen standen noch unausgepackt im Zimmer; sie hatte sich nicht einmal umgezogen. Wozu auch? Sie war alleine und hatte zu nichts Lust, auch nicht zum Essen. Aber irgendwie musste sie sich die Zeit vertreiben und jetzt würde das Abendessen serviert werden.

Die Angst hatte ihr den Appetit geraubt. Am liebsten wäre sie nach England zurückgeflogen. Aber Zorin würde sie dort finden, das war klar. Und wie skrupellos er war, hatte sie bei dem Botaniker gesehen. Er hatte sie angewiesen, hier auf ihn zu warten und zu beobachten, wer sich in dem Hotel aufhielt. Er würde sie jeden Abend anrufen. »Wenn du abends nicht auf deinem Zimmer bist oder irgendetwas hinter meinem Rücken tust, wirst du das bitter bereuen, das verspreche ich dir.«

Wie hatte sie sich so in dem Mann täuschen können? Er war so charmant gewesen, ein perfekter Gentleman und ein leidenschaftlicher Liebhaber. Adams Unentschlossenheit hatte sie verletzt und sie hatte sich selbst ihre Attraktivität beweisen wollen. So hatte verletzte Eitelkeit sie in die Fänge dieses Mannes getrieben, der sich als Monster entpuppt hatte. Wenn sie nur wüsste, wie sie ihm wieder entkommen konnte!

Wenn doch Adam da wäre, dachte sie plötzlich. Wie konnte sie nur an so etwas denken? Selbst wenn er ihr begegnen würde, hätte er wenig Grund, ihr zu helfen. Sie hatte ihn mit ihren Versuchen, ihn unter Druck zu setzen, wohl für immer vertrieben. Adam ließ sich nicht manipulieren und seine Pläne änderte er ihretwegen bestimmt nicht. Wenn er nicht mehr geben wollte als gelegentliche Treffen, dann tat er es auch nicht. In Afrika war er noch einmal überraschend freundlich zu ihr gewesen, aber dann hatte sie ihn kalt abblitzen lassen. Wegen Zorin! Nach dem, was sie inzwischen erlebt hatte, konnte sie nicht mehr verstehen, was sie an diesem Mann so gereizt hatte.

Sie spielte mit dem Gedanken, sich ihrem Vater und Adam anzuvertrauen, alles zu erzählen und um ihre Hilfe und ihren Schutz zu bitten. Aber es ging nicht, sie war Komplizin eines Mörders, sie würde ins Gefängnis kommen. Es schien keinen Ausweg zu geben.

Sie stand immer noch am Eingang des Speisesaals, als sie plötzlich eine Person hereinkommen sah, die sie kannte. Dieser große, kantige Körper im Khakidress, das war doch Bowles! Was machte der denn hier? Da hatte er sie auch schon entdeckt.

»Bitte, leisten Sie mir zum Abendessen Gesellschaft, Lady Montreux«, bat er so höflich, wie er nur konnte.
»Ja … gerne«, antwortete sie gedehnt und brachte nur ein gezwungenes Lächeln zu Stande.
»Wann sind Sie angekommen?«, erkundigte er sich und schien gar nicht überrascht zu sein, sie hier anzutreffen.
»Erst vor kurzem«, antwortete sie wortkarg. Der Mensch war ihr unsympathisch. Sein Gesicht war aufgequollen, er roch nach Alkohol und seine ganze Art war abstoßend.
»Sind Sie alleine hier?«
Sie bejahte.
»Hat er Sie hierhergeschickt?« Candace wusste, wen er meinte. Sie nickte nur.
Bowles lachte ein hässliches, grunzendes Lachen. Sarkastisch kommentierte er: »Dann hat er uns also beide in seiner Hand.«
Candace schwieg. Er hatte Recht. Es war wie ein Alptraum, aus dem es kein Entrinnen gab.
»Ich denke, wir sollten uns zusammentun«, sagte Bowles ernst. »Vielleicht finden wir einen Ausweg.«
»Wie meinen Sie das?« Sie wollte sicher sein, dass sie ihn richtig verstanden hatte.
»Ich meine, dass ich es satt habe, mich von Zorin herumkommandieren und bedrohen zu lassen, und Sie sehen so aus, als ginge es Ihnen ähnlich.«

Anni D'Abernon hatte Candace Montreux sofort erkannt. Sie blieb im Eingangsbereich des Speisesaals stehen. Den großen Mann, der Candace gegenüber saß, erkannte sie nicht. Sie achtete aus unerfindlichen Gründen auch gar nicht auf ihn. Diese junge Lady könnte eines Tages genauso mächtig sein wie sie selbst, wenn sie sich für die richtige Seite entschied. Doch das war derzeit offensichtlich fraglich.
Die Schweizerin verließ unauffällig den Raum. Auch wenn es ganz ausgeschlossen war, dass Candace sie kannte, wollte sie doch nicht gesehen werden. Die Aufgaben, für die sie um die Welt reiste, konnte man am besten ausführen, wenn man ganz im Verborgenen blieb.
Sie würde irgendwo an der Straße essen. Doch zuerst suchte sie eine Telefonzelle.

Lord Montreux war über das, was sie ihm erzählte, sehr beunruhigt. »Was macht sie denn da?«, fragte er ratlos.
»Ich hatte gehofft, Sie könnten mir das erklären«, gab sie zurück.
»Meinen Sie, Zorin hat damit zu tun? Haben Sie ihn gesehen?«
»Was Zorin angeht, können wir unbesorgt sein. Er kann nicht in Kairo sein. Herr Cutter sorgt dafür, dass er uns nicht mehr in die Quere kommen wird.«
Montreux schwieg einen Moment und meinte dann: »Ich glaube, ich fliege nach Kairo. Vermutlich weiß Candace einiges über Livingstone und Zorin, das für uns wichtig ist. Ich werde es von ihr erfahren.«
»Das halte ich für eine gute Idee. Ich denke, Sie sollten auch Vaughan-Maier mitbringen. Hier läuft einiges, das mir gar nicht gefällt. Die Atmosphäre ist unruhig.«
»Ich werde ihn anrufen. Sie sind im Gartenhotel am Nilufer?«
»Natürlich.«
»Wir werden versuchen, morgen früh dort zu sein. Wir sehen Sie dann zum Frühstück.«

Dr. Livingstone und sein Team verbrachten den restlichen Tag in ihren Zimmern. Adam hatte Ausgangssperre verhängt und alle waren damit einverstanden. Das Gefühl, von irgendetwas Bösem verfolgt zu werden, war zu deutlich.
Sie ließen sich das Abendessen aufs Zimmer bringen und nahmen es im größeren der beiden Räume ein. Es wurde kaum gesprochen; die Atmosphäre war bedrückend.
Gegen 20.00 Uhr hielt Rocky es nicht mehr aus.
»Entschuldige bitte, Adam, aber ich muss hier raus«, erklärte er bestimmt.
»Warum?«
»Ich muss sehen, was hier los ist.«
Adam hielt ihn nicht zurück. Rocky ging nach unten, schlenderte durch die Lobby, ging ins Restaurant und setzte sich dort an die Bar. Er bestellte eine Cola und betrachtete nicht nur den festlichen Raum, sondern auch die versammelten Gäste. Bald sah er hinter jeder Brille gefährliche Blicke und las auf jeder Stirn feindselige Gedanken. Unter jedem Strohhut vermutete er den Mörder seines Urgroßvaters. Wie war es diesem wohl ergangen, als er hier gewesen war?

Als er bald darauf den Saal verlassen wollte, stockte ihm der Atem. Diese Mütze kannte er inzwischen zu gut. Das war doch der Kerl, der mit ihm im Flugzeug gesessen hatte, der Typ mit den knochigen Wangen, der olivgrünen Baskenmütze und dem auffallend femininen Gang? Es war unmöglich, ihn zu verwechseln. Während Rocky ihn anstarrte, erhob er sich und ging auf den Ausgang zu.

Rocky stellte sich schnell hinter eine Säule und wandte sein Gesicht ab. Hoffentlich hatte er ihn nicht gesehen. Der Kerl ging in seine Richtung – und an ihm vorbei. Er schien ihn nicht gesehen zu haben. Aber Rocky fielen fast die Augen aus dem Kopf, als er das Gesicht aus der Nähe sah: Es war eine Frau. Eine Frau mit südländischen Gesichtszügen und dunklen Augen. Ihr Gang war ihm schon immer feminin vorgekommen. Es gab überhaupt keinen Zweifel. Wie konnte er sich so getäuscht haben? Eine Frau! Kaum zu glauben. Und hübsch war sie obendrein. Wie hatte er sie nur die ganze Zeit für einen Mann halten können?

Er schlenderte noch etwas im Hotel herum und erkundete einiges. Dann ging er wieder nach oben. Er brannte darauf, seine Nachrichten loszuwerden. Das Team saß um den Fernseher versammelt. Adam suchte nach einem interessanten englischen Sender. Die Mädchen dösten schon halb.

»Na, Rocky, was hast du entdeckt?«

»Ihr werdet es nicht glauben, wer alles hier ist.«

Adam schaltete den Fernseher aus und die Mädchen richteten sich in ihren Stühlen auf.

»Wer denn?«, fragten alle gleichzeitig. Rocky sah so aus, als hätte er wirklich bedeutende Neuigkeiten mitgebracht. Er sprach ganz leise.

»Bowles ist hier –«

»Was?!«, unterbrachen ihn die anderen.

»– und Candace –«

»Das gibt's doch nicht!«

»– und die Person, die mein Haus verwüstet hat und von der ich das Buch zurückgeholt habe. Es ist eine Frau. Ich habe auch schon ihre Zimmernummer herausgefunden. Jetzt möchte ich wissen, was es mit ihr auf sich hat. Was auch immer hier im Hotel vorgeht, sie hat bestimmt ihre Hand mit im Spiel. Mir ist übrigens auch wieder eingefallen, dass in Harrys Truhe zu Hause auch Briefe von diesem Hotel lagen. Sie haben mich damals natürlich nicht interessiert.«

»Hier ist eine Menge nicht in Ordnung, das war mir schon vorher klar. Aber es ist wirklich unglaublich, wen du hier alles gesehen hast«, staunte Adam.

»Ich frage mich, wie diese Leute es schaffen, uns auf den Fersen zu bleiben. Sie scheinen über jeden unserer Schritte informiert zu sein. Sie waren vor mir in Peterborough und jetzt waren sie schon vor uns hier im Hotel. Es ist fast so, als ob sie eine Kopie von Harrys Buch hätten und die gleiche Route wie wir verfolgen würden, nur dass sie die Zusammenhänge immer ein bisschen schneller verstehen als wir und immer vor uns da sind.«

Als Anni D'Abernon von ihrem Abendessen in einem kleinen Lokal unweit des Hotels wieder zurückkam, winkte ihr der Mann hinter dem Empfangstresen zu. Er hatte eine wichtige Mitteilung zu machen: »Der Hotelmanager möchte Sie sprechen. Es ist wichtig. Er bittet Sie, ihn umgehend aufzusuchen.«

Frau D'Abernon bedankte sich und ging zum Büro des Managers. Ohne auf eine Aufforderung zu warten, betrat sie nach kurzem Klopfen den Raum. Sie war die Chefin des Managers, denn sie gehörte zu den Besitzern des Hotels.

»Sie haben Informationen?«, begann sie grußlos.

»Ja, Adam Livingstone hat sich heute Nachmittag bei uns eingemietet.«

»Was?!«, fragte sie verblüfft. »Das kann ich kaum glauben. Was macht der denn hier?«

Es spielte überhaupt keine Rolle, was er hier machte. Hier lag einfach ein Glücksfall vor. Der Mann, den sie seit Wochen rund um den Erdball verfolgte, war zu ihr gekommen. Anni D'Abernon triumphierte: »Ist er alleine?«

»Nein, drei Leute reisen mit ihm. Ein Amerikaner und zwei junge Frauen.«

»Zimmernummern?«

»Sie sind in 817 und 819 untergebracht, das sind zwei nebeneinander liegende Räume.«

»Gute Arbeit«, stellte sie anerkennend fest. »Haben Sie noch mehr beobachtet?«

»Ihr Abendessen haben sie im Zimmer zu sich genommen, sonst war nichts.«

»Wie lange wollen sie bleiben?«
»Sie haben sich für drei Tage angemeldet.«
»Sie werden mich über jede Bewegung informieren!«
Das war weder eine Bitte noch eine Frage, daran ließ der Tonfall keinen Zweifel.
»Sollten sie aus irgendwelchen Gründen früher abreisen wollen, dann verhindern Sie das, bis ich gerufen werde. Wie Sie das machen, bleibt Ihnen überlassen. Vielleicht ein Computerversagen, ein Fehler in der Rechnung, da wird Ihnen schon etwas einfallen. Ich werde unterdessen die Konten von Livingstone einfrieren lassen. Innerhalb von 24 Stunden ist er handlungsunfähig.«
»Wie Sie wünschen.«
Der Manager reichte ihr mit einem bedeutungsvollen Blick ein kleines elektronisches Gerät. Sie lächelte ihn böse an: »Danke! Sehr gute Arbeit.« Er nickte nur. Was er hier tat, war gegen alle Gesetze. Aber wen kümmerte das schon? Er hatte die Abhöranlage nicht einbauen lassen; sie gehörte schon lange zum Konzept dieses Hotels.

D'Abernon war gutgelaunt, als sie das Büro verließ. Endlich entwickelten sich die Dinge wieder in ihrem Sinne. Vielleicht würde sie das Problem schon bald aus der Welt geschafft haben.

Sie hatten den Fernseher nicht mehr eingeschaltet. Adam war etwas Interessanteres eingefallen. War nicht das Volk Israel auch durch die Wüste Sinai und das Rote Meer zu dem Berg gezogen, der Livingstones Ziel war? Er suchte in der Bibel den Text, der diese Reise beschrieb. Nach einer Weile des Blätterns und Suchens hatte er die Geschichte in dem 12. und 13. Kapitel des Buches Exodus gefunden. Alle hörten fasziniert zu, als Adam vorlas:

»Der Pharao ließ Mose und Aaron noch in der Nacht rufen und sagte: Auf, verlaßt mein Volk, ihr beiden und die Israeliten! Geht und verehrt Jahwe, wie ihr gesagt habt. Auch eure Schafe, Ziegen und Rinder nehmt mit, wie ihr gesagt habt. Geht und betet auch für mich! Die Ägypter drängten das Volk, eiligst das Land zu verlassen […]. Die Israeliten brachen von Ramses nach Sukkot auf. Es waren an die sechshunderttausend Mann zu Fuß, nicht gerechnet die Kinder […]. Aus dem Teig, den sie aus Ägypten mitgebracht hatten, backten sie ungesäuerte Brotfladen; denn der Teig war nicht durchsäuert, weil sie aus Ägypten verjagt worden waren und nicht einmal Zeit hatten, für Reiseverpflegung zu sorgen [...].«

Adam brach ab und sah seine Freunde an.

»Irgendwie hat das sehr viel mit uns zu tun, nicht?«, sagte Juliet nachdenklich. »Auch unser Weg zum Berg Sinai beginnt mit der heimlichen Flucht aus Ägypten.«

»Ich muss immer daran denken, dass mein Urgroßvater genau in diesem Hotel war«, sagte Rocky, der nicht ganz bei der Sache war, »mit der gleichen Absicht wie wir und in einer ähnlichen Gefahr.«

»Leider hat er das Ziel nie erreicht«, bemerkte Jen trocken.

»Wer weiß?«, korrigierte Adam sie.

Rocky führte seinen Gedanken weiter: »Wie hat er sich wohl in seiner letzten Nacht hier gefühlt?«

»Es ist doch zumindest gut, dass wir wissen, wohin er von hier aus ging. Wir werden seiner Fährte folgen und hoffen, dass Gott uns auch so führen wird, wie wir es eben von seinem Volk gelesen haben. Nachdem Harrys Buch an dieser Stelle abbricht, können wir uns in Zukunft nur noch an dem Buch orientieren, das auch Harrys Wegweiser war«, sagte Adam ruhig und sah nachdenklich auf seine Bibel. Dieses Buch, das ihm so lange nur als archäologische Quelle gedient hatte, war plötzlich sehr persönlich geworden. Jetzt waren es die Worte Gottes, über die er das Wesen seines Schöpfers kennen lernen konnte.

Da alle schwiegen, las er weiter:

»Als Pharao das Volk ziehen ließ, führte sie Gott nicht den Weg ins Philisterland, obwohl er der kürzere war [...].
So ließ sie Gott einen Umweg machen, der durch die Wüste zum Schilfmeer führte [...].
Sie brachen von Sukkot auf und schlugen ihr Lager in Etam am Rand der Wüste auf. Der Herr zog vor ihnen her, bei Tag in einer Wolkensäule, um ihnen den Weg zu zeigen, bei Nacht in einer Feuersäule, um ihnen zu leuchten. So konnten sie Tag und Nacht unterwegs sein. Die Wolkensäule wich bei Tag nicht von der Spitze des Volkes, und die Feuersäule nicht bei Nacht.«

Während Adam las, schweiften Rockys Gedanken ab. Im fiel ein, was er in dem Notizbuch seines Urgroßvaters gelesen hatte. Es wurde dort gelegentlich ein »Reisenotizbuch« erwähnt. Vielleicht hatte Harry ein zweites Buch geführt? Ein identisches Buch, das er im Gegensatz zu dem, das Rocky hatte, immer auf seine Reisen mitgenommen hatte? Rockys Buch brach ab, als Harry sein Zuhause verließ, um über London nach Kairo zu reisen. Hatte er möglicherweise ein Duplikat des Buches dabeigehabt, das er unterwegs weiterführte? Hatte er es hier im Hotel zusammen mit allen anderen Unterlagen im Safe gelassen, als er zu dem Berg reiste?

Wer auch immer ihre Feinde waren, vielleicht war dieses Buch die ganze Zeit schon in ihrem Besitz. Da sie nicht annehmen konnten, dass ein zweites, identisches Buch existierte und in Harrys Haus deponiert war, ging von Rocky keine Gefahr aus. Sie glaubten, die einzig existierenden Unterlagen selbst zu besitzen, und wiegten sich in Sicherheit. Über Jahrzehnte schien sich niemand für das Anliegen Harry McCondys zu interessieren, seine Forschung war offensichtlich in Vergessenheit geraten. Bis Adam als Student plötzlich mit einer Arbeit über den Archäologen auftrat.

Wenn das Hotel in der Zeit seines Urgroßvaters mit den Mördern unter einer Decke gesteckt hatte, dann war dies vielleicht heute immer noch so? Möglicherweise war das Reisenotizbuch hier? Ob er es finden könnte? Zuerst müsste er aber wissen, in wessen Besitz es war. Da war die Person mit der grünen Baskenmütze. Aber sie hatte doch sein Notizbuch aus dem Banksafe gestohlen. Warum hätte sie das tun sollen, wenn sie schon ein Exemplar hatte? Gilbert Bowles? Unwahrscheinlich. Bis vor kurzem hatte er mit der ganzen Sache nichts zu tun gehabt. Rocky fragte sich ohnehin, wie weit Bowles überhaupt in ihre Angelegenheit verstrickt war. Wer könnte sonst noch als Besitzer des Buches in Frage kommen?

Während Rocky über ein zweites Notizbuch nachdachte, nahm in Adams Kopf eine Idee Gestalt an, die seine eigene Flucht betraf. Er und sein Team würden den Weg des Volkes Israel nachgehen. Er würde es ungefähr so machen, wie er es eben vorgelesen hatte.

Adam konnte sich gut vorstellen, dass Harry McCondy auch so vorgegangen war. Wie McCondy wollte er mit seinem Team dem biblischen Text so lange folgen, bis sie an dem Berg ankommen würden, an dem Gott sich offenbart hatte. Aber er behielt seine Gedanken für sich. Seit er im Hotel war, hatte er nicht nur das Gefühl, beobachtet, sondern auch, belauscht zu werden.

Von seinem Versteck hinter einem Sofa im Treppenhaus aus beobachtete Rocky, wie die Frau mit der grünen Baskenmütze ihr Zimmer verließ, zwei Treppen höher ging und an einer Tür klopfte. Vorsichtig folgte er ihr. Es war kurz nach Mitternacht. Rocky wunderte sich immer noch über die schlanke Frau mit der eigenartigen Ausstrahlung. Welche Rolle spielte sie? Wieso versuchte sie, wie ein Mann auszusehen?

Als die Tür sich öffnete, sah Rocky eine zweite Frau, die ihre Besucherin schnell ins Innere zog und hinter ihr die Tür verschloss. Rocky verschwand wieder.

Unterdessen begrüßte Frau D'Abernon ihren Gast: »Gut, dass Sie da sind, Ciano. Hat alles geklappt?«

Die Italienerin legte ihre Mütze ab und erstattete ihrer Chefin Bericht. Als sie geendet hatte, lobte die Schweizerin sie und teilte ihr mit: »Wir werden bald von hier aufbrechen. Nach dem, was ich vorhin hören konnte, wird Livingstone mit seinem Team spätestens übermorgen zum Sinai aufbrechen. Wir werden ihm folgen.«

Die andere schnappte nach Luft. »Sinai? Sagten Sie, Livingstone will zum Sinai?«

»Ja«, antwortete D'Abernon, »so war es vor kurzem von seiner Mitreisenden zu hören.« Dabei warf sie einen bedeutungsvollen Blick auf den kleinen Empfänger, der vor ihr auf dem Tisch lag. Die andere lächelte.

Als Ciano Bonet gegangen war, wandte sich Frau D'Abernon wieder dem alten Notizbuch des Archäologen zu. Sie gab nicht auf, obwohl sie vom Sinn dieser Worte, die sie schon so oft gelesen hatte, immer noch nichts verstand. Neben dem Original McCondys hatte sie auch die Schrift aus Livingstones Studienzeiten und einen Stapel weiterer Schriften beider Archäologen vor sich liegen. Sie hatte es sich zum Ziel gesetzt, die Arbeit dieser beiden Männer auszulöschen.

Kurz vor Sonnenaufgang erhielt Frau D'Abernon einen Anruf von der Rezeption. Zwei Herren seien für sie eingetroffen. Sie bat die beiden sofort auf ihr Zimmer.

Die Begrüßung zwischen D'Abernon, Lord Montreux und Rupert Vaughan-Maier war sehr kühl.

»Der Sinai ist es«, begann die Schweizerin mit triumphierendem Lächeln.

»Ist was?«, fragte Vaughan-Maier.
»Livingstones Ziel! Um das geht es ihm. Er knüpft damit an McCondys Arbeit an. Jetzt haben wir ihn endlich durchschaut. Zum ersten Mal sind wir ihm einen Schritt voraus.«
»Was will er am Sinai?« Montreux kannte die Schriften McCondys offensichtlich nicht gut genug.
»Dort vermutet er den Garten Eden«, erklärte Vaughan-Maier und D'Abernon nickte.
»Das ist doch absurd«, protestierte Montreux. »Eine kahle Wüste, nichts als Steine, Staub und Felsen. Welcher rational denkende Mensch würde dort den Garten Eden suchen? Ich werde mir Candace vornehmen, sie ist wahrscheinlich besser informiert als wir.«
»Ich weiß es ganz sicher, Livingstone und sein Team fahren von hier aus zum Sinai«, insistierte D'Abernon und begann, sich über das Misstrauen des Verbündeten zu ärgern.
Bevor die Stimmung zwischen den beiden eskalieren konnte, griff Vaughan-Maier ein und lenkte ihre Aufmerksamkeit auf das entscheidende Thema. Was sollten sie als Nächstes tun? Wie könnten sie Livingstone ausschalten, ohne zu viel Aufsehen zu erregen? War es möglich, den ganzen Berg zu zerstören, um dieser drohenden Gefahr für immer ein Ende zu bereiten? Wie könnten sie das Wiedererwachen Edens für immer verhindern, jetzt, da sie vermutlich den Ort kannten?

Adam Livingstone war den ganzen Tag in Kairo unterwegs. Er hatte eine Menge zu erledigen und wollte alles alleine machen. Es gab für die nächsten Tage viel vorzubereiten. Gegen Mittag war seine Kreditkarte plötzlich gesperrt. Ein technisches Versagen? Er wusste, dass sein Konto gedeckt war. Die nächsten Rechnungen bezahlte er bar. Als er sein Bargeld ausgegeben hatte, ging nichts mehr. Er konnte weder an weiteres Bargeld kommen noch mit der Kreditkarte zahlen.
Ihm schien, als hätten seine Feinde ihn auf dieser Jagd, zu der die Suche nach Eden geworden war, fast eingeholt. Vieles von Rockys Verschwörungstheorie schien zu stimmen.
Adam suchte eine Telefonzelle und rief in der Türkei an. Dort arbeitete ein Teil seines Teams den Winter über und bereitete die Fortsetzung der Ararat-Expedition für den nächsten Sommer vor.

»Hallo, hier ist Adam«, begrüßte er seinen Mitarbeiter in Dogubayazit, »ich brauche dich sofort in Kairo. Es wird hier ziemlich brenzlig. Ich kann es dir jetzt nicht erklären. Hast du etwas zu schreiben? Ich gebe dir eine Liste der Dinge, die du mir bis morgen besorgen musst. Bitte höre gut zu, du kannst mich nicht zurückrufen.«

»Schieß los«, sagte der andere.

»Vor allem brauche ich so viel Bargeld, wie du auftreiben kannst. Am besten in Dollar oder in Pfund. Das ist im Moment für mich das Wichtigste. Und außerdem brauche ich noch eine Menge Ausrüstungsgegenstände.«

Adam begann, alles aufzuzählen. Als sein Mitarbeiter die Liste notiert hatte, erklärte Adam ihm: »Ich nenne dir jetzt einen Treffpunkt. Wir haben keine Alternative, du musst Ort und Zeit einhalten. Unser Leben hängt davon ab.«

Sein Kollege hatte Adam noch nie so ernst erlebt und war entschlossen, alles peinlich genau auszuführen.

Es war schon später Nachmittag, als Adam ziemlich erschöpft wieder im Hotel eintraf. Während er die Lobby durchquerte, wurden seine Blicke von einer großen, stattlichen Frau angezogen, die mit einem vornehmen grauhaarigen Herrn sprach. Er kannte die beiden nicht, hatte aber das Gefühl, von ihnen mit wissenden Blicken beobachtet zu werden.

Beklemmung legte sich um ihn und der drängende Wunsch, diesen Augen zu entfliehen, überwältigte ihn. Sie waren die Vertreter des neuen Zeitalters, die ihn vernichten wollten, das wusste er, ohne sie jemals vorher gesehen zu haben. Seine Nackenhaare sträubten sich, während er in möglichst großer Entfernung zu ihnen durch die Eingangshalle ging.

Warum musste ausgerechnet er in diesen Jahrhundertkampf zwischen Gut und Böse verwickelt werden?

Ihm blieb keine Zeit, darüber nachzudenken. Sein Leben und das seiner Freunde stand auf dem Spiel. Er musste sich auf die geplante Flucht aus Ägypten konzentrieren.

Nervös stand er am Aufzug, während sich zwei Augenpaare in seinen Rücken zu bohren schienen. Als sich die Türen endlich öffneten, sprang er förmlich hinein und begann sofort, den Knopf zu bearbeiten, der die Türen schließen würde. Endlich bewegten sie sich. Er sah zurück. Für einen Moment starrten ihm beide direkt in die Augen. Unwillkürlich begann er, am ganzen Leib zu zittern. Nie zuvor hatte er das Böse so konzentriert erlebt.

Als er sein Zimmer betrat, saßen Jen, Rocky und Juliet bedrückt herum. Sie grüßten ihn kaum. Was war denn hier los?

Auf seinen fragenden Blick hin warf Rocky ihm die englische Ausgabe der Kairoer Zeitung zu. Die Schlagzeile traf ihn wie ein Fausthieb. Er stöhnte auf. Adam ließ sich auf einen Stuhl fallen und begann zu lesen.

»Leiter des Fachbereichs Botanik an der Universität Kairo ermordet aufgefunden.«

Darunter waren Dr. Cissnas Foto und ein kurzer Artikel. Ein tödlicher Schuss aus nächster Nähe direkt ins Herz. Die Art der Waffe war unbekannt. Nur ein Fingerabdruck, der nicht klar zu erkennen war. Keine weiteren Hinweise.

Adam schloss die Augen. Das war der zweite Mord, für den er verantwortlich war. Er hatte das alles nicht gewollt. Hätte er das vorher gewusst, er hätte sich nie auf diese Forschung eingelassen.

Alle schwiegen.

Endlich sprach Adam: »Das erinnert mich an die letzte Plage des Pharao, als alle Erstgeborenen in Ägypten erschlagen wurden.«

Nach einigen weiteren Minuten des Schweigens schaltete Adam den Fernseher ein, stellte ihn auf laut und drehte Dusche und Wasserhahn am Waschbecken auf. Er bedeutete seinem Team, zu ihm zu kommen. In einer Ecke des Raumes unterhielten sie sich flüsternd.

»Ich vertraue dem Hotel nicht, wer weiß, ob wir nicht abgehört werden. Wir sollten uns bei jedem Gespräch, das wir in unseren Zimmern führen, bewusst sein, dass unsere Feinde uns hören können.«

Niemand hatte einen Einwand. Rocky grinste. Sein Freund Adam hatte schon eine Menge gelernt.

Adam berichtete von seinem Tag: »Ich habe fast alles vorbereiten können. Die Visa sind erledigt. Die Expedition ist bewilligt. Die Ausrüstung wird uns morgen früh gebracht werden.«

Dann erläuterte er seinen Plan: »Zuerst brauchen wir Geld. Ich schlage vor, jeder von uns geht alleine los und besorgt sich so viel, wie er für seine Kreditkarten bekommen kann. Wir brauchen so viel Geld wie möglich. Wir müssen in der Lage sein, im Notfall schnell nach Hause fliegen zu können. Meine Karte ist gesperrt, aber ich hoffe, eure sind noch in Ordnung.«

Adam fuhr fort: »Sobald wir alle von der Bank oder dem Geldautomaten zurück sind, machen wir uns schick. Heute Abend wird ganz groß gefeiert.«

An dieser Stelle gab es Protest. Dr. Cissna war ermordet worden! Sie selbst wurden bedroht und sollten heimlich fliehen. Das war sicher keine Zeit für große Feste.

Adam erklärte, was er vorhatte: »Heute Abend feiern wir unser Passahfest, am Abend vor der Flucht. Damit täuschen wir unsere Feinde und lenken sie von unserer Flucht ab.«

Und dann besprachen sie den Plan.

Es war 19.00 Uhr, als Dr. Livingstone, gefolgt von seinem dreiköpfigen Team, den Speisesaal betrat. Sie waren bester Dinge, in festlicher Kleidung, lachten, unterhielten sich lebhaft und schienen sich auf das elegante Dinner zu freuen.

Juliet ging an Adams Arm, Rocky folgte mit Jen. Sie hatten einen Tisch reservieren lassen, der in der Mitte des Saales lag, damit sie die Aufmerksamkeit aller Gäste auf sich ziehen würden. Es war nicht nur im Hotel, sondern in der ganzen Stadt bekannt geworden, dass sich heute Abend der berühmte Dr. Livingstone hier aufhalten würde.

Der Oberkellner kam quer durch den Raum, um sie zu begrüßen: »Dr. Livingstone, es ist uns eine Ehre, Sie und Ihr Team zu bewirten. Darf ich Sie zu Ihrem Tisch führen?«

»Vielen Dank«, sagte Adam und strahlte.

Adam half Juliet, Platz zu nehmen, deren Lächeln in diesem Moment nicht gespielt war. Rocky tat, was in seiner Macht stand, um Jen so elegant zu helfen, wie es einem echten englischen Gentleman entsprach.

Unterdessen hatte der Oberkellner bereits mit Frau D'Abernon telefoniert: »Er ist da.«

Wein wurde eingegossen, die Vorspeise serviert. Die Unterhaltung am Tisch war lebhaft. Einige Gäste sahen in ihre Richtung, tuschelten oder kamen auch bewusst etwas näher, um den Entdecker der Arche besser sehen zu können.

»Ich glaube, ich sehe nicht recht«, rief Adam mit gespielter Freude, »ist das nicht unser verehrter Kollege, Sir Gilbert Bowles?«

Adam sprang auf und stürmte auf den Archäologen zu. Bowles hatte natürlich genauso wie alle anderen von dem geplanten Essen Livingstones erfahren und war entschlossen, die Party nicht zu versäumen. Zorin hatte sicher nichts dagegen. Es konnte doch nur gut sein, wenn er wieder einmal als Archäologe in der Öffentlichkeit gesehen wurde und seine Gegenposition zu Livingstone betonte. Er hatte sein bestes Khaki-Outfit an und den grauen Zopf gebürstet.

»Livingstone, was für eine Freude! Heute treffen wir uns in einer angenehmeren Umgebung als letztes Mal im afrikanischen Busch!«

»Wie wahr, lieber Kollege«, lachte Adam und nötigte ihn an seinen Tisch. »Bitte gesellen Sie sich doch zu uns!«

»Aber ich will nicht –«

»Nein, bitte, wir feiern heute den Beginn unseres ägyptischen Abenteuers. Wir haben Sie gerne dabei. Ich bestehe darauf.«

Adam winkte einem Kellner und bat um ein weiteres Gedeck für Bowles.

Jens Augen funkelten böse, während sie sich gesellig gab: »Sir Bowles, was bringt Sie nach Kairo? Ich dachte, Sie hätten für Monate in Olduwai zu tun, um alle Funde zu katalogisieren?«

»Ich habe das Projekt abgeblasen«, antwortete Bowles ungerührt, »weil mein Team mich im Stich gelassen hat. Und Sie, Livingstone, suchen Sie immer noch Ihren Märchengarten?«

Er konnte sich die Frage nicht verkneifen.

Doch bevor Adam antworten konnte, erschien Candace Montreux. Sie hatte gerade eine heftige Auseinandersetzung mit ihrem Vater hinter sich, was man ihr immer noch ansehen konnte. Ihre Wangen glühten, ihre Augen blitzten, ihr Gang war müde. Sie hatten sich über Adam Livingstone gestritten. Beide dachten, der andere wüsste etwas, was er nicht preisgeben wollte. Sie konnte es kaum glauben, als der Mann, um den sich der Streit gedreht hatte, mit ausgestreckter Hand und herzlichem Lächeln auf sie zukam.

»Candace Montreux, was für eine liebliche Überraschung, dich hier zu treffen. Du siehst wieder einmal bezaubernd aus. Mein Team und ich haben eben erst mit dem Essen begonnen. Es wäre uns eine Ehre, wenn du an unserem Tisch Platz nehmen würdest.«

Candace hatte Mühe, ihre ihr sonst so natürlich auf den Leib geschnittene souveräne Rolle einzunehmen. Adam geleitete sie zu seinem Tisch, Sir Gilbert musste ein bisschen rücken und der Kellner brachte ein weiteres Gedeck. Jen und Juliet sahen Adam fragend an.

Was war nur in ihn gefahren? So kannten sie ihn gar nicht. Adam verstand ihre Blicke und lächelte beruhigend.

Er machte Candace und Bowles mit den anderen am Tisch bekannt. Candace beargwöhnte Juliet misstrauisch. Die Vertrautheit zwischen ihr und Adam fiel ihr nicht zum ersten Mal auf. Das gefiel ihr überhaupt nicht. Was machte diese Frau überhaupt hier? Warum reiste sie mit Adam? Hatten die beiden doch ein Verhältnis? War das die Erklärung für Adams Zögern ihr gegenüber? Die Gedanken waren ihr bei dem Bemühen, fröhlich und unbefangen zu sein und Adam zu gefallen, keine Hilfe.

Den anderen gelang es etwas besser. Die leichte Musik, das erstklassige Essen, der Wein, die internationalen Gäste und die ausgezeichnete Bedienung trugen dazu bei, dass sie für ein paar Stunden ihre Situation vergessen und ausgelassen feiern konnten. Nur Candace blieb still und säuerlich. Sie sah fast verängstigt aus, eine Eigenschaft, die Adam von ihr gar nicht kannte.

»Livingstone, nun verraten Sie doch endlich, was Sie hier eigentlich machen«, versuchte Bowles es einige Zeit später wieder.

»Bowles, Sie wissen doch schon, dass ich meine Geheimnisse nicht preisgebe. Aber ich kann Ihnen tatsächlich ohne Probleme verraten, was wir die nächsten Tage vorhaben. Morgen möchte ich meinen Freunden die Pyramiden zeigen. Übermorgen habe ich verschiedene Pressetermine. Dann wollen wir Kairo kennen lernen. Ansonsten sind wir flexibel und fest entschlossen, ein paar Tage Urlaub zu machen.«

»Aber was ist denn mit dem Garten?«

»Ach, der Garten, wissen Sie, den haben wir nicht finden können.«

»Wonach forschen Sie denn hier in Äygypten?«

»Nach gar nichts, Sir Gilbert. Wir sind nur als Touristen hier; wir werden nichts ausgraben, das verspreche ich Ihnen.«

In einem anderen Teil des Raumes, etwas versteckt, saß Anni D'Abernon. Sie nickte ihrem Gegenüber zu. Ein zufriedenes Lächeln lag auf beiden Gesichtern. Die Technik war erstklassig, sie konnten jedes Wort verstehen, das der winzige, fast unsichtbare Sender unter Adams Tisch zu dem Empfänger unter ihrem Tisch leitete. Mit unauffälligen Knöpfen im Ohr waren sie live dabei.

Von allen Akteuren dieses Dramas fehlte im Speisesaal außer Lord Montreux nur noch Ciano Bonet. Sie versuchte gerade, mit Hilfe des Hotelmanagers in Adams Zimmer einzubrechen. Aber die

Tür ließ sich nicht öffnen. Sie war eine geübte Einbrecherin und der Manager hatte den Originalschlüssel. So etwas hatten sie noch nie erlebt. Weder der Manager noch Bonet sahen eine Möglichkeit, die Tür zu öffnen. Man hätte sie zertrümmern müssen und so weit wollten sie doch nicht gehen.

Rocky hatte es zwar nicht geschafft, die Abhöranlage zu entdecken, aber an den Türen hatte er eine elektronische Sicherung angebracht, die nicht zu knacken war. Nur mit dem Gerät, das er selbst in der Tasche hatte, konnte man diese Räume wieder öffnen.

Zur gleichen Zeit probierte Zorin 1 200 Kilometer südöstlich von Kairo seine Mönchskutte an. Er befand sich im südlichen Teil der Halbinsel Sinai in der unmittelbaren Nähe eines Berges, der auf Arabisch »Dschebel Musa« genannt wird. An seinem Fuße befand sich das Kloster, das er besuchen wollte. Die dortigen Mönche waren in ihrer Geschichte mehrfach mit Gewalt in Berührung gekommen und deshalb sehr vorsichtig Fremden gegenüber. Zufrieden lächelte Zorin sein Spiegelbild an. Ein größerer Gegensatz zwischen äußerer Erscheinung und wahrem Wesen war kaum möglich. Er musste an den Wolf im Schafspelz denken und lachte böse. So echt, wie er aussah, würde er ohne Probleme von den Brüdern im Katharinenkloster aufgenommen werden.

Unterdessen hatte die erlesene Gesellschaft im Gartenhotel das Dinner beendet. Die Musik spielte zum Tanz auf. Candace raffte sich zusammen und bat Adam, mit ihr zu tanzen. Kaum fühlte sie seine Umarmung, schmiegte sie sich an ihn, legte ihre Wange an seine und sprach leise und eindringlich in sein Ohr: »Adam, ich schäme mich so für mein Verhalten ...«

Adam drehte sie im Rhythmus des Walzers hin und her.

»Ich hätte das nie sagen dürfen«, fuhr sie fort. »Bitte vergib mir.«

»Schon gut«, wehrte er etwas überrascht ab. Was war denn mit Candace los? Spielte sie? So kannte er sie jedenfalls nicht.

»Adam, du musst von hier fort, so schnell wie möglich«, wechselte sie zu dem nächsten Thema, das ihr auf der Seele brannte. »Hier sind eine Menge Leute, die dich verfolgen und nichts Gutes im Schilde führen.«

»Wovon redest du?«, stellte er sich dumm.

»Adam, wenn du von hier fortgehst, bitte, kann ich mitkommen?« Das war das dritte Thema, über das sie unbedingt mit ihm sprechen wollte.

»Candace, ich weiß nicht«, zögerte Adam, der auf diesen Vorstoß nicht gefasst gewesen war. Die Angst, die er in ihrer Stimme hörte, klang echt. Andererseits war sie eine Meisterin der Verstellung und Manipulation. Er konnte sich kaum vorstellen, dass sie wirklich Angst hatte. Warum auch? Das würde nicht zu ihr passen.

»Bitte, Adam, vergib mir, ich habe einen schrecklichen Fehler begangen«, stöhnte sie, »können wir nicht noch einmal von vorne anfangen?«

»Du bist doch mit Sir Gilbert hier, oder? Ich kann dir nicht vertrauen. Wer weiß, was du dieses Mal im Schilde führst.«

»Adam, bitte glaub mir. Ich erlebe einen Alptraum und ich brauche deinen Schutz, das ist mein Ernst. Ich bin genauso in Gefahr wie du. Bitte lass mich mit dir zusammen von hier verschwinden.«

In diesem Moment war der Walzer zu Ende. Sie gingen zum Tisch zurück.

»Lass mich darüber nachdenken«, sagte Adam abschließend. »Morgen habe ich viel zu tun, übermorgen können wir darüber reden.«

»Vielen Dank, Adam«, sagte sie sichtlich erleichtert, wobei der ängstliche Ausdruck nicht aus ihren Augen wich.

Adam kämpfte sein schlechtes Gewissen nieder. Vielleicht war sie wirklich in Gefahr? Aber er war sich nicht sicher, ob er ihr plötzlich vertrauen könnte, nachdem sie ihn so oft getäuscht hatte. Außerdem waren seine Pläne zu gefährlich, es stand für ihn zu viel auf dem Spiel. Candace wäre dabei ein Risikofaktor, den er nicht einkalkulieren konnte. Er wollte sie jetzt nicht mitnehmen. Sie musste selbst sehen, wie sie klar kam.

Flucht

Pünktlich um 3.00 Uhr morgens öffnete sich ein Fenster und ein schwarz gekleideter Mann kletterte über den Sims. Mit äußerster Vorsicht ließ er sich auf die Feuerleiter gleiten. Gott sei Dank, es war eine sehr dunkle Nacht. Die schmale Mondsichel verbarg sich hinter dicken Wolken. Geräuschlos schloss sich das Fenster hinter ihm.

Er bewegte sich langsam und vorsichtig. Auch das leiseste Geräusch hätte seine Feinde im Hotel alarmieren und ihn das Leben kosten können. Jede Bewegung geschah mit äußerster Vorsicht. Drei Meter über der Erde war die Feuerleiter zu Ende. Er umfasste die unterste Stufe mit beiden Händen, ließ seinen Körper hinabgleiten, bis er gestreckt in der Luft hing, konzentrierte sich einen Moment, dann ließ er los. Mit einem dumpfen, plumpsenden Geräusch landete er auf dem Betonboden. Ein Hund bellte in der Ferne. Reglos verharrte er einige Minuten. Sein Herz raste. Doch es blieb alles still.

Langsam richtete er sich auf, schlich sich an der hinteren Mauer entlang zur Seitenwand des Hauses und spähte um die Ecke. Kein Mensch war zu sehen. Er löste sich aus dem Schatten des großen Gebäudes und bog in die kleine Straße ein, die hier parallel zum Hotel verlief.

Oben lag eine junge Frau wach. Sie wusste von dem Plan und hatte Angst um den Mann, der zu fliehen versuchte. Lange dachte sie über ihn nach. Er war mehr für sie geworden als ein Wissenschaftler, den sie bewunderte, oder ein Mensch, mit dem sie sich gern unterhielt. Während sie wach lag, erkannte sie, dass sie ihn liebte und sich nichts sehnlicher wünschte, als den Rest ihres Lebens mit ihm zu verbringen. Aber liebte er sie auch? Sie versuchte, noch ein wenig zu schlafen, doch der Schlaf wollte sich nicht einstellen.

Einige Stunden später flüsterte die zweite Frau ihren Namen: »Juliet, es ist Zeit.«

»Danke, Jen«, antwortete sie ebenso leise.
»Wir müssen anfangen«, flüsterte Jen mit einem Blick auf die Uhr. Wenige Augenblicke später begannen die beiden, ungewöhnlich laut miteinander zu reden.
»Heute ist der große Tag«, war Jens Stimme deutlich zu hören, »wir werden heute die Pyramiden sehen«.
»Meinst du, wir können vor dem Frühstück noch einen kleinen Spaziergang machen?«, fragte Juliet mit ebenso lauter Stimme.
»Bestimmt«, gab Jen zurück.
Im Nebenzimmer waren Rasierapparat und verschiedene andere Geräusche zu hören, obwohl es erst sechs Uhr war.
»Hallo«, rief Juliet und klopfte an die Verbindungstür zwischen den beiden Zimmern, »frühstückt ihr beide im Hotel?«
»Adam ist noch im Bett. Hallo, Adam, weißt du schon, wo du frühstückst?«
Eine kurze Pause folgte.
»Er sagt, er lässt sich das Frühstück aufs Zimmer bringen«, rief Rocky zurück. »Aber ich werde irgendwo in der Umgebung essen.«
»Wir beide werden uns das Frühstück auch aufs Zimmer bestellen, aber vorher wollen wir noch einen kleinen Morgenspaziergang machen«, rief Jen zurück.

Ciano Bonar hatte die ganze Nacht in der Lobby verbracht, ohne etwas gesehen oder gehört zu haben. Seit Mitternacht war von denen, die sie beobachten musste, niemand mehr aufgetaucht. Um 6.25 Uhr kamen die beiden Frauen aus dem Aufzug. Sie waren lässig gekleidet und gingen auf die Straße. Sie nahm ihr Handy.
»Soll ich sie verfolgen?«
»Nein, Livingstone ist noch oben. Der Amerikaner wird auch gleich runterkommen. Passen Sie auf, dass er Sie nicht sieht.«
»Soll ich ihn auch gehen lassen?«
»Ja. Mir geht es nur um Livingstone. Wenn er kommt, heften Sie sich an seine Fersen. Ich kann alles bestens hören. Ich rufe Sie an, wenn ich höre, dass er das Zimmer verlässt.«
Zehn Minuten später kam eine der beiden Frauen zurück. Gleichzeitig trat der Amerikaner aus dem Fahrstuhl. Bonar duckte sich hinter einer Skulptur.
»Hallo, Jen«, sagte der Amerikaner laut, »wo ist denn Juliet?«

»Sie ist bei ein paar Schaufenstern hängengeblieben. Ich bestelle schon mal unser Frühstück, bis sie kommt. Ist Adam oben?«

»Ja, er ist unter der Dusche«, antwortete Rocky. »Ich werde mich mal draußen umschauen, ob ich ein typisch ägyptisches Frühstück finde. Bis nachher, ja?«

»Guten Appetit!«

Jen nahm den Fahrstuhl nach oben, Rocky verließ das Hotel. Bonar rief D'Abernon an.

»Wir haben jetzt alles im Griff«, sagte D'Abernon. »Sie können sich schlafen legen. Danke für die Nachtwache.« Bonar fuhr nach oben.

In einer dunklen Gasse, fünf Querstraßen vom Hotel entfernt, wurde die junge Frau gepackt und in einen dunklen Hauseingang gezogen.

»Ich hatte solche Angst um dich«, platzte sie heraus und klammerte sich an die schwarze Gestalt, »ich konnte kaum ein Auge zutun.«

»Psst, leise«, beschwichtigte er sie, »es ging alles gut. Du musst jetzt nur leise sein.«

Das fiel ihr schwer. Erleichterung und Angst standen ihr ins Gesicht geschrieben.

»Komm, wir haben noch einen weiten Weg vor uns.«

Zügig und doch vorsichtig schlugen sich die beiden durch die engen Gassen. Sie hielten sich im Schatten der Häuser und sahen sich immer wieder um, ob sie nicht verfolgt würden.

Nach einiger Zeit war tatsächlich jemand hinter ihnen. Eine große Gestalt folgte ihnen in sicherem Abstand. Das Mädchen bemerkte den Verfolger nicht. Ihr Begleiter hatte ihn gesehen, schien sich aber nicht an ihm zu stören.

Sie gingen schnell weiter, überquerten eine große Straße und tauchten wieder in eine Nebenstraße ein. Keuchend eilten sie vorwärts; die dritte Person blieb immer hinter ihnen. Dann hielt ein Wagen, alle drei stiegen schnell ein und duckten sich auf den Fahrzeugboden. Niemand hatte sie beobachtet, trotzdem waren sie äußerst vorsichtig. Als das Auto weiterfuhr, sah man von außen nur den Fahrer. Sie fuhren Richtung Osten aus der Stadt hinaus und bogen auf die Autobahn ein, die nach Suez führte.

Eine halbe Stunde später, schon weit außerhalb Kairos, hielt der Wagen neben einem anderen Fahrzeug. Die drei Passagiere stiegen um. Der Schwarzgekleidete ging vorher kurz in die Telefonzelle. Der Fahrer brachte den Wagen zurück nach Kairo.

»Adam, frühstückst du noch?«, rief Jen laut ins Nachbarzimmer.
Pause.
»Gut, dann werden Juliet und ich ein bisschen lesen, bis du soweit bist.«
Undefinierbare Geräusche und deutliches Klappern kam aus beiden Zimmern. Zehn Minuten später öffnete sich die Tür von Zimmer 817 und ein Rollwagen mit zwei Frühstücksgedecken wurde auf den Flur geschoben. Ein paar Minuten später wurde auch aus 819 ein Servierwagen geschoben. Die Gäste hatten offensichtlich guten Appetit gehabt.

Eine halbe Stunde später klingelte das Telefon. Eine Frauenstimme mit schwedischem Akzent meldete sich: »Ja, ich bin die Assistentin von Dr. Livingstone.«
Pause.
Dann hörte man die Schwedin wieder: »Er hat heute einen ziemlich vollen Tag. Aber im Moment fühlt sich Dr. Livingstone nicht wohl und überlegt, ob er einiges absagt und heute überwiegend auf dem Zimmer bleibt.«
Pause.
»Einen Moment, ich frage ihn.«
Pause.
»Er wäre bereit, Sie zu empfangen«, teilte sie dem Anrufer mit. »Könnten Sie um 10.30 Uhr hier sein? Dann können Sie mit Dr. Livingstone sprechen.«
Das Telefon wurde aufgelegt. Anni D'Abernon war beunruhigt. Irgendwie war ihr das Gespräch eben komisch vorgekommen. Dieser ganze Tag verlief etwas eigenartig.

Die Sonne brannte gnadenlos auf die drei Reisenden, die in die Wüste Sinai hineinfuhren. Sie befanden sich eine Stunde östlich von Suez. Die Luft war trocken und staubig, der Fahrtwind fühlte sich an wie die heiße Luft aus einem Haartrockner. Sie erinnerten sich ständig gegenseitig daran, viel zu trinken. Schnurgerade zog sich der Asphaltstreifen durch die gleichförmig grau-braune Landschaft.

Der Wagen zog einen Anhänger hinter sich her, auf dem ein Motorboot befestigt war. Niemand war außer ihnen auf dieser Straße unterwegs. Nur ein paar Frauen in bunten Tüchern, die schwarze Ziegen über die Hügel trieben, waren zu sehen. Es war kaum vorstellbar, dass die Tiere hier satt wurden.

Wozu jemand in dieser Wüste ein Schiff brauchte, war schwer nachzuvollziehen.

»Geht es dir wieder besser, Juliet?«, erkundigte sich Adam.

»Ich glaube schon«, antwortete sie. »Ich hatte solche Angst. Seit ich den Artikel über Dr. Cissna gelesen habe, hatte ich Panik, dass sie uns alle umbringen würden.«

»Jetzt musst du dir keine Sorgen mehr machen«, sagte Adam, »hier sind wir erst einmal in Sicherheit.«

»Sie werden uns noch ein paar Tage lang in Kairo suchen«, bestätigte auch Rocky beruhigend.

»Hoffentlich habt ihr Recht«, lächelte sie tapfer, aber nicht überzeugt.

Um 10.25 Uhr betrat ein Fremder die Eingangshalle des Gartenhotels.

»Ich habe eine Verabredung mit Dr. Livingstone.«

Der Ägypter am Empfang rief in Adams Zimmer an. Jen ging ans Telefon.

»Hier ist jemand, der Dr. Livingstone sprechen möchte.«

»Ja, Dr. Livingstone hat einen Termin für 10.30 Uhr vereinbart. Schicken Sie ihn herauf.«

Ein paar Minuten später klopfte es an der Tür. Jen öffnete, ließ den Mann herein, schloss die Tür und umarmte ihn wortlos.

Freudig flüsterte sie: »Wie schön, dass du da bist.« Es war der Kollege, der am Ararat geblieben war. Laut sagte sie: »Schön, dass Sie so pünktlich sind, Herr White. Adam, Herr White ist hier.«

»Ging alles gut?«, flüsterte sie aufgeregt.

»Ja, sie dürften jetzt schon in der Wüste sein.«

Erleichterung machte sich auf Jens angespanntem Gesicht breit.

»Nun müssen nur wir noch hier herauskommen.«

Laut sagte sie: »Adam, ich gehe eben deine Zeitungen holen.«

Sie entkam ungehindert.

In Windeseile packte der Mann, der noch als Letzter in den Zimmern war, die wichtigsten Sachen in den großen leeren Aktenkoffer, den er mitgebracht hatte. Jen hatte schon alles für ihn vorbereitet. Dann verließ auch er das Hotel.

Eine halbe Stunde später waren beide am Flughafen, wo sich ihre Wege kurze Zeit später wieder trennten. Jen flog nach London, er in die Türkei.

Die Hotelrechnung würde Crystal überweisen. Die offizielle Mitteilung lautete: »Dr. Livingstone verließ Kairo früher als geplant, um der Presse zu entkommen.«

Als Frau D'Abernon Verdacht schöpfte und ein Zimmermädchen in die beiden Räume schickte, waren die Gäste längst entkommen. Ihre Wut kannte keine Grenzen.

Teil V
Sinai

Auf den Spuren
von Harry McCondy

Die Mönche des Katharinenklosters am Fuße des Dschebel Musa waren niemals grausamer betrogen worden. Seit dem sechsten Jahrhundert gab es hier ein Kloster. Seine Bewohner waren über die Jahrhunderte immer wieder angegriffen worden. Aber niemand hätte in der modernen Zeit mit einem Anschlag gerechnet.

Der Mann tauchte aus dem Nichts auf. Er trug die Kleidung eines Mönches und gab vor, ein Pilger zu sein. Die Mönche zögerten zunächst, öffneten ihm dann aber doch ihre Klostergemeinschaft. Er fing an, sie mit Fragen zu quälen. Ein anderer sei hierher unterwegs, den er aufhalten müsse. Der andere wolle den Berg Sinai zerstören, indem er ihn in eine Ausgrabungsstätte für Archäologen verwandeln wolle. Er sei hier, um das zu verhindern. Ihm ginge es darum, das Kloster zu bewahren. Seine Stimme, seine Augen, seine Ausstrahlung – die Mönche spürten, dass ihn etwas Dunkles umgab. In seiner Nähe war ihnen unheimlich. Sie hatten einen furchtbaren Fehler begangen, als sie ihm die Tür geöffnet hatten. Der Eindringling wurde immer bestimmender und gereizter.

Als ein älterer Mönch es wagte, ihn zurechtzuweisen, schickte er den Alten mit einem Fausthieb zu Boden. Es vergingen nur noch wenige Minuten, dann lag ein Priester tot in seinem Blut. Alle Übrigen waren voller Angst und Schrecken. Von da an stand das Kloster unter dem Befehl des Fremden. Die Brüder konnten sich nicht erklären, warum dieser böse Mensch ausgerechnet zu ihnen gekommen war. Welches Interesse verfolgte er?

Er erlaubte ihnen, weiterhin zu beten. Sie sollten ihm nur nicht in die Quere kommen, dann würde er keinem etwas zu Leide tun. Würden sie sich ihm jedoch widersetzen, dann würde es noch anderen auch so gehen wie dem einen, dessen Beerdigung sie gerade vorbereiteten.

Inzwischen war es Nachmittag geworden. Rocky saß am Steuer, Juliet auf dem Beifahrersitz. Hinten hatte Adam es sich bequem gemacht. Er las in der Bibel und hatte wieder einmal von vorn angefangen, doch diesmal las er weiter als sonst. Schon nach wenigen Kapiteln waren ihm die Geschichten nicht mehr vertraut. Staunend las er von Abraham und Mose und wunderte sich, mit welch natürlicher Selbstverständlichkeit sie alle mit Gott verkehrten. Sie lebten in kindlich naiver Freundschaft mit dem allmächtigen Gott, hörten ihn, gehorchten ihm und wurden von ihm gesegnet. In Adam wuchs die Sehnsucht, genauso in Demut und in vertrauter Freundschaft mit seinem Schöpfer zu leben.

Während des Lesens fiel es ihm auch nicht mehr schwer, das Ganze als Tatsachenbericht zu sehen. Er las die Bibel wie eine Zeitung. Sie war ihm zu einem wissenschaftlich überprüfbaren Buch geworden.

Unterdessen saß Rocky so sicher am Steuer, als würde er jeden Tag durch den Sinai fahren. Juliet genoss es, zum ersten Mal in ihrem Leben eine richtige Wüste zu sehen. Adam hatte ein paar Seiten übersprungen und las jetzt über den Auszug der Kinder Israel aus Ägypten. Er wünschte, er hätte das alles gründlich studiert, bevor er diese Fahrt angetreten hatte. Aber die Umstände hatten ihn gezwungen, unvorbereitet zu starten.

In El Thamad bogen sie nach links ab. Sie versuchten, den biblischen Weg so präzise wie möglich zu verfolgen. Die Gegend wurde felsiger; hohe, schroffe Berge erhoben sich zu beiden Seiten der Straße. Sie waren jetzt weit und breit die einzigen Menschen. Der Weg führte sie durch eine enge Schlucht. Dieser Weg sah aus wie die Stelle, an der das Volk Israel Zweifel bekam, ob Gott sie nicht in eine Sackgasse führte. Am Ende dieser Straße würde das Meer kommen, der weite Strand von Neviot am Golf von Akaba.

Adam las:

»Der Herr sprach zu Mose: Sag den Israeliten, sie sollen umkehren und vor Pi-Hahirot zwischen Migdol und dem Meer ihr Lager aufschlagen. Gegenüber von Baal-Zefon sollt ihr am Meer das Lager aufschlagen […].
Die Ägypter jagten mit allen Pferden und Streitwagen des Pharao, mit seiner Reiterei und seiner Streitmacht hinter ihnen her und holten sie ein, als sie gerade am Meer lagerten. Es war bei

Pi-Hahirot vor Baal-Zefon. Als der Pharao sich näherte, blickten die Israeliten auf und sahen plötzlich die Ägypter von hinten anrücken […].
Mose aber sagte zum Volk: Fürchtet euch nicht! Bleibt stehen, und schaut zu, wie der Herr euch heute rettet. Wie ihr die Ägypter heute seht, so seht ihr sie niemals wieder. Der Herr kämpft für euch, ihr aber könnt ruhig abwarten […].«

Während er diese Worte las, dachte Adam darüber nach, auf was für einer erstaunlichen Reise sie selbst waren. Alle waren still geworden. Sie waren ein ungewöhnliches Trio. Vor ein paar Monaten hatten sie sich noch gar nicht gekannt, jetzt waren ihr Leben und ihre Schicksale so eng miteinander verknüpft. Er betrachtete seine beiden Freunde nicht ohne Stolz. Ihnen konnte er vertrauen. Juliet war so staubig, wie er sie noch nie gesehen hatte. Sie gefiel ihm so ganz besonders, viel mehr als Candace in all ihrer Perfektion. War Juliet wirklich erst seit zwei Wochen in seinem Team?

Er war verwirrt. Irgendwo tief in sich spürte er, dass sie für ihn vielleicht mehr war als eine Kollegin. Und darüber wollte er jetzt nicht nachdenken.

Sie befanden sich auf einer besonderen Reise. Die historische Genauigkeit war für Adam so wichtig, dass er seinen Freund aus der Türkei extra gebeten hatte, ihm ein Schiff zu besorgen. Er wollte genau an der Stelle den Golf von Akaba überqueren, an der es das Volk Israel vermutlich auch getan hatte. Er wollte den Wegbeschreibungen der Bibel möglichst exakt folgen.

In Candace' Zimmer im Gartenhotel am Nil klingelte das Telefon. Zorin war am Apparat.
»Wo ist Livingstone?«, fragte er mit der gewohnt harten Stimme.
»Keine Ahnung, er ist weg«, antwortete Candace ebenso kalt.
»Weg? Wohin?«
»Ich weiß es nicht. Sie sagten, sie würden sich die Pyramiden anschauen.«
»Quatsch – die Pyramiden – niemals!«
»Das haben sie jedenfalls gesagt und nun sind alle weg.«
»Haben sie den Sinai nicht erwähnt?«
»Nein.«

Weitere Fragen folgten. Zorins Stimme klang von Minute zu Minute bedrohlicher.

Schließlich legte sie den Hörer auf. Sie hatte keine Lust mehr, so von ihm missbraucht zu werden. Er hatte sich ihre Bekanntschaft erschlichen, nun behandelte er sie wie ein in seinen Händen wehrloses Opfer, das ihm gehorchen musste. Nicht mit ihr!

Sie beschloss, zum Mittagessen ins Restaurant zu gehen.

Es war auch hier heiß und leer. Die Ventilatoren drehten sich müde, Fliegen belästigten sie, die Kellner rochen nach Schweiß. Von einem Tonband wurde klägliche, dissonante Musik gespielt. Alles war trostlos und unappetitlich. Sie konnte kaum glauben, dass in demselben Raum gestern Abend eine so elegante, festliche Stimmung geherrscht hatte.

Schwere Schritte kamen näher. Sie drehte sich nicht um; er würde auch ohne Aufforderung zu ihr kommen.

»Darf ich mich zu Ihnen setzen?«, fragte Bowles. Sein Hemd hatte Schweißflecken, er war unrasiert und hatte strähniges Haar.

»Bitte, setzen Sie sich«, sagte sie ohne ein Lächeln.

»Wie halten Sie das bloß aus?«, fragte sie gereizt.

»Was halte ich aus?«

»In solchen Gegenden zu sein – scheußliche Länder, schmutzig, voller Ungeziefer und Gestank –«

Bowles konnte ein Kichern nicht unterdrücken. Die Prinzessin auf der Erbse amüsierte ihn.

»Ich trage immer die gleichen Sachen«, grinste er.

Candace musterte ihn überrascht und musste dann auch lachen.

»Worüber lachen Sie?«

»Vielleicht haben Sie Recht. Sie sehen immer so aus, als hätten Sie im Sand gearbeitet. Vielleicht würde es mir auch helfen, wenn ich aufhören würde, mich schön anzuziehen.«

Bowles bestellte eine Flasche Wein und goss ihnen ein.

»Wie lange werden Sie noch hier sein?«

»Es war ausgemacht, dass ich Zorin helfe. Aber mir reicht es. Soll er mich doch auch umbringen –«

Erschrocken unterbrach sie sich. Bowles bemerkte es, sagte aber nichts. Innerlich freute er sich, einen Trumpf gegen Zorin in der Hand zu haben.

»Zorin kann mir gestohlen bleiben. Ich fliege heute Abend nach London; der Flug ist bereits gebucht. Was Zorin macht, ist seine

Sache.« Bowles hatte sich entschlossen, der Erpressung ein Ende zu setzen.

»Ich möchte auch weg von hier!«, klagte Candace und wirkte ein bisschen hilfloser, als sie es für gewöhnlich war.

»Soll ich versuchen, in meiner Maschine noch einen Platz für Sie zu bekommen?«

»Dafür wäre ich Ihnen sehr dankbar.«

Noch am selben Abend verließen sie Ägypten. Das Drama, in das sie sich hatten hineinziehen lassen, spielte ohnehin schon nicht mehr in Kairo, sondern im Sinai.

Die drei Pilger fuhren ohne Pause weiter. Obwohl es schon spät am Nachmittag war, hatte die Sonne noch nichts von ihrer Glut verloren.

Adam war in Gedanken versunken. Was erhoffte er sich von der Reise? Ging es darum, den Weg des Volkes Israel zu erforschen und McCondys Theorie zu untersuchen? Oder würden sie tatsächlich Beweise dafür finden, dass hier das Zentrum Edens war?

Sie kamen nach Neviot, ans Meer.

Es machte Adam Spaß, die Geschichten zu lesen, die sich an genau diesem Ort ereignet hatten:

»Der Herr sprach zu Mose: Was schreist du zu mir? Sag den Israeliten, sie sollen aufbrechen. Und du heb deinen Stab hoch, strecke deine Hand über das Meer, und spalte es, damit die Israeliten auf trockenem Boden in das Meer hineinziehen können […]. Mose streckte seine Hand über das Meer aus, und der Herr trieb die ganze Nacht das Meer durch einen starken Ostwind fort. Er ließ das Meer austrocknen, und das Wasser spaltete sich. Die Israeliten zogen auf trockenem Boden ins Meer hinein, während rechts und links von ihnen das Wasser wie eine Mau-

er stand [...]. So rettete der Herr an jenem Tag Israel aus der Hand der Ägypter [...]. Damals sang Mose mit den Israeliten dem Herrn dieses Lied [...].«

Adam dachte daran, wie viele Theologen und Historiker seit jeher der Meinung waren, der Dschebel Musa sei der Berg Sinai. Er lag 60 oder 70 Kilometer südlich von hier. War es möglich, dass sie sich alle über Jahrhunderte hinweg getäuscht hatten? Sie hatten Kapellen, Kirchen und Klöster gebaut, immer in dem Bewusstsein, sich am Berg Sinai zu befinden. Das Katharinenkloster war heute noch erhalten und beherbergte eine Schar von Mönchen. Am Fuße der 2 500 Meter hohen Berge war es wie eine Festung in die Wüste gebaut.

Fast schien es Adam, als sei es gar nicht mehr so wichtig, die Beweise für Eden zu finden. Er wusste, dass der Garten real war, auch ohne greifbaren Beweis. Seit kurzem erlebte er diese Freundschaft mit dem Schöpfer, wie sie zuerst im Paradies möglich gewesen war.

Der Baum des Lebens hatte in Adams Herz zu wachsen begonnen. Was in ihm geschah, war von ewiger Bedeutung. Der Erfolg seiner Forschung war im Vergleich dazu von sehr geringem Wert.

Doch während sich für Adam in seiner Beziehung zu Gott so vieles zum Guten wendete, blieb die reale Gefahr bestehen. Genau wie Harry McCondy hatte er sich in einen Bereich vorgewagt, der in der unsichtbaren Welt von großer Bedeutung war. Es war jetzt sein Auftrag, das Erbe Harry McCondys zu übernehmen und zu dem ihm bestimmten Ende zu führen.

Anni D'Abernon legte den Hörer auf. Sie hatte für 20.00 Uhr einen Hubschrauber gemietet. Dann wandte sie sich wieder dem alten Buch zu, das seit Tagen ihre ständige Lektüre war. Sie hasste es und hörte doch nicht auf, darin die Antworten zu suchen, die sie so dringend brauchte. Ihr Auftrag war, den Ort zu zerstören, dem schon Harry McCondy auf der Spur gewesen war und den Livingstone nicht finden sollte. Aber welcher Ort war das?

Ihr war, als würde sie immer noch Harry McCondy verfolgen. Er war damals auch zuerst zum Nil gekommen und dann nach Nordosten in die Wüste geritten. Irgendwo in einer gottverlassenen Einöde hatten sie ihn dann zur Strecke gebracht. So ein Idiot. Er hatte sein Leben lang die Bibel gelesen und wusste nicht einmal, wo der Berg Sinai war.

Jetzt verfolgte sie einen anderen Archäologen, der sich auch vom Nil aus auf den Weg zum Sinai gemacht hatte. Die Parallele war zu deutlich.

Sie spürte in sich Warnungen: »Der Schleier darf nicht gelüftet werden ... finde und zerstöre den Ort.«

WELCHEN ORT???

Zu allem Überfluss hatte Livingstone sie nun auch noch abgehängt. Er wollte zum Sinai, das hatte sie deutlich gehört. Aber sie konnte doch nicht den ganzen Berg zerstören?

Wie wild blätterte sie durch die vergilbten Seiten. Aber eine unbekannte Sprache wäre ihr nicht verschlossener gewesen. Zu viele Gebete schützten die Worte dieses Buches. Ihr Verstand konnte den Sinn nicht erfassen.

Die Sonne war noch nicht untergegangen. Aber die Schatten wurden länger und die Hitze hatte endlich nachgelassen. Die drei Reisenden atmeten erleichtert auf. Es war ein unvorstellbar heißer Tag gewesen.

Vor einer Stunde hatten sie nur wenige Meter vom Ufer des Roten Meeres entfernt ihr Lager aufgeschlagen. Adam vermutete, dass dies der Ort war, der in der Bibel mit »Pi-Hahirot« bezeichnet wurde. Kein Wunder, dass die Israeliten mutlos geworden waren, als sie hier lagerten: vor sich, soweit das Auge reichte, das Meer, rechts und links schroffe Felsen, hinter ihnen endlose Wüste. Dies war beileibe keine Situation, in die man als Flüchtender kommen wollte.

Morgen würden sie das Meer überqueren und nach Saudi-Arabien zum Berg Horeb kommen. Es war der Berg, an dem Gott zu Mose gesprochen hatte – und vielleicht auch der Ort, wo Gott sich mit Adam getroffen hatte?

Die drei saßen an einem kleinen Feuer und kochten Tee. Es war ganz still, nur das gleichmäßige Plätschern des Wassers war zu hören. Hinter den Bergen verschwand der rote Sonnenball und tauchte alles in ein liebliches Licht. Das Meer vor ihnen schimmerte in der Abenddämmerung. Sie schwiegen lange; jeder hing seinen Gedanken nach.

»Ich glaube, ich kann spüren, dass Gott an diesem Ort ist«, sagte Juliet endlich. »Ich kann mir kaum noch vorstellen, dass ich ihn vor kurzem gar nicht kannte.«

»So geht es mir auch«, bestätigte Adam.

»Für mich ist es immer noch ein Wunder, dass ich auf dieser Reise dabei sein darf«, fuhr Juliet fort. »Eigentlich sollten jetzt ganz andere Leute hier sein, Archäologen, Wissenschaftler, dein Team. Ich habe doch mit der ganzen Forschung kaum etwas zu tun und Rocky genauso wenig.«

»Ja, darüber habe ich auch nachgedacht«, stimmte Rocky ihr zu, »mein Leben lang lag dieses Buch bei mir in der Truhe. Ich hatte keine Ahnung, was drin stand. Und jetzt bin ich plötzlich hier und verstehe eine ganze Menge über den Hintergrund der Geschichte, die uns in der Bibel erzählt wird.«

In aller Ausführlichkeit berichtete Rocky von den Gesprächen mit Mark und Laurene, von dem neuen Zeitalter, das bald anbrechen würde, von den Zeichen, die auf ein neues Zeitalter hindeuteten und von den Menschen, die die Zeichen verstanden.

Erst als Anni D'Abernon und Ciano Bonar im Hubschrauber saßen, hatte die Italienerin Gelegenheit, eine Nachricht weiterzugeben, die sie am frühen Abend erhalten hatte.

»Ich erhielt das von unseren Leuten in Baku. Können Sie etwas damit anfangen?«

D'Abernon las: »Leiche von Mitch Cutter wurde heute Morgen in der Nähe des Hafens aus dem Kaspischen Meer geborgen. Kopfschuss. Einzelheiten nicht bekannt.«

Die Schweizerin war nicht überrascht. Eigentlich hatte sie so etwas schon fast vermutet. Dieser Auftrag war für Cutter einige Nummern zu groß gewesen. Sie hätte ihn nicht gegen Zorin ins Feld schicken dürfen. Aber was machte das schon? Cutter war austauschbar.

Viel schlimmer war die indirekte Nachricht, die in dieser Botschaft steckte: Zorin war noch am Leben.

Es war schon dunkel, als der Hubschrauber mit grellen Scheinwerfern, ohrenbetäubendem Lärm und heftigem Wind der Rotorblätter vor den hohen Klostermauern landete. Jeder im Kloster schreckte hoch. Nach den Ereignissen der vergangenen Tage mussten die Mönche ständig mit dem Schlimmsten rechnen.

Zwei Mönche, die sich noch nicht schlafen gelegt hatten, rannten nach draußen. Wie eine Riesenspinne hatte sich der Hubschrauber vor den Toren ihres Klosters niedergelassen. Obwohl die Rotoren langsamer wurden, flog immer noch der Sand durch die Luft. Geblendet von dem hellen Licht konnten sie die Frau, die auf sie zukam, kaum erkennen.

»Meine Freunde und ich werden hier übernachten«, teilte sie den beiden braungewandeten Männern schroff mit. Es war ein Befehl.

»Aber wir haben –«

»Das interessiert mich nicht.«

»Frauen sind bei uns nicht –«

»Ich bin bewaffnet. Zwingen Sie mich nicht, Gewalt anzuwenden.«

Die Mönche glaubten ihr aufs Wort. Diese Frau hatte die gleiche Ausstrahlung wie der Mann, unter dessen Schreckensregime sie zur Zeit lebten.

Kommentarlos wandten sich die Mönche um, gingen wieder ins Innere ihres einst so abgelegenen, friedlichen Geländes und warteten, bis die beiden Frauen und der Pilot ihnen gefolgt waren. Dann schlossen sie die Pforte.

Frau D'Abernon und ihre Begleiter folgten den Mönchen durch einige Kammern über ausgetretene Steinstufen, bis sie im Hof ankamen. Dort erwartete sie kein anderer als Zorin.

»Ich hätte es wissen müssen, dass Sie hier sind«, begrüßte sie ihn alles andere als erfreut.

Er grinste amüsiert. Natürlich war ihm sofort klar gewesen, wer Cutter auf diese erfolglose Mission geschickt hatte.

»Ich gehe davon aus, Sie sind aus dem gleichen Grund da wie ich?« Ein böses Lächeln umspielte seine Lippen.

»Woher wussten Sie –«, begann sie.

»Das könnte ich Sie genauso gut fragen.«

Die beiden sahen sich feindselig an. Aus ihrer Abneigung füreinander machten sie kein Hehl mehr.

»Ihre dramatische Anreise lässt darauf schließen, dass Sie jeden Moment mit Livingstone rechnen?«, fragte Zorin.

»Also ist er noch nicht aufgetaucht?«, fragte sie zurück.

»Nein.«

»Da wir das gleiche Ziel haben«, versuchte sie einzulenken, »müssen wir uns nun wohl oder übel zusammentun. Gemeinsam werden wir mehr erreichen.«

Während sie das sagte, hatte sie schon beschlossen, ihn gleich nach diesem Projekt endgültig auszuschalten, wenn nötig auch eigenhändig.

Nachdem Rocky seine Geschichte erzählt hatte, besprachen sie noch die Pläne für den kommenden Tag.
Adam und Juliet würden von Neviot mit dem Boot ablegen und nach Al Humydah in Saudi-Arabien fahren. Gleichzeitig würde Rocky mit dem Wagen über Israel und Jordanien den Golf von Akaba umfahren. Gemeinsam würden sie dann den letzten Teil ihrer Reise auf den Fußstapfen der Israeliten gehen. Refidim wäre die letzte Station, bevor sie den Horeb selbst, den Berg des brennenden Busches und der Zehn Gebote, besteigen würden.
Als Rocky und Juliet schlafen gegangen waren, nahm Adam eine Taschenlampe und las weiter. Er wollte unbedingt wissen, was an den Orten geschehen war, die sie morgen aufsuchen würden.

»Die ganze Gemeinde der Israeliten zog von der Wüste Sin weiter, von einem Rastplatz zum andern, wie es der Herr jeweils bestimmte. In Refidim schlugen sie ihr Lager auf. […]
Im dritten Monat nach dem Auszug der Israeliten aus Ägypten – am heutigen Tag – kamen sie in der Wüste Sinai an. Sie waren von Refidim aufgebrochen und kamen in die Wüste Sinai. Sie schlugen in der Wüste das Lager auf. Dort lagerte Israel gegenüber dem Berg. Mose stieg zu Gott hinauf. Da rief ihm der Herr vom Berg her zu […].
Mose führte es aus dem Lager hinaus Gott entgegen. Unten am Berg blieben sie stehen. Der ganze Sinai war in Rauch gehüllt, denn der Herr war im Feuer auf ihn herabgestiegen. Der Rauch stieg vom Berg auf wie Rauch aus einem Schmelzofen. Der ganze Berg bebte gewaltig, und der Hörnerschall wurde immer lauter. Mose redete, und Gott antwortete im Donner. Der Herr war auf den Sinai, auf den Gipfel des Berges, herabgestiegen. Er hatte Mose zu sich auf den Gipfel des Berges gerufen, und Mose war hinaufgestiegen […].«

Am Horeb

Es war schon wieder dunkel, als Adam und seine beiden Freunde am Fuße des Berges ankamen. Mit seinen 2 500 Metern war der Dschebel al Lawz der höchste Berg in der Umgebung. Der zerklüftete Vulkan sah so aus, als wäre auf seinem Gestein noch nie etwas gewachsen.

Und doch war hier unten ein Zaun, hinter dem eine üppige Vegetation wucherte. Es sah alles genau so aus, wie Adam es in den beiden Berichten gelesen hatte und wie sein verstorbener Freund Dr. Cissna es ihm geschildert hatte.

Adam untersuchte den Zaun. Er bestand aus Maschendraht mit einer Rolle Stacheldraht am oberen Ende, war aber nicht elektrisch. Er sah durch die Lücken des Zaunes. Obwohl nur das Licht eines schmalen Halbmondes die Nacht erleuchtete, konnte er doch den einzelnen Baum klar erkennen, der aus dem wilden Dickicht ragte. Er wuchs gerade und ragte weit über alle anderen Pflanzen dieser üppigen Oase hinaus.

Adam hatte noch nie ein Gewächs gesehen, das diesem ähnelte. Eine seltsame Erregung erfasste ihn, während er den Baum betrachtete. Dieses kribbelnde Gefühl der Ehrfurcht breitete sich in seinem ganzen Körper aus, genau wie damals, als er das Foto des Baumes zum ersten Mal sah. Der Baum verwandelte seine Umgebung in eine waldige Landschaft. In einem Umkreis von einem halben Kilometer grünte und blühte die Wüste.

Außer ihnen war niemand hier zu sehen. Sie würden ihre Proben sammeln und verschwinden.

Er hatte zwar eine Erlaubnis vom saudischen Konsulat in Kairo erhalten, das ihm erlaubte, hier zu forschen. Aber in diesem Teil der Welt waren Papiere nicht immer ein zuverlässiger Schutz. Zumal dieses Gebiet umzäunt war. Es wäre nicht ungewöhnlich, wenn sie trotz ihrer Papiere alle drei im Gefängnis landen würden.

Er würde auf keinen Fall über den Zaun klettern. Zumal die Absperrung die Oase nur von drei Seiten umgab. Die vierte Seite war der Steilhang des Berges. Es müsste möglich sein, um den Zaun herumzugehen und den Garten an der offenen Seite zu betreten. Dann könnten sie – hoffentlich unbeobachtet – ihr Material sammeln. Er wollte so viele verschiedene Pflanzenproben wie möglich mitnehmen und vor allem auch Proben aus dem Baumstamm des geheimnisvollen Wüstenbaumes herausbohren.

Doch für heute Nacht würden sie zuerst auf die andere Seite des Berges wandern. Im Schutz des Kraters würden sie die Nacht verbringen und hoffen, dass niemand ihr Fahrzeug erspähte, das sie einen guten Kilometer entfernt zwischen zwei Felsblöcken zu verstecken versucht hatten.

Unterdessen blieb die Atmosphäre im Katharinenkloster gespannt. 24 Stunden waren bereits vergangen und immer noch war keine Spur von Livingstone zu sehen.

Die Mönche hielten sich so weit wie möglich verborgen. Sie fürchteten um ihr Leben. Zorin und D'Abernon gingen sich aus dem Weg. Wenn sie etwas zu besprechen hatten, geschah dies in eisiger Knappheit. Der Pilot musste alle paar Stunden mit einem von ihnen starten, um die Umgebung nach Livingstone abzusuchen.

Wenn Livingstone tatsächlich auf dem Weg hierher war, dann ließ er sich jedenfalls sehr viel Zeit.

Lord Montreux und Rupert Vaughan-Maier waren ohne ihre Schweizer Kollegin nach Europa zurückgeflogen, was ihnen sehr missfiel. D'Abernon war, ohne eine Erklärung abgegeben zu haben, einfach nicht mehr aufgetaucht. Das war in ihrem Kreis nicht üblich. Es war zu befürchten, dass auch sie eigene Wege ging, die nicht den Interessen des gesamten Bundes entsprachen. Das Grundprinzip ihres Handelns war über die Jahrhunderte hinweg immer die Verborgenheit gewesen. Frontale Angriffe, sichtbare Gewalt und hastig erreichte Lösungen dienten ihren Zwecken nicht.

Auch über den Verbleib von Candace war ihnen nichts bekannt.

Unruhe hatte den Zwölferbund überkommen, Uneinigkeit und geheime Eigeninitiative. Vaughan-Maier hatte allen Grund, das Schlimmste zu befürchten.

Das erste zarte Licht kündete im Osten der Arabischen Wüste die Dämmerung an. Die drei Camper wurden allmählich wach. Obwohl sie dicke Schlafsäcke hatten, war der felsige Boden doch sehr hart gewesen. Rocky stöhnte und jammerte. Er war der Älteste in dieser Gruppe und sein Rücken schmerzte von dem harten Lager.

Heute war der große Tag, der wichtigste Tag ihrer ganzen bisherigen Expedition. Zwar war die Nacht kurz gewesen, aber der Gedanke belebte sie außerordentlich. Jetzt würden sie das Geheimnis des Horeb entdecken.

Bei dem beginnenden Tageslicht sahen sie erst, dass sie tatsächlich im Krater eines Vulkanes geschlafen hatten. Überall waren andere kleine Gipfel, die aus einer lang gezogenen Hochebene ragten. Der höchste Berg, dessen Gipfel immer noch rußgeschwärzt war, entsprach durchaus den Vorstellungen, die sich ein Bibelleser vom Berg Sinai machen konnte. Ganz oben, zwischen zwei Felsbrocken, stand ein einzelner Baum, ein bis zwei Meter hoch, stolz und verwittert.

Adam sah ihn sich an. Unwillkürlich musste er an den brennenden Dornbusch denken. Alles sah rau und kahl aus. Warum hatte Gott sein Volk ausgerechnet hierher gebracht, um seinen Bund mit ihm zu erneuern? Gab es eine Beziehung zwischen Eden und dem Auszug aus Ägypten? Warum wollte Gott gerade von hier aus sprechen? Weil er hier zum allerersten Mal mit dem Menschen gesprochen hatte?

Als er die Berghänge betrachtete, konnte er überall kleine Löcher und Höhlen entdecken. Am vergangenen Abend hatte er noch von einem Mann namens Elia gelesen, der sich am Berg Horeb in einer Höhle versteckt hatte.

Es war sehr gut möglich, dass sie sich hier auf äußerst geschichtsträchtigem Boden befanden.

Rocky hatte begonnen, ein Feuer zu machen, während Juliet das Frühstück vorbereitete. Adam vermisste seinen kleinen Computer. Er nahm einen Block und begann, darauf herumzukritzeln. Was war wohl Harry McCondy an diesem Ort durch den Kopf gegangen? Adam begann, eine Karte der Orte zu zeichnen, die er in diesem Jahr schon besucht hatte. Eine Fülle von Erinnerungen war damit verbunden.

Er zeichnete die türkischen Berge ein. Dort hatte alles begonnen. Dann erinnerte er sich an den bedeutungsvollen Morgen im Eichhof, als ihm plötzlich so vieles klar wurde. Noch am selben Morgen explodierte die Bombe, bald darauf kam Rocky, dann fuhren sie nach Afrika und jetzt gehörte Juliet zum Team. Wie viel war doch in den letzten Wochen geschehen!

Es war noch gar nicht lange her, seit er an den Murchison-Wasserfällen gestanden und zum ersten Mal in seinem Leben gebetet hatte.

Er skizzierte auf seinem Schmierpapier die Gegend um den Viktoriasee und die Quellflüsse des Nils.

Als er dann auf seine kleine Landkarte sah, lächelte er staunend. Der Dschebel al Lawz befand sich genau auf der Verbindungslinie zwischen dem Ararat und dem ostafrikanischen Grabenbruchgebiet. Er befand sich im Zentrum seiner Forschung. Genau in der Mitte!

Als die Sonne über die Felsen stieg, war es immer noch sehr früh. Adam und seine zwei Assistenten kletterten den Hang hinunter zu dem üppigen Grün, das sich von dem ganzen übrigen Beige-Grau abhob. Sie waren die einzigen Menschen weit und breit. Trotzdem gingen sie vorsichtig, hinter Felsen geduckt und schweigend. Dann traten sie auf das erste Gras, das den Berghang hinaufwuchs. Es war so frisch und saftig, als ob es an einem Wasserlauf wachsen würde.

Der Gedanke war richtig gewesen. Sie konnten von der Rückseite zwar unter Mühen, aber dennoch ungehindert in die Oase eindringen. Bald hatten sie das Gefühl, in einem tropischen Paradies zu sein. Es grünte und blühte um sie her, sie streiften durch hüfthohes Gras und gingen um mannsgroße Bäumchen herum. Das waren keine Wüstenpflanzen, die sich an die Trockenheit gewöhnt hatten. Es war eine im kräftigsten Grün stehende üppig-tropische Vegetation.

»Ich kann einfach nicht glauben, was ich sehe«, sagte Adam endlich.

»Niemand, der das nicht gesehen hat, wird es glauben können«, fügte Rocky hinzu.

»Noch gewaltiger ist die Frage, was das ist, was wir hier sehen!« Adam wagte kaum, seine Gedanken anzudeuten.

Juliet, die mit ungläubigem Staunen hinter den beiden herging, sagte gar nichts mehr. Ihr hatte es die Sprache verschlagen.

Zwischen den Büschen und Gräsern sprossen Bäume aller Art. Doch keiner hatte Ähnlichkeit mit dem einen großen Baum mitten im Garten. Im Moment waren es etwa 50 Bäume, von winzigen Pflänzchen bis zu zwei Meter hohen Stämmen, die sich allem Anschein nach erst am Beginn ihres Wachstums befanden. Man konnte sich ohne Weiteres vorstellen, dass diese Entwicklung die einstige Wüste in wenigen Jahren in einen Wald verwandeln würde.

Bald kamen sie zu dem Baum, der in der Mitte der Vegetation wuchs und schon dreieinhalb Meter hoch war. Sie blieben stehen und betrachteten ihn staunend. Er war etwas Besonderes. Sie konnten ihre Augen nicht von ihm abwenden. Er war wunderschön. Aber es war noch mehr als das. Er war voller Leben. Wenn man ihn sah, konnte man förmlich Leben sehen.

Es war auf jeden Fall kein Affenbrotbaum. Vielmehr unterschied er sich von jedem Baum, den die drei jemals gesehen hatten. Andererseits schien er sie auch an jeden Baum zu erinnern, den sie jemals gesehen hatten. Adam wurde den Gedanken nicht los, dass von diesem Baum alle Arten von Bäumen ausgegangen waren, die auf der Erde wuchsen.

Nach einigen Minuten riss Adam sich von diesem Anblick los. »Wir sollten mit unserer Arbeit beginnen«, seufzte er, »auch wenn man es fast nicht wagt, diese Wunderwelt hier zu berühren. Helft ihr mir?« Adam kniete bereits neben seinem Rucksack, holte das Werkzeug heraus und begann, aus den dicken Wurzeln Proben zu nehmen. Hier war alles mit Wurzeln überzogen, der ganze Boden bestand aus einem dichten hölzernen Gewebe von Wurzeln. Aus einer dieser Wurzeln war der Baum gewachsen. Dem Wurzelwerk nach zu urteilen musste alles hier sehr alt sein. Es sah nicht so aus, als wäre erst vor drei Jahren das erste Grün gesprosst. Nein, diese Wurzeln waren viel, viel älter.

Adam bohrte von zwei Seiten Löcher in den Stamm und holte die Probe vorsichtig heraus, so wie Dr. Cissna es ihm beigebracht hatte. Dann wurde der Holzzylinder in ein langes durchsichtiges Plastikröhrchen geschoben und sorgfältig verschlossen. Da der Baum etwa drei Jahre alt war, waren im Stamm auch drei Jahresringe zu erwarten. Entsprechend überrascht war Adam, als er das Holz betrachtete. Er hielt das Röhrchen erstaunt von sich weg und sah die anderen ratsuchend an.

»Das gibt's doch nicht!«

Rocky und Juliet waren schon bei ihm. Alle drei starrten auf den Querschnitt des Baumstammes, der aus Hunderten, nein, Tausenden von dichten Ringen bestand. Die Ringe waren so kompakt, dass man sie unmöglich zählen konnte.

»Das kann nicht sein«, staunte Adam und versuchte, die Ringe zu zählen. Es gelang ihm nicht. Kopfschüttelnd ließ er die Arme sinken. Adam setzte sich ins Gras und gab Rocky das Röhrchen. Auch der war ratlos: »Dieser Baum kann unmöglich so alt sein.«

»Ich habe eine Idee«, sagte Adam nach einigen Augenblicken mit neuer Frische. »Ich bohre jetzt eine Wurzel an. Vielleicht sieht die auch so aus. Möglicherweise ist dies gar nicht der Stamm.«

Adam kniete sich vor einer dicken Wurzel nieder und begann, seinen Bohrer quer hindurchzutreiben. Die Wurzel war dicker, als sein Werkzeug lang war. Verwundert montierte er einen anderen Bohrer und ging in die Tiefe.

Je länger er arbeitete, umso erstaunter war er.

»Keine Wurzel kann so dick sein«, erklärte er schließlich. »Ich komme nicht durch.«

Er verlängerte seinen Bohrer noch einmal und versuchte es wieder. Eine halbe Stunde lang arbeitete er so. Schweiß rann über sein Gesicht und die Arme wurden ihm schwer. Am Ende hatte er eine eineinhalb Meter lange Probe, aber er hatte immer noch nicht das Ende der Wurzel erreicht.

»Dieses Wurzelsystem kann ich mit meinem Werkzeug nicht untersuchen«, fasste er seine Arbeit schließlich zusammen. »Soweit ich das jetzt beurteilen kann, ist diese Wurzel mehrere Meter dick. Sie geht tief ins Erdreich hinein.«

Er legte das Werkzeug weg, strich sich die Haare aus der Stirn und setzte sich zwischen seine Proben und Geräte ins Gras.

»Hier haben wir Pflanzen, neben denen sehen die Borstenkiefern und die afrikanischen Affenbrotbäume wie Sprösslinge aus. Ich muss noch mehr Proben von verschiedenen Seiten entnehmen.«

»Aber könntest du mit so vielen Löchern nicht dem Baum schaden?«, wandte Juliet besorgt ein.

»Nein, mir kommt es eher so vor, als ob kein Mensch etwas tun könnte, das diesem Baum schaden würde. Aber könntet ihr nicht unterdessen möglichst viele verschiedene Blätter, Zweige, Gräser und Früchte von all den anderen Pflanzen hier sammeln? Wir müssen davon ausgehen, dass wir nicht mehr hierherkommen werden.«

Frau D'Abernon fühlte, dass etwas faul war. Ob Livingstone überhaupt hierher kam? Ein schrecklicher Gedanke kam ihr ins Bewusstsein: Möglicherweise war der alte McCondy gar nicht verrückt gewesen, er hatte sich nicht in der Wüste verirrt, als er in Saudi-Arabien unterwegs gewesen war. Er wollte überhaupt nicht zum Dschebel Musa!

Sie musste es Zorin sagen.

»Wir haben ein Problem übersehen«, begann sie.

»Das Problem ist nicht zu übersehen«, gab er scharf zurück, »Livingstone kommt nicht.«

»Ich fürchte, wir sind am falschen Berg«, knurrte die Schweizerin.

»Hat er nicht vom Sinai gesprochen?«

»Das hat er tatsächlich. Aber dieser Berg hier heißt Dschebel Musa. Es gibt keinen Berg, der Sinai heißt.«

»Also könnte auch ein anderer Berg der Berg Sinai sein?« Zorin ahnte, was sie meinte.

»Wir brauchen einen Fachmann«, erklärte D'Abernon.

Die beiden stürmten hinaus. Den nächsten Mönch, der ihnen über den Weg lief, hielten sie an.

»Wir brauchen einen Historiker!«, verlangte Zorin.

»Bruder Skeggs ist unser Fachmann für historische Fragen«, antwortete der Mönch höflich.

»Wo steckt er?«

»In der Bibliothek. Aber bitte, beachten Sie –«

Die beiden waren schon weg. Augenblicke später drangen sie in die alte Bibliothek ein, die Schätze aus vielen Jahrhunderten enthielt. Sie war für Fremde nicht mehr zugänglich, seit vor einigen Jahren ein deutscher Tourist ein Buch gestohlen hatte.

Ein Mönch saß über einem sehr alten Buch. Zorin packte ihn am Kragen.

»Skeggs?«

»Ja.«

Der Mönch erschrak, aber er war kein Feigling. Obwohl er alt und schmächtig war und dem Eindringling rein äußerlich nichts entgegenzusetzen hatte, war er dennoch stark. Er war ein Mann, der seit Jahrzehnten in demütigem Gehorsam Gott gegenüber gelebt hatte. Die geistliche Welt war ihm vertraut und auch die Auseinandersetzungen der unsichtbaren Mächte. Auf Grund seines Glaubens besaß er eine innere Stärke, von der Zorin nichts wusste.

»Ich brauche Informationen«, verlangte Zorin und ließ ihn los. »Welche anderen möglichen Orte gibt es für den Berg Sinai?«

»Es gibt drei mögliche Routen, die das Volk Israel von Ägypten aus genommen haben könnte.«

Zorin sah finster drein. Er wollte nicht belehrt werden, sondern eine Antwort auf seine Frage.

»Manche denken, das Volk Israel wäre durch den nördlichen Teil der Wüste Sinai zum Dschebel Halal gegangen –«

»Das kann nicht sein«, unterbrach D'Abernon, die an McCondys Route damals dachte.

»Dann gibt es noch einen Berg in Saudi-Arabien, der immer wieder im Gespräch ist. Aber ich halte das für un–«

»Saudi-Arabien!«, rief D'Abernon. Dort hatten sie McCondy gefunden. »Welcher Berg?«

»Auf der anderen Seite des Golfes von Akaba. Aber ich glaube nicht –«

»Dort war McCondy!«

»Welcher Berg?« Zorins Stimme war aggressiv.

»Er liegt etwa 150 Kilometer östlich vom Roten Meer«, antwortete der Mönch. »Dort waren immer wieder Archäologen und haben sich gefragt –«

Zorin war schon wieder auf dem Weg nach draußen, D'Abernon folgte ihm.

»Moment!«, kam unerwartet ein Befehl aus dem Munde des Mönchs.

Die beiden blieben stehen und wandten sich ihm langsam zu. Bruder Skeggs spürte, wie die Kraft Gottes ihm Autorität gab. Trotz seiner körperlichen Schwäche stand er jetzt wie ein Riese vor den beiden skrupellosen, schwer bewaffneten Menschen, die von dem Blick des Mönchs festgehalten wurden.

»Im Namen Gottes, des Vaters, und im Namen seines Sohnes Jesus Christus«, Skeggs klare Stimme erfüllte den Raum, »ich verbiete Ihnen, dem Mann, den Sie verfolgen, auch nur ein Haar zu krümmen.«

Für einen Moment waren die beiden wie gebannt, sie konnten sich nicht bewegen und spürten körperliche Schwäche und Übelkeit.

Doch im nächsten Moment explodierte Zorin, zückte seine Waffe, sprang auf den Mönch zu, packte ihn mit der Linken und hielt ihm mit der Rechten die Pistole an die Schläfe.

»Wie wagen Sie es –?«

Bruder Skeggs hatte nicht versucht, zu fliehen oder auszuweichen. Die Autorität Gottes lag unverändert auf ihm. Er fürchtete sich nicht. Vielmehr sah er, innerlich betend, Zorin direkt in die Augen. Er pries die Macht und Größe seines Gottes, der den Bösen überwunden hatte.

Sekundenlang verharrten die beiden Männer so. Dann ließ Zorin los, drehte sich um und verließ fluchtartig den Raum. D'Abernon, die alles beobachtet hatte, warf einen letzten Blick auf den Mönch und verließ langsam den Raum.

Zorin wartete im Hof auf sie.

»Kein Wunder, dass wir Livingstone nicht fassen können«, dachte sie laut.

»Was reden Sie da?«, fragte Zorin aufgebracht. Er kochte vor Wut.

»Livingstone wird beschützt. Unsere Hände sind gebunden, schon die ganze Zeit. Wir können ihn nicht angreifen.«

»Unsinn!«, brauste Zorin auf. »Ich werde ihn finden und ich werde ihn töten, das schwöre ich Ihnen.«

»Wir haben keine Chance«, widersprach D'Abernon unbeeindruckt, »er steht unter einem Schutz, den wir nicht durchdringen können. Der Feind verfügt über Kräfte, denen wir nichts entgegensetzen können, wenn sie gegen uns eingesetzt werden.«

»Niemand kann sich uns widersetzen!«

»Oh, doch. Zorin, Sie haben keine Ahnung. Es gibt Kräfte, die scheinen Sie nicht zu kennen, und zwar auf beiden Seiten.«

Die drei Pilger hatten das Gefühl, im Paradies zu sein. Sie spürten einen Frieden und eine kindlich unbeschwerte Freude, die sie nie zuvor erlebt hatten. Am liebsten wären sie hier geblieben. Nur widerstrebend packten sie ihre Sachen zusammen und traten den Rückweg an. Sie nahmen eine andere Strecke als zuvor.

»Wir sollten den Gipfel besteigen«, schlug Adam vor. »Ich wünsche mir, dort oben zu stehen. Ich möchte den Baum, der dort wächst, aus der Nähe sehen. Vielleicht hat er Ähnlichkeit mit einer der Pflanzen, die wir hier unten in der Oase gesehen haben.«

»Sollen wir von ihm auch Proben nehmen?«, fragte Juliet.

»Natürlich –«

»Seht mal hier«, unterbrach Rocky, »ist das nicht vielleicht der Weg nach oben?«

»Stimmt, das könnte der Weg sein. Los, wir nehmen ihn«, erklärte Adam und marschierte los.

»Sieht so aus, als führte er bis zum Gipfel«, bestätigte Juliet.

Sie gingen hintereinander her. Der Weg war schmal und steil und nicht immer gut zu erkennen. Die Sonne stand jetzt schon wieder hoch am Himmel und die Temperaturen stiegen. Es war ein anstrengender Aufstieg. Alle drei schwitzten und mussten immer öfter stehen bleiben, um Luft zu holen oder einen Schluck zu trinken.

Der Weg wand sich um den Berg, in vielen Kurven und Windungen, mal steil hinauf, dann wieder etwas bergab, um Felsvorsprünge und über steinigen Grund. Juliet stolperte immer wieder.

»Warum sind hier nur überall so viele Wurzeln?«, beschwerte sie sich, erschöpft und etwas ärgerlich über den mühseligen Weg.

Zorin suchte den Piloten und schickte ihn zum Hubschrauber. »Sofort starten«, lautete der Befehl. D'Abernon holte Bonar. Wenig später erhoben sich alle vier in die Luft. Sie suchten die Umgebung ab. Doch von dem Archäologen und seinem Team war keine Spur zu sehen.

Die Mönche ließen ihre Arbeit liegen und verfolgten den Hubschrauber mit ihren Augen. Dann beriefen sie eine außerplanmäßige Messe ein. Sie hatten viel Grund, zu danken und zu bitten.

Als die Vier im Hubschrauber ganz sicher waren, niemanden in dieser Gegend übersehen zu haben, drehten sie und hielten auf den Golf von Akaba zu, überflogen ihn und sahen schon bald einen Berg vor sich aufragen, den der Mönch gemeint haben könnte.

»Es ist weit und breit die höchste Erhebung«, sagte Zorin und deutete auf den lange erloschenen Vulkan.

»Los«, befahl er dem Piloten, »das ist der Berg, dort müssen sie sein, ich bin mir ganz sicher.«

Rocky warf einen nachdenklichen Blick auf die Wurzel, über die Juliet gestolpert war. Dann drehte er sich zu Adam um: »Adam, weißt du, was mir gerade durch den Sinn geht?«

Adam verneinte.

»Stell dir vor, wenn Uropa wirklich hier war, dann wäre er doch ganz bestimmt auch auf den Gipfel des Berges gestiegen.«

»Du meinst, er hat auch diesen Weg genommen?«

»Ja, könnte doch sein, nicht?«

»Es könnte also sein, dass wir jetzt endlich genau in seinen Spuren gehen!«

Alle fanden den Gedanken beflügelnd. Mit neuem Elan gingen sie weiter. Einige Zeit später blieb Adam plötzlich stehen.

»Rocky, wenn das stimmen würde, was du sagtest und dein Urgroßvater hier hinaufgegangen wäre, dann hätten sie ihn auch auf diesem Weg verfolgt. Möglicherweise wäre er dann genau hier umgebracht worden.«

Schweigend gingen sie weiter. Es waren nur Vermutungen. Aber sie konnten es sich gut vorstellen, dass es so gewesen war.

»Sein Leichnam wurde nie gefunden, stimmt's?«, fragte Adam.

»Jedenfalls hat die Familie nie etwas erfahren«, antwortete Rocky.

»Meinst du, er wusste, dass er verfolgt wurde?«

»Wenn ja, dann hat er doch bestimmt versucht, zu entkommen oder sich zu verstecken.«

»Vielleicht ist er hier hinaufgerannt?«, überlegte Juliet.

»Dann wäre das sein letzter Weg gewesen, der Weg zum Ziel seines Lebenswerkes.«

Einige Schritte später hatten alle gleichzeitig denselben Gedanken.

»Die Höhlen! Er würde sich bestimmt in einer der Höhlen verstecken.«

Sie beschleunigten ihren Schritt. Rocky wollte den Mord an seinem Vorfahren aufklären und Adam wollte den Baum untersuchen, der dort oben so alleine stand.

Es war immer noch ein ganzes Stück bis zum Gipfel. Da hörten sie plötzlich ein Geräusch in der Ferne. Adam nahm das Fernglas und suchte den Himmel ab.

»Ein Hubschrauber«, rief er erschrocken, »der direkt auf uns zukommt.«

Das verlorene Paradies

Die Stimmung im Hubschrauber war alles andere als gut. Während des ganzen Fluges sagte Anni D'Abernon keinen Ton. Was sie in der Bibliothek erlebt hatte, war ihr so noch nie zuvor passiert. Davon hatte sie sich noch nicht erholt. Sie konnte den Blick des Mönches nicht vergessen.

So mächtig sie auch waren, hier war ihnen jemand begegnet, der eine Kraft hatte, der sie nichts entgegensetzen konnten. Er war ihnen überlegen, das hatte sie deutlich gespürt. Wenn diese Kraft hinter Livingstone steckte, dann konnten sie ihn stören, aber nicht auslöschen.

Obwohl sie mit Zorin mitgeflogen war, wusste sie doch, dass sie Livingstone entweder nicht finden würden oder ihm zumindest nichts anhaben könnten. Wenn sie an ihre Pläne dachte, war sie äußerst pessimistisch. Sie nahm auch in ihrem Inneren nichts mehr wahr, keine Wegweisung, keine Information. Sie war wie abgeschnitten von ihren Quellen.

Rocky, Adam und Juliet keuchten. Sie waren, so schnell sie konnten, in dieses Versteck gelaufen. Es war vollkommen dunkel in der Höhle. Kaum waren sie in Sicherheit, da kam der Hubschrauber auch schon. Er flog so tief über den Berg, dass der Lärm ihnen in den Ohren schmerzte. Sein Schatten verdunkelte den Eingang der Höhle.

»Sie haben uns bestimmt nicht gesehen«, ermutigte Rocky sich und die anderen.

»Wer ist das?«, fragte Juliet.

»Könnten das Saudis sein?«, vermutete Rocky.

»Ich glaube, es sind die gleichen Leute, die uns schon die ganze Zeit verfolgen«, mutmaßte Adam. »Wenn sie auch ein Exemplar von Harrys Buch haben, wie du neulich vermutet hast, dann wissen sie genau, dass er hier auf diesem Berg war.«

Angespannt lauschten sie den Motorengeräuschen, die immer wieder näher kamen, eine Kurve flogen, sich entfernten und dann wieder zurückkamen. Offensichtlich wurde der Berg genau abgesucht.

»Sieht so aus, als müssten wir noch eine ganze Weile hier bleiben«, meinte Adam genervt. »Was für Leute das auch immer sein mögen, sie haben eine Menge Ausdauer.«

»Hoffentlich entdecken sie den Landrover nicht«, sagte Rocky leise. Er machte sich ernsthafte Sorgen. Alle drei begannen, im Stillen zu beten.

»Ich kann nicht mehr sitzen«, stöhnte Juliet und versuchte, sich auszustrecken. Es ging nicht. Ihr Versteck war furchtbar eng. »Ich werde mich da hinten lang machen«, erklärte sie und war im nächsten Moment ins Innere der Höhle gekrochen.

»Komm sofort zurück«, fuhr Adam sie an, »so geht das nicht!«

Erschrocken hielt sie inne; diesen Ton hatte sie schon lange nicht mehr von ihm gehört.

»Sorry, aber das könnte gefährlich sein«, erklärte er schnell, »ich will nicht, dass du in ein Schlangennest trittst oder etwas Ähnliches. Warte, wir haben doch eine Taschenlampe –«

Er kramte die Taschenlampe hervor und kroch zu Juliet. Sorgfältig leuchtete er den hinteren Teil der Felsspalte aus. Plötzlich holte Juliet tief Luft: »Hast du das gesehen?«, rief sie.

»Nein, was denn?«

Juliet nahm die Taschenlampe und kroch vorsichtig weiter. Hinter einem großen Stein war etwas. »Schlangen sind das nicht«, grinste sie und schob sich noch näher heran.

Die beiden Männer sagten nichts. Juliet verdeckte ihnen die Sicht. Dann war ein Ausruf von Juliet zu hören, den man schwer deuten konnte. Kurz darauf kroch sie zurück. Es war dort hinten eng und schmutzig und was sie mitbrachte, war mit dem Dreck vieler Jahrzehnte bedeckt.

Aber auf Juliets Gesicht lag das größte Strahlen, das Adam jemals an ihr gesehen hatte. Sie legte den beiden Männern einen staubbedeckten, fleckigen, halbverfallenen Rucksack vor die Füße.

»Juliet!«, rief Adam und griff nach dem Fundstück. Sie hielt den Lichtstrahl darauf. Vorsichtig ließ er seine Finger über die Oberfläche gleiten, drehte den Beutel herum und richtete ihn auf. Ganz vorsichtig begann er, die große Klappe zu heben, die über der Öffnung des Rucksacks lag.

Auf der Innenseite war ein Name eingeprägt, der kaum noch zu lesen war. Juliet kam mit dem Licht näher und Adam buchstabierte: »Harry McCondy, Peterborough, N. H.«
»Das glaube ich nicht!«
Rocky schnappte nach Luft. Er war ganz blass geworden.
Adam sah Juliet bewundernd und voller Stolz an: »Du hast gerade deinen ersten bedeutenden archäologischen Fund gemacht.«
»Ich glaube es einfach nicht«, kam es noch einmal von Rocky, der näher gekrochen kam und ehrfürchtig auf das graue Gebilde starrte. Ganz vorsichtig berührte er mit einer Fingerspitze die staubige Oberfläche, als fürchte er, das Ganze würde im nächsten Moment zu Staub zerfallen.
»Alles klar, Rocky«, erklärte Adam mit gespielter Feierlichkeit, »du bist der rechtmäßige Erbe dieses Rucksackes. Er gehört dir.«
Rocky setzte sich zurück. Sonst konnte ihn so leicht nichts erschüttern, aber jetzt war ihm ganz flau im Magen.
»Adam, ich bin nur ein Detektiv. Du bist der Archäologe. Bitte untersuch du das!«

Adam fuhr ganz vorsichtig fort, das Gepäckstück zu öffnen. Als Erstes nahm er eine Butterbrotdose heraus. Sie war aus verrostetem Metall, verbeult und leer. Es folgten antike Instrumente und Messwerkzeuge, eine Mappe, die einige Geldscheine und verschiedene Landkarten enthielt, verschiedene Skizzen, eine Brille, eine Bibel im abgegriffenen schwarzen Ledereinband, ein fast zerfallenes Hemd, zwei Handtücher und verschiedene andere Kleinigkeiten.
Dann zog Adam ein kleines Notizbuch heraus.
Nur die ersten paar Seiten des Buches waren beschrieben. Der längste Eintrag stammte allem Anschein nach aus Harry McCondys letzter Nacht.
Juliet rückte näher zu Adam, Rocky ebenfalls. Während draußen der Hubschrauber immer noch seine Kreise zog, vergaßen die drei Verfolgten, auf seine Geräusche zu achten. Sie saßen dicht nebeneinander in der niedrigen, staubigen Höhle. Juliet hielt den Lichtstrahl auf das Buch, das Adam in Händen hielt. Alle drei waren voller Dankbarkeit.
Mit bewegter Stimme las Adam vor, was auf den vergilbten Seiten geschrieben stand:

»Vor zwei Tagen kehrte ich Kairo den Rücken. Morgen werde ich Arabien betreten. Mit Gottes Hilfe werden meine Augen dann sehen, wonach ich mich so lange gesehnt habe: den Berg Gottes, den alten Sinai.
Niemand glaubte meiner Theorie und es existiert auch kein mir bekannter Beweis dafür, trotzdem denke ich, dass Gott sich dort zum ersten Mal dem Menschen, Adam, gezeigt hat.
Dort hat der Allmächtige den Baum des Lebens gepflanzt. Nicht oben auf dem Berg, aber am gleichen Ort. Es ist die Mitte des Gartens. Den Berg ließ er erst später über dem Ort entstehen, um ihn zu verbergen. Der Ort des ersten Lebens sollte so auf den Tag seiner erneuten Offenbarung harren.
Im Baum des Lebens sehe ich das Symbol des Odems, den der Schöpfer in seine Kreatur blies. Er ließ den Baum für das Auge des Menschen verschwinden, indem er den Dschebel al Lawz an diese Stelle setzte und den Garten in eine Wüste verwandelte. Aber hier wird es wieder blühen, davon bin ich zutiefst überzeugt. Das erste Zeichen seiner Wiederkunft wird hier blühen.«

Adam sah Juliet und Rocky an. Sie waren sprachlos.
»Woher wusste er das alles, damals schon?« Juliet sprach aus, was die anderen dachten.
Adam las weiter:

»Früher wurde der Berg sowohl Sinai als auch Horeb genannt. Es ist ein heiliger Ort, die Mitte aller Dinge, das Zentrum des Lebens und das Herz des Gartens. Deshalb brachte Gott seine Freunde hierher, die Männer nach seinem Herzen, Mose und Elia. Heute ist dieser Ort unbekannt. Die meisten Menschen, die nach dem Berg Sinai suchen, gehen in die Wüste Sinai. Doch Gott wird wieder Gläubige hierher führen, wie er auch mich hergebracht hat. Gottes Plan mit diesem Garten, seinem heiligen Berg und dem Leben spendenden Baum ist noch nicht erfüllt.
So bewahrte der Allmächtige diesen Baum in der Wüste, bedeckt und beschützt von einem Berg, gespeist vom unterirdischen Wasser der Flüsse Edens.
Die Quelle, aus der die vier Flüsse des Gartens entsprangen, brach aus dem Felsen Refidim, als Mose ihn im Namen Gottes schlug. Der gespaltene Felsen ist bis auf den heutigen Tag zwi-

> schen dem Golf von Akaba und dem Dschebel al Lawz zu sehen.
> Das Leben der Schöpfung hatte Fortbestand, trotz aller Zerstörungskraft der Sünde. Durch die Sünde des Menschen wurde der Garten verschlossen, ein großer Graben spaltete die Erde, die Flüsse und ihre Quellgebiete verschwanden, der Nil verkehrte seinen Lauf, aus dem Pischon wurde ein Meer und alle Hinweise auf den Garten wurden unsichtbar.«

Juliet konnte nicht mehr an sich halten: »Das ist ja alles genau so, wie wir es am Computer gesehen haben!«

Adam las weiter:

> »Die Nachfahren Adams wanderten von da an gen Norden, nach Mesopotamien und gen Süden nach Afrika, während die Erdoberfläche sich immer mehr veränderte.
> Ich glaube, Gottes Feuer brannte in einem Rest des Baumes, der in diesem Berg weiterlebte, als er mit Mose sprach. Der Baum hörte nie auf, zu leben und Leben zu geben. Wie wahr, dies war heiliger Boden, auf dem Mose stand. Die Gegenwart des Höchsten ist immer noch an dem Ort, an dem er am Anbeginn der Zeit das erste Leben schuf.
> Für mich sind der brennende Busch und der Baum des Lebens ein und dieselbe Pflanze. Deshalb konnte das Feuer den Busch nicht verzehren.
> Wir lesen später, dass er in Feuer und Rauch von diesem Berg aus zu den Israeliten sprach. Ich glaube, der Baum lebt. Unter dem heiligen Berg pulsiert das Leben. Eines Tages wird es offenbar werden. Der Garten wird gefunden werden und das wird das Zeichen seiner Wiederkunft sein.
> Auch in der Bibel finden sich Hinweise darauf, dass der Garten nicht verschwunden ist, sondern nur für eine gewisse Zeit verborgen wurde.
> Morgen werde ich zum heiligen Berg Gottes gehen. Ich werde die verborgenen und wunderbaren Dinge sehen, über die ich heute schreibe. Vielleicht darf ich selbst das Zeichen sehen, das auf die Erfüllung der Zeiten und die Wiederkunft des Herrn hinweist.
> Aber Menschen mit bösen Absichten werden versuchen, das zu zerstören, was Gott offenbart hat.«

Adam brach ab. Er sah Juliet und Rocky an. Ein seltsamer Ausdruck lag auf seinem Gesicht.

»Ich habe das Gefühl zu träumen«, sagte Rocky und strich sich über die Stirn. »Ich kann einfach nicht glauben, was ich da höre.«

»Von heute an gibt es nichts mehr, das ich nicht glauben könnte«, sagte Adam ruhig. »Als ich diese Suche begann, war ich mir nicht einmal sicher, ob es den Garten Eden überhaupt jemals gegeben hat. Und jetzt sitzen wir hier in einer Höhle in der Arabischen Wüste kurz vor dem Gipfel eines Vulkanes und sind ziemlich sicher, in der Mitte des Gartens zu sein, der sich von hier aus Hunderte und Tausende von Kilometern in alle Richtungen erstreckte. Und wir glauben, an dem Ort zu sitzen, wo Gott den Menschen geschaffen hat. Wem außer euch kann ich so etwas erzählen?«

Über ihnen drehte der Hubschrauber seine Kreise. Haldor Zorin hatte den Piloten angewiesen, so niedrig wie möglich zu fliegen. Mit einem erstklassigen Fernglas suchte er jeden Meter des Berges und der Umgebung des Berges ab.

Doch er sah nirgendwo eine Spur von Leben oder den Wissenschaftlern. Soweit das Auge reichte nur Wüste, ein leeres, verlassenes Land. Er konnte nichts sehen. Und Anni D'Abernon, die neben ihm saß, wusste, dass er nichts sehen würde, nichts sehen *konnte*. In ihm war kein Leben, kein Licht.

Sie saßen lange schweigend nebeneinander und ließen die Worte, die sie eben gehört hatten, auf sich wirken. Der Hubschrauber war schon einige Zeit nicht mehr zu hören. Schließlich raffte Adam sich auf: »Wir sollten den restlichen Weg zurücklegen. Ich will immer noch Proben von dem Baum dort oben nehmen – und von seinen Wurzeln«, ergänzte er einen Moment später.

»Wurzeln!« Plötzlich hatten sie alle wieder denselben Gedanken. Sie waren die ganze Zeit über Wurzeln gestolpert. Hatten sich darüber geärgert, aber nicht gewundert.

»Der ganze Berg ist mit Wurzeln bedeckt, mit großen, dicken Wurzeln!«

»Aber die einzigen Pflanzen hier weit und breit sind die dort unten in der Oase.«

Adam sah den Zusammenhang als Erster: »Versteht ihr denn nicht? Diese Pflanzen gehören alle dem gleichen Wurzelsystem an.«
»Der ganze Berg?«
»Könnte das sein? Ist das alles die Wurzel eines einzigen Baumes, des einen Baumes?«
»Wir müssen von den Wurzeln überall auf dem ganzen Weg Proben nehmen. Wenn sie alle zusammengehören – ich wage gar nicht, mir das auszumalen!«

Als die drei Wanderer wieder in ihrem Landrover saßen, waren sie gleichzeitig erschöpft und begeistert. Der Hubschrauber war nicht wieder zurückgekommen.
Kopfschüttelnd sahen sie zu dem Berg zurück.
»Wir müssen diese Proben in Sicherheit bringen«, sagte Adam. »Wir wollen so schnell wie möglich nach England zurück. Die Proben, die wir in unserem Gepäck haben, könnten für die archäologische und die geistliche Welt wichtiger sein als Noahs Arche, Tutanchamun, ›Lucy‹ und alles andere zusammen.«
»Ich will deine Freude nicht dämpfen, aber wir haben jetzt eine weite, schwierige Nachtfahrt vor uns«, erinnerte Rocky ihn. »Wir müssen davon ausgehen, dass wir immer noch verfolgt werden.«

Geänderte Pläne

Zwei Tage später bezogen Adam, Rocky und Juliet drei Zimmer im »Ramses Hilton Hotel« in Kairo. Vom Gartenhotel aus gesehen lag es am anderen Ende der Stadt. Sie sehnten sich nach einem Bad, einer warmen Mahlzeit und einem weichen Bett – in genau dieser Reihenfolge. Außerdem wollte Adam so schnell wie möglich nach London zurück. Aus diesem Grund mietete er die Zimmer nur für eine Nacht.

Sie waren glücklich, aber gleichzeitig auch sehr erschöpft. Ihre Verfolger hatten sie fast vergessen.

Adam gab den anderen ihre Zimmerschlüssel und schlug vor, sich um 18.00 Uhr zum Abendessen zu treffen. Bis dahin hätten sie Zeit, sich frisch zu machen und auszuruhen.

»Wisst ihr«, meinte Rocky, »ich glaube, für mich wäre es heute Abend am angenehmsten, wenn ich gar nicht mehr vor die Tür müsste. Geht ihr doch alleine essen und ich lasse mir etwas aufs Zimmer bringen.« In seinen Augen blitzte ein wissendes Lächeln. Er ahnte, dass Adam gerne einmal mit Juliet allein sein würde.

Adam sah Juliet an: »Dann sollten wir uns vielleicht erst um halb acht verabreden. Ich finde, das klingt irgendwie romantischer.« Juliet widersprach nicht.

Als Juliet an Adams Seite das Hotelrestaurant betrat, konnte sie sich keinen schöneren Platz auf Erden vorstellen. Alles war so romantisch und sie war so glücklich. Der Mann an ihrer Seite war der Mann, mit dem sie den Rest ihres Lebens verbringen wollte. Sie konnte ihn kaum ansehen, ohne zu erröten und verlegen zu werden.

Die beiden hatten keine elegante Kleidung bei sich. Nachdem sie sowohl Afrika als auch Kairo fluchtartig verlassen hatten, war ihre Garderobe sehr beschränkt. Aber selbst wenn Adam wie Gilbert

Bowles von Kopf bis Fuß im Khaki-Tropenanzug gesteckt hätte, für Juliet wäre er doch ihr Traumprinz geblieben. Für sie schienen alle Träume wahr zu werden und sie war entschlossen, diesen Abend zu genießen.

Sie setzten sich auf die offene Veranda. Auch hier konnten sie auf den Nil sehen. Die Mondsichel wurde langsam voller und spiegelte ihr silbernes Licht im Wasser, über das alte Segelboote glitten. Die Geräusche und Gerüche der Stadt drangen zu ihnen empor. Eigentlich war Kairo eine sehr schöne Stadt.

Auf dem Tisch flackerte die Kerze im Wind.

»Woran denkst du?«, fragte Adam.

»Es ist alles so schön, ich kann einfach nicht glauben, dass ich wirklich hier bin«, seufzte sie und lächelte ihn an.

»Soll ich dich zwicken?«, bot er sich bereitwillig an.

»Nein, lass das ...«

»Also, woran denkst du?«

Es gab tausend Gründe, warum sie ihm das nicht sagen wollte. Eigentlich durfte sie das weder denken noch fühlen.

»Nun, ich dachte an so viele Dinge, an Afrika, Akaba, das kleine Schiff ... wir haben so viel gesehen.«

»Was noch?«

»Ach, ich dachte an Rocky und das Notizbuch, den Baum –«

»Und?«

»Adam, warum fragst du so? Du kannst dir doch denken, an was ich alles denke! Ich habe in so kurzer Zeit so viele verschiedene Menschen und Länder gesehen wie nie zuvor in meinem Leben.«

»An wen hast du sonst noch gedacht?«

Adam lächelte dieses charmante Lächeln, mit dem er schon so manches Frauenherz erobert hatte. Juliet hatte sein kleines Spiel längst durchschaut. Sie fuhr fort: »Ich denke auch manchmal an meine Tante, meine Mutter ...«

»Juliet!«, unterbrach Adam sie und sah dabei so demonstrativ enttäuscht aus, dass sie herzlich lachen musste. Dann wurde sie wieder ernst. Sollte sie es ihm wirklich sagen?

»Was willst du hören? Also gut, an dich habe ich auch gedacht. Ich denke viel zu viel an dich und das weißt du auch, stimmt's?«

Adam sah sie an, ein langer, tiefer Blick. Plötzlich stockte Juliet der Atem. Er griff über den Tisch hinweg nach ihrer Hand.

»Juliet, es gibt da etwas, das ich dir schon lange sagen wollte ...«

Juliet spürte, wie sie rot wurde. Sie atmete tief durch. Ihre Hände wurden feucht.

»Ich hatte lange Zeit das Gefühl, es sei einfach selbstverständlich, dass du da bist. Das meine ich nicht negativ. Aber du warst einfach da, so im Hintergrund – weißt du, was ich meine?«

Juliet nickte automatisch. Was meinte er? Sie war sich nicht sicher. In ihrem Kopf raste alles durcheinander.

»Außerdem hat sich bei mir immer alles um meine Arbeit gedreht. Und dann ist da natürlich Candace, das weißt du ja auch –«

Aha, das war es also. Juliet spürte förmlich, wie sie innerlich zusammensackte. Darauf wollte er also hinaus. Es wäre zwar nett mit ihr, man könne sich gut mit ihr unterhalten und er würde sie und ihre Arbeit sehr schätzen – aber er sei mit Candace verlobt. Sie solle sich keine Hoffnungen machen. Hoffentlich sei sie nicht enttäuscht. Das war es bestimmt, was er ihr sagen wollte.

Eine ähnliche Enttäuschung hatte Juliet früher schon einmal erlebt. Sie kannte das Gefühl und wollte ihre Hand zurückziehen, aber Adam hielt sie fest. Er sprach weiter: »Seit du in Afrika bist, ist das irgendwie anders. Ich habe dich gerne dabei. Dann kam diese Nacht, als wir in der Schlucht zusammen spazieren waren. Und dann dein Einfall mit der Eden-Theorie. Da … ich –«

Adam seufzte tief. Juliet versuchte, sich zu räuspern. Ihre Kehle war staubtrocken.

»Also, was ich sagen will – das fällt mir jetzt irgendwie gar nicht leicht –«

In diesem Moment kam der Kellner und begann, sich an ihrem Tisch zu schaffen zu machen. Adam hatte Juliet losgelassen, sich zurückgelehnt und den Schweiß von der Stirn getupft. Der Kellner deckte den Tisch und stellte einen dampfenden Topf mit Reis und Gemüse in die Mitte des Tisches. Juliet senkte verlegen den Blick. Er war doch mit Candace verlobt – und sie selbst war neben ihr doch eigentlich nur eine graue Maus. Wie hatte sie nur auf die Idee kommen können – hoffentlich hatte er ihr nicht angesehen, dass …

Der Kellner brachte immer mehr Speisen, stapelte den Tisch voll, redete gleichzeitig mit Adam, war laut, hektisch und vertrieb jede Spur von Romantik. Als er endlich fertig war, begann Adam, das heiße Essen auf ihre Teller zu verteilen und Juliet zu erkären, wie man dieses typisch ägyptische Gericht aß. Doch eigentlich hatte sie keinen Appetit mehr.

Gegen 21.00 Uhr standen sie vom Tisch auf. Adam führte sie zur Veranda. Sie gingen ein bisschen umher, Juliet blieb einsilbig. Wahrscheinlich wollte er einfach nur nett sein und hätte jetzt in Wirklichkeit lieber Candace bei sich gehabt – am liebsten hätte sie sich zurückgezogen.

Adam überlegte die ganze Zeit, wie er an das Gespräch von vorhin anknüpfen könnte. Er dachte so angestrengt nach, dass sich Falten auf seiner Stirn bildeten. Schweigend ging er neben Juliet her. Sie sah seinen Gesichtsausdruck und deutete ihn völlig falsch. Wahrscheinlich war es ihm unangenehm, dass sie jetzt bei ihm war. Er dachte bestimmt an Candace ...

Dann rief der Kellner nach ihm. Ein dringendes Ferngespräch.

Der Kellner gab Adam ein schnurloses Telefon. Als Adam jedoch hörte, dass sich Gilbert Bowles am anderen Ende meldete, bat er darum, das Gespräch in sein Zimmer zu legen.

Eilig verabschiedete er sich von Juliet: »Ich weiß nicht, um was es geht, aber es klang wichtig und schwierig. Es ist wohl besser, wenn du nicht auf mich wartest. Schlaf gut, ja? Gute Nacht.«

Und weg war er. Sie sagte nichts, lächelte tapfer, versuchte, ihre Gefühle zurückzuhalten, und wunderte sich, dass Adam die Verzweiflung und die Tränen nicht gesehen hatte, die ihr in den Augen standen.

Sie tröstete sich mit dem Gedanken: *Ach, ich bin selbst schuld, wie konnte ich nur glauben, dass er für mich dasselbe empfindet?*, während Adam zu seinem geheimnisvollen Telefongespräch eilte.

»Sir Gilbert, was für eine Überraschung!«

»Für mich ebenso wie für Sie, glauben Sie mir das.«

»Bitte entschuldigen Sie, dass ich Sie so lange warten ließ, aber jetzt können wir ungestört reden. Was kann ich für Sie tun?«

»Die Frage lautet eher, was ich für Sie tun kann«, widersprach Bowles.

»Meinetwegen auch das. Aber sagen Sie mir zuerst, wie Sie mich hier aufgestöbert haben?«

»Ich habe überall meine Kontakte«, wich Bowles aus. »Livingstone, ich weiß nicht nur, wo Sie sind, sondern auch, dass Sie auf dem Berg in Saudi-Arabien waren.« Dieser Satz war nur Bluff. Die drei bewaffneten Männer, die um Bowles herumstanden und ihn zu diesem Telefonat zwangen, hatten ihm den Satz so aufgeschrieben. An Livingstones Reaktion würden sie erkennen, ob ihr Verdacht richtig gewesen war.

»Sie haben Ihre Augen wirklich überall, Sir Gilbert«, antwortete Adam etwas vorsichtiger.

»Sie wissen, welchen Berg ich meine, nicht? Ich spreche vom Dschebel al Lawz.«

»Ich kenne ihn.«

»Ich war heute auch dort. Sie wussten nicht, dass ich Ihnen folge, stimmt's?«

»Nein, das wusste ich nicht.«

Adam hatte Magenschmerzen. Nicht nur sein momentaner Aufenthaltsort war bekannt, sondern auch seine Reise der letzten drei Tage. Das war alles andere als erfreulich.

»Jedenfalls, als ich dort war, habe ich etwas gefunden, das Sie wohl übersehen haben müssen. Etwas, das von zentraler Bedeutung ist. Und jetzt passen Sie auf: Ich will, dass *Sie* die Entdeckung machen. Es soll Ihre Schlagzeile sein.«

»Das passt aber nicht zu Ihnen, Bowles.«

»Ich weiß ja, dass Sie in letzter Zeit ziemlich fromm geworden sind. Und was ich gefunden habe, hat für meinen Geschmack viel zu viel mit Religion zu tun. Es ist übersät mit alten, religiösen Inschriften. Wenn es das ist, was ich vermute, dann muss ich am Ende selbst noch meine Weltanschauung ändern.«

»Was ist es denn?«

»Das möchte ich Ihnen lieber persönlich zeigen. Nur so viel: Es beweist, dass eine Menge Leute am Fuße des Berges lagerten und dass sie eine Art Gott oder Götzen in Gestalt eines goldenen Kalbes verehrten. Klingt das interessant für Sie?«

»Ja, natürlich.«

»Dann kommen Sie morgen früh zu mir. Ich schlage 11.00 Uhr morgen Vormittag vor. Dann haben Sie genügend Zeit, ein Flugzeug zu mieten und nach Al Humaydah zu kommen. Dort bin ich im Moment. Von dort mieten Sie sich einen Jeep und kommen zum Berg. Der Hotelier wird Ihnen ein Fahrzeug geben. Vom Hotel aus sind es noch 80 Kilometer bis zum Berg. Zwischen 11.00 und 12.00 Uhr erwarte ich Sie am Zaun. Sie wissen schon, was ich meine, der Zaun, hinter dem das ganze Grünzeug wächst.«

»Ja, den Ort kenne ich.« Doch Bowles hatte schon aufgelegt.

Früh am nächsten Morgen rief Adam seine beiden Freunde an und bat sie, in sein Zimmer zu kommen.

Als sie wenige Minuten später bei ihm waren, erklärte er ihnen die neue Situation.

»Was soll ich tun? Ich muss es riskieren«, sagte er ohne Begeisterung. »Es klang ziemlich wichtig und dringend.«

»Mir gefällt das Ganze überhaupt nicht«, protestierte Rocky.

»Ja, ich habe auch ein komisches Gefühl bei der Sache«, gab Adam zu. »Trotzdem will ich wissen, was er gefunden hat.«

Adam wandte sich an Juliet, die vom Vortag immer noch ein bisschen geknickt war.

»Juliet, du musst die Proben ins Labor bringen. Rocky, du solltest hier in Kairo auf mich warten, für den Fall, dass ich deine Hilfe brauche.«

»Ich lasse nicht zu, dass du alleine hier bleibst«, wehrte Juliet sich.

»Doch, es ist besser. In England bist du sicher. Das ist mir lieber. Je schneller du von hier weg bist, um so beruhigter bin ich.«

»Ich will mit Rocky auf dich warten!«

»Wir haben keine Zeit zu verlieren. Stell dir vor, sie würden die Proben vernichten! Wir müssen vorsichtig sein und dürfen kein Risiko eingehen. Das Wichtigste ist, dass wir so schnell wie möglich unsere Proben untersuchen und wissen, was wir gefunden haben. Außerdem bin ich in weniger als 24 Stunden auch in England.«

»Wann gehst du?«

»Sofort«, antwortete Adam. »Vor ein paar Minuten habe ich eine Maschine gemietet, mit der ich nach Al Humaydah fliege. Ich werde herausfinden, was Bowles für mich hat, dann fliege ich direkt zurück. Morgen früh werden wir alle zusammen bei deiner Tante am Tisch sitzen und frühstücken.«

Adam ging zu Juliet und umarmte sie.

»Es wird alles gut gehen, mach dir keine Sorgen«, sagte er sanft. »Scott wird dich abholen und nach Hause bringen. Du wirst schon heute Nachmittag dort sein. Dann kannst du deiner Tante ein bisschen erzählen. Vielleicht hast du sogar Lust, schon mit den Analysen anzufangen. Später am Abend kommen wir beide dann. Sollte irgendetwas dazwischen kommen, rufe ich an, das verspreche ich dir.«

Juliet hätte am liebsten geweint und sich fest an ihn gedrückt. Aber sie nickte nur und wartete steif, bis er sie wieder los ließ.

In die Falle gegangen

Allmählich ging Adam das Geld aus. Er bekam nirgendwo Bargeld und seine Schecks wurden nicht eingelöst. Er würde einiges klären müssen, wenn er wieder in England war. Wenn er nur schon dort wäre! Aber jetzt musste er zunächst noch dieses Treffen mit Bowles hinter sich bringen. Wer weiß, was da auf ihn wartete.

Unter ihm breitete sich die Wüste Sinai aus. Vor wenigen Stunden erst waren sie dort unterwegs gewesen, auf dem Weg zu der größten Entdeckung seines Lebens. Jetzt musste er schon wieder dorthin – wegen Bowles. Ausgerechnet wegen Bowles!

Seine Gedanken gingen zu seinen Freunden. Hoffentlich ging alles gut mit Juliet und Rocky. Während er an sie dachte, wurden seine Gedanken zu Gebeten. Beten war eine neue Beschäftigung, die ihm gut gefiel.

In zwei oder drei Stunden würde er wissen, was Bowles im Schilde führte. Bis dahin beschloss er, sich keine Sorgen mehr zu machen, sondern einfach den Flug zu genießen.

Unterdessen wurden Juliet, Rocky und die Stewardess am Kairoer Flughafen immer gereizter.

»Es tut mir Leid«, sagte die Stewardess und sah von ihrem Computer auf, »es gibt keinen direkten Flug nach England.«

»Welche Möglichkeiten haben Sie stattdessen?«, fragte Rocky. Er war entschlossen, sich nicht so leicht abfertigen zu lassen.

»Morgen Nachmittag –«

»Kommt nicht in Frage.«

»Gut, ich sehe nach, welche anderen Routen wir fliegen.« Sie sah nach, dann schlug sie vor: »Es gibt einen Flug über Paris mit vier Stunden Aufenthalt, Ankunft in London um 22.00 Uhr.«

»Nein, das ist zu spät.« Rocky war eisern.

»Über Rom – nein, da hätten Sie die ganze Nacht Aufenthalt, aber hier vielleicht, das sieht ganz gut aus. In einer Stunde geht eine Maschine von Kairo nach Amsterdam. In Amsterdam müssten Sie umsteigen. Trotzdem wären Sie um 15.00 Uhr in Heathrow.«

»Was meinst du, Juliet? Traust du dir zu, alleine umzusteigen?«

»Das schaffe ich schon, kein Problem.«

»Gut, dann buchen Sie bitte diesen Flug. Können wir das Gepäck gleich bis London einchecken?«

»Nein, das geht leider nicht, weil es sich um zwei verschiedene Fluggesellschaften handelt. Sie müssen in Amsterdam das Gepäck in Empfang nehmen und wieder neu einchecken.«

»Das wird schon klappen«, meinte Juliet zuversichtlich.

Als Rocky im Taxi saß und vom Flughafen zum Hotel fuhr, wurde ihm bewusst, dass er gar kein gutes Gefühl bei der ganzen Sache hatte.

In den letzten beiden Tagen hatte er sich zunehmend auf die archäologischen Fragen konzentriert und dabei seine sicherheitsbezogenen Aufgaben fast vergessen. Doch kaum war er alleine, begann sein detektivischer Verstand wieder zu arbeiten.

Etwas stimmte hier doch nicht. Er hatte ein ganz ungutes Gefühl. Als Privatdetektiv hatte er gelernt, solche Gefühle ernst zu nehmen.

Was konnte er tun? Adam flog nach Osten, Juliet nach Westen. Er saß in Kairo fest.

Als er wieder im Hotel angekommen war, rief er Scott an und teilte ihm Juliets Ankunftszeit mit. Was Scott ihm erzählte, verstärkte seine Unruhe nur noch. Schwer bewaffnete Männer hatten ihr Lager in Olduwai zerstört, und das nur wenige Stunden, nachdem Adam abgereist war. Von der Ausrüstung war praktisch nichts übriggeblieben.

Rocky dachte nach. Die letzten beiden Tage seit der Flucht aus dem Gartenhotel war alles gut gegangen. Erst mit Bowles' Anruf gestern Abend war es wieder komisch geworden. Was Adam von dem Anruf erzählt hatte, passte überhaupt nicht zu Bowles. Der würde doch nie im Leben einen wichtigen Fund an Adam abtreten.

Er wollte versuchen, herauszufinden, woher der Anruf gekommen war.

»Hallo, ich bin Adam Livingstone«, versuchte er, seine Stimme zu verstellen, als er den Hotelier anrief. »Ich bin im Zimmer meines

Freundes McCondy. Könnten Sie mir bitte sagen, woher der Anruf gestern Abend kam?«
Rocky wartete.
»Der Anruf kam aus England«, war die Antwort.
Er bedankte sich. Das hatte er befürchtet! Sie waren in die Falle gegangen. Adam war in die Wüste geschickt worden, damit sich die Gruppe trennte und sie sie einzeln fangen könnten.
Sekunden später war Rocky schon dabei, seine Sachen zu packen. Auch die Proben nahm er selbst in seinem Gepäck mit. Für den Kurier war jetzt keine Zeit mehr. Er musste sehen, ob er die Gefahr, in der Juliet sich möglicherweise befand, noch abwenden konnte.
Fünf Minuten später saß er schon wieder im Taxi. Er musste vor Juliet in Heathrow sein und wenn er den ganzen Vormittag in allen möglichen Standby-Flügen Stehplätze buchen müsste.
Er durfte keine Sekunde verlieren.

In Al Humaydah an der arabischen Küste des Golfes von Akaba gab es nur ein einziges Hotel. Es sah alles andere als einladend aus.
Als Adam die verfallenen Stufen hinaufging, kam er sich vor wie in einem Humphrey-Bogart-Film aus den vierziger Jahren. Allerdings – und bei diesem Gedanken musste er grinsen – zu Sir Gilbert passte es. Sein Kollege würde dem baufälligen Gemäuer genau das richtige Flair geben.
Aber ihm war alles andere als lustig zu Mute. Das Gefühl, dass bei der ganzen Sache etwas faul war, verstärkte sich.
Er fühlte sich mit einem Mal so allein, abgeschnitten von allem Vertrauten, getrennt von seinen Freunden und seinem Team. Er hatte kaum noch Geld, nur ein gemietetes kleines Flugzeug, das war alles, was er hier in der Arabischen Wüste als Sicherheit besaß.
Warum hatte er sich nur darauf eingelassen, hierher zu kommen? Es war wohl wirklich nicht die beste Idee gewesen.
»Ist mein Freund Gilbert Bowles schon gegangen?«, fragte er einen schmuddeligen Araber mit dichtem Bart, der gelangweilt an einem Tisch im Eingangsbereich saß.
»Bowles?«, fragte der Mann zurück.
»Ja, er hat die Nacht hier verbracht.«
»Hier kein Bowles«, antwortete der Mann desinteressiert und in schlechtem Englisch.

»Gilbert Bowles, hier in diesem Hotel?«
Adam versuchte, sein Anliegen ganz deutlich zu machen. Der andere schüttelte nur den Kopf. Er hatte schon verstanden, aber einen Bowles gab es hier nicht.
»Vielleicht hat er Ihnen einen anderen Namen genannt? Ein großer Mann ...«, versuchte Adam es weiter. Mit ausladenden Handbewegungen versuchte er, die Größe von Bowles zu demonstrieren.
»Kein Bowles, kein dicker Mann, kein Gast letzte Nacht. Drei Tage kein Gast. Nur du.«
Adam hatte verstanden. Bowles war nie hiergewesen. Man hatte ihn in eine Falle gelockt.
»Ich brauche ein Telefon.«
Der Mann schien nichts zu verstehen.
»Telefon?! Bitte, es ist dringend!«
Da deutete der Mann auf seinen abgeschabten Tisch. Adam verstand und legte ein paar von seinen letzten Scheinen hin. Die Augen des Mannes leuchteten auf.
»Sie verstehen mein Englisch also doch ganz gut! Jetzt verbinden Sie mich bitte mit dem ›Ramses Hilton Hotel‹ in Kairo, und zwar so schnell wie möglich.«
Der Mann stellte die Verbindung für Adam her und ließ die Scheine dabei nicht aus den Augen. Kaum hatte Adam nach dem Hörer gegriffen, da verschwand das Geld in seiner Hosentasche.
»Hier ist Adam Livingstone. Ich erhielt gestern Abend einen Anruf. Können Sie mir bitte sagen, woher der kam?«
»Herr Livingstone, ich verstehe Sie nicht. Haben Sie vergessen, was ich Ihnen vor einer Stunde gesagt habe?«
»Ich weiß nicht, was Sie meinen. Bitte, sagen Sie mir einfach, woher der Anruf kam.«
»Wie ich Ihnen vorhin schon sagte, Herr Livingstone, kam der Anruf aus England.«
Adam war schon draußen und rannte zum Flugzeug.
Wie konnte er nur so blind gewesen sein? Er war völlig naiv in diese Falle gegangen. Juliet war alleine. Wie hatte er sie angesichts all der Gefahren alleine reisen lassen können? Er liebte sie doch!
Plötzlich erkannte er es. Sie war mehr als ein Teil seiner Hausgemeinschaft oder seines Teams ... er liebte sie.
Doch anstatt sie zu beschützen, hatte er sie alleine gelassen.

Juliet war in Amsterdam gelandet. Bis jetzt war alles gut gegangen. Sie hatte auch ihr Gepäck ohne Probleme erhalten. Nun stand sie am Schalter der anderen Fluggesellschaft und wartete auf die Abfertigung zum zweiten Teil ihrer Reise.

Die Stewardess hatte ihr Ticket schon eine ganze Weile vor sich liegen, sah ratlos aus, suchte im Computer und fragte Kollegen. Juliet fing an, sich Sorgen zu machen. Soweit sie alles verstanden hatte, würde sie hier nur ihr Gepäck abgeben und eine Bordkarte bekommen. Warum war das denn so schwierig?

»Gibt es Probleme?«, fragte sie schließlich nervös.

»Ja, warten Sie, ich versuche noch etwas.« Die Stewardess tippte an ihrem Computer, dann starrte sie auf den Bildschirm. »Ich bekomme immer die gleiche Meldung, egal, was ich auch versuche: Ihr Ticket ist annulliert.«

»Was? Wieso denn das?« Ihr Herz schlug bis zum Halse. Sie hatte Angst. Etwas stimmte nicht. Sie war doch selbst dabei gewesen, als Rocky vor wenigen Stunden die beiden Tickets gekauft hatte.

»Können Sie mir ein neues Ticket ausstellen?«

»Einen Moment ...«

Die Stewardess sah wieder in ihrem Computer nach. Doch, es waren noch Plätze frei. Sie buchte ein neues Ticket für Juliet.

»Wie wollen Sie bezahlen?«

»Wieso bezahlen? Das andere Ticket war bezahlt. Ich muss doch nicht für den gleichen Flug zweimal zahlen?«

»Das andere Ticket wurde annulliert, ohne Rückerstattung, steht hier.«

»Da bleibt mir wohl nichts anderes übrig?« Adam würde sich darum kümmern müssen, sie wusste nicht, was sie jetzt tun könnte, außer noch einmal zu bezahlen. Juliet holte die Kreditkarte von Adam heraus, die Crystal ihr vor dem Abflug gegeben hatte, und reichte sie über den Schalter.

Die Stewardess schob die Karte durch das Lesegerät, zog die Augenbrauen zusammen und wiederholte den Vorgang. »Einen Augenblick, bitte«, sagte sie dann und stand auf. Sie ging zu einem Telefon, das ein paar Schritte entfernt stand und stellte sich mit dem Rücken zu Juliet.

»Bitte die Sicherheitsbeamten«, sagte sie leise, »hier ist der Fahrkartenschalter. Ich habe eine Passagierin, die versucht, eine Karte zu benutzen, die als gestohlen gemeldet wurde.«

Sie kam zurück an den Schalter. Juliet wartete nervös und ungeduldig. »Bitte haben Sie noch einen Moment Geduld«, sagte die Stewardess beruhigend und so freundlich wie möglich.

Ein paar Augenblicke später war alles vorbei. Zwei Uniformierte packten Juliets Arme von hinten. Sie fuhr herum, wollte sich wehren, fliehen, erklären, nichts half. Sie wurde mit Handschellen wie eine gefährliche Verbrecherin abgeführt. Zwei weitere Polizisten trugen ihr Gepäck hinter ihr her. Die Passanten beobachteten den Vorgang neugierig und erschrocken.

In einem fensterlosen Raum wurde sie mit ihrem Gepäck eingeschlossen. Nach einer halben Stunde öffnete sich endlich die Tür. Ein großer, elegant gekleideter weißhaariger Mann kam auf sie zu. Kalte Autorität ging von ihm aus.

»Frau Halsay«, sagte er, »mein Name ist Rupert Vaughan-Maier. Die Flughafenpolizei hat mich über Ihre Festnahme informiert. Ich werde mich jetzt persönlich um Sie kümmern. Bitte folgen Sie mir.«

Juliet sah auf ihr Gepäck. Sie war schneeweiß im Gesicht. Die ganzen kostbaren Proben. Es war so wichtig für Adam.

»Lassen Sie das stehen«, wies der Fremde sie an, als er ihren Blick bemerkte, »darum wird sich jemand kümmern.«

Es war schon spät am Nachmittag, als Adam wieder im »Ramses Hotel« ankam. Im Laufschritt nahm er die Treppen zu Rockys Zimmer. Keine Reaktion auf sein Klopfen. Er lief wieder hinunter.

»Haben Sie Herrn McCondy gesehen, den Amerikaner?«

Der Mann an der Rezeption wusste Bescheid.

»Er ist vor mehreren Stunden abgereist.«

»Wissen Sie, wohin?«

»Soweit ich weiß, zum Flughafen.«

Adam überlegte kurz und ging dann zu dem öffentlichen Telefon in der Lobby. Er wählte die Nummer vom Eichhof. Es dauerte einige lange Minuten, bis er endlich die Verbindung hatte.

»Frau Graves, hier ist Adam Livingstone«, sagte er so schnell wie möglich. Er hatte kaum noch Münzen. »Ich brauche Scott oder Crystal oder auch Jen, es ist extrem wichtig und eilig.«

Er wartete ungeduldig und trat nervös von einem Bein auf das andere. Endlich –

»Crystal, ist Scott da?«

»Er fuhr gerade wieder zum Flughafen.«
»Wieso ›wieder‹?«
»Er war zuerst dort, um Juliet abzuholen. Doch sie war nicht –«
»Oh mein Gott, das habe ich befürchtet –«
»Dann rief Herr McCondy an, dass er um 15.15 Uhr ankäme. Jetzt ist Scott noch einmal losgefahren.«
»Und?«
»Er hat gerade angerufen, McCondy ist unversehrt gelandet. Sie sind auf dem Rückweg.«
»Und Juliet? Habt ihr irgendeine Nachricht?«
»Es tut mir Leid, Adam, wir wissen gar nichts.«

Adam spürte, wie sein Magen sich in einen Stein verwandelte. Ihm wurde übel.

»Crystal, ich brauche Geld. Die Kreditkarten sind alle gesperrt.«
»Was hast du vor?«
»Ich will so schnell wie möglich nach England.«

Gefangen

Es war 9.35 Uhr am nächsten Morgen, als Adam in London ankam. Er war die ganze Nacht auf vielen Umwegen und mit verschiedenen Standby-Flügen unterwegs gewesen. Doch schlimmer als die Anstrengung der Reise oder der fehlende Schlaf war die Sorge um Juliet.

Scott und Rocky holten ihn ab.

Während Scott sie zum Eichhof fuhr, setzten Rocky und Adam sich nach hinten und Rocky erzählte zunächst, warum er früher von Kairo zurückgeflogen war.

»Als mir klar wurde, was hier gespielt wurde, hoffte ich, vor Juliet in Heathrow zu sein, um sie abfangen zu können. Ich dachte, unsere Feinde würden versuchen, sie in London zu erwischen.«

»Gute Idee. Aber –?«

»Sie kam nicht an. Ich habe sofort die Fluggesellschaften angerufen. Es hieß, sie sei in der Maschine nach Amsterdam gewesen und dort auch angekommen. Sie habe wohl auch ihr Gepäck abgeholt, es blieb jedenfalls kein Gepäck aus der Maschine zurück. Aber da endet die Spur.«

Adam stöhnte. Amsterdam!

»Ich fliege sofort hin!«, war Adams erste Reaktion. Er machte sich furchtbare Sorgen um Juliet.

»Nein, warte mal, ich habe noch mehr Ideen«, versuchte Rocky, seinen Freund zu beruhigen.

»Erst mal muss ich dir noch von dem Anruf erzählen –«

»Sie hat angerufen?«

»Nein, nicht Juliet, ein Fremder. Frau Graves war am Apparat. Er wollte dich sprechen. Frau Graves sagte, dass du nicht zu Hause bist. Darauf sagte er: ›Sagen Sie ihm, dass ich habe, wonach er sucht.‹ Das könnte die Spur zu Juliet sein. Leider konnten wir nicht herausfinden, von wo aus er angerufen hat.«

Adam lehnte sich zurück und schloss die Augen. Er machte sich Vorwürfe. Rocky sah es und schwieg. Einige Minuten lang beteten beide Männer leise, während Scott ihren Wagen durch den dichten Londoner Verkehr lenkte.

Dann setzte Adam sich wieder auf.

»Und was machen wir jetzt?«

»Ich dachte, du ruhst dich als Erstes ein bisschen aus. Dann besuchen wir Bowles. Er hat bestimmt ein paar wichtige Sachen zu berichten. Danach sehen wir weiter.«

»Bowles ist gut, ausruhen ist abgelehnt. Über die Reise nach Amsterdam sprechen wir dann nach Bowles.«

Nach kurzem Hin und Her setzte Adam sich durch. Es ging um Juliets Leben. Ausruhen konnte er noch lange.

Scott änderte die Richtung. Statt zum Eichhof fuhr er zu Gilbert Bowles' Privatadresse.

Bowles war ziemlich überrascht, als Adam, Rocky und Scott plötzlich vor ihm standen. Es blieb ihm nichts anderes übrig, als sie hereinzubitten. Adam war kaum im Zimmer, als er loslegte. Er platzte fast vor Fragen. Aber es kam nicht viel dabei heraus. Adam war zu erregt und Bowles zu verschlossen.

Rocky schob Adam zur Seite und übernahm das Verhör.

»Bowles, Sie wissen mehr, als Sie uns bis jetzt gesagt haben«, polterte er wütend. »Wenn Sie jetzt nicht sofort auspacken, werden Sie mich kennen lernen, das können Sie mir glauben.«

»Ich weiß nichts«, wiederholte Bowles. »Hier waren drei Leute mit Pistolen. Sie hielten mir ihre Waffen in den Rücken und an den Kopf. Livingstone« – hilfesuchend wandte er sich an den Kollegen, der neben Rocky stand –, »ich kenne Sie und wir hatten unsere Differenzen. Aber so etwas würde ich freiwillig nie tun, wirklich nicht. Ich bin doch kein Krimineller.«

»Und weiter«, drängte Adam, »was war dann?«

»Sie richteten ihre Waffen auf mich und schrieben mir genau vor, was ich zu sagen hatte. Ich kenne die Orte gar nicht, über die wir geredet haben, ich war noch nie in Saudi-Arabien.«

Rocky seufzte und fürchtete, dass er auch mit Gewalt nicht mehr aus Bowles herausbekommen könnte. Vielleicht wusste er wirklich nicht mehr. Bowles sah verfallen aus, aufgedunsen und fett, mit hängenden Augenlidern und roter, derber Gesichtshaut. In seinen Augen stand nackte Angst geschrieben.

Adam glaubte ihm, dass er die Wahrheit gesagt hatte, und einen Moment lang tat ihm der Kollege richtig Leid. Eigentlich war er doch arm dran. Er hatte keine Familie, keine Freunde und keinen Glauben.

»Sir Gilbert, beschreiben Sie uns die drei Leute noch einmal«, verlangte Rocky.

»Ich sagte doch schon, es waren zwei Männer und eine Frau. Ich habe sie nie zuvor gesehen. Sahen aus wie Geschäftsleute, ziemlich fein gemacht. Einer war grauhaarig, groß und athletisch, die Frau groß und muskulös, der dritte sehr klein, dick, mit Glatze, ein echter Engländer –«

Bowles stockte einen Moment. Dann erhellte sich sein Gesicht: »Moment, ich glaube, den Kleinen habe ich schon einmal gesehen. Er war auch auf der Gartenparty zu Ihren Ehren, Livingstone, im Sommer, bei der Queen.«

»Ach, und wer war es?«, fragte Adam schnell.

»Die junge Lady Montreux ging an seinem Arm, als sie ankam.«

Klein, dick, mit Glatze? Das war doch Lord Montreux!

Adam und Rocky rannten aus dem Haus, Scott folgte ihnen. Sie fuhren direkt zur Villa der Familie Montreux.

Rocky und Adam rannten auf den prunkvollen Eingang des Hauses der Familie Montreux zu, während Scott im Auto wartete und mit Crystal telefonierte. Scott berichtete von Adams Ankunft und fragte nach Neuigkeiten. Doch im Eichhof war alles unverändert und es gab auch keine Nachrichten von Juliet.

Adam klingelte unterdessen Sturm.

Es dauerte unerträglich lange, bis der Diener an der Tür erschien.

»Phelps, ich muss sofort mit Lord Montreux sprechen«, platzte es aus Adam heraus.

Ohne auf eine Aufforderung zu warten, ging er an dem alten Mann vorbei in die Eingangshalle. Dies war keine Zeit für Höflichkeitsfloskeln. Es ging um Juliets Leben.

»Tut mir Leid, Herr Livingstone, Lord Montreux ist verreist.«

»Wo ist er?«

»Ich bedaure, aber das hat er mir nicht verraten.«

»Dann möchte ich die junge Lady Montreux sprechen.«

»Sie fühlt sich nicht wohl und möchte keinen Besuch empfangen.«

Adam konnte nicht mehr an sich halten: »Gehen Sie zur Seite! Lassen Sie mich sofort durch. Ich werde mit ihr sprechen!«

Ohne auf weitere Reaktionen zu warten, rannte er die breiten Treppen hinauf und den Gang hinunter zu dem Zimmer, das er nur zu gut kannte. Rocky keuchte hinter ihm her.

Adam hämmerte mit der Faust gegen die Tür.

»Was ist denn?«, kam eine schwache Stimme.

»Bist du angezogen?«, fragte Adam ohne Umschweife.

»Ja.« Ihre Stimme klang kläglich. »Geh weg, lass mich in Ruhe, ich will dich nicht sehen!«

»Ich muss mit dir sprechen«, rief Adam. Bevor Candace aufstehen konnte, stand er im Zimmer, Rocky dicht hinter ihm.

Candace lag auf dem Bett und sah verweint aus. Sie war zerzaust, ungeschminkt und hatte wenig Ähnlichkeit mit der stolzen Lady Montreux, wie sie sich so gerne auf Gesellschaften präsentierte.

»Candace, wir haben keine Zeit für schöne Worte. Ich muss wissen, wo dein Vater ist.«

»Ich weiß es nicht. Er ist verreist, aber er hat mir nicht gesagt, wohin«, weinte sie plötzlich. Der Schock von Kairo, als sie in Gefahr war und alle sie verlassen hatten, saß tief.

»Und deine Mutter?«

»Ach, die weiß noch weniger als ich.« Adam wusste, dass sie Recht hatte.

»Adam«, Candace schluchzte jetzt, »ich ... es tut mir so Leid, alles. Adam, ich habe das alles für dich getan, für uns. Ich dachte, es wäre gut, wenn du auch in der Gesellschaft meines Vaters sein könntest. Ich habe es nicht immer gut gemacht. Aber ich habe es auch nicht böse gemeint.«

»Das hättest du dir sparen können, Candace«, sagte Adam kühl, »die Gesellschaft deines Vaters ist keine sehr ehrenwerte Organisation. Sie hätten mich längst umgebracht, wenn sie es gekonnt hätten, und jetzt halten sie wahrscheinlich Juliet gefangen. Nein, mit diesen Leuten will ich wirklich nichts zu tun haben.«

»Das wusste ich nicht ...«

Adam konnte sich zwar vorstellen, dass sie wirklich nicht viel über die Verbindungen und die dunklen Ziele ihres Vaters wusste, aber trotzdem ...

Rocky spürte, was in Adam vorging und zog ihn nach draußen. »Wir haben keine Zeit zu verlieren, los, komm schon! Du kannst dich später um sie kümmern!«

Er hatte Recht. Adam besann sich schnell wieder und folgte Rocky nach draußen.

Dort wurde in einer schnellen Lagebesprechung beschlossen, dass Rocky nach Amsterdam fliegen sollte, während Adam und Scott zum Eichhof fuhren. Rocky hatte mehr Erfahrung in solchen Dingen. Sie würden in engem telefonischen Kontakt bleiben. Adam wäre am liebsten selbst nach Amsterdam gefahren, aber Scott überzeugte ihn, dass es so am vernünftigsten wäre. Adam sah alles ein, obwohl es ihm unerträglich war, in dieser Situation untätig sein zu müssen.

Juliet trug Handschellen, als sie in Begleitung des weißhaarigen eleganten Herrn durch einige Seitentüren aus dem Flughafen gebracht wurde. Draußen wartete eine Limousine mit laufendem Motor. Gleich zu Beginn der Fahrt wurden ihr die Augen verbunden.

Sie hatte solche Angst, dass sie nicht klar denken konnte. Erins Tod stand ihr die ganze Zeit vor Augen. Es waren bestimmt die gleichen Leute. Sie würden sie wahrscheinlich auch umbringen.

Dazwischen fielen ihr die Worte von Erins Mutter ein: »Wann immer du Angst hast, egal, was für eine Situation es auch ist, rufe den Namen Jesu an. Bitte Jesus, dir zu helfen. Er wird dir immer helfen, egal, wie die Umstände auch sind.«

Nie zuvor in ihrem Leben hatte Juliet so verzweifelt gebetet – und war sich gleichzeitig doch so verloren vorgekommen.

Die Fahrt mochte etwa zwei Stunden gedauert haben, obwohl es ihr schwer fiel, die Zeit zu schätzen. Ihre Augen waren immer noch verbunden, als sie von dem Auto in ein Gebäude gebracht wurde. Sie wurde auf einen Stuhl gefesselt. Es war so dunkel, dass sie überhaupt nichts sah, obwohl man ihr die Augenbinde wieder abgenommen hatte. Sie saß in der Mitte eines Raumes, reglos, stundenlang. Sie hatte keine Ahnung, wo sie war.

Es blieb die ganze Zeit undurchdringlich finster, auch wenn Leute in den Raum kamen. Sie hatte etwas Wasser bekommen und zur Toilette gehen dürfen. Nur schlafen durfte sie nicht. Etwa alle halbe Stunde kam jemand zu ihr und stellte ihr Fragen. Es waren immer wieder andere Leute, die sich aber alle für Adams Forschung interessierten. Bis jetzt hatte sie es geschafft zu schweigen. Aber sie wusste nicht, wie lange sie das noch aushalten würde. Sie war so müde. Man gönnte ihr keine Ruhe. Kaum waren ihre Augen zugefallen, kam schon wieder jemand. So auch jetzt.

Schritte, das Schloss drehte sich, die Tür wurde mit einem leichten Quietschen geöffnet. Es klang, als kämen zwei oder drei Personen herein. Die Schritte blieben direkt vor ihr stehen.

Finsternis. Stille. Und eine ganz deutlich böse Gegenwart. Zusammen mit den Personen war etwas in den Raum gekommen, das sie erschaudern ließ.

»Frau Halsay.« Eine tiefe weibliche Stimme war zu hören.

Juliet fuhr zusammen. Die Person stand auf Armeslänge vor ihr. Es musste eine Frau sein, obwohl die Stimme rau und hart klang.

»Sind Sie müde?«

»O ja, sehr«, stöhnte sie.

»Möchten Sie schlafen?«

»Ja, sehr gerne«, wimmerte Juliet erschöpft.

»Dann sagen Sie mir, wo Adam Livingstone war und was er gefunden hat. Ich muss das wissen, verstehen Sie?«

»Das kann ich Ihnen nicht sagen.«

»Es ist falsch, sich mir zu widersetzen«, sagte die Stimme mit einer Autorität, die Julia fast lähmte vor Angst. Hier war etwas ganz besonders Böses anwesend.

»Ich kann es Ihnen nicht sagen.«

»Wir werden Livingstone nichts tun. Er ist ohnehin nicht mehr in Afrika, er ist wieder in England. Und Ihnen wird auch nichts geschehen. Nachdem Sie meine Fragen beantwortet haben, dürfen Sie schlafen. Sie waren mit ihm in der Wüste, stimmt's?«

Die Worte klangen freundlich, waren gleichzeitig aber wohl durchdacht, kalt und hypnotisch.

»Ja …«, begann Juliet schon, »ich meine … nein … ich weiß nicht, wo wir waren … ich kann mich nicht erinnern …«

»Was haben Sie gefunden?«

»Nichts … ich weiß nicht, … nichts … bitte, darf ich schlafen?«

»Sie haben also nichts gefunden? Und was ist das, was Sie in Ihrem Gepäck hatten? In Ihren Taschen sind Instrumente, Blätter, Holz, eine Menge von Proben. Was bedeutet das alles?«

Juliet schwieg. Die Fragerin schwieg ebenfalls. Es blieb fünf Minuten still. Die unangenehme Atmosphäre im Raum nahm zu.

Plötzlich traf sie ein greller Lichtstrahl. Zwei grüne Augen starrten sie aus unmittelbarer Nähe an. Die Augen waren höchstens 30 Zentimeter entfernt.

Juliet schrie vor Schreck laut auf, schloss ihre Augen und wandte das Gesicht ab.

»Öffnen Sie Ihre Augen«, befahl eine monotone Frauenstimme. Alle Freundlichkeit war aus ihr gewichen. Übrig blieb nackte Gewalt. Juliet zuckte zusammen und konnte nicht anders als zu gehorchen.

Das Gesicht hatte sich nicht entfernt. Die beiden Augen starrten unverändert direkt in ihre Augen. Juliet schauderte. Dies war die Macht, die sie und Adam die ganze Zeit bedroht hatte.

Der Mund vor ihr begann, Laute zu murmeln, die sie noch nie gehört hatte. Schauer liefen durch Juliet. Todesangst krallte sich um ihr Herz, schrecklicher als jeder physische Schmerz. Es war eiskalt in dem Raum, Juliet begann, am ganzen Körper zu zittern. Sie fühlte die Gegenwart von etwas Bösem im Raum.

Bis vor kurzem hätte sie noch behauptet, nicht an so etwas zu glauben. Doch nun erlebte sie, wie ein Fluch auf sie gelegt wurde.

Sie schloss ihre Augen und versuchte, sich abzuwenden.

»Öffnen Sie Ihre Augen«, kam es prompt mit bedrohlicher Gewalt in der Stimme.

»Sehen Sie mich an. Wenden Sie sich mir zu ... So ist es gut.«

Plötzlich waren fürchterliche Laute zu hören. Sie kamen ebenfalls aus dem Mund vor ihr. Es klang kaum noch nach einem Menschen.

Juliet spürte, wie jeder Widerstand in ihr zusammenschmolz. Sie starrte in die beiden Augen vor ihr. Sie bewegte sich nicht mehr. Dann spürte sie, dass ihre Gedanken nicht mehr das dachten, was sie wollte.

»Wo war er?«, prallte plötzlich eine zweite Stimme an ihr Ohr. Es war eine tiefe, volle Männerstimme, die nur wenige Zentimeter links hinter ihrem Kopf von einer zweiten Person kam. Juliet war sich seiner Anwesenheit gar nicht bewusst gewesen. Sie schrie entsetzt auf und versuchte, sich umzudrehen, um den Mann zu sehen. Sie spürte seinen heißen Atem in ihrem Nacken.

»Drehen Sie sich nicht um. Sehen Sie mir in die Augen!«, kam es im nächsten Moment wieder von vorn. Das grüne Augenpaar hypnotisierte sie weiter.

»Was hat er gefunden?«, kam es von dem Mann hinter ihr. Sie fühlte sich wie in einem Schlangennest. Von allen Seiten drang das Böse auf sie ein.

Sie begann zu schreien. »Aufhören ... lassen Sie mich gehen ... ich weiß nichts ... warum tun Sie das ... hören Sie doch auf ... BITTE!«

Die Frau vor ihr blieb eiskalt. »Sie müssen antworten«, sagte sie mit unbewegter Härte und murmelte wieder die schrecklichen Worte.

»Frau Halsay«, die zweite Stimme flüsterte von hinten eindringlich in ihr Ohr, »wenn Sie sich widersetzen, wird das schreckliche Folgen haben, für Sie und für Adam. Sie bringen sich alle beide in große Gefahr.«

Juliet schrie aus Leibeskräften. Sie wusste kaum noch, was sie tat. Nie in ihrem Leben hatte sie so laut und verzweifelt geschrien.

Plötzlich waren die Worte von Erins Mutter da. Juliet hörte auf zu schreien. In ihrem Geist geschah etwas. Klarheit kam. Erinnerung an Sonnenstrahlen, an Frieden, an Adam und die Höhle auf dem Berg Horeb. Plötzlich wusste sie, was zu tun war.

Mit letzter Kraft rief sie: »Jesus ... Jesus ... bitte hilf mir! ... Jesus ... hilf mir ... Jesus ...!«

Die Angst wich der Empörung und sie befahl, erst leise, dann immer lauter: »Im Namen Jesu, aufhören! Schluss jetzt, in Jesu Namen! Ich befehle euch, mich in Ruhe zu lassen! Weicht von mir, im Namen des lebendigen Gottes und seines Sohnes Jesus Christus! Jesus ist Sieger! Er hat die Macht der Finsternis besiegt!«

Während Juliet diese Worte aussprach, kam große Kraft in sie. Angst und Verzweiflung ließen nach. Zuversicht begann, sie zu erfüllen. Jesus war stärker als alles, was diese bösen Kräfte hier versuchten. Sie spürte, wie sich die Atmosphäre veränderte. Das Kalte, Bedrohliche, Finstere wich und Friede begann, den Raum zu erfüllen. Sie glaubte nicht nur an eine höhere Macht. Ihr Gott war real.

Plötzlich hörte sie hässliche Worte von draußen. Sie lauschte erschrocken. Die Personen, die sie eben noch bedrohten, waren hinausgelaufen. Nun gab es eine heftige Auseinandersetzung zwischen den beiden. Hass prallte aufeinander, Vorwürfe, Anklagen und Drohungen. Die Stimmen wurden lauter, die Worte schrecklicher.

Juliet spürte, wie die Angst zurückkommen wollte. Für einen Moment ließ sie sich von dem erneuten Entsetzen lähmen. Sie dachte an Dr. Cissna und Erin. Doch dann erinnerte sie sich: »Jesus ist Sieger!«

Sie begann zu beten. Es hatte genug Tote gegeben. Hier sollte nicht noch einmal gemordet werden. Während vor ihrer Tür der erbitterte Streit weiterging, betete Juliet inbrünstig um Frieden, Schutz und Versöhnung.

Sie wusste nicht, wie lange sie so gesessen hatte. Draußen war es schon lange still geworden. Sie versuchte, sich zu bewegen, aber die Fesseln schnitten nur noch tiefer in ihre Arme und Beine ein.

Dann hörte sie etwas. Zögernde, vorsichtige Schritte kamen zu ihr. Ihre Augen wurden wieder sorgfältig verbunden, dann wurden ihre Handschellen geöffnet und die Fesseln gelöst. Doch sie konnte nicht aufstehen. Zu lange war sie auf diesen Stuhl gebunden gewesen. Die Person griff unter ihre Achseln und zog sie hoch. Juliet konnte sich auf sie stützen. So gingen sie hinaus. Sie wurde wieder in den großen Wagen bugsiert.

»Wer sind Sie?«, fragte Juliet endlich, während der Wagen eine holprige Fahrt aufnahm.

»Fragen Sie nicht«, kam es leise zurück. Es war dieselbe Frauenstimme, die sie vorhin so bedrängt hatte. Aber sie klang ganz anders. Das Bedrohliche und Böse war verschwunden.

Juliet erinnerte sich an Jesus, wie sie ihn vorhin gesehen hatte. Und plötzlich hörte sie sich selbst sagen: »Wissen Sie, die größte Macht im Universum ist die Liebe und die Vergebung Jesu.«

Die Frau am Steuer sagte nichts.

Minuten später hielt der Wagen an. Die Frau half ihr, auszusteigen und führte sie ein paar Schritte über einen weichen Waldweg.

»Gehen Sie immer geradeaus, dann kommen Sie in ein Dorf, dort wird man Ihnen helfen.« Sie zögerte. »Wenn Sie mir versprechen, dass Sie sich nicht nach mir umdrehen, werde ich Sie nicht fesseln.«

Juliet war, als würde sie das alles träumen.

»Ich verspreche es«, sagte sie und spürte, wie sie eine Welle des Mitgefühls für diese Frau empfand. Liebe für ihre ärgste Feindin.

»Warten Sie«, sagte Juliet schnell und griff, immer noch mit verbundenen Augen, nach dem Arm der Frau. Sie zögerte, dann sprach sie es aus: »Vergessen Sie es nicht, Liebe und Vergebung sind stärker.« Juliet schluckte. Es war doch nicht ganz so einfach, obwohl sie Gottes Gegenwart spürte. Aber diese Frau war für den Tod von mindestens zwei ihr sehr lieben Menschen verantwortlich. Ihr Mund war trocken, aber es war deutlich zu hören, als sie es aussprach: »Ich vergebe Ihnen.«

Die Frau holte tief Luft. Juliet ließ ihren Arm los und hörte, wie die Frau zurückging. Einige Augenblicke später hörte sie, wie sich die Schritte langsam entfernten, dann befreite sie sich von der Binde über ihren Augen.

Sie befand sich in einem dichten grünen Nadelwald. Vor ihr lag ein kleiner Trampelpfad. Sie rieb sich die Augen und fröstelte. Es war ein kalter Herbsttag und sie hatte keine Jacke. Hinter sich hörte sie eine Autotür zuschlagen. Sie widerstand der Versuchung, sich umzudrehen. Stattdessen ging sie langsam geradeaus. Das musste sie erst einmal verarbeiten, was sie in den letzten Stunden alles erlebt hatte.

Anni D'Abernon saß am Steuer des großen Wagens und sah hinter der schlanken Gestalt her, die sich langsam von ihr entfernte. Sie konnte das, was sie heute erlebt hatte, nicht verstehen. Aber es war eine gute Kraft, von der sie heute besiegt worden war, das hatte sie deutlich gespürt. Während Juliets Gestalt immer kleiner wurde, saß Frau D'Abernon reglos am Steuer und kämpfte Gefühle nieder, die sie zum ersten Mal seit ihrer Kindheit spürte.

Juliet fror entsetzlich. Der Wald war feucht und kalt. Sie versuchte, zu rennen. Doch schon nach wenigen Metern bekam sie keine Luft mehr. Hunger und Müdigkeit hatten sie doch sehr geschwächt. Mühsam kämpfte sie sich vorwärts.

Als der Wald sich endlich lichtete und ein paar Häuser sichtbar wurden, war sie sehr erleichtert. Viel länger hätte sie nicht mehr gehen können.

Sie ging nur bis zum ersten Haus. Drinnen brannte Licht, der Schornstein qualmte. Eine junge Frau machte ihr auf und bat sie schon nach wenigen erklärenden Sätzen herein.

Von da an ging alles sehr schnell. Juliet rief in England an und löste grenzenlose Erleichterung aus. Als Rocky sich das nächste Mal dort meldete, erhielt er den Auftrag, Juliet abzuholen. Unterdessen wurde Juliet von der Polizei verhört. Dann endlich durfte sie, gestützt auf Rockys Arm, die Heimreise nach England antreten.

Liebe in Eden

Was Juliet jetzt erlebte, übertraf ihre kühnsten Träume. Nein, es war kein Traum. Sie ging neben Adam Livingstone durch das üppige, kräftiggrüne Gras, unter Bäumen und zwischen Sträuchern entlang. Der schroffe Vulkan erhob sich steil über ihnen. Beide folgten keinem Weg, denn in diesen Miniaturdschungel hatte noch niemand einen Weg gebahnt. Seit der Garten auf wundersame Weise zum Leben erweckt worden war, hatten ihn noch nicht viele Menschen betreten. Juliet lachte leise in sich hinein. So mußte sich Eva wohl gefühlt haben.

Eine ungewöhnliche Stille umfing sie. Unwillkürlich gingen sie langsamer und setzten ihre Füße nur vorsichtig auf die saftigen Pflanzen. Beide unterhielten sich nur leise. Sie waren von Ehrfurcht erfüllt. Es war ein einziges herrliches Wunder, in dem sie sich bewegen durften.

Adam und Juliet atmeten tief ein. Die Luft war so klar und rein, so frisch und kühl. Was für eine Wohltat, mitten in der Wüste diese Luft atmen zu können! Die Pflanzen waren teilweise hüfthoch, zum Teil überragten sie die beiden Spaziergänger auch. Die beiden konnten die Feuchtigkeit, die von den Pflanzen ausging, auf ihrer bloßen Haut spüren. Sie hätten sich nicht gewundert, wenn sie gleich ans Ufer eines Flusses gekommen wären, so feucht war alles.

»Wie hast du das nur geschafft, dass wir noch einmal hierher kommen durften?«, fragte Juliet.

»Ach, das war kein Problem, ich habe einfach ein paar Beziehungen spielen lassen«, meinte Adam leichthin.

Juliet schmunzelte: »Du bist ein ganz außergewöhnlicher Mann, Adam Livingstone.«

»Ich habe den Saudis versprochen, dass wir uns nur zwei Stunden hier aufhalten, dass wir nichts beschädigen und dass ich keine Instrumente und keine Kamera mitbringe.«

»Und was für Beziehungen hast du zu den Saudis?«, fragte sie neugierig.
»Das erzähle ich dir ein anderes Mal.«
»Ach du, ob ich jemals alles von dir wissen werde?«
»Ich hoffe nicht!«, lachte Adam. »Aber das werden wir ja in den nächsten Jahren herausfinden.«
Was hatte er da gesagt? Juliet hoffte, das richtig verstanden zu haben. Sie wechselte schnell das Thema.
»Du hast mir immer noch nicht gesagt, warum wir eigentlich hier sind.«
»Ich dachte, du freust dich, wenn wir den Garten noch einmal in Ruhe sehen können«, meinte Adam schelmisch. »Letztes Mal war es doch fast dunkel und wir hatten weder Zeit noch Muße, alles zu genießen.«
Sie gingen weiter und betrachteten das wild wuchernde und doch so harmonisch zusammenfließende Grün.
»Ist das alles hier nicht unglaublich?«, fragte Adam und deutete auf die Sträucher und Bäume, »das ist seit letztem Mal alles größer geworden. Wenn diese Oase sich so weiterentwickelt, wird sie bald den Zaun überwunden haben. Falls dieses Gebiet weiterhin eingezäunt bleiben soll, werden die Saudis jede Woche den Zaun versetzen müssen.«
»Wenn das Ganze ein Zeichen von Gott ist, dann wird kein Zaun es aufhalten können.«
Nach einiger Zeit ergriff Adam Juliets Hand: »Sag mal ehrlich, du weißt doch, warum wir hier sind, oder?«
Juliet errötete, sagte aber nichts. Ein schüchternes Lächeln umspielte ihren Mund.
»Du wolltest wissen, warum wir hier sind. Die Antwort ist, weil ich dir hier einen Heiratsantrag machen möchte.«
»O Adam«, strahlte Juliet ihn an, »ja ... JA!«
»Ja?«, fragte er. »Was meinst du?«
»Dass ich ja sage«, erklärte sie ihre Antwort, verdutzt über seine Frage.
»Nein, warte mal«, Adam lachte, »ich habe dich doch noch gar nicht gefragt. Das war doch erst die Erklärung, warum wir hier sind. Nur die Ruhe, Juliet, Liebes.«
Adam fand das Ganze lustig, aber Juliet war es peinlich. Das Rot ihrer Wangen vertiefte sich. Verlegen senkte sie den Blick.

Sie näherten sich dem Baum in der Mitte des Gartens. Er war mindestens 30 Zentimeter gewachsen, seit sie ihn zuletzt gesehen hatten. Am Fuße des Baumes stand etwas.

»Was ... was ist denn da?«, wunderte sich Juliet, machte sich von Adam los und rannte zu dem Baum. Adam folgte ihr.

»Na so etwas«, staunte Adam, »das sieht ja wie ein Picknickkorb aus.«

»Adam, hast du das etwa heimlich arrangiert?«, lachte Juliet. Sie hatte sich vor den Korb gekniet und hob den Deckel. Auf einem zusammengefalteten weißen Tischtuch lag eine wunderschöne rote Rose.

»Diese Rose ist für dich«, sagte Adam, kniete sich neben Juliet nieder und gab ihr die Rose. »Ich liebe dich, Juliet.«

Juliet nahm die Rose, schnupperte daran und holte tief Luft. So impulsiv sie sonst auch war, jetzt wurde sie ganz ruhig. Als Adam sie in seine Arme schloss, hatte sie Tränen in den Augen. Beide knieten unter dem Baum, während sie sich lange festhielten. Sie waren beide so froh, so unendlich froh!

»Willst du nicht nachsehen, was ich noch für uns eingepackt habe?«, fragte Adam schließlich und ließ Juliet los.

Juliet schniefte ein bisschen, grinste tapfer, tupfte ihre Augen trocken und blickte in den Korb. Sie legte das weiße Leinen auf die Wiese und breitete all die Leckereien darauf aus. Ein perfektes kaltes Menü entfaltete sich vor ihren staunenden Augen.

»Hoffentlich hat er keine Äpfel eingepackt?«, schmunzelte Juliet.

»Nein, Eva, keine Äpfel«, lachte Adam.

Ganz unten im Korb lag ein elegantes, mit Ornamenten verziertes Dokument.

»Was ist denn das?«, fragte Juliet und sah Adam fragend an.

»Lies es doch«, ermutigte er sie. Sie nahm die Urkunde heraus und las: »Für Juliet Livingstone, archäologische Assistentin und Leiterin der naturwissenschaftlichen Laboratorien. Hiermit bescheinigen wir der Obengenannten eine Anstellung auf Lebenszeit in den obengenannten Bereichen der Livingstone Forschungs- und Entdeckungs-GmbH.

Anmerkung: Der Obengenannten wird nie wieder gestattet sein, zur Bestreitung ihres Lebensunterhaltes Reagenzgläser zu spülen oder Pommes zu verkaufen.«

Sie stockte. Was stand da? Sie sah noch einmal genau hin und schon wieder schossen ihr die Tränen in die Augen: »Juliet Livingstone«.

»Ich hoffe, dass du in Zukunft unter diesem Namen arbeiten möchtest«, lächelte Adam, der ihren Blick beobachtet hatte, und nahm ihre Hand.

»Juliet, willst du meine Frau werden?«

Nun liefen ihr die Tränen übers Gesicht: »Ja, Adam, das will ich von ganzem Herzen.«

Zwei Stunden später gingen die beiden auf der Rückseite des Gartens hinaus auf den Berg zu. Heute bemerkten sie die Steigung des Weges kaum, so waren sie in ihre Unterhaltung vertieft. Sie hatten viele Themen, jetzt, da sie einen gemeinsamen Lebensweg vor sich hatten.

Nebenbei erlebten sie, was Harry McCondy geschrieben hatte: »Eden wird wiederhergestellt werden.« Der ganze Berg schien zu leben. Die vielen Wurzeln, über die sie letztes Mal ständig gestolpert waren, sandten überall kleine Sprösslinge aus. Man konnte das Leben des Berges förmlich fühlen. Es war, als bestiegen sie ein lebendiges Wesen.

»Wenn die Tests ergeben, dass der Baum unten, die Wurzeln hier am Berg und der Baum oben alle die gleiche DNS haben, dann wäre das doch der Beweis dafür, dass es sich um eine einzige Pflanze handelt, oder?«, überlegte Juliet.

»Ja, das sehe ich auch so«, bestätigte Adam. »Und dieses Ergebnis würde mich überhaupt nicht überraschen«, fügte er hinzu. »Wenn dies die Mitte von Eden und der Baum des Lebens ist, dann muss hier Leben herrschen, das alles andere Leben auf der Erde übertrifft. Denn dann nahm von hier aus alles irdische Leben seinen Anfang.«

Schweigend gingen sie ein paar Schritte weiter. Dann fragte Juliet: »Wie wirst du mit dieser Entdeckung umgehen?«

»Ich weiß es noch nicht«, überlegte Adam. »Irgendwie habe ich Skrupel, all das, was wir hier erkannt haben, publik zu machen. Viele würden dieses Phänomen ausschlachten, ohne auf die geistliche Dimension zu achten. Wie wir wissen, würden einige versuchen, alles zu zerstören. Wobei ich sicher bin, dass dies niemandem gelingen wird. Aber ich will Gottes Absichten nicht im Wege stehen. Er hat uns diese Zusammenhänge offenbart. Nun liegt es an uns, herauszufinden, was er damit vorhat. Das ist für mich kein archäologischer Fundort, es ist auch keine wissenschaftliche Entdeckung –«

»Es ist eine geistliche Offenbarung, oder?«, bestätigte Juliet. »Hier hat sich uns die Welt Gottes und seine Wahrheit offenbart. Das hat nichts mit den Wissenschaften der Menschen zu tun.«

»Genau. Deshalb möchte ich Gottes Führung erbitten, um mich in diesem Zusammenhang richtig zu verhalten.«

Sie überlegten. Vielleicht hatte Gott ihnen das alles gezeigt, weil er wollte, dass sie es bekannt machten? Sie könnten der Welt beweisen, dass die Bibel Tatsachen berichtet. Aber vielleicht war es auch etwas, das Gott nur ihnen beiden zeigen wollte? Möglicherweise wollte er gerade ihnen die Wahrheit seines Wortes zeigen?

Wie auch immer, eines stand fest: Solange sie nicht ganz sicher waren, was Gott von ihnen wollte, würden sie nichts unternehmen. Denn wie Rocky immer sagte: »Lieber einen Schritt hinter Gott hergehen, als ihm vornweg zu laufen.«

Sie freuten sich, als sie bei ihrem Aufstieg die Höhle wieder erkannten, in der sie sich vor dem Hubschrauber versteckt und Harry McCondys Rucksack entdeckt hatten.

Dann sahen sie den Baum. Seit sie die Löcher in seinen Stamm gebohrt hatten, schien er erst richtig zum Leben erweckt worden zu sein. Er grünte und gedieh in einem Maße, wie sie das noch vor ein paar Tagen nicht für möglich gehalten hätten. Staunend blieben sie in einigem Abstand stehen.

Adam legte seinen Arm um Juliet. Schweigend nahmen sie diesen Anblick in sich auf. Beide dachte das Gleiche: *Der Ort, an dem ich stehe, ist heiliger Boden.*

Unwillkürlich zogen sie ihre Schuhe aus und knieten sich nieder. Adam hielt Juliets Hand, während er betete: »Gott, bitte zeige uns, was wir tun sollen. Wir wollen deinen Willen tun.«

Als sie einige Zeit später Hand in Hand zurückgingen, sagte Adam: »Ich glaube, Gott hat mein Gebet schon beantwortet.« Juliet wartete geduldig, bis er einige Zeit später weitersprach.

»Was ich empfinde, ist, dass die Menschen insgesamt noch nicht auf Eden vorbereitet sind. Sie würden es nicht verstehen. So verhält es sich übrigens auch mit jeder göttlichen Wahrheit. Obwohl sie sichtbar ist, wird sie immer nur von einzelnen Menschen erkannt. Wie es mir ja auch gegangen ist: Ein Leben lang wusste ich um die Wahrheit Gottes, aber erst jetzt ist sie mir lebendig geworden.«

Juliet lächelte. Es war so schön, ihm zuzuhören.

»Andererseits spricht Rocky davon, dass wir uns zwischen zwei Zeitaltern befinden. Aber auch wenn das stimmt, muss doch alles nach Gottes Zeitplan erfolgen. Es ist nicht unsere Aufgabe, die Entwicklung zu beschleunigen.«

Adam schwieg. Dann sah er Juliet an: »Was denkst du?«

»Ich glaube, dass du Recht hast«, bestätigte sie.

»Dann werden wir einfach abwarten, wie Gott uns führt, und nichts verraten. Das Wachsen dieses Gartens hat Gott in Gang gesetzt. Die Menschen sollen es auf Gottes Art und zu seiner Zeit erkennen.«

»Ja, genau so sehe ich es auch. Gott hat den Garten verschlossen, er muss ihn auch wieder öffnen.«

Der Abstieg ging schnell. Als der Weg wieder eine Kurve machte, sahen sie zurück. Von dem Baum war nichts mehr zu sehen. Er wurde von den Felsvorsprüngen des kantigen, schroffen Gipfels verborgen. Man sah nur noch den kahlen Felsen. Es war nicht zu erkennen, dass der Dschebel al Lawz auch der Berg Horeb und der Berg Sinai war.

Adam und Juliet sahen sich an und lächelten. Gott hatte ihnen etwas Wunderbares gezeigt, was außer ihnen kaum jemand wusste.

Als Adam und Juliet zum Eichhof fuhren, sahen sie plötzlich, dass sie von einer Schar von Journalisten erwartet wurden. So lange waren sie unbehelligt gewesen, aber nun schien sich ihre Rückkehr doch herumgesprochen zu haben.

»Da sind sie ja alle wieder«, lachte Adam.

Im nächsten Moment war das Taxi auch schon umringt. Adam ließ anhalten und kurbelte das Fenster herunter. »Dr. Livingstone«, rief der Erste, »man sagt, Sie hätten in Afrika eine große Entdeckung gemacht.«

»Das kann ich nur bestätigen«, strahlte Adam, »sie sitzt direkt neben mir.«

»Ach so ... ja ... äh –«

Dem Reporter fiel einen Augenblick lang nichts ein. Er bückte sich, um einen besseren Blick auf Juliet werfen zu können.

»Ist das, äh, die neue ... Assistentin, von der Sie sprechen?«

»Nein, das ist meine Verlobte. Darf ich vorstellen: Juliet Halsay, zukünftige Juliet Livingstone.«

»Herzlichen Glückwunsch«, gratulierte der Reporter, »möchten Sie etwas sagen, Frau Halsay?«

»Adam hat mich schon vor Ihnen gewarnt. Ich soll Ihnen nur das sagen, was ich morgen in der Zeitung lesen will. Also schweige ich lieber.«

»Aber«, der Journalist hielt es nicht mehr aus, »haben Sie denn nun den Garten Eden gefunden? Diese Frage interessiert uns alle.«

»Wir haben den Garten der Glückseligkeit gefunden«, lächelte Juliet charmant, »wonach sollten wir jetzt noch suchen?«

Adam lachte. Er war richtig stolz auf seine schlagfertige Juliet.

»Dem habe ich nichts hinzuzufügen«, strahlte er den Reporter an, »mit diesen Worten meiner zukünftigen Frau ist das Interview beendet.«

Langsam bahnte sich das Taxi einen Weg durch die vielen Reporter. Sie wurden immer noch mit Fragen bombardiert.

»Was sind Ihre nächsten Pläne?«, fragte eine besonders laute Stimme.

»Ich habe einige private Dinge mit dieser Dame zu regeln.«

»Aber welches Forschungsprojekt verfolgen Sie als Nächstes?«

»Das werde ich Ihnen sicher nicht sagen. Sonst verraten Sie es wieder Sir Gilbert.«

Endlich hatten sie es geschafft. Sie passierten das Tor, das Scott ihnen geöffnet hatte und gleich wieder schloss, bevor die Reporter hereinkommen konnten.

Scott begrüßte Adam, als hätte er ihn seit Monaten nicht gesehen. Adam ging um den Wagen herum und öffnete Juliets Tür. Crystal und Jen kamen angerannt und umarmten Juliet.

Am Eingang standen Rocky und Frau Graves und warteten, bis der erste Jubel der jungen Leute abgeklungen war.

Dann zupfte Crystal ihren Chef am Ärmel: »Schau doch mal, wer noch da ist!«

Adam sah zum Haus – da kam seine Mutter auf ihn zu!

»Ich dachte, du wärst in Indien!«

»Nein, ich bin vorzeitig abgereist. Als ich hörte, dass es bald eine neue Frau Livingstone geben würde, wollte ich mich doch persönlich davon überzeugen.«

»Klasse, Mutter«, freute sich Adam und umarmte sie. »Juliet, komm«, rief er dann, »ich will dir meine Mutter vorstellen.«

Sie war schon zur Stelle. Die beiden Frauen begrüßten sich freundlich und umarmten sich leicht.

»Juliet, Sie müssen eine besondere Frau sein«, sagte Adams Mutter, »dass Sie es geschafft haben, die Aufmerksamkeit meines Jungen von seiner Arbeit abzulenken – das ist eine Leistung, die vor Ihnen niemand geschafft hat! Ich heiße Sie herzlich willkommen in unserer Familie und drücke Ihnen meine Hochachtung aus!«

Adam lachte herzlich. Er war sehr glücklich. Stolz und liebevoll zog er Juliet an sich, die sich bereitwillig an ihn schmiegte. So gingen sie langsam auf das Haus zu. Die anderen folgten.

»Juliet, willkommen im Eichhof. Du bist jetzt bei mir zu Hause«, sagte er mit bewegter Stimme und drückte sie fest an sich. »Du musst dich nicht mehr alleine durchs Leben kämpfen, du gehörst zu mir.«

Juliet sah dankbar zu ihm auf. Wieder standen Tränen in ihren Augen, als sie ganz leise antwortete: »Ich danke dir, Adam. Ich bin so froh, wieder ein Zuhause zu haben. Aber mit dir zusammen bin ich überall zu Hause.«

Sie umarmten sich. Adam küsste seine Braut und ging zusammen mit ihr in ihr neues Heim.

»Denn wie der Regen und der Schnee vom Himmel fällt und nicht dorthin zurückkehrt, sondern die Erde tränkt und sie zum Keimen und Sprossen bringt […], so ist es auch mit dem Wort, das meinen Mund verläßt: […] Berge und Hügel brechen bei eurem Anblick in Jubel aus, alle Bäume auf dem Feld klatschen Beifall. Statt Dornen wachsen Zypressen, statt Brennesseln Myrten. Das geschieht zum Ruhm des Herrn als ein ewiges Zeichen, das niemals getilgt wird« (Jes 55,10–13).

Anmerkungen zum Stand der Forschung

Noahs Arche

Zur Zeit gibt es über den Fundort der Arche Noah zwei gängige Theorien, vorausgesetzt, man geht davon aus, dass die Arche oder Reste von ihr noch existieren.

Beide Theorien werden von ihren Verfechtern, die sich jeweils auf eine Reihe von Beweisen berufen, eifrig verteidigt. Sie berufen sich auf Legenden, Augenzeugenberichte, Fotografien und wissenschaftliche Belege. Außerdem gibt es Aussagen von Leuten, die behaupten, das Schiff betreten zu haben. Da es aber höchstens eine Arche gab, können viele dieser Beweise nicht wahr sein. So werden weitere Forschungen und archäologische Arbeit notwendig sein, um diesen Streit zu schlichten.

Seit langem geht man davon aus, dass die Arche entweder unter dem Eis eines Gletschers oder der Asche eines Vulkanes erhalten geblieben ist. In beiden Fällen wird sie auf dem Berg Ararat vermutet. Es gab über die Jahrzehnte immer wieder so genannte Augenzeugen, die behaupteten, sie hätten die Arche gesehen. Viele von ihnen nennen die Ahora-Schlucht als Fundort. Diese Augenzeugen werden im ersten Kapitel des Buches erwähnt.

Aus dem biblischen Bericht kann man nicht schließen, dass die Arche auf einem bestimmten Berg landete, der Ararat heißt. Vielmehr sagt uns der biblische Text: »… setzte die Arche im Gebirge Ararat auf« (Gen 8,4). Damit ist eigentlich ein antikes Land namens Urartu gemeint, dessen Name durch einen Übersetzungsfehler zu Ararat wurde. Da der Berg Ararat der höchste Gipfel in der Gegend ist und folglich als Erster trocken lag, wäre es vorstellbar, dass die Arche dort gestrandet ist. Aber die Bibel verrät uns nur, dass Noah, seine Familie und die Tiere im Gebirge Ararat, das heißt in der Gegend um den Ararat, aus dem Schiff gestiegen sind. Andere finden es logisch, dass ein Schiff nicht an den steilen Berghängen des höchsten Gipfels hängen bleibt, sondern so lange mit dem sinkenden Wasser treibt, bis es in einer flacheren Gegend aufsetzt.

Es gibt eine neue Theorie, die in den letzten Jahren viel Aufmerksamkeit erhielt. Danach landete die Arche etwa 20 Kilometer vom Berg Ararat entfernt in Al Judi. Dies ist eine Hügellandschaft in der Türkei, die nur 1 800 Meter über dem Meeresspiegel und damit 3 000 Meter unter dem Ararat liegt. Dort ragt ein erstaunliches bootsförmiges Objekt aus der Erde. Seine Länge und Breite entsprechen genau den biblischen Angaben. Holz ist nicht mehr vorhanden, nur Erde und Felsen, die diese erstaunliche Form angenommen haben. Forschung und Archäologie haben ergeben, dass dieses Objekt eine hohe Übereinstimmung mit der Beschreibung der Arche aufweist. Man kann es aus mehreren Kilometern Entfernung sehen. Große antike Ankersteine führen zu dem Fundort. Die Bewohner dieser Gegend kennen sehr alte Legenden über dieses Schiff und es wurden Inschriften gefunden, die ebenfalls ein hohes Alter haben. Die Beweise sind so überzeugend, dass die türkische Regierung dort vor einigen Jahren ein Touristenzentrum gebaut hat.

Zusammenfassend muss man sagen, dass weder die Ahora-Schlucht noch das Al Judi-Hügelland die Frage klar für sich entscheiden konnten. Solange es keinen eindeutigen Fundort gibt, werden die Diskussionen und die archäologischen Expeditionen fortgeführt werden.

Berg Horeb / Sinai

Ein großer Teil des vorliegenden Buches beruht auf einer relativ neuen Theorie über die Route des Volkes Israel bei ihrem Auszug aus Ägypten und über die Lage des Berges Sinai. Die Theorie ist insofern nur relativ neu, als sie jetzt wieder öffentlich wahrgenommen wird. Doch wie wir noch sehen werden, existierte sie schon zur Zeit Salomos. Die Forscher des Alten Testamentes schlagen drei mögliche Routen vor. Über die Lage des Berges Sinai gibt es noch weitere Ansichten. Sogar in der Gegend von Kadesch-Barnea zwischen Ägypten und Arabien, genau nördlich des Golfes von Akaba, werden einige Berge als mögliche Orte vorgeschlagen. Der Berg Sinai wird auch im Zusammenhang mit Edom, Paran, Seir und Teman erwähnt. Der eigentliche Text im ersten Buch Mose ist bei der Suche nach den Originalschauplätzen keine große Hilfe, da viele biblische Namen und Orte heute unbekannt sind. Das betrifft auch die Städte, die Israel auf dem Weg aus Ägypten durchzog.

Es gibt keinen bestimmten Berg, der Sinai heißt, genauso wenig, wie es den Berg Ararat gibt. Die Halbinsel Sinai umschließt das ganze Gebiet vom Golf von Suez bis zum Golf von Akaba. In der Geschichte wurde der Dschebel Musa auf der Halbinsel Sinai, an dessen Fuß das Katharinenkloster liegt, überwiegend für den Berg Sinai gehalten. Aber auch der Dschebel Serbal, der sich 30 Kilometer nordwestlich befindet, und der Dschebel Helal, der nur 40 Kilometer vom Mittelmeer entfernt ist, kommen für den Berg Sinai in Frage.

In den letzten Jahren wurde von den Forschern und Archäologen wieder eine Theorie des 19. Jahrhunderts aufgegriffen (ihr fiktiver Vertreter ist Harry McCondy), wonach der Dschebel al Lawz in Saudi-Arabien der biblische Horeb sei. Zu den modernen Vertretern dieser Theorie gehören der Amerikaner Ron Wyatt und der Australier Jonathan Gray. Sie haben erstaunliche und überzeugende Beweise zusammengetragen. Auf ihrer Forschung baut dieses Buch auf. Ihnen schulde ich viel Dank für die Publikation ihrer Ergebnisse.

Von Mose lesen wir, dass er auf der Flucht vor dem Pharao nach Midian ging (Ex 2,15). Dort heiratete er und blieb 40 Jahre in der Gegend. Midian liegt aber in Arabien, nicht auf der Halbinsel Sinai. Das bestätigt auch Paulus (vgl. Gal 4,25). Während Mose in Midian lebte, sprach Gott zu ihm aus dem brennenden Dornbusch am Gottesberg Horeb (Ex 3,1).

Bevor Mose wieder nach Ägypten zurückgeschickt wurde, sagte Gott, dass er das Volk Israel zu diesem Berg bringen würde (Ex 3,15). Der naheliegendste Weg von Ägypten zum Horeb war die Route, die Harry McCondy genommen hatte. Es ist die alte Karawanenstraße zwischen Ägypten und Arabien. Während das Volk Israel jedoch auf dieser Strecke unterwegs war, gebot ihnen Gott, auf einen südlicheren Weg abzubiegen, der durch Felsen führte und sie schließlich in die scheinbar ausweglose Situation am Roten Meer brachte.

Einer der überzeugendsten Gesichtspunkte für diese Theorie ist die Frage, wo das Volk Israel das Rote Meer durchquerte. Zogen sie durch den Golf von Suez oder durch das so genannte Schilfmeer weiter im Norden, wo heute der Suezkanal verläuft, oder war es der Golf von Akaba, den sie durchquerten?

Der Golf von Akaba ist ebenso wie das ganze Rote Meer fast überall sehr tief. Das hängt damit zusammen, dass hier der Senkungsgraben verläuft. Es wurde auch nachgewiesen, dass die Erdkruste dort noch nicht zur Ruhe gekommen ist. Im Roten Meer gibt es einige über 2 000 Meter tiefe Spalten, aus deren Tiefe bis heute heißes, mineralhaltiges Material strömt, das sogar Gold enthält. Doch mitten im Golf von Akaba, auf der Höhe von Neviot, ist dieser tiefe Graben unterbrochen. Dort ragen von beiden Seiten der Küste Sandbänke in den Golf hinein. Sie sind wohl durch zwei genau gegenüberliegende Flussmündungen entstanden. Die Flüsse haben den Sand mitgeschleppt, der sich dann vor ihrer Mündung im Meer ablagerte. Auf Grund der Kontinentalplattenverschiebung berühren sich die Sandbänke heute nicht mehr. Aber vor etwa 3 500 Jahren kann dies durchaus der Fall gewesen sein. So kann man sich vorstellen, dass die Israeliten an dieser Stelle bequem durch das Meer gehen konnten, vorausgesetzt, ihnen kam noch der von Gott gesandte Wind zu Hilfe, der in der Bibel beschrieben wird. Dieser Eiswind blies das Wasser zurück, ließ es fest gefrieren und trocknete den Meeresgrund. So konnten die Israeliten in der Nacht und am frühen Morgen auf der gefrorenen Sandbank trockenen Fußes durch das Meer gehen. Als es Tag wurde, ebbte der Wind ab und die Erde erwärmte sich wieder. Die Streitwagen der Ägypter hatten Mühe, in dem aufgetauten Sandboden vorwärtszukommen. Dann schmolz das Meerwasser und besiegelte das Schicksal der ägyptischen Armee (Ex 14,21-30).

Es gibt abgesehen von der Bibel keine Augenzeugenberichte dieses Ereignisses. Aber ein unter Wasser aufgenommenes Video zeigt diese Sandbank, die sich über den Golf hinstreckt. In den Videoaufnahmen kann man die Formen von sechs- und achtspeichigen Wagenrädern in den Korallen sehen.

Sowohl auf ägyptischer wie auch auf saudi-arabischer Seite des Golfes standen Säulen aus Basalt. Sie haben sehr unter der Witterung gelitten, dennoch kann man hebräische Inschriften erkennen, die an den Durchzug Israels durchs Rote Meer erinnern. Aus den Inschriften geht auch hervor, dass die Säulen auf Befehl des Königs Salomo errichtet worden waren. Es ist kaum zu verstehen, dass diese Säulen erst jetzt entdeckt wurden, obwohl sie schon seit 3 000 Jahren dort stehen.

Der Dschebel al Lawz liegt etwa 50 Kilometer südöstlich von dieser Stelle, an der das Volk Israel das Rote Meer durchquert haben könnte. Es ist ein erloschener Vulkan, an dessen Gipfel man bis heute die Schwärzung durch früheres Feuer erkennen kann. Wie viel Bedeutung man dieser Beobachtung beimisst, ist selbstverständlich jedem selbst überlassen. Aber könnte dieser rußgeschwärzte Gipfel nicht wirklich ein Hinweis darauf sein, dass Gott hier mit Feuer und Rauch erschien? Oben auf dem Gipfel wächst zwischen zwei riesigen Felsblöcken tatsächlich ein einzelner Baum. Die blühende Oase am Fuße des Berges existiert allerdings (noch) nicht.

Am Fuße des Berges befindet sich eine große Ebene. Hier könnten die Israeliten gelagert haben, während sie auf Gott warteten. Nachdem verschiedene Forscher ihr Interesse an dieser Ebene angemeldet hatten, wurde das Gebiet 1985 von der saudi-arabischen Regierung eingezäunt. Seither stehen englische und arabische Schilder dort, die das Betreten verbieten. Einige Forscher behaupten, die steinerne Grenze gefunden zu haben, mit der das Lager umgeben war (Ex 19,12). Sie berichten auch von Altaranlagen, Inschriften und in Stein gravierten Zeichnungen von Kühen und Rindern, wie sie damals in Ägypten üblich waren. Diese Funde stammen angeblich aus der Zeit um 1 500 v. Chr. Ich habe sie nicht selbst gesehen, darum kann ich mich nicht für ihre Echtheit verbürgen.

Zusammenfassend kann man sagen, dass das, was ich in dem vorliegenden Buch über den Dschebel al Lawz und den Auszug des Volkes Israel aus Ägypten geschrieben habe, dem Erkenntnisstand der gegenwärtigen archäologischen Forschung am Dschebel al Lawz entspricht. Selbst die Umzäunung der Ebene am Fuße des Berges ist also eine Tatsache.

Ein weiterer interessanter Beleg für die Dschebel al Lawz-Theorie ist der Ort Refidim (vgl. Ex 17). Dies war das letzte Lager des Volkes Israel, bevor sie am Sinai ankamen. In Refidim beklagte sich das Volk über Wassermangel. Gott wies Mose an, einen bestimmten Felsen zu schlagen: »Dort drüben auf dem Felsen am Horeb werde ich vor dir stehen. Dann schlag den Felsen! Es wird Wasser herauskommen, und das Volk kann trinken« (Ex 17,6). Obwohl sie hier noch eine Station vor dem Sinai waren, sprach Gott von »dem Felsen am Horeb«.

Wenn man vom Dschebel al Lawz aus einige Kilometer in Richtung zum Roten Meer geht, kommt man an einen kleinen Hügel. Darauf sieht man bis zum heutigen Tag einen Felsblock, der etwa vier Meter hoch ist und aus zwei Hälften besteht. Es sieht tatsächlich so aus, als ob hier ein riesiger Felsen in zwei Teile gespalten worden wäre. Unten an dem Spalt, wo sich die beiden Hälften berühren, sieht man Flecken und Abreibungen in dem Felsen, die sich auch über den ganzen Hügel hinabziehen. Sie können eigentlich nur durch sehr große Wassermassen entstanden sein, die an dieser Stelle reichlich geflossen sein mussten, um solche Spuren zu hinterlassen. Darüber hinaus kann man Gräben sehen, die sich ebenfalls um den Hügel hinunterziehen und bis in die Ebene reichen. In den Gräben liegen Steine, die aussehen, als hätten sie in einem Fluss gelegen, so glatt sind sie. Die Gräben beginnen unter den zwei Felshälften, genau in der Mitte des Spaltes und sehen aus, als seien sie in den Untergrund eingegraben worden.

Es ist ein erstaunlicher Platz. Man könnte sich vorstellen, dass hier die älteste Wasserquelle überhaupt sprudelte, die Quelle des Gartens, aus der die vier Flüsse gespeist wurden. Vielleicht hat Mose die seit Eden existierende Quelle angezapft. Möglicherweise wartet die Quelle auf den Tag der Wiederherstellung, an dem sie wieder frei fließen wird.

Der Garten Eden / Die Theorie vom großen ovalen Eden

Es gibt meines Wissens derzeit keine Forschung, die sich mit der geografischen Lage von Eden befasst. Die Theorie, die Adam Livingstone aufstellt, ist meine eigene Theorie, ebenso die Annahme, alle – oder zumindest die meisten – Pflanzen, die Gott geschaffen hat, würden noch in irgendeiner verborgenen Ruheform auf der Erde existieren.

Ich hatte schon, bevor ich dieses Buch schrieb, immer versucht, den biblischen Bericht mit den archäologischen Fortschritten zu vereinbaren. Dazu habe ich regelmäßig gelesen und geforscht. So entstand meine Theorie vom großen ovalen Eden. Doch vermutete ich Eden zu diesem Zeitpunkt nur irgendwo zwischen Mesopotamien und dem Grabenbruch in Ostafrika.

Während ich dann jedoch an dem Buch arbeitete, durchlief ich selbst den Prozess, den ich bei Adam Livingstone beschreibe. Immer wieder habe ich die Theorie durchdacht, geprüft, verbessert, habe mir immer neue Fragen gestellt, die mich in immer neue Richtungen wiesen. So wurde meine eigene Forschung immer komplexer.

Schließlich stand ich vor einer doppelten Herausforderung. Zum einen musste Livingstones fiktive Pilgerfahrt durch die Seiten dieses Buches entstehen, zum anderen war ich selbst als Suchender unterwegs. Stundenlang stand ich vor den Landkarten, die an meinen Wänden hängen, oder studierte meinen Globus. Immer wieder betrachtete ich die verschiedenen Orte auf der Erdoberfläche und versuchte, im Nebel der Geschichte rückwärts zu blicken. Mein Gebet in dieser Zeit war oft: »Gott, was hast du damals auf der Erde gemacht? Was bedeutet das alles? Welche Teile der Zukunft möchtest du deinen Kindern zeigen?«

Viele Entdeckungen, die ich Adam zuschrieb, machte ich selbst an meinem eigenen Computer. Dieses Buch zu schreiben, war unglaublich spannend für mich. Oft war meine eigene Geschichte der von Adam nur einige Worte voraus. Immer wieder sprang ich vom Manuskript auf und zog Landkarten und Bücher zu Rate, weil mir wieder eine neue, atemberaubende Idee gekommen war, die ich nachprüfen wollte. Ich bewegte mich zwischen Atlanten, dem Globus, einem geologischen Text über Kontinentalverschiebung und einer meteorologischen Darstellung der weltweiten Klimaveränderungen. Immer neue Möglichkeiten taten sich auf, wurden geprüft und verworfen. Mein Manuskript war voller Entwürfe und Gedankenspiele, Notizen und Sackgassen … bis sich endlich die Theorie zu einem großen Ganzen zusammenfügte.

Es war ein aufregender Prozess. Einmal, als ich gerade eine Flut neuer Ideen eingetippt hatte, erlebte ich einen fürchterlichen Computerabsturz. Was Sie von Adam gelesen haben, ist nicht nur eine fiktive Geschichte. Es ist auch ein Bericht darüber, wie diese Ideen in mir selbst Gestalt angenommen haben.

Doch erst recht spät begann ich, Eden in größere geistliche Zusammenhänge einzuordnen und zu ahnen, dass Eden auch in der zukünftigen Geschichte unserer Welt noch eine Rolle spielen würde. Erst dann erkannte ich, wo die Mitte des Gartens gelegen haben musste. Plötzlich war es ganz klar: Sinai – es musste der Sinai sein! Ich zog die Linie vom Ararat nach Ostafrika, zu den heutigen Quellflüssen des Nils und siehe da – die Linie ging fast exakt durch den Dschebel al Lawz. Ich traute meinen Augen nicht. In diesem Augenblick fühlte ich mich wirklich wie Adam Livingstone. Mir – und damit auch ihm – hatten sich unerwartete und erstaunliche Zusammenhänge erschlossen.

Alles, was Gott tut, ist bedeutungsvoll. Kann man sich da vorstellen, Gott würde einen Baum des Lebens schaffen, nur damit dieser später eingeht und verschwindet?

Ist es möglich, dass Gott den Baum des Lebens sterben lässt? Ich kann das nicht glauben. Das ist nicht die Art unseres Vaters. Die Bibel sagt an keiner Stelle, dass der Garten ausgelöscht wurde oder verschwand. Es heißt nur, dass er verborgen wurde. Gottes Werke verschwinden nicht einfach im Nichts, im Sand der Wüste. Alles hat eine Bestimmung. Alles, was Gott tut, bleibt in Ewigkeit und hat ewige Bedeutung.

Die wirklich wichtigen Dinge tauchen in Gottes Plan sogar ein zweites Mal auf. Das zweite Mal liegen sie auf einer höheren, geistlichen, ewigen Bedeutungsebene. Es gab einen ersten Adam, später kam der zweite Adam. Jesus wird ein zweites Mal auf die Erde kommen.

Hier haben wir eine wunderbare Wahrheit. Gottes Pläne und Entwürfe sind vollkommen. Bei ihm schließt sich jeder Kreis, jeder Zweck wird erfüllt. Alles, was Gott sich vorgenommen hat, wird geschehen.

Aber diesen zweiten Teil der Geschichte Edens wird Gott selbst zu seiner Zeit und auf seine Art erzählen.

Ich glaube wirklich, dass der Garten Eden weiterhin auf oder in der Erde existiert. Es ist uns nicht gestattet, ihn zu sehen, er ist immer noch versiegelt. Aber was Gott schafft, stirbt nicht.

Abgesehen davon, dass Gott in Jesus Mensch wurde und unter uns wohnte, gibt es nur zwei Berichte über Gottes Wohnen auf Erden. Gott schritt in Eden einher und stieg auf den Sinai hinab.

Vieles, was Gott über seine Gegenwart auf dem Sinai sagt, erinnert an die allererste Zeit. Gottes Gegenwart, Leben, Gebote, göttliche Warnungen, heiliger Boden – das alles kennen wir von Eden und vom Berg Sinai. Die Parallelen sind erstaunlich und wunderbar.

Gott sagte Mose, er wohne an diesem Ort. Sollte es nicht der Ort sein, von dem es vorher heißt, dass Gott dort in der Kühle des Abends wandelte? Als Gott dem Mose in einem Busch erschien, welche Pflanze hätte Gott sich da eher ausgesucht als den Baum des Lebens? Wo sonst ist der Boden heiliger Grund, wenn nicht da, wo der Höhepunkt der Schöpfung stattfand? Welcher Ort wäre geeigneter, das Gesetz zu verkündigen, als der Ort, von dem das allererste Gebot erging? Hat Gott seinem Volk das Gesetz genau an dem Ort gegeben, an dem die Sünde in die Welt gekommen ist?

All das, was Gott zu Mose über den Horeb sagte, geschah vorher in Eden. Eden und Horeb müssen nach meiner Überzeugung identisch sein. Das eine ist die Vollendung und Erfüllung des anderen.

»Auf der Suche nach dem verlorenen Paradies« ist reine Fiktion. Aber vielleicht gebraucht Gott sie, um denen unter seinem Volk, die offene Augen haben, zu zeigen, wie nahe der siebte Tag seines Zeitplanes bevorsteht.

Ich glaube, dass die Wiederkunft Jesu durch viele verschiedene Formen des Blühens angekündigt werden wird. Leben wird aufbrechen in den Herzen der Menschen, in der Natur, auch in dem, was auf Erden geschehen wird. Vieles wird nicht so kommen, wie es die wörtlichen Ausleger der Bibel vorschreiben. Gottes Wege sind oft überraschend. Nur Menschen mit offenen Augen werden die Zeichen erkennen.

Wir stehen an der Schwelle großer Ereignisse, die Gott lange zuvor angekündigt hat. Ein neues Zeitalter bricht an – schon sehr bald. Gott ermahnt sein Volk, wachsam und gehorsam zu sein – wir wollen bereit sein, wenn er kommt!

Die Bestseller:
Finale – Band 1 und 2

In einem einzigen Augenblick verschwinden auf der ganzen Welt Millionen von Menschen. Die verwirrten Zurückgelassenen suchen nach rationalen oder irrationalen Erklärungen für dieses Verschwinden. Doch die dunkelsten Tage stehen der Menschheit noch bevor ...

Der Antichrist hat die Welt unterworfen. Kriege, Hungersnöte, Plagen und Naturkatastrophen bedrängen jene Unglücklichen, die auf der Erde zurückbleiben mussten. Nur jeder Vierte wird dieses dunkle Zeitalter überleben. Am schlimmsten trifft es die Feinde des Antichristen. Doch Rayford Steele und seine drei Mitstreiter Cameron Williams, Bruce Barnes und Chloe Steele sind bereit, dieses Wagnis einzugehen ...

Tim LaHaye & Jerry B. Jenkins
Finale – Band 1
Pb., 360 Seiten
Bestell-Nr. 657 139

Finale – Band 2
Pb., 336 Seiten
Bestell-Nr. 657 214

Die Fortsetzung:
Nicolai (Finale – Band 3)

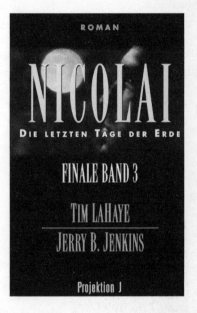

Der Dritte Weltkrieg ist ausgebrochen und stürzt die Erde in einen Strudel von Tod und Chaos. Der charismatische Weltregent Nicolai Carpathia erscheint als der ersehnte Retter. Doch die Mitglieder der *Tribulation Force* wissen, dass Nicolai selbst hinter den dramatischen Ereignissen steht.
Obwohl sie immer stärkerer Unterdrückung ausgesetzt sind, gelingt es den Christen, Rayford als Informanten in die höchste Ebene einzuschleusen und Einblick in Nicolais Pläne zu gewinnen. Wird es ihm gelingen, den Untergang abzuwenden?

Tim LaHaye & Jerry B. Jenkins
Nicolai
(Finale – Band 3)
Pb., 304 Seiten
Bestell-Nr. 657 217

Medizinthriller bei Projektion J

Auf einem Schriftstellerkongress in Washington wird Theodora Russell irrtümlich für einen Namensvetter gehalten. Bevor sie das Missverständnis aufklären kann, fällt ihr ein Romanentwurf ihres Kollegen in die Hände, der sich mit brisanten, bislang unveröffentlichten medizinischen Erkenntnissen beschäftigt. Entschlossen, dieses Thema selbst aufzugreifen, beginnt Theo zu recherchieren – bis sie von Polizei und Mafia gejagt wird und um ihr Leben bangen muss.

Als sich der junge Arzt Matt die Forschungsprojekte seines Chefs genauer ansieht, macht er eine schreckliche Entdeckung: Der ehrgeizige Chirurg will die Organe abgetriebener Föten zur Rettung todkranker Kinder verwenden ...

Angela Hunt
Das Dokument
Pb., 308 Seiten
Bestell-Nr. 657 194

Harry Lee Kraus jr.
Auf Messers Schneide
Pb., 340 Seiten
Bestell-Nr. 657 209